歐洲經濟法

陳麗娟 著

EU

SWEDEN

FINLAND

ESTONIA

LATVIA

LITHUANIA

DENMARK

UNITED
KINGDOM

IRELAND

NETHERLANDS

POLAND

GERMANY

BELGIUM

CZECH REP.

SLOVAKIA

FRANCE

AUSTRIA

HUNGARY

SLOVENIA

ROMANIA

ITALY

BULGARIA

TURKEY

PORTIUGAL

SPAIN

GREECE

四版序

　　2008年全球金融海嘯爆發，後續引發歐債風暴，隨著高科技的發展，歐盟面臨新的挑戰。為保障單一市場的四大市場自由順利發展作用，歐盟亦不斷更新其經濟法規。最近幾年，歐盟的經濟法內容大幅的更動，為使本書內容更符合歐盟經濟法的現狀，在五南圖書出版股份有限公司的鼎力支持下，特別增補修改，以期使本書內容更充實。由衷感謝全體幕後工作人員的辛勞，使本書得以再版付梓。本人才疏學淺，尚祈廣大讀者不吝賜教指正，以使本書內容更完善。

陳麗娟　謹誌

2018年3月26日

臺北天母

序 言

　　歐洲共同體自1958年成立時起，即以經濟共同體為主要目標，經濟規範在歐洲統合過程中尤其居於重要的地位，由建立共同市場邁向單一市場，更進一步成立經濟暨貨幣同盟，實施單一貨幣。

　　本書主要以歐洲共同體條約的經濟法規為討論重點，承蒙五南圖書出版股份有限公司的熱誠支持，讓本人有機會可以將任教淡江大學歐洲研究所期間的上課教材整理，一一付梓出版，得以完整的介紹歐洲共同體的法規制度。

陳麗娟　謹誌

1998年6月16日定稿

於德國慕尼黑

目錄

第二篇　歐洲聯盟的市場自由

第三篇　個別的共同政策

第一篇

總　論

第一章　歐洲經濟法的基本概念

第一節　歐洲經濟法之意義

　　歐洲經濟法（Wirtschaftsrecht）僅為過去共同體法（Gemein-schaftsrecht）的一部分，所謂的經濟法並無明確的定義，通常是指規範經濟主體與經濟活動的法規[1]。在里斯本條約於2009年12月1日生效後，歐洲經濟法仍是歐盟法最重要的一環。

　　經濟法在歐盟法體系內具有重要的意義，若將歐洲聯盟的憲法與行政法規視為歐盟法的總則，則其分則即為經濟法[2]；歐洲經濟法係在歐洲聯盟運作條約中規範經濟制度的全部規定[3]，其目標為在會員國間建立一個共同市場，並以關稅同盟為前提[4]，因此在會員國的經濟法體系外，歐洲聯盟擁有獨立的經濟法制度，一方面包括規範單一市場內的經濟交易，另一方面亦規範與第三國間的經濟往來[5]。共同市場有自己的經濟架構，由聯盟機關決定重大的事務，以期使會員國邁向緊密統合的目標[6]。

　　歐洲經濟法原先僅由歐洲經濟共同體條約相關的規定組成，在1993年馬斯垂克條約生效後，改組歐洲經濟共同體為歐洲共同體，並成立歐洲聯盟。歐洲聯盟的三根支柱為三個共同體（即歐洲煤鋼共同體、歐洲共同體與歐洲原子能共同體）、共同的外交與安全政策以及在司法與內政範圍的

1　參閱W. Hakenberg, Grundzüge des Europäischen Wirtschaftsrechts, München 1994, S. 1.

2　參閱G. Nicolaysen, Europarecht II-Das Wirtschaftsrecht im Binnenmarkt, Baden-Baden 1996, S. 34.

3　參閱P. Behrens, Das Wirtschaftsrecht des Europäischen Binnenmarktes, Jura 1989, S. 562.

4　參閱歐洲共同體條約第23條與第25條。

5　參閱P. Behrens，前揭文，Jura 1989, S. 562; W. Kilian, Europäisches Wirtschaftsrecht, München 1996, S. 21。

6　參閱F. Rittner, Wirtschaftsrecht, 2. Auflage, Heidelberg 1987, S. 59.

合作[7]。

　　1993年11月生效的歐洲聯盟條約不僅擴大原來歐洲共同體的職權範圍，並且加強與會員國經濟法的聯繫，但並未因此形成一個擁有完整法律制度的經濟同盟，會員國仍然可以行使與單一市場有關的經濟法上專屬或競合的職權，因此當時歐洲共同體的經濟法仍必須將會員國的經濟法包括在內[8]。

　　由於會員國的經濟包含在單一市場體系內[9]，歐洲聯盟經濟法的特徵，就是必須顧及超國家與會員國規範權限間的相互關係。歐洲聯盟條約第5條第2項的輔助原則（Subsidiaritätsprinzip）[10]即在說明會員國的職權對於單一市場條件並不會持續地構成威脅，而是要形成一個制度的構成部分[11]。也就是歐盟應依據歐洲聯盟條約所賦予的職權與所規定的目標，執行職務。在非屬於共同體專屬職權的範圍內，只要在會員國層次不足以達成所欲施行措施的目標時，且因其範圍或效果在共同體層次更能達成目標時，才得由歐盟依據輔助原則執行職務。

第二節　歐洲聯盟的經濟規範

　　歐洲聯盟的經濟規範與其會員國的經濟規範相同，亦係由競爭規範的市場經濟原則結合社會國家準繩以及引導與影響經濟過程[12]。申言之，歐洲聯盟的經濟規範為混合經濟型態，以市場經濟為原則，但並不排除計畫經濟（Planwirtschaft），尤其是在共同農業政策領域[13]。

7　詳閱陳麗娟，《歐洲共同體法導論》，台北，1996年，頁72-75。

8　參閱W. Kilian，前揭書，S. 16。

9　參閱J. Basedow, Von der deutschen zur europäischen Wirtschaftsverfassung, Tübingen 1992, S. 5.

10　詳閱陳麗娟，前揭書，頁57-60。

11　參閱W. KIlian，前揭書，S. 18。

12　參閱Rinck/Schwark, Wirtschaftsrecht, 6. Auflage, Köln 1986, S. 60.

13　參閱H. von der Groeben, Probleme einer europäischen Wirtschaftsordnung, in Festschrift für

　　原來的歐洲共同體條約第2條、第3條與第4條為規範經濟結構的主要規定，其重點為建立共同市場、擁有自由競爭的開放市場經濟、實現單一市場、在單一市場內建立防止扭曲競爭的制度以及成立經濟暨貨幣同盟。

　　在2009年12月1日里斯本條約生效後，歐洲共同體條約更名為歐洲聯盟運作條約（The Treaty on the Functioning of the European Union; Vertrag über die Arbeitsweise der Europäischen Union），條文內容亦有增刪調整。歐洲聯盟第3條規定，(1)歐盟之目標，為促進其價值與其民族的福祉；(2)歐盟應給與其人民一個自由、安全與司法無內部邊界的區域，在區域內針對外部邊界檢查、政治庇護、移民、防制與打擊犯罪連結適當的措施，以保障人員自由遷徙；(3)歐盟應建立一個內部市場。歐盟應致力於以一個均衡的經濟成長與價格穩定為基礎的歐洲永續發展、在一個高度以充分就業和社會進步為目標的有競爭力的社會市場經濟，以及高度的環境保護與改善環境品質。歐盟應促進學術與技術的進步。歐盟應對抗社會排擠和差別待遇，並促進社會的公平正義與社會保護、男女平等地位、世代間的團結、兒童權利之保護。歐盟應維護其文化與語言多樣性的財富，並關注歐洲文化遺產之保護與發展；(4)歐盟應建立一個經濟貨幣，其貨幣為歐元；(5)在歐盟與其他世界的關係上，歐盟應保護與促進其價值與利益，並致力於保護其人民。歐盟應致力於和平、安全、全球的永續發展、在各民族間團結和相互尊重、自由與公平的貿易、消除貧窮和保護人權，特別是兒童的權利，以及嚴格的遵守和繼續發展國際法，特別是維護聯合國憲章的原則；(6)歐盟應以適當的方法，符合在條約內移轉的職權，追求其目標。歐洲聯盟運作條約第119條規定，(1)歐洲聯盟第3條規定的會員國與歐盟的職務，包括依據此二條約（歐洲聯盟條約與歐洲聯盟運作條約）之規定實施以會員國經濟政策緊密協調、單一市場與規定共同目標為其基礎的經濟政策，以及有自由競爭的開放市場經濟原則；(2)同時依據這兩個條約之規定與條約中規定的程序，這些職務包括單一貨幣（歐元），以及規定與實施一個單一的貨幣與匯率政策，單一的貨幣與匯率政策首要追求的目標為價

　　B. Börner zum 70. Geburtstag, Köln 1992, S. 100; W. Kilian，前揭書，S. 88。

格穩定，不牴觸此一目標，在遵守有自由競爭的開放市場經濟原則下，應支援歐盟的一般經濟政策；(3)會員國與歐盟的職務，應以遵守下列的目標基本要點為前提要件：穩定的價格、健全的公共財政與貨幣的綱要條件，以及一個持續的可支付的收支平衡。這些新規定成為歐盟經濟法的重要依據。

壹、以市場經濟為基礎

1957年德國、法國、義大利、荷蘭、比利時與盧森堡簽署歐洲經濟共同體條約時，即以會員國的市場經濟制度（marktwirtschaftliche Ordnung）為基礎，因此當時歐洲共同體的經濟規範為以市場經濟為導向，明確地以條約保證基本自由（Grundfreiheiten）與形成競爭規範[14]。換言之，歐洲聯盟的經濟法與市場經濟有密不可分的關係，市場經濟成為歐洲聯盟的憲法原則（Verfassungsprinzip）[15]。

一、共同市場

建立共同市場（Gemeinsamer Markt; Common Market）是Jean Monnet的一個核心概念，也是歐洲統合的一個重要基礎與核心。功能統合的原則（Prinzip der funktionellen Integration）自始即確定歐洲共同體的發展，自始即視共同市場為關鍵的作用，是歐洲統合的基礎，以期超越經濟目標促進歐洲統合，從會員國間的經濟合作應使會員國邁向一個更緊密的政治結合[16]。

自歐洲經濟共同體成立以來，共同市場為歐洲共同體條約核心的法律概念[17]，並非一般經濟學者所指稱的經濟概念，因此係由歐盟法的全

14　參閱P. Behrens，前揭文，Jura 1989, S. 562; U. Immenga, Binnenmarkt durch europäisches Gemeinschaftsrecht, Juristische Arbeitsblätter 1993, S. 258; F. Rittner，前揭書，S. 59; Weimar/Schimikowski, Grundzüge des Wirtschaftsrechts, 2. Auflage, München 1993, S. 56。

15　J. Schwarze, Europäisches Wirtschaftsrecht, Baden-Baden, 2007, S. 27.

16　J. Monnet, Erinnerungen eines Europäers, München 1978, S. 547ff.

17　參閱F. Rittner，前揭書，S. 58。

部規定規範在歐洲聯盟內的經濟交易[18]；共同市場亦為會員國在條約上的義務，即應消除在歐洲聯盟內對於商品、資金與勞務自由交易仍存在的所有會員國間的障礙；此外，共同市場係作為解釋歐盟法的一般條款（Generalklausel）[19]。

1958年生效的歐洲經濟共同體條約並未定義共同市場，僅將共同市場作為歐洲經濟共同體職務的目標，歐洲共同體條約第2條規定以建立共同市場為歐洲共同體的任務，而歐洲共同體條約第7條[20]規定，應以十二年的過渡時期逐步地實現共同市場，即至1969年底分三個階段建立共同市場；共同市場僅為歐洲統合階段性的目標[21]，歐洲共同體條約第2條同時明文規定歐洲共同體其他的目標，即應致力於經濟生活的和諧發展、持續與均衡的經濟成長、穩定價格與加速提高生活狀況，以及會員國間更緊密的關係，因此共同市場為實現和諧的與持續的經濟發展以及實現政治合作等其他目標的方法。

原來的歐洲共同體條約第3條列舉歐洲共同體應執行的職務，例如消除對於商品自由流通的各種障礙、對於人員自由遷徙、勞務自由流通與資金自由流通的障礙；實施共同的農業政策、共同的交通政策、建立一個預防扭曲競爭的制度、調整會員國間不同的法規，以發揮共同市場的功能。原來歐洲共同體條約第308條的補充權限（Ergänzende Kompetenz）[22]規定，為實現歐洲共同體條約第3條各項目標的重要法律依據。

歐洲法院亦明確地指出，共同市場欲致力於消除對於歐洲共同體內貿易的所有障礙，並且以結合各會員國的市場為一個統一的市場（Einheitlicher Markt），以期盡可能達成一個真正的單一市場[23]，因此自成立開始，歐洲共同體即致力於發展與單一市場類似

---

18 參閱G. Nicolaysen，前揭書，S. 30。
19 參閱Rinck/Schwark，前揭書，S. 60。
20 此一條文已於阿姆斯特丹條約失效而廢止失效。
21 參閱F. Rittner，前揭書，S. 60。
22 參閱陳麗娟，前揭書，頁46-50。
23 參閱EuGH Rs. 159/78, Zollagenten, Slg. 1979, S. 3258f; Rs. 15/81, Gaston Schul, Slg. 1982,

（Binnenmarktähnlich）的關係[24]。

在原來歐洲共同體條約的規範內，共同市場具有三種意義，即：(1)廢除在會員國間經濟上的界限，尤其是關稅、限額措施與其他對自由經濟往來仍存在的障礙；(2)在農業與交通領域應實施共同政策；(3)應在共同市場內建立一個防止扭曲競爭的制度。

因此共同市場的意義，係藉由消除市場界限的基本要素，而結合分隔的會員國市場，共同市場的首要任務即為對內在會員國間建立對於商品、人員、勞務與資金自由的經濟往來，同時要對外界定市場；除了開放會員國間的市場外，共同市場應確保市場參與者享有平等的待遇，故禁止差別待遇（Diskriminierungsverbot）為共同市場的基礎，原來歐洲共同體條約第12條明文規定禁止任何一種以國籍為理由的差別待遇；而與本國人享有平等待遇原則（Grundsatz der Inländergleichbehandlung）為基本自由重要的要素[25]。

二、單一市場

於1987年7月1日生效的單一歐洲法將逐步地實現單一市場（Binnenmarkt; Internal Market）增訂為歐洲經濟共同體條約的目標，並且明文規定應在1992年12月31日前完成單一市場[26]。

會員國在簽署單一歐洲法的最後文件中表明應在1992年12月31日實現單一市場的政治意圖，但此一日期卻無自動的法律效果，即歐洲共同體條約的內容仍然保有其直接適用的效力。

單一歐洲法定義單一市場的概念，即依據原來歐洲共同體條約第14條第2項之規定，單一市場為一個無內部邊界的區域（Raum ohne Binnengrenzen），在此一區域內應依據歐洲共同體條約之規定確保商品的自由流通、人員自由遷徙以及勞務和資金的自由流通，單一市場欲保證

S. 1409.

24　參閱H. von der Groeben，前揭文，in Festschrift für B. Börner zum 70. Geburtstag, S. 101。

25　參閱G. Nicolaysen，前揭書，S. 30。

26　歐洲共同體條約第14條第1項。

的四大市場自由（Marktfreiheiten），即為單一市場的核心部分[27]；此一定義包含共同市場的概念，單一市場與共同市場本質上應為同一概念[28]，所謂的「無內部邊界的區域」係指廢除在單一市場內對人員自由遷徙與商品自由流通的邊界管制，因此單一市場包括歐洲聯盟所有會員國的領域在內[29]。

　　1985年時，執委會提出建立單一市場的白皮書（Weißbuch; White Paper）[30]，即具體地表明單一市場的概念，尤其是要完全廢除所有的邊界管制，包括大約三百個詳細措施，以期廢除實體上的障礙、技術上的障礙[31]以及會阻礙單一市場的會員國稅法規定。

　　首先單一市場具有經濟上的意義，開放的市場與公平競爭原則廣泛地規範經濟事務[32]，而單一市場不僅為會員國邁向歐洲聯盟的政治動機，並且為對於會員國與歐盟機關的法律義務[33]，尤其是應在1992年12月31日前逐步地完成自由化與協調彼此的法規，為能如期實現單一市場的目標，單一歐洲法增訂新的規定與修改部分的規定，尤其是改善歐洲共同體的決策能力與行為能力（Entscheidungs-und Handlungsfähigkeit），以期加速歐洲聯盟的決策過程，例如：原來歐洲共同體條約第95條由理事會以加重多數決議對建立單一市場的法規做必要的調整、許多授權理事會以多數決議的規定以及授權協調會員國間的營業稅與消費稅[34]。

27　參閱M. Herdegen, Internationales Wirtschaftsrecht, München 1993, S. 79.

28　此一見解可視為通說，參閱M. Ahlt, Europarecht, München 1993, S. 114; Grabitz/Hilf, Kommentar zum EG-Vertrag, 2. Auflage, München 1991, Art. 100 EGV, Rn. 26f; W. Kilian，前揭書，S. 13。

29　參閱W. Kilian，前揭書，S. 13。

30　Dok. KOM (85) 310 endg。通常執委會以白皮書針對特定領域提出共同體的計畫，若理事會同意白皮書的內容時，針對個別的工作範圍，可以將白皮書發展成為歐洲聯盟的行動計畫（Aktionsprogramm）。

31　技術上的障礙係指因會員國間不同的法規所造成的共同體內貿易障礙。

32　參閱U. Immengen，前揭文，Juristische Arbeitsbältter 1993, S. 258。

33　參閱U. Immengen，前揭文，Juristische Arbeitsblätter 1993, S. 257; G. Nicolaysen，前揭書，S. 33。

34　例如：歐洲共同體條約第93條。

　　為了早日實現單一市場的目標，在1992年底時，原來的歐洲共同體以指令（Richtlinien; Directive）的形式制定公布了許多法規，以消除會員國間彼此的差異，指令為歐洲統合最重要的協調方法[35]，但指令的內容必須由會員國轉換立法為其本國法，藉由此種方式單一市場獲得相當重要的進展，廣泛地廢除在歐洲聯盟內的貿易障礙；會員國間技術性法規的相互承認以及文憑與大學畢業證書的相互承認，亦有廣泛的進展；對於銀行與保險業者的市場開放，僅須有營業所所在國的許可，即可在全部共同體領域內營業；公共採購與交通運輸領域亦逐步地自由化等[36]。

　　2003年時，執委會在單一市場實現十週年的一份報告[37]中指出，在實現單一市場上有重大的進展，雖然仍有改進的空間，但執委會呼籲全體會員國應努力避免違反條約的義務，以實現一個完美的單一市場，而建立與維持單一市場成為歐洲統合持續的任務[38]。

　　歐洲聯盟運作條約第三部分標題I規定單一市場，即依據歐洲聯盟運作條約第26條之規定，(1)歐盟應公布必要的措施，以期保證依據條約的相關規定，以實現關於單一市場的發揮作用。(2)單一市場包括一個無內部邊界的區域，在區域內依據條約的規定應保證商品、人員、勞務與資金的自由流通。(3)基於執委會之提案，理事會應規定必要的準繩與條件，以期保證在所有相關領域的一個均衡進步。

貳、干預機制與市場規範

　　原來的歐洲共同體條約亦如德國的基本法（Grundgesetz）[39]，亦有所謂的社會國家條款（Sozialataatsklausel），即規定於原來的歐洲共同體條約第136至145條，目前為歐洲聯盟運作條約第151條至第161條。社會國

35　參閱W. Kilian，前揭書，S. 19。

36　參閱U. Immengen，前揭書，Juristische Arbeitsblätter 1993, S. 257。

37　Europäische Kommission, Der Binnenmarkt-10 Jahre ohne Grenzen, 2003, www.europa. eu.int/comm/internal_market/10 years/index_de.htm可閱覽此一報告的全文。

38　Eropäische Kommission, Der Binnenmarkt-10 Jahre ohne Grenzen, 2003, S. 10.

39　德國基本法第20條第1項即為社會國家條款。

家條款猶如魔術方塊的四面[40]，即經濟成長、經濟穩定、提高生活水準、會員國間的緊密關係，亦即為歐洲聯盟條約第3條所規範的歐洲聯盟的任務。例如依據歐洲聯盟運作條約第157條之規定，會員國必須遵守男女同工同酬的原則；歐洲聯盟運作條約第45條以下，針對勞工自由遷徙亦包含社會國家的福利規定等。

　　歐洲聯盟的干預機制係例外的規定[41]，尤其是針對農業政策與產業政策。依據歐洲聯盟運作條約第173條之規定，歐洲聯盟產業政策的任務，是應減緩產業適應結構的變化、應特別獎勵中小型企業、應優惠企業間的合作以及應促進更加利用研究與發展等。而產業政策應以競爭為導向的開放市場為基礎，且不得造成扭曲競爭的結果，另一方面產業政策所要促進的目標即為產生有效競爭的環境。

　　歐洲聯盟條約經濟的基本自由（Grundfreiheiten）為人員自由遷徙、勞務自由流通、營業所設立自由、資金與支付的自由流通，原則上共同市場應建構在市場經濟的基礎上，但歐洲聯盟卻以所謂的市場規範（Marktordnung）規定農業與交通領域的經濟自由[42]。

　　單一市場包括農業與農產品的市場在內，雖然歐洲聯盟運作條約第38條採取廣義的農產品市場，但歐洲聯盟的農產品市場卻不適用由供需決定的市場原則，而是適用計畫經濟的模式[43]，因此歐洲聯盟運作條約第39條至第44條為針對農業領域的特別規定，尤其是在單一市場內規定農產品共同價格的制度，即為計畫經濟干預的方法。申言之，歐洲聯盟運作條約的一般規定在農業領域僅為補充的規定，在共同市場內應實施共同農業政策，其重點為實施共同的農業市場規範，一方面應消除在共同市場內仍存在於所有會員國間的障礙，另一方面相對於國際貿易價格應完全保障在共同市場內的農產品價格，因此實施一個非常複雜的稅捐、補償與平衡稅的制

40　參閱Rinck/Schwark，前揭書，S. 62。

41　參閱Weimar/Schimikowski，前揭書，S. 56。

42　參閱Weimar/Schimikowski，前揭書，S. 57。

43　參閱W. Kilian，前揭書，S. 90。

度[44]。

　　依據原來的歐洲煤鋼共同體條約第97條之規定，歐洲煤鋼共同體條約
自生效時起，適用五十年，已於2002年7月22日因適用期限屆滿而失效，
因此煤鋼同盟（Montanunion）亦成為歐洲聯盟內的特別市場規範[45]。

參、競爭制度

　　雖然歐洲聯盟運作條約將市場自由明文規定為共同市場的基礎，但卻
以競爭制度加以補充，共同市場必須保證競爭的存在，因此歐洲聯盟運作
條約第101條至第109條明文規定競爭規範，直接適用於會阻礙會員國間貿
易的競爭行為。

　　歐洲聯盟運作條約強調競爭原則與市場開放的關聯性，競爭制度
為單一市場的特徵。競爭規範為歐洲聯盟的憲法原則（Verfassungs-
prinzip）[46]，以實現市場經濟的功能。歐洲聯盟運作條約競爭規範之適用
範圍比會員國的競爭法規適用範圍大，不僅適用於企業的市場行為，並且
亦規範會員國的行為。歐洲聯盟運作條約雖然以存在競爭為導向的開放市
場為原則，但亦有相反的規定，例如在農業與漁業領域應實施共同政策，
但僅在例外的情形才適用競爭原則[47]。

肆、經濟暨貨幣同盟

　　雖然單一市場就歐洲統合而言，完成重要的步驟，單一市場的實現與
歐洲聯盟卻還有一段距離，毋庸置疑的是，單一市場卻是使歐洲聯盟邁向
一個政治聯盟重要的步驟。

　　經濟暨貨幣同盟的構想可追溯至1971年3月22日的歐洲高峰會議，當

44　參閱F. Rittner，前揭書，S. 64。

45　參閱F. Rittner，前揭書，S. 65。

46　參閱C.-D. Ehlermann, Wettbewerbspolitik im Binnenmarkt, Recht der Internationalen
　　Wirtschaft 1993, S. 793.

47　歐洲共同體條約第3條第e款與第36條。

時歐洲經濟共同體提出至1980年止應實現經濟暨貨幣同盟的階段性計畫，即所謂的維爾納計畫（Werner-Plan）[48]，即應在十年內完成完全自由經濟交易的區域，特別是獨立的貨幣區域，所有的會員國貨幣相互間可自由地兌換；由於1970年代的貨幣危機，維爾納計畫終未能實現經濟暨貨幣同盟。

　　1973年理事會成立了促進會員國貨幣政策合作的歐洲貨幣基金會（Europäischer Fonds für währungspolitische Zusammenarbeit），以做為歐盟法的輔助制度[49]。1979年實施固定匯率的歐洲貨幣制度，以取代在蛇形浮動的匯率[50]。

　　1987年7月1日生效的單一歐洲法明文規定，在1992年底前應形成一個商品、人員、勞務與資金自由流通，且無內部邊界的區域，即所謂的單一市場，以期建立真正的歐洲經濟同盟。1993年11月1日生效的歐洲聯盟條約，更具體地規定應以三個階段完成歐洲經濟暨貨幣同盟。

　　1993年版的歐洲聯盟條約在原來歐洲共同體條約第2條中，將成立經濟暨貨幣同盟增訂為歐洲共同體的新任務，並且在原來的歐洲共同體條約第98至124條全新規定經濟暨貨幣政策，以作為經濟暨貨幣同盟的基本規定。在經濟暨貨幣同盟中，會員國對於經濟政策仍享有廣泛的權限，但應加強會員國間在經濟政策的協調與多邊監督；此外，在經濟暨貨幣同盟中將設立獨立的歐洲中央銀行，以制定歐洲聯盟的貨幣政策，而使得貨幣政策成為真正的歐盟政策；經濟暨貨幣同盟應以三個階段逐步地完成，在第三階段並應實施單一貨幣以取代會員國的貨幣。自2002年1月1日起，歐元（Euro）在荷蘭、比利時、盧森堡、德國、法國、義大利、西班牙、葡萄牙、希臘、奧地利、芬蘭與愛爾蘭等十二個會員國正式啟用，取代這些會員國的貨幣，成為歐洲聯盟內的單一貨幣，並且成為國際的重要貨幣。在2004年5月1日後，新加入的會員國依據其加入條約之規定，必須加入

48　Bulletin EG Sonderbeilage 11/70.

49　VO (EWG) Nr. 907/73, Amtsblatt der Europäischen Gemeinschaften 1973 L 89/2ff.

50　VO (EWG) Nr. 3180/78, VO (EWG) Nr. 3181/78, Amtsblatt der Europäischen Gemeinschaften 1978 L 379/1ff.

歐元區，這些新會員國已經加入歐洲匯率機制（European Exchange Rate Mechanism）；至2009年1月1日止，斯洛維尼亞、馬爾它、塞浦路斯、斯洛伐克亦陸續加入歐元區使用歐元；2011年愛沙尼亞加入歐元區；2024年拉脫維亞加入歐元區；2015年立陶宛加入歐元區。目前共有十九個會員國使用歐元。

　　經濟暨貨幣同盟的經濟政策與貨幣政策的基礎，為自由競爭的開放市場經濟原則[51]；依據歐洲聯盟運作條約第119條第3項之規定，在經濟暨貨幣同盟中，各會員國與歐洲聯盟在執行職務時，必須遵守穩定的價格原則、對於公共財政與貨幣健全的綱要條件原則、持續的與可支付的收支平衡原則。

伍、有競爭力的社會市場經濟

　　雖然歐洲憲法條約（Europäischer Verfassungsvertrag）無疾而終，2007年12月簽署的里斯本條約（Vertrag von Lissabon; Treaty of Lisbon）改革歐洲憲法條約，又稱為改革條約。2009年里斯本條約生效，大幅度改革歐洲聯盟的根本架構。歐洲聯盟條約第3條第2項新規定，歐盟應建立單一市場，致力於在均衡的經濟成長與價格穩定的基礎上歐洲的持續發展、以完全就業和社會進步為目標高度有競爭力的社會市場經濟，以及高度的環境保護與環境品質之改善。歐盟應促進科學與技術的進展；防制社會排擠與差別待遇、促進社會公平正義與社會保護、男女平等地位、世代間的團結與保護兒童的權利；促進會員國間經濟、社會、領域的合作與團結；維護文化與語言多樣的資產，並關注歐洲文化遺產的保護與發展。

　　社會市場經濟（soziale Marktwirtschaft）是德國基本法（Grundgesetz）規範的經濟模式，首次明文規定於歐洲聯盟條約，亦成為歐洲聯盟經濟憲法的原則[52]。從歐洲聯盟的發展史可以清楚地看到，自創

51　參閱歐洲聯盟運作條約第125條與第127條。

52　Ernst-J. Mestmäcker (Hrsg.), Wirtschaft und Verfassung in der Europäischen Union, 2. Auflage, Baden-Baden 2006, S. 288ff.

立歐洲經濟共同體以來，即是調和會員國間不同的經濟制度，因此在解釋開放的市場經濟時，亦必須考慮社會的觀點，在具體的立法措施應遵守條約的授權、原則規定與禁止規定以及基本權利的保障。因此，社會觀點在歐洲聯盟經濟法中愈來愈重要[53]。

---

53 J. Schwarze, Europäisches Wirtschaftsrecht 1. Auflage, Baden-Baden 2007, S. 29ff.

第二章　歐洲聯盟

第一節　從歐洲煤鋼共同體至歐洲聯盟

　　歐洲煤鋼共同體條約（Vertrag über die Gründung der Europäischen Gemeinschaft für Kohle und Stahl; Treaty Establishing the European Coal and Steel Community）、歐洲共同體條約（即原來的歐洲經濟共同體條約；Vertrag zur Gründung der Europäischen Gemeinschaft; Treaty Establishing the European Community）、歐洲原子能共同體條約（Vertrag zur Gründung der Europäischen Atomgemeinschaft; Treaty Establishing the European Atomic Energy Community）分別創設三個不同的法律實體（legal entity），即歐洲煤鋼共同體、歐洲共同體、歐洲原子能共同體，但1993年11月1日生效的歐洲聯盟條約（Vertrag über die Europäischen Union; Treaty on European Union）卻未賦予歐洲聯盟（Europäische Union; European Union）法律上的人格（legal personality）[1]。直至2009年12月1日里斯本條約生效後，才在歐洲聯盟條約第47條明文規定，歐洲聯盟享有法律人格。

壹、歐洲煤鋼共同體

　　1951年4月18日由法國、德國、義大利、荷蘭、比利時與盧森堡六國於巴黎簽署歐洲煤鋼共同體條約，並於1952年7月23日生效，因此又稱為巴黎條約（Treaty of Paris）。這六個創始會員國以締結歐洲煤鋼共同體條約的方式，建立歐洲煤鋼共同體，以共同市場（Gemeinsamer Markt; Common Market）為基礎，追求共同的目標，並且擁有共同的機關[2]；依

1　參閱Macleod/Hendry/Hyett, The External Relations of the European Communities, Oxford 1996, p. 3.

2　參閱歐洲煤鋼共同體條約第1條。

據歐洲煤鋼共同體條約第6條之規定，歐洲煤鋼共同體為具有國際法律人格的獨立實體；歐洲煤鋼共同體條約第97條規定，歐洲煤鋼共同體條約有五十年的適用期限，已於2002年7月22日因適用期限屆滿而失效。

　　歐洲煤鋼共同體條約並創設四個機關，即高級官署（Hohe Behörde）、共同大會（GemeinsameVersammlung）、特別的部長理事會（Besonderer Ministerrat）與法院（Gerichtshof）[3]。高級官署行使超國家的立法權與行政權，以管制煤鋼產品的製造與分配；共同大會則由會員國的人民代表組成，以行使監督權；特別的部長理事會由會員國的部長代表組成，以行使立法權與諮商權；法院的功能，則在確保解釋與適用歐洲煤鋼共同體條約。簡言之，創始會員國同意移轉其部分主權給歐洲煤鋼共同體，由歐洲煤鋼共同體依據新的條約目標行使這些主權[4]。

貳、歐洲經濟共同體與歐洲原子能共同體

　　歐洲煤鋼共同體的六個創始會員國於1957年3月25日在羅馬簽署了歐洲經濟共同體條約（Vertrag zur Gründung der Europäischen Wirtschaftsgemeinschaft; Treaty Establishing the European Economic Community）與歐洲原子能共同體條約，故又稱此二條約為羅馬條約（Treaties of Rome），並於1958年1月1日生效。此二條約並無適用時期之限制，且各自創設具有國際法律人格的實體[5]。

　　歐洲原子能共同體條約之目標，在於建立對核子工業的快速形成與發展必要的條件，以致力於提高會員國的生活狀況並致力於發展與其他國家的關係[6]。歐洲經濟共同體條約的適用範圍則較廣泛，其目標為對各種形式的經濟活動建立共同市場，以促進在共同市場內經濟生活的協調與平衡發展；促進持續的、無通貨膨脹的、符合環境的成長；促進經濟成果的高

3　參閱歐洲煤鋼共同體條約第7條。
4　參閱Macleod/Hendry/Hyett，前揭書，p. 4。
5　參閱Macleod/Hendry/Hyett，前揭書，p. 4。
6　參閱歐洲原子能共同體條約第1條第2項。

度凝聚、高度就業水準、高度的社會保護、提高生活狀況及生活品質；以及促進在會員國間的經濟與社會的關聯和團結[7]。

歐洲經濟共同體條約與歐洲原子能共同體條約亦各自創設了四個擁有超國家權限的自主機關，即大會（Versammlung）、理事會（Rat）、執行委員會（Kommission，簡稱執委會，相當於歐洲煤鋼共同體的高級官署）、法院（Gerichtshof）[8]；理事會為主要的立法機關，執委會享有專屬的立法提案權，而大會則扮演著諮詢的角色。

歐洲共同體因新會員國不斷地加入而向北與向南擴大，1973年1月1日，英國、愛爾蘭與丹麥正式加入歐洲共同體，即為歐洲共同體第一次的擴大；希臘於1981年1月1日正式成為歐洲共同體第十個會員國，歐洲共同體完成第二次的擴大；1986年1月1日歐洲共同體完成第三次的擴大，西班牙與葡萄牙亦成為正式的會員國；1995年1月1日瑞典、芬蘭與奧地利亦正式加入歐洲共同體，至此時歐洲共同體完成第四次擴大，共有十五個會員國。2004年5月1日，歐洲共同體完成第五次擴大，塞浦路斯、捷克共和國、立陶宛、匈牙利、拉脫維亞、愛沙尼亞、馬爾它、波蘭、斯洛伐克共和國與塞爾維亞等十國正式加入歐洲共同體。2007年1月1日，保加利亞與羅馬尼亞亦正式成為歐洲共同體的會員國。

2005年10月3日，歐洲聯盟開始分別和土耳其與克羅埃西亞（Kroatien）展開加入談判。若加入候選國重大或持續違反歐洲聯盟的基本價值時，基於執委會之申請或三分之一的會員國以條件多數決議時，理事會得中止或重啟談判。2013年7月1日，克羅埃西亞正式加入歐盟。目前歐盟共有二十八個會員國。

參、單一市場

1986年2月17日十二個會員國於盧森堡簽署單一歐洲法（Einheitliche Europäische Akte; Single European Act），並於1987年7月1日生效，首次對

7　參閱歐洲經濟共同體條約第2條。

8　參閱歐洲經濟共同體條約第4條第1項；歐洲原子能共同體條約第3條第1項。

於三個歐洲共同體的基礎條約做實質內容的修正，主要為規定必要的決議程序，並藉消除仍然存在於共同體內的障礙，以期在1992年12月31日前完成單一市場（Binnenmarkt; Single Market），應建立一個對商品、人員、勞務與資金自由流通、無內部邊界的區域；增訂在理事會立法過程採取多數決議的立法事項；加強歐洲議會在立法程序上的參與權限，並明確理事會授權執委會採取施行共同體法措施的範圍。此外，並擴大歐洲經濟共同體條約在實體上的權限範圍，特別是經濟與貨幣政策、社會政策、經濟與社會結合、研究與技術發展以及環境政策等；加強會員國在外交政策上的合作。

肆、歐洲聯盟

1992年2月7日十二個會員國在荷蘭的馬斯垂克（Maastricht）簽署歐洲聯盟條約，又稱為馬斯垂克條約，並於1993年11月1日生效，主要內容為加強會員國共同的外交與安全政策、在內政與司法領域上的合作以及再度修正三個共同體的基礎條約，尤其是修正歐洲經濟共同體條約為歐洲共同體條約（Vertrag zur Gründung der Europäischen Gemeinschaft; Treaty Establishing the European Community），歐洲經濟共同體因此更改名稱為歐洲共同體[9]。

歐洲聯盟條約再次擴大歐洲共同體的目標與共同體政策（Gemeinschaftspolitik; Policy of the Community）的範圍，特別是應逐步地實現經濟與貨幣同盟（Wirtschafts-und Währungsunion; Economic and Monetary Union）；賦予歐洲議會在立法程序上更大的參與權限，尤其是在許多事務的範圍增訂由理事會與歐洲議會行使共同決定權；理事會的立法決議增加使用多數決；將輔助原則（Subsidiaritätsprinzip; Principle of Subsidiarity）提升為原來歐洲共同體條約的一般原則，並將審計院（Rechnungshof; Court of Auditors）提升為第五個主要的共同體機關；賦

9　參閱歐洲聯盟條約第8條。

予歐洲法院制裁不遵守其判決的會員國之權限。

　　1997年10月2日，會員國在荷蘭的阿姆斯特丹簽署了阿姆斯特丹條約（Vertrag von Amsterdam）[10]，阿姆斯特丹條約最主要的目標為修正歐洲聯盟條約與繼續推展歐洲統合，以做為歐洲聯盟向東擴大（Osterweiterung）的準備[11]。依據阿姆斯特丹條約第14條之規定，在條約生效前，必須由目前的十五個會員國批准阿姆斯特丹條約，自1999年5月1日起，阿姆斯特丹條約生效；值得注意的是，阿姆斯特丹條約將歐洲聯盟條約、歐洲共同體條約重新編號，因此歐洲聯盟條約為第1至53條，而歐洲共同體條約共有314條。

　　阿姆斯特丹條約的主要內容為：(1)加強歐洲議會在歐洲聯盟組織體系的地位與民主政治，因此歐洲議會可說是阿姆斯特丹條約的最大贏家[12]；(2)將歐洲聯盟條約中關於內政與司法政策的合作以及申根公約（Schengener Abkommen）的內容，納入原來歐洲共同體條約中；(3)在共同外交與安全政策範圍，改善歐洲聯盟在外交政策上的行為能力；(4)強調接近民眾，協調會員國間的就業政策，並將社會政策協定（Abkommen zur Sozialpolitik）明文規定於歐洲共同體條約；(5)在繼續發展歐洲統合的過程中，以靈活的方式克服停頓的談判。

　　於2001年簽署的尼斯條約（Treaty of Nice），基本上並未對於歐洲聯盟的改革（EU reform）作很大的修正，但卻對於在2004年的第五次擴大完成了歐洲聯盟組織架構的基礎。由於愛爾蘭的公民投票僅針對尼斯條約，經修改部分內容後，直到2002年7月時會員國才正式批准尼斯條約，並於2003年2月1日生效。

　　尼斯條約重要的內容有：

　　1.改革執委會，即自2005年起，每個會員國只得有一位委員。

　　2.在部長理事會的表決權加權，在條件多數的決議，以更低的阻擋少

10　Amtsblatt der Europäischen Gemeinschaften 1997 C 340/1ff.

11　參閱Hilf/Pache, Der Vertrag von Amsterdam, Neue Juristische Wochenschrift 1998, S. 706.

12　參閱Hilf/Pache，前揭文，Neue Juristische Wochenschrift 1998, S. 710。

數（Sperrminorität）加強小國的地位。

3.修訂在部長理事會的加重多數決議，即在條件多數決議應有人口總數的62%同意，才通過決議。

4.在歐洲聯盟會員國增加至二十七個會員國時，在執委會應實施二十五名委員的輪流制度。

5.重新分配歐洲議會的席次，歐洲議會議員總數不得超過七百三十二席。

尼斯條約促使各會員國正視歐洲聯盟歷經擴大後的關鍵議題——組織結構的改革，雖然尼斯條約並未修改任何現有的政策，但卻引發在2002年召開歐洲前景會議（Convention on the Future of Europe）與在2003年提出的歐洲聯盟憲法條約草案（Draft Constitutional Treaty）[13]。

2003年6月時，全體會員國簽署了歐洲憲法條約（Europäischer Verfassungsvertrag; Treaty Establishing a Constitution for Europe），由於許多新增訂的議題，例如歐洲基本權利憲章亦將成為有法律拘束力的規定，引發許多的爭論。在2005年5月與6月時，法國與荷蘭分別以公民投票否決批准歐洲憲法條約，使得歐洲憲法條約在批准的過程中面臨嚴峻的挑戰，也造成歐洲統合出現空前的危機。

2007年上半年德國擔任理事會的輪值主席，在德國的積極推動下，在柏林舉行的歐洲高峰會議中會員國達成協議，願意在歐洲聯盟的基礎與架構下檢討與改革歐洲憲法條約，以期符合現實的需要。2007年下半年由葡萄牙接任輪值主席，2007年12月13日簽署改革歐洲憲法條約的里斯本條約（Treaty of Lisbon），又稱為改革條約，希望未來有一個更有效率、更透明與更民主的歐洲聯盟。基本上，里斯本條約類似於單一歐洲法、馬斯垂克條約、阿姆斯特丹條約與尼斯條約，僅在修改原來的基礎條約，並不是要取代歐洲聯盟的基礎條約[14]。里斯本條約根本地修訂了歐洲聯盟內部的

---

13 參閱Alex Warleigh: The basics-European Union, New York: 2004, p. 27.

14 Michael Dougan, The Trety of Lisbon 2007: Winning Minds, Not Hearts, Common Market Law Review 2008, p. 620.

組織與外部結構[15]，以期能確保歐洲聯盟有效率地運作與促進歐洲統合的進程。

除愛爾蘭應舉行公民投票外，其他二十六個會員國只須由國會決議批准里斯本條約，原先預計在2009年1月1日生效，但2008年6月愛爾蘭公民投票否決里斯本條約，又為里斯本條約的命運投下一顆強烈的震撼彈[16]。隨即在布魯塞爾召開歐洲高峰會議，以處理里斯本條約可能遲延生效的問題。在愛爾蘭公投否決後，法國與德國支持執委會主席Barroso的看法，主張應繼續里斯本條約未完成的批准程序[17]。

2009年1月1日，捷克接任理事會的輪值主席，由於捷克與波蘭支持美國在東歐設立飛彈防禦的雷達基地，認為關係到國家安全，而遲延批准里斯本條約的程序波蘭國會於2008年4月2日批准里斯本條約，但波蘭總統Lech Kaczynski堅持要等到愛爾蘭第二次公民投票結果出爐才願意簽署里斯本條約。捷克國會終於在2009年5月6日批准里斯本條約，猶如為歐洲統合的未來打了一劑強心針[18]。

愛爾蘭政府已經承諾在2009年舉行第二次的公民投票，並在2009年10月前完成里斯本條約的批准程序[19]；捷克終於在2009年5月6日批准里斯本條約。里斯本條約必須經由全體會員國依據憲法的規定完成批准，雖然在2007年12月簽署時預計在2009年1月1日生效，但由於愛爾蘭的遲延批准、捷克與波蘭國內反對聲浪，雖然捷克國會完成批准如同為歐洲統合的未來打了一劑強心針，可以對愛爾蘭的第二次公民投票施壓，但從捷克總理Topolanek因而下台，改由一個看守政府（caretaker

---

15 Jonas Paul, EU Foreign Policy After Lisbon, C.A.P Policy Analysis, No. 2 June 2008, p. 5.

16 http://newsvote.bbc.co.uk/mpapps/pagetools/print/news.bbc.co.uk/2/hi/europe/777696/stm?ad, last visited 2009/1/3.

17 http://newsvote.bbc.co.uk/mpapps/pagetools/print/news.bbc.co.uk/2/hi/europe/6901353.stm?ad, last visited 2009/1/3.

18 http://euroserver.com/9/28078?print=1, last visited 2009/6/25.

19 http://newsvote.bbc.co.uk/mpapps/pagetools/print/news.bbc.co.uk/2/hi/europe/7792553.stm?ad, last visited 2009/1/3.

government）取代[20]，德國聯邦總統Horst Köhler則是在等待聯邦憲法法院（Bundesverfassungsgerich）針對里斯本條約合憲性的判決結果，波蘭總統Lech Kaczynski堅持要等到愛爾蘭第二次公民投票結果出爐才願意簽署，使得里斯本條約的命運又處於不確定的狀態。

　　2009年6月30日德國聯邦憲法法院作成判決同意德國在履行一定的負擔下批准里斯本條約，德國的里斯本條約同意法（Zustimmungsgesetz zum Lissabon-Vertrag）符合基本法（Grundgesetz）的規定，但聯邦議會（Bundestag）與聯邦參議院（Bundesrat）在同意的過程中並未充分的行使參與權，因此是違憲的。只要是德國國會未依法行使參與權時，里斯本條約同意法即尚未生效，德國即不得寄存批准生效文件。聯邦憲法法院在判決中明確的指出，基本法同意里斯本條約，但亦要求在國家層次應加強國會的統合責任[21]。聯邦憲法法院的判決具有重大的歷史意義，保障德國法治國家和德意志民族自決的本質，同時邁向一個由德意志民族祈願的自由、和平與社會的歐洲[22]。

　　愛爾蘭在2009年10月3日舉行第二次公民投票順利過關，也將使尚未正式批准里斯本條約的波蘭和捷克面臨更大的壓力，愛爾蘭的第二次公投結果有助於里斯本條約完成批准的目標。里斯本條約必須經由全體會員國依據憲法的規定完成批准，2009年10月30日在布魯塞爾舉行的歐洲高峰會議給與捷克可以選擇不適用歐洲聯盟基本權利憲章，與波蘭和英國適用相同的豁免要件。捷克為最後一個批准里斯本條約的會員國，並於2009年11月13日將批准文件完成寄存的手續，里斯本條約終於在2009年12月1日生效，里斯本條約的生效有助於歐盟統合進程的向前邁進與在國際社會確立其全球的角色。

　　里斯本條約改革的主要內容有：

　　1.強化歐洲統合的基本價值，這些基本價值為人類不可侵犯和剝奪、

20　http://eurobserver.com/9/28078?print=1, last visited 2009/6/25.

21　Karlsruhe billigt Lissabon-Vertrag unter Auflagen, http://faz.net, last visited 2009/10/4.

22　Verfassungsgericht billigt Lissabon-Vertrag unter Auflagen, http://spiegel.de/politik/deutschland, last visited 2009/10/4.

自由、民主、平等和法治。

2.歐洲高峰會議主席的常設制度。

3.設立外交事務高級代表。

4.精簡執行委員會人數。

5.明確規範加重多數決的實施方式，即自2014年11月起，條件多數決議必須有至少十五個會員國同意、55%的理事會票數同意與占65%的總人口數同意。

6.擴大加重多數決議的適用範圍。

7.加強歐洲議會的職權，明定歐洲議會議員總數為七百五十人。

8.明文規定聯盟人民的請願權。

9.歐洲基本權利憲章雖不明列於條約內，但會員國應遵守歐洲基本權利憲章。

10.加強共同打擊恐怖主義與天災人禍的團結互助。

里斯本條約以超國家的歐洲聯盟的憲法形式建立一個在法律上全新的歐洲聯盟，因此根本地改變了歐洲聯盟與其全體會員國的憲法與政治制度[23]。歐洲聯盟條約第1條第3項新規定，歐盟的基礎為歐洲聯盟條約與歐洲聯盟運作條約（Vertrag über die Arbeitsweise der Europäischen Union）；此二條約在法律上位階相同。在里斯本條約生效後，歐洲聯盟條約與歐洲聯盟運作條約將成為新的歐洲聯盟事實上的憲法。歐洲聯盟取代歐洲共同體，歐洲聯盟是歐洲共同體法律上的繼承者[24]。

在里斯本條約生效後，自馬斯垂克條約以來，歐洲聯盟僅為一個政治屋頂而無國際法律人格的法律爭議，將獲得圓滿的解決，三根支柱的組織架構亦將解體。歐洲聯盟在法律上是一個全新的聯盟，為具有超國家憲法形式的國際組織，享有國際法律人格，歐洲聯盟可以以「一個聲音」在國際社會參與國際事務。

----

[23] constitutional implications of the Treaty of Lisbon, http://www.vrijspreker.nl/wp/2008/04/. constitutional-implications-of-the-treaty-of-lisbon, last visited 2009/1/2.

[24] Albrecht Weber, Vom Verfassungsvertrag zum Vertrag von Lissabou, EuZW 2008, S. 7.

第二節　歐洲聯盟的組織架構

　　原始的三個歐洲共同體，即歐洲煤鋼共同體、歐洲經濟共同體與歐洲原子能共同體，均有其各自獨立的機關，同時有些機關卻有不同的名稱，例如：依據歐洲煤鋼共同體條約第7條之規定，歐洲煤鋼共同體之機關為特別的部長理事會（Besonderers Ministerrat; Special Council of Ministers）、高級官署（Hohe Behörde; High Authority）、共同大會（Gemeinsame Versammlung; Common Assembly）、法院（Gerichtshof; Court of Justice）；歐洲原子能共同體條約第3條規定歐洲原子能共同體之機關有大會（Versammlung; Assembly）、理事會（Rat; Council）、執委會（Kommission; Commission）、法院（Gerichtshof; Court of Justice），依據原來歐洲經濟共同體條約第4條之規定，歐洲經濟共同體之機關為大會、理事會、執委會、法院。

　　1957年3月25日歐洲共同體的六個創始會員國簽署三個歐洲共同體的共同機關協定（Abkommen über gemeinsame Organe für die Europäischen Gemeinschaften）[25]，並於1958年1月1日生效。自此時起，三個歐洲共同體擁有共同的大會與法院，但每個歐洲共同體有其獨立的理事會，歐洲經濟共同體與歐洲原子能共同體有獨立的執委會，而歐洲煤鋼共同體仍有其高級官署。1962年3月30日歐洲共同體決議將大會變更名稱為歐洲議會[26]。1965年4月8日六個創始會員國又簽署設置三個歐洲共同體共同理事會與執委會條約（Vertrag zur Einsetzung eines gemeinsamen Rates und einer gemeinsamen Kommission der Europäischen Gemeinschaften，即一般通稱的機關合併條約），並於1967年7月1日生效[27]。自此時起，三個歐洲共同體有共同的理事會與執委會。

　　這些歐洲共同體機關經過兩次的合併後，三個歐洲共同體擁有共同的

25　Bundesgesetzblatt der Bundesrepublik Deutschland II 1957, S. 1156.

26　Amtsblatt der Europäischen Gemeinschaften 1962, S. 1045.

27　Bundesgesetzblatt der Bundesrepublik Deutschland II 1967, S. 2156.

機關，即理事會（Rat; Council）、執委會（Kommission; Commission）、歐洲議會（Europäisches Parlament; European Parliament）與歐洲法院（Europäischer Gerichtshof; European Court of Justice）。1993年版的歐洲聯盟條約將審計院（Rechnungshof; Court of Auditors）提升為歐洲共同體的機關。

　　里斯本條約修訂歐洲聯盟條約與歐洲共同體條約，尤其是里斯本條約明顯的修訂歐洲聯盟的組織架構[28]，希望建構一個穩定與持續的組織架構，以期使歐洲聯盟的運作更有效率[29]。歐洲聯盟取代歐洲共同體，是歐洲共同體法律上的繼承人，歐洲聯盟享有自己的法律人格[30]。在里斯本條約生效後，歐洲聯盟將歐洲共同體將融合為歐洲聯盟新的組織架構，將解決支柱結構組織法上的混合現象，而重新做組織上的整合與歐洲統合的架構更清楚[31]。

　　為建構新的單一歐洲聯盟，里斯本條約規定平衡機關的改革與深化修訂決策程序。組織架構與程序上的新規定是里斯本條約改革重要的目標，特別是希望提高在擴大後的歐洲聯盟未來的行為能力、提高歐洲聯盟民主的正當性與改善行為的透明化[32]。修訂與強化歐洲高峰會議，明文化歐洲高峰會議的機關地位；歐洲中央銀行亦將成為歐洲聯盟的機關，仍享有獨立的法律人格與獨立性。

　　整體而言，歐洲聯盟新的組織結構特別強調歐洲議會在立法程序上的角色、常設任期二年半的歐洲高峰會議主席、擴大理事會的多數決議、縮小執委會的規模、增設歐洲聯盟共同外交暨安全政策的高級代表。

　　歐洲聯盟條約第13條規定歐洲聯盟的組織架構，歐盟的機關包括歐洲

------

[28] 歐洲聯盟條約第13條至第19條與歐洲聯盟運作條約第223條至第287條的新規定。

[29] European Council Presidency Conclusions, Brussels, 14. Dec. 2007, p. 6.

[30] 歐洲聯盟條約第47條明文規定，歐洲聯盟享有法律人格。

[31] J. P. Terhechte, Verfassung ohne Rhetorik – Zur neuen Gestalt der Europäischen Union, EuZW 2007, S. 521.

[32] E. Pache/F. Schorkorpf (Hrsg.), Die Europäische Union nach Lissabon, 2009 Baden-Baden: Nomos Verlagsgesellschaft, S. 24.

議會、歐洲高峰會議、理事會、歐洲執行委員會、歐洲歐盟法院、歐洲中央銀行與歐洲審計院，以期使其價值發揮效果、追求目標、有利於人民與會員國的利益，以及確保其政策和其措施的整合、效率與持續。新規定將歐洲中央銀行提升為主要的機關[33]，但不得牴觸其在憲法上的獨立性[34]。整體而言，歐洲高峰會議與歐洲議會是里斯本條約的受惠者，歐洲高峰會議應推動歐盟的必要發展、擬定歐盟一般的政治方針和優先任務；歐洲議會的民意基礎更加穩固，在立法程序上獲得更多的職權，而有更多實質的參與。

第三節　歐盟法體系

原來的三個歐洲共同體基礎條約創設了一個具有超國家性質的法律制度[35]，吾人可將其稱為共同體法（Gemeinschaftsrecht; Community Law），進而發展出歐盟法（Unionsrecht; Union Law）。歐盟法主要的法源為歐洲聯盟條約、歐洲聯盟運作條約、歐洲原子能共同體條約、歐洲聯盟基礎條約後續的修正與補充規定、由歐盟機關制定具有拘束力的派生法、過去由歐洲共同體締結的國際協定[36]、歐洲法院的案例法（case law），以及由各會員國憲法、法律或國際協定[37]衍生而來的一般法律原則[38]。

33　Streinz/Ohler/Hermann, Die neue Verfassung für Europa, Einführung und Synopse, 2005 München: Verlag C. H. Beck, S. 40.

34　Albrecht Weber, Vom Verfassungsvertrag zum Vertrag von Lissabon, EuZW 2008, S. 9.

35　參閱M. Herdegen, Internationales Wirtschaftsrecht, München 1993, S. 16.

36　依據原來的歐洲共同體條約第300條第7項之規定，由歐洲共同體締結的國際協定對於會員國與共同體機關具有法律拘束力。此類國際協定在共同體法的位階高於由歐洲共同體機關制定的派生歐盟法，參閱M. Herdegen，前揭書，S. 21。

37　例如：歐洲人權公約。

38　參閱Macleod/Hendry/Hyett，前揭書，p. 22，一般的法律原則係不成文的共同體法，歐洲法院亦承認一般的法律原則屬於共同體法的一部分，例如：法治國家原則、基本權利的保護、信賴保護原則等。參閱EuGH Rs. 44/79, Hauer, Slg. 1979, S. 3727; Rs. 46/87

　　由於歐洲法院的案例已經發展出歐洲聯盟自己的法律制度，歐盟法特殊的性質主要在於歐洲聯盟的超國家性質，而最根本的特性為歐盟法直接適用的效力（unmittelbare Wirkung; direct effect），即歐洲聯盟在國際法上創設新的法律制度，不僅是限制其會員國的主權，並且使會員國享有利益，而此一法律制度的權利主體不僅是會員國，而且也是個人。歐盟法獨立於會員國的法律制度，歐盟法不僅得課以個人義務，並且得賦予個人權利[39]。

　　歐盟法直接適用的效力，係指歐盟法的規定已經是清楚的、明確的、無條件的、無須由歐洲聯盟或會員國再採取任何的措施，且歐洲聯盟或會員國無任何的實質裁量權時，歐盟法即具有直接適用的效力[40]。申言之，歐盟法的規定符合上述這些要件時，即已創設權利和義務，個人得直接在國內法院援引適用這些規定，尤其是關於市場自由的規定。

　　歐盟法的另一個特性為具有優先的效力，即歐盟法在適用上效力優先於會員國的國內法。歐盟法優先性為適用條約必須履行（pacta sunt servanda）的國際法上基本原則[41]。歐洲法院確立歐盟法優先性（Vorrang; supremacy）的原則[42]，即歐盟法為一獨特的法律制度，「自歐洲共同體條約生效時起，各會員國即繼受共同體法於其法律制度內，且會員國法院亦應適用共同體法；由於共同體法具有絕對優先（absoluter Vorrang）的效力，因此會員國嗣後不得再單方面地採取牴觸共同體法之措施，歐洲共同體條約不僅創設會員國條約上的義務，並且形成會員國移轉主權給歐洲共同體的法律依據[43]」。

　　歐盟法的規定必須自生效時起，且在其有效的適用期間內，在所有的會員國內具有完全的效力（volle Wirkung）。個人得直接適用此一規定，

----

　　und 227/88, Hoechst, Slg. 1989, S. 2859.

39　參閱EuGH Rs. 26/62, van Gend & Loos, Slg. 1963, S. 1.

40　參閱EuGH Rs. 148/78, Ratti, Slg. 1979, S. 1629.

41　參閱Macleod/Hendry/Hyett，前揭書，p. 23。

42　參閱EuGH Rs. 6/64, Costa/ENEL, Slg. 1964, S. 585.

43　參閱M. Herdegen，前揭書，S. 17。

主張其權利義務，同時歐盟法的直接效力適用於所有的會員國法院，所有的法院均有任務維護歐盟法賦予個人的權利。此外，依據歐盟法優先性的原則，在歐盟法與會員國國內法的關係上，歐洲聯盟基礎條約的規定與由歐盟機關制定公布具有直接適用的派生歐盟法，不僅優先於所有與其牴觸的會員國國內法，而且會員國嗣後亦不得再制定公布違反歐盟法的國內法規[44]。申言之，歐盟法直接適用於會員國的法院，而會員國的法院不得牴觸歐盟法直接賦予個人法律救濟有效保護權益的權利[45]。

　　為履行使單一市場發揮功能的任務，得由歐盟機關制定公布不同形式的法規，即依據歐洲聯盟運作條約第288條規定，為行使歐盟的職權，機關應採取規章（Verordnung; Regulation）、指令（Richtlinie; Directive）、決議（Beschluβ; Decision）、建議（Empfehlung; Recommendation）與意見（Stellungnahme; Opinion）。規章具有一般的效力；規章在其所有的部分具有拘束力，並直接適用於每個會員國。指令對於所指稱的每個會員國，針對其所應達成的目標具有拘束力，但會員國的機關得自行選擇達成目標之形式與方法。決議在其所有的部分具有拘束力；若決議係針對特定人作成時，則決議僅對這些人具有拘束力，建議與意見不具有拘束力。

　　歐洲聯盟制定公布的規章、指令與決定，均必須附具理由以及所依據條約規定的必要提案或意見[46]；若未具備這些要件時，將構成重要的形式上瑕疵，並得由歐洲法院宣告無效[47]。歐洲聯盟的規章、指令與決定，必須由歐洲議會與理事會共同公布於歐洲聯盟的公報（Amtsblatt; Official Jounal）；由理事會與執委會制定的規章以及由理事會與執委會對於所有會員國所制定的指令，亦應公布於歐洲聯盟的公報；至於其他的指令與對特定人的決定，應公告之[48]。

　　歐洲聯盟公報又可分為L與C兩大部分，L指立法通過的法規，C則為

44　參閱EuGH Rs. 106/77, Simmenthal II, Slg. 1978, S. 629.

45　參閱EuGH Rs. C-213/89, Factortame, Slg. 1990, S. I-2433.

46　參閱歐洲共同體條約第253條。

47　參閱J. Steiner, EC LAW, 4th Edition, London 1995, p. 22.

48　參閱歐洲聯盟運作條約第297條。

函示的公告。另外，歐洲法院的判決另以裁判彙編方式印行公布，歐洲法院的案件為C，而第一審法院的案件為T。歐洲聯盟官方公告局（Amt für amtliche Veröffentlichunger der Europäischen Union）並有提供社會大眾直接進入的歐洲聯盟資料庫（Datenbank），電子資料庫系統包括CELEX（為正式的機關間的法規）、EUDOR（電子法規檔案）、CURIA（最新的法規資料庫）與Pre-Lex（執委會的法律提案），其他的資料庫還有CORDIS（研究與發展）、ECLAS（執委會的圖書館目錄）、IDEA（行政的內容目錄）、DEIL（機關間的決議程序）、RAPID（新聞公告）、SCADpluk（歐盟立法的總覽）等[49]。

---

[49] P. Lambach, Leitfaden zur Europäishen Union, 1. Auflage, Geneve 2006, S. 25.

第三章　歐盟因應全球金融海嘯振興經濟方案

第一節　「容科計畫」

壹、「容科計畫」提出的背景

　　2007年以來的全球金融海嘯使歐元區[1]（Euro Area）籠罩在一片低成長與高失業的經濟低迷現象，經濟復甦為歐盟的當務之急，除了在財政紀律、供給面的結構改革、需求面刺激消費與促進成長外，增加公共投資與民間投資，是克服經濟衰退的重要作法。

　　歐洲景氣低迷需要有更多的刺激及誘因，以促進經濟成長及繁榮，2014年歐洲中央銀行（European Central Bank）總裁德拉吉（Mario Draghi）在歐洲議會的經濟暨貨幣事務委員會亦指出，僅靠貨幣政策並無法克服在歐元區支離破碎的金融市場，這種支離破碎的現象也反映出不平衡與制度的缺陷，因此必須大力進行結構改革，以改善商業環境與刺激投資，以期提高生產力、創造新的工作機會與提高經濟成長潛力。結構改革應聚焦在提高經濟成長潛力，而不是只是致力於財政穩定，應更進一步積極採取行動，以振興歐洲經濟。

　　由於全球金融海嘯的衝擊，2010年以來，歐盟強調全體會員國應遵守財政紀律與履行撙節措施，但另一方面又必須鼓勵投資，以促進經濟成長，2012年6月舉行的歐洲高峰會議（European Council）通過「成長

1　歐元已經成為全球第二大的儲備貨幣。目前使用歐元的國家有荷蘭、比利時、盧森堡、德國、法國、義大利、西班牙、葡萄牙、奧地利、芬蘭、愛爾蘭、希臘、賽浦路斯、馬爾它、斯洛維尼亞、斯洛伐克、愛沙尼亞、拉脫維亞，立陶宛亦於2015年1月1日使用歐元，共有十九個會員國使用歐元，統稱為歐元區（Euro Area）。

與就業公約」[2]（Compact for Growth and Jobs），又稱為「財政穩定公約」（Fiscal Stability Treaty），為因應金融海嘯的「黃金法則」（Golden Rule），作為促進經濟成長的方法，同時囊括1,200億歐元的投資包裹。2012年與2013年，歐元區持續的經濟負成長，促使新任執委會主席容科提出新的經濟振興方案。

整體而言，「容科計畫」希望藉由鼓勵投資於基礎設施方案，以促進歐盟長期的成長及加強會員國的結構改革。「容科計畫」的內容涵蓋運輸　能源基礎設施、教育、健康、研究、資訊與通訊技術、創新、再生能源、環境基礎設施、都市更新與社會領域，以及對中小企業的財務援助。

貳、「容科計畫」的目標

「容科計畫」的目標為動員民間資金進行投資策略，以克服在歐盟境內的投資缺口，有下列三大目標：

　　1.藉由深化的單一市場廢除現有的投資障礙；
　　2.對於投資項目，提供看得見與技術上的協助；

2　「成長暨就業公約」又稱為財政穩定公約（Fiscal Stability Treaty），除捷克與英國外，所有會員國皆為簽署國，為一個政府間的條約（intergovernmental treaty），自2014年4月1日起，在二十五個會員國生效施行。整體而言，財政穩定公約為歐盟法架構外的國際條約，但簽署國必須將財政穩定公約轉換成國內法，特別是必須符合財政穩定公約規定的財政預算規則〔即一般預算赤字（general budget deficit）不超過GDP的3%、結構赤字（structural deficit）不超過國家特別的中期預算目標、至多不超過GDP的0.5%、債務與GDP的比例不超過60%；每三年必須重新計算國家特別的中期預算目標〕，應建置一個自動的修正機制（automatic correction mechanism），以修正可能的明顯偏離。執委會與理事會負責監督遵循預算原則，若認為會員國違反預算赤字3%的上限或不遵循債務水準規則時，執委會應啟動超過赤字程序（Excessive Deficit Procedure）與提出一份對會員國的反制措施建議，以修正這種超過赤字的現象。原則上，反制措施只是概述、指出應採取修正行為的規模與時程表、考慮國家特別的財政永續風險。在全面評估結構收支平衡的基礎上，評價每個會員國是否有遵循中期預算目標。若歐元區的會員國一再違反遵守中期預算目標與「成長暨就業公約」規定的財政限制原則的調整途徑（adjustment path）時，執委會得對該會員國課以其1%GDP的罰鍰，但理事會得以三分之二多數決議否決此一罰鍰。

3.更有智慧地運用新的與現有的財務資源。

也就是「容科計畫」三大優先目標就是要建構「資本市場聯盟」（capital markets union）、「數位單一市場」（digital single market）與「能源聯盟」（energy union）。單一市場一直是歐洲經濟成長策略的核心，但不論在會員國層次或歐盟層次，仍有許多的制度障礙、瓶頸與以及不同的會員國利益，因而阻礙競爭力與成長的利益。「容科計畫」的首要任務之一就是要活化單一市場，應致力於廢除單一資本市場的障礙，並建立一個資本市場聯盟、克服殘缺不全的能源市場、促進數位經濟及創新。

參、「容科計畫」的內容

歐盟投資計畫聚焦於消除投資障礙、對於投資項目提供看得見與技術上的協助，以及更有智慧的使用新的與現有的財務資源。投資計畫應在下列三個領域積極規劃[3]：

1.在三年內至少應啟動籌集投資3,150億歐元；
2.支援在實體經濟的投資，主要可以分為(1)協助在歐盟與海外的機構投資人取得更多的投資項目；(2)協助項目推動者更容易取得風險融資；(3)協助員工在3,000人以上的創新型中小企業更容易取得融資；
3.創造一個有利於投資的環境。

一、資本市場聯盟

資本市場聯盟是「容科計畫」的三大優先目標之一。

資本市場聯盟是提供所有企業（包括中小企業在內）與基礎設施項目所需資金的融資管道，藉由儲蓄與成長之連結，可以提供給儲蓄人與投資人新的投資機會與選擇，而更深化與更整合的資本市場可以降低融資成本與使金融體系更有彈性，全體會員國可以從建構一個真正的單一資本市場

---

[3] https://ec.europa.eu/priorities/jobs-growth-and-investment/investment-plan_en, last visited 2016/9/16.

受惠。透過資本市場聯盟，支援經濟凝聚與協助解決歐元區的經濟震盪，亦可以支撐經濟暨貨幣同盟。更強大的資本市場可以補充強勢的銀行融資傳統。

　　簡言之，資本市場聯盟將加強儲蓄存款與成長的連結，可以提供給儲蓄人及投資人更多的選擇與更好的獲利，同時亦會給企業在不同發展階段更多的融資選擇。要達成資本市場聯盟，必須採取許多具體的措施，以便消除在投資人的資金與投資機會間的障礙、克服阻礙企業取得融資的障礙，應盡可能使會員國內與跨國的融資管道更有效率。愈緊密整合的資本市場與逐步消除會員國現有的障礙，以避免有可能會對金融穩定產生新的風險，因此應提高金融監理整合，以便資本市場的主管機關以一致的方式進行監理，並加強可使用的工具，以審慎有效的管理系統風險（systemic risks）。

　　執委會在「建構資本市場行動計畫」中，指出將針對下列的領域採取具體的措施[4]：

　　（一）對歐洲企業與中小企業提供更多的融資選擇；

　　（二）對長期與永續投資及歐洲基礎設施的融資，確保適當的法規環境；

　　（三）增加投資與提供證券零售商及機構投資人的選擇；

　　（四）提高銀行提供借貸的能力；

　　（五）消除跨國的障礙與發展在全體會員國的資本市場。

　　因此，此一「建構資本市場聯盟行動計畫」描繪出在2019年以前，應在全體會員國建構一個發揮良好作用與整合的資本市場聯盟，由於這是一個長期的計畫，因此執委會將快速的進行各項措施，在2017年執委會將進行成果的評價與重新評估優先執行的項目。

二、數位單一市場

　　互聯網（internet）與數位科技改變了世界，但在數位時代（digital

4　COM (2015) 468.final., pp. 4-6.

age），歐盟卻面臨許多的障礙，例如僅7%的中小企業進行跨國的商品交易與提供服務。2010年5月19日，執委會提出「歐洲數位議程」[5]（Digital Agenda for Europe），以作為「歐洲2020策略」[6]（Europe 2020 Strategy）的七個支柱[7]之一，首要目標為發展一個數位單一市場，以期促進在歐盟的智慧、永續及融合的成長，更佳的利用資訊與通訊技術。「數位議程」的措施包括：

1. 落實數位單一市場，主要為開放進入合法的線上內容；
2. 簡化電子支付與會計，特別是完成「單一歐洲支付區」[8]（Single Euro Payment Area；簡稱SEPA）；
3. 統一電子通訊服務；
4. 改善器具、運用、資料庫、服務與網絡的相容性與規格；
5. 加強互聯網信任與線上安全，以期對抗數位犯罪及線上的兒童色情與加強隱私及個資的保護；
6. 促進快速與光纖快速的互聯網入徑；
7. 提高投資於與資訊技術相關的研究與創新；
8. 改善數位職權、專業資格與整合。

「容科計畫」的另一個重要議題，就是要完成數位單一市場，以便確保在數位單一市場內保障商品、人員、服務與資金的自由流通。2015年5月6日，執委會公布「數位單一市場策略」（Digital Single Market Strategy），以期對人民及企業開放數位機會與提高歐盟在數位經濟

5　COM (2010) 245 final.

6　COM (2010) 2020 final.

7　這七個支柱為歐洲數位議程（Digital Agenda for Europe）、創新聯盟（Innovation Union）、青年遷徙（Youth on the Move）、能源效率的歐洲（Resource Efficient Europe）、全球化時代的產業政策（An Industrial Policy for the Globalisation Era）、新的專業與就業議程（An Agenda for new Skills and Jobs）與歐洲對抗貧窮平台（European Platform against Poverty）。

8　單一歐洲支付區係歐盟整合跨國的歐元支付，簡化銀行匯兌歐元的手續。2015年7月，單一歐洲支付區包括歐盟的二十八個會員國、冰島、列支敦斯登、挪威、瑞士、摩納哥與聖瑪麗諾。

（digital economy）世界領導的角色。「數位單一市場策略」包含下列三個支柱：

    1.進入：在全歐洲境內，消費者與企業取得更佳數位商品與服務；

    2.環境：對數位網絡與創新服務，創造正確的條件與平順的交易環境；

    3.經濟暨社會：最大化數位經濟的成長潛力。

數位單一市場的目標，包括下列各項：

    1.盡快完成共同的歐盟資料保護規則；

    2.致力於正在進行的電信規則改革；

    3.修訂著作權法，以因應新的科技發展；

    4.簡化消費者線上買賣的規則；

    5.應使創新者更容易開創其事業；

    6.鼓勵數位專業與學習；

    7.在全歐盟境內，有相同的線上內容與服務。

據估計，數位單一市場可促進歐盟經濟高達4,150億歐元，可以促進就業、經濟成長、競爭、投資與創新。數位單一市場可以擴張市場，以更好的價格提供更好的服務，消費者有更多的選擇與創造新的就業來源，對於新創公司與現存的企業亦創造新的商業機會。

三、能源聯盟

能源聯盟係指更安全、更容易取得與更永續的能源，永續能源可以跨越邊界自由流通，並且可以在每一個歐盟會員國內安全供應能源。新的技術與更新基礎設施可以減少人民的日常支出與創造新的工作機會與專業技術，同樣的企業可以擴大出口與促進成長。這些都會造成永續、低碳與更環保的經濟，歐盟因而也成為再生能源生產與對抗全球暖化的先驅。

能源聯盟應確保歐洲有安全、可取得與環保的能源，更有智慧的能源使用，同時可以對抗氣候變遷，可以創造新的就業機會與促進經濟成長，並且投資歐洲的未來。歐盟已經開始實施能源聯盟架構策略（Energy Union Framework Strategy），將過渡到一個低碳、安全與有競爭力的經濟

（a low-carbon, secure and competitive economy）。

歐盟的能源聯盟策略主要有五個相關與相互補充的要素：

1. 供給安全：多元的歐盟能源來源、更佳與更有效率的使用在歐盟境內生產的能源；
2. 一個完全整合的單一能源市場：使用相互連結器可以使能源在歐盟內自由流通，也就是沒有任何的技術或法規的障礙，能源供應者可以自由競爭，以最好的價格供應能源；
3. 能源效率：消費較少的能源，以期降低污染與保存國內的能源來源，目的就是減少歐盟對於能源進口的依賴；
4. 氣候行動即降低排放廢氣：更新歐盟的廢氣排放交易制度（Emmissions Trading System）與推動2015年12月巴黎氣候高峰會議決議的全球廢氣交易，並鼓勵民間投資於新的基礎設施與技術；
5. 對於氣候的研究與創新：藉由協調研究與協助取得民間部門的融資夥伴項目，支援突破低碳技術。

在「容科計畫」架構下，建構一個永續的能源聯盟，歐盟並且已經撥款給能源聯盟，以期進行再生能源與能源效率的計畫，而按照執委會的估計，在2030年前，需要投資超過2兆歐元，以建置電力網絡、能源效率與清淨發電。

歐盟已經完成能源聯盟重要的工作，包括至2030年的能源暨氣候政策架構[9]（policy framework for energy and climate for 2030）、能源安全策略（energy security strategy）與一個整合的能源市場。

9　在2030年以前，應降低27%的能源使用，同時應達到減少排放溫室廢氣至少40%的目標。

第二節　「容科計畫」的運作

壹、歐洲策略投資基金

　　2015年5月28日，歐盟已經立法通過歐洲策略投資基金規章，以作為設立「歐洲策略投資基金」（簡稱EFSI）與運作的法律依據，並規定投資計畫的動員融資與融資投資的預算分配，「歐洲策略投資基金」為歐盟投資計畫運作的核心，負責歐洲投資計畫的運作事宜。

　　「歐洲策略投資基金」係由歐洲投資銀行[10]（European Investment Bank）與執委會共同倡議設立的一個基金，設立資本為210億歐元，由歐盟的預算提撥160億歐元與歐洲投資銀行出資50億歐元，以協助克服歐盟目前的投資鴻溝。「歐洲策略投資基金」將支援投資於運輸、能源與數位基礎設施、教育及培訓、健康、研究與發展、資訊暨通訊技術與創新、擴展再生能源與資源效率、環境、城市與社會項目，以及支援中小企業與中型的資合公司。在2015年至2017年的三年，「歐洲策略投資基金」的目標為啟動3,150億歐元的投資，這些資金將投資於實體經濟。

　　歐洲投資銀行是整個歐洲投資計畫最重要的策略夥伴，因此在歐洲投資銀行內將啟動民間的投資基金。歐洲投資計畫特別是要支援策略投資（strategic investment），例如寬頻與能源網絡，以及少於3,000名員工的小型企業，主要是要對歐洲社會市場經濟有實際附加價值的項目提供經費管道。歐洲投資計畫要挹注資金，以創造一個更有利投資的商業環境，尤其是對中小企業與長期項目增加資金，2015年底執委會提出了一個工作計畫，以協助消除現有的市場障礙。

　　2015年7月22日，執委會亦採取了一個包裹措施，以期「歐洲策略投資基金」可以早日開始運作。「歐洲策略投資基金」之目的，就是要藉由

10　歐洲投資銀行為由歐盟會員國合資經營的金融機構，於1958年1月1日成立，1959年開始營運，總行位於盧森堡，主要宗旨為提供貸款給會員國尚未開發地區的經濟開發項目。

填補市場鴻溝與動員民間投資，以克服現階段的市場失靈，同時在基礎設施、教育、研究與創新、小企業的風險融資等關鍵領域，支援策略投資。

貳、歐洲投資項目入口

「歐洲投資項目入口」（European Investment Project Portal）是以歐盟為基地的項目發起人（project promoter）與分享他們的投資項目及想法給可能的投資人。2016年6月1日，執委會設立「歐洲投資項目入口」提供媒合服務，即項目發起人可以上網提出項目，以便尋求相關的投資機會。

參、歐洲投資諮詢中心

「歐洲投資諮詢中心」（European Investment Advisory Hub）為建置單一取得投資守則與諮詢的聯繫點，以支援在歐盟內的基礎設施投資。2015年9月1日，「歐洲投資諮詢中心」開始運作，項目發起人、公家機關與民間企業可以獲得技術支援，以協助他們開始啟動項目，以便吸引投資。「歐洲投資諮詢中心」提供合適的融資來源及取得相關技術與財務的專業協助。

肆、致力於結構改革與加強單一市場

在面臨高齡化社會的歐盟，更需要以創新為導向的生產，因此應邁向一個完全的創新聯盟（Innovation Union），也就是歐盟應擬定一套整合的倡議，教育與研究是創新主要的動力，透過教育與研究鼓勵知識創造。應更有效率的協調結構改革與財政政策，強大的結構行動可以促進中期的成長，因此可以支持公共財政的穩固，最後可以提高經濟成長。

「容科計畫」同時希望可以消除對投資的法規障礙，鼓勵會員國的國家開發銀行（National Development Bank）積極參與，提出對於歐洲投資挑戰共同與整合的解決方案。換言之，歐盟設立「歐洲策略投資基金」以提供經費給計畫的項目，當然有賴於會員國國家開發銀行的合作，以達成「容科計畫」的目標。因此，要落實「容科計畫」的各項計畫，必須由

「歐洲策略投資基金」、國家開發銀行、歐洲投資銀行或其他現有的歐洲基金共同出資;另一方面,應積極消除對投資的法規障礙。當然會員國應持續實施必要的改革,以消除在「歐洲學期」[11](European Semester)指出的事項,例如破產法、政府採購、司法制度、公共行政的效率或特別領域的法規等的投資障礙。

---

11 為實施歐盟的經濟治理,歐盟有一個年度的經濟政策與監督機制,即稱為「歐洲學期」(European Semester)。執委會分析每個會員國的財政與結構改革政策、提出建議與監督其執行。

第二篇

歐洲聯盟的市場自由

第四章　自由的商品流通

第一節　通　論

　　1957年歐洲經濟共同體的會員國將自由的商品流通（freier Warenverkehr; free movement of goods）作為歐洲經濟共同體條約的基本原則，即所有的商品應在歐洲共同體內自由無阻地流通，而成為歐洲共同體條約所規定的四大基本自由（Grundfreiheiten）之一[1]，同時亦成為歐洲共同體經濟統合的核心與共同市場（Gemeinsamer Markt）的目標，單一市場（Binnenmarkt）的目標在於完全廢除內部邊界，即在會員國間的商品市場不再有任何的邊界，而是一個單一的市場[2]。

　　在簽署歐洲經濟共同體條約時，由於各會員國管制商品流通與保護其本國的經濟發展，因此在會員國間仍然存在相當高的關稅與配額障礙，而冗長且複雜的邊界通關手續更造成進口商與運輸業者的許多不方便，尤其是在個別的會員國間，因為仍適用不同的法律規定與構成要件，而造成會員國間的市場障礙。為改善這些現象，因此在1957年簽署歐洲經濟共同體條約時，即將商品的自由流通規定自成一個章節，歐洲經濟共同體條約第9至37條即規定關於商品自由流通的一系列措施，其重點為在會員國間建立關稅同盟（Zollunion）與消除會員國間的數量上限制措施，以期簡化在會員國間的商品交易與實現單一市場[3]。

　　為實現單一市場，在歐洲共同體內的商品自由流通，最重要的規定為歐洲共同體條約第23至31條關於自由的商品流通、第37條對於農產品的共

1　參閱U. Becker, Das Verbot tarifärer und nichttarifärer Hemmnisse des EU-Warenverkehrs, Juristische Arbeitsblätter 1997, S. 65.

2　參閱G. Nicolaysen, Europarecht II, Das Wirtschaftsrecht im Binnenmarkt, 1. Auflage, Baden-Baden 1996, S. 35.

3　參閱U. Becker，前揭文，Juristische Arbeitsblätter 1997, S. 66。

同市場規範、第81與82條的競爭法規、第87與88條禁止扭曲競爭的國家補貼規定、第90條禁止差別待遇的本國稅捐規定、第93條調適會員國間間接稅之規定、第95條為實現單一市場調適會員國不同的法規、第153條確保高的消費者保護水準的措施、第157條促進共同體產業競爭力的措施，以及第175條環境保護與保護人體健康的措施[4]。

　　歐洲共同體基本上以三種方式達成商品的自由流通原則，即：(1)歐洲共同體條約第25條廢除在會員國間商品交易的進、出口關稅及有相同效果的措施，亦即廢除會員國間關稅上的貿易障礙（tarifäre Handelshemmnisse）；(2)歐洲共同體條約第28至30條廢除在會員國間商品交易的所有數量上限制措施，亦即廢除會員國間非關稅的貿易障礙（nichttarifäre Handelshemmnisse），此二者為單一市場運作上的兩大支柱；(3)為防止在共同體內部因廢除所有貿易障礙的商品自由流通受對外貿易的影響，因此應對第三國實施共同的關稅稅率，即實施一致的單一市場進口要件[5]。

　　歐洲法院也認為，相對於歐洲共同體條約第28至30條而言，歐洲共同體條約第25條關於廢除會員國間關稅之規定係特別規定，應優先適用[6]。雖然歐洲共同體條約不再僅限於欲達成經濟統合的目標，但自由的商品流通卻依舊是歐洲共同體條約最重要的基本自由[7]。

　　2009年12月1日里斯本條約生效後，原來關於單一市場中商品自由流通的規定調整移至歐洲聯盟運作條約第三部分標題二第28至37條，而成為歐洲聯盟商品自由流通原則新的法律依據。

4　參閱C. O. Lenz (Hrsg.), EG-Vertrag Kommentar, 1. Auflage, Köln 1994, Art. 9 EGV, Rn. 2.

5　參閱U. Becker，前揭文，Juristische Arbeitsblätter 1997, S. 66。

6　參閱EuGH Rs. 74/76, Ianelli & Volpi S.p.A./P. Meroni, Slg. 1977, S. 557.

7　參閱U. Becker，前揭文，Juristische Arbeitsblätter 1997, S. 65。

第二節 關稅同盟

壹、定 義

歐洲聯盟運作條約第28條規定，歐洲聯盟包含一個關稅同盟（Zollunion; customs union），並擴及至所有的商品交易；關稅同盟包括在會員國間禁止課徵進、出口關稅和其他有相同效果的稅捐，以及對於第三國實施共同的關稅稅率。關稅同盟為特別的合作形式，歐洲聯盟運作條約本身即以市場完全單一化的方式規定[8]，申言之，所謂的關稅同盟，係指一方面在會員國間的商品交易，禁止課徵任何的進、出口關稅和其他有相同效果的稅捐，即在會員國間的商品交易完全免繳任何的稅捐，而且不問該商品係來自其他會員國或第三國[9]，因為依據歐洲聯盟運作條約第29條第1項之規定，只要第三國的商品已經繳納關稅，完成通關進口手續進入歐洲聯盟後，亦得在歐洲聯盟內自由流通。此外，廢除在會員國間商品流通的所有數量上限制及有相同效果的措施，當然亦適用於已經在歐洲聯盟內自由流通的第三國商品[10]。另一方面，對於第三國的商品交易，則實施共同的關稅稅率。

在歐洲聯盟運作條約中並無明文規定「與關稅有相同效果的措施」之定義，而歐洲聯盟運作條約第207條則規定共同貿易政策，即在於協調會員國對於第三國商品交易之數量上限制措施；此外，歐洲聯盟運作條約亦未明文地定義規定「與數量限制有相同效果之措施」。

為實現單一市場，在這方面，在歐洲聯盟的外部邊界（Außengrenzen）必須有一致的進口規定與出口規定，否則將造成第三國商品規避較嚴格的進口規定，而從規定較寬的會員國進口商品到歐洲聯盟，亦享受在歐洲聯

---

8 參閱G. Nicolaysen，前揭書，S. 35。
9 所謂的第三國，係指非歐洲共同體的會員國。
10 參閱C. O. Lenz (Hrsg.)，前揭書，Art. 9 EGV, Rn. 1。

盟內的商品自由流通，除非構成歐洲聯盟運作條約第346條[11]所規定之要件，歐洲聯盟才得對第三國商品採取保護措施。因此，只要是歐洲聯盟運作條約無特別的授權依據（Ermächtigungsgrundlagen），歐洲聯盟即得依據歐洲聯盟運作條約第95條之規定，制定公布對單一市場的運作有必要之規定，而不僅是對內在會員國間，並且是對外與第三國間的貿易關係上，制定公布必要的規定[12]。

過去的歐洲共同體是一個依據關稅暨貿易總協定（General Agreement on Tariffs and Trade，簡稱GATT）第XXIV條第5至10項關於關稅同盟之規定，結合數個關稅領域（Zollgebiet）而成立的關稅同盟。故歐洲聯盟為一個單一的關稅領域（einheitliches Zollgebiet）。在關稅同盟的會員國間完全廢除關稅與限制貿易的規定；對於非關稅同盟的第三國則適用相同的關稅與貿易規定[13]。

1995年世界貿易組織（World Trade Organization，簡稱WTO）成立時，當時的歐洲共同體（歐洲共同體為歐盟的前身）與其全體會員國同時都是WTO的創始成員[14]。除了1947年GATT的規定外，許多的國際關稅規則與協定對於歐洲聯盟的關稅法有非常重要的影響[15]，例如在WTO架構下的GATT、GATS、TRIPS、2004年的杜哈回合綱要協定（Doha Rahmenabkommen）、於1952年在布魯塞爾成立的世界海關組織（World Customs Organization）[16]、[17]，及架構下簽署的簡化與調適海關程序的國際協定（即所謂的京都公約）[18]等。

11　歐洲共同體條約第296條為保留會員國規定的條款。

12　參閱C. O. Lenz (Hrsg.)，前揭書，Art. 9 EGV, Rn. 3。

13　參閱C. O. Lenz (Hrsg.)，前揭書，Art. 9 EGV, Rn. 4。

14　ABlEG 1994 L 336/1-2.

15　J. Schwarze, Europäisches Wirtschaftsrecht S. 199.

16　Schulze/Zuleeg (Hrsg.), Europarecht, 1. Auflage, Baden-Baden 2006, S. 1482f.

17　世界海關組織是在海關事務的合作理事會（Rat für die Zusammenarbeit auf dem Gebiet Zollwesens），主要的任務為高度協調與單一化WTO會員國間的關稅制度與進行發展和改善關稅法與海關程序。

18　歐洲共同體於2003年3月17日加入此一國際協定。ABlEG 2003 L 86/21.

一、歐盟內之貿易

過去的歐洲共同體條約以關稅暨貿易總協定（GATT）關於關稅同盟之定義規定為其立法依據，故歐洲聯盟運作條約第28條第1項規定關稅同盟應擴及所有的商品交易，但歐洲聯盟運作條約本身卻有一些特別規定與歐洲法院之判決，則排除某些特殊的商品適用關稅同盟之規定。

（一）歐洲煤鋼共同體條約所規範之產品

由於歐洲煤鋼共同體條約只有五十年的適用期限，於2002年7月22日已因期限屆滿而失效，依據2002年第963號規章[19]立法理由第2點，原來適用歐洲煤鋼共同體條約的全部煤鋼產品在歐洲煤鋼共同體條約失效後，應完全適用歐洲共同體條約。尼斯條約並針對歐洲煤鋼共同體條約的後續問題加入一個議定書（Protokoll über die finanziellen Folgen des Ablaufs der Geltungsdauer des EGKSV und über die Errichtung und Verwaltung des Forschungfonds für Kohle und Stahl）[20]，即歐洲煤鋼共同體的全部資產與負債均移轉給歐洲共同體，清算後的財產淨值盈餘應設立一個研究基金（Forschungsfonds），以提供經費給煤鋼領域的研究工作。理事會並作成決定[21]，由當時的歐洲共同體概括繼受歐洲煤鋼共同體基於國際協定產生的國際義務。

（二）歐洲原子能共同體條約所規範的產品

尤其是歐洲原子能共同體條約第30與31條關於健康保護的規定，對於單一市場具有特別重要的意義，此二規定授權歐洲原子能共同體制定健康保護的基本規定。例如：依據歐洲原子能共同體條約第30與31條之規定，歐洲原子能共同體得規定對於食品內輻射的最高含量[22]。

---

[19] ABIEG 2002 L 149/3.

[20] ABIEG 2001 C 80/67.

[21] Entscheidung 2002/595/EG, ABIEG 2002 L 194/35; Entscheidung 2002/596/EG, ABIEG 2002 L 194/36.

[22] 參閱EuGH Rs. C-70/88, Parlament/Rat, Slg. 1991, S. I-4529.

僅以歐洲原子能共同體條約無特別規定者為限,歐洲共同體條約的規定亦補充適用於歐洲原子能共同體條約所規範之產品,因此歐洲共同體條約關於共同關稅稅率之規定與1992年第2913號共同關稅法規章,亦適用於歐洲原子能共同體條約所規範的產品。

(三)武器、彈藥與戰爭物資

歐洲聯盟運作條約第346條第1項第b款授權會員國,得採取認為對其具有重要安全利益之維護有必要的措施,但以涉及武器、彈藥及戰爭物資的製造與銷售為限;且此一措施不得損及在共同市場上關於非特別為軍事目的的特定商品之競爭條件。而依據歐洲聯盟運作條約第346條第2項之規定,由理事會以一致決議規定這些特定商品的名單,但理事會始終未公告。

歐洲聯盟運作條約第346條保留會員國規定的例外規定,主要的立法依據為關稅暨貿易總協定第XXI條關於國防安全之例外規定。申言之,會員國不僅得在聯盟內,並且得與第三國交易武器、彈藥與戰爭物資,但必須遵守特別的核准程序與監督程序(Genehmigungs-und Überwachungsverfahren),而且必須顧及比例原則(Verhältnismäßigkeitsgrundsatz)[23]。歐洲聯盟運作條約第26條關於單一市場的商品自由流通之規定,當然亦適用於武器、彈藥與軍用物資。

由於歐洲聯盟運作條約第346條為例外規定,因此必須作嚴格的解釋,故僅以不適用歐洲聯盟運作條約第346條規定為限,關於關稅同盟之規定亦適用於武器、彈藥與軍用物資,特別是共同關稅稅率與共同關稅法之規定。此外,歐洲共同體於1989年制定第428號規章[24],以共同體法規取代依據當時的歐洲共同體條約第223條所規定的會員國法規。

---

[23] 參閱EuGH Rs. C-367/89, A. Richardt u.a./Revisionsgerichtshof Luxemburg, Slg. 1991, S. I-4621.

[24] Amtsblatt der Europäischen Gemeinschaften 1989 L 50/1.

（四）農產品

　　歐洲聯盟運作條約第38條第1項規定，共同市場亦包含農業與農產品的貿易；農產品係指土地、畜牧和漁業的產品，以及與這些產品有直接關係的初級加工品。依據歐洲聯盟運作條約第38條第2項之規定，僅以歐洲聯盟運作條約第39至44條無特別規定者為限，對於建立共同市場之規定亦適用於農產品。因此，關於關稅同盟在內的規定，亦適用於農產品，而歐洲聯盟運作條約第39至44條為對於農產品的特別規定。

　　歐洲聯盟運作條約第40條規定對於農業市場的共同規範（gemeinsame Organisation; common organization），而依據歐洲聯盟運作條約第43條第3項之規定，此一共同市場規範不僅得對關於單一市場，並且得對關於與第三國之貿易採取措施；共同農業政策的施行應以關稅防止第三國的廉價農產品進入共同體的市場，因此對於第三國農產品進口課徵的衡平稅，亦屬於共同關稅的一部分[25]。這種措施亦屬於歐洲聯盟運作條約第28條廣義的措施。只要無特別規定存在，歐洲聯盟運作條約第28至37條、第114與207條亦適用於農產品[26]。

（五）走私的麻醉品與偽鈔

　　歐洲法院認為走私進口的麻醉品和偽鈔，與原來的歐洲共同體條約第3條第b款共同貿易政策規定、第2條關於共同體的任務以及第27條關於關稅同盟行政的指令規定之目標無任何關係，因此對於這些商品不可能產生關稅債務（Zollschuld），並無交易能力（verkehrsfähig），原則上關於商品自由流通之規定不適用於麻醉品與偽鈔[27]，由於在所有的會員國對於麻醉品與偽鈔適用進口禁止與交易禁止之規定，故有可能構成違反刑事追訴措施（Strafverfolgungsmaßnahmen）。僅非關於依據共同關稅稅率課徵關

25　J. Schwarze, Europäisches Wirtschaftsrecht, S. 200.

26　參閱EuGH Rs. 63/74, W. Cadsky S.p.A./Istituto nazionale per il Commercio Estero, Slg. 1975, S. 281.

27　參閱G. Nicolaysen，前揭書，S. 37。

稅為限，關於關稅同盟的規定亦適用於走私的麻醉品和偽鈔，例如：歐洲聯盟運作條約第36條[28]。

二、對外貿易

在對外貿易基本上適用相同的關稅，歐洲聯盟運作條約第28條第2項明文規定，歐洲聯盟運作條約第30條與第34至37條適用於來自會員國以及來自第三國但已經於會員國內自由流通的商品；但歐洲聯盟運作條約第29條第1項規定，來自第三國的商品在繳完關稅完成通關手續，進入歐洲聯盟後，亦得在歐洲聯盟內自由流通。申言之，在歐洲聯盟內，對於來自第三國的商品亦不得再課徵任何的關稅及與關稅有相同效果的任何稅捐，同時對於來自第三國的商品亦禁止適用任何的限額措施及與限額措施有相同效果的任何限制措施[29]。

為協調會員國間不同的通關手續，當時的歐洲共同體首先於1979年制定公布了一個指令[30]；在1990年更進一步地實施歐洲共同體的商品寄送程序，以施行單一的手續，第三國的商品亦得在共同體的內部寄送[31]；1991年並規定適用單一文件的表格，使長期以來不同會員國使用不同的表格單一化[32]；此外，在1992年配合單一市場的完成與廢除會員國間的關稅程序，施行歐盟的共同關稅法[33]，而在共同關稅法的施行規章詳細地規定商品的通關與寄送程序[34]。

28　參閱EuGH Rs. 221/81, W. Wolf/Hauptzollamt Düsseldorf, Slg. 1982, S. 3681; Rs. C-343/89, M. Witzemann/Hauptzollamt München-Mitte, Slg. 1990, S. I-4477.

29　參閱EuGH Rs. 41/76, Donckerwolcke, Slg. 1976, S. 1935f.

30　RL Nr. 79/695 des Rates zur Harmonisierung der Verfahren für Überführung von Waren in den zollrechtlich freien Verkehr, Amtsblatt der Europäischen Gemeinschaften 1979 L 205/19ff.

31　VO (EWG) Nr. 2760/90 des Rates über das gemeinschaftliche Versandsverfahren, Amtsblatt der Europäischen Gemeinschaften 1990 L 78/1ff.

32　VO (EWG) Nr. 717/91 des Rates über das Einheitspäpier, Amtsblatt der Europäischen Gemeinschaften 1991 L 78/1ff.

33　VO (EWG) Nr. 2913/92 des Rates zur Festlegung des Zollkodex der Gemeinschaften, Amtsblatt der Europäischen Gemeinschaften 1992 L 302/1ff.

34　Amtsblatt der Europäischen Gemeinschaften 1993 L 253/1ff.

貳、在關稅同盟內應適用之規定

一、在會員國間的商品交易廢除所有的進、出口關稅

　　歐洲聯盟運作條約第30條規定，會員國不得再對來自其他會員國的商品，課徵進、出口關稅以及具有相同效果的稅捐。申言之，聯盟原產地的商品（Waren mit Ursprung in der Union）得在歐洲聯盟的領土範圍內完全自由流通[35]。

　　歐洲聯盟運作條約對於關稅並無詳細的定義規定，而所謂與進、出口關稅具有相同效果的稅捐，係指對於來自其他國家的商品在跨越邊界時，由進口國單方面所課徵的任何一種小額的財政負擔（geringe finanzielle Belastung），例如：對於商品所做衛生檢查的費用、商品品質檢查的費用[36]。因此，一會員國對於來自其他會員國的商品給予任何一種形式的財政負擔，均是禁止的。

　　最重要的判定標準，在於跨越邊界的要件，若商品並無跨越邊界的事實存在時，會員國所課徵的財政負擔僅為國內稅，而應依據歐洲聯盟運作條約第114條之規定，判斷該會員國是否得課徵此一國內稅[37]，即通常國內稅（例如：汽車稅）僅在具有差別待遇與保護主義的特徵時，才被禁止課徵[38]，而商品在跨越會員國間的邊界時，即屬於歐盟內的商品交易，原則上不得課徵任何的財政負擔，否則將阻礙商品的自由流通。至於跨越國界的聯繫因素並非僅指在邊界課徵關稅，因為商品在會員國間內部邊界內的任何一個地方均有可能被課徵與關稅有相同效果的稅捐，因此必須比較對於本國商品與進口商品間的財政負擔，而且必須考量相關的交易階段[39]。

35　參閱W. Hakenberg, Grundzüge des Europäischen Wirtschaftsrechts, München 1994, S. 88.

36　參閱U. Becker，前揭文，Juristische Arbeitsblätter 1997, S. 68; W. Hakenberg，前揭書，S. 88。

37　參閱U. Becker，前揭文，Juristische Arbeitsblätter 1997, S. 68。

38　參閱EuGH Rs. C-105/91, Kommission/Griechenland, Slg. 1992, S. I-5871; Rs. C-345/93, Fazenda Pública/Nunes Tadeu, Slg. 1995, S. I-479.

39　參閱U. Becker，前揭文，Juristische Arbeitsblätter 1997, S. 68。

歐洲聯盟運作條約第28條與第30條具有直接適用的效力，即得直接適用於所有的會員國[40]，亦即會員國既不須將其轉換成國內法，而歐洲聯盟亦不須再公布其他的派生歐盟法，且歐洲聯盟的立法者亦無任何的裁量權，同時歐洲聯盟運作條約第28條與第30條並無任何的例外規定，以期確保在會員國間禁止課徵所有進、出口關稅以及具有相同效果的稅捐之效力。

二、實施共同關稅稅率

在歐洲聯盟的關稅同盟建立後，各會員國的財政機關完全放棄其得課徵關稅的主權，僅歐洲聯盟有權對於來自第三國的商品課徵關稅，即在共同關稅的效力範圍（Geltungsbereich），由於歐盟法具有優先的效力，故不得再適用各會員國的關稅法[41]；會員國亦不得再對第三國採取單方面的關稅措施[42]。

歐洲共同體自1968年7月1日完成關稅同盟時起，在當時的歐洲共同體的全部外部邊界（Außengrenzen）實施一致的共同關稅稅率（Gemeinsamer Zolltarif; Common Customs Tariff）；共同關稅稅率係以國際制度為依據，並將商品有系統地包括在一個混合的稅則中，而每一個商品均有一個應適用的關稅稅率[43]；理事會於1968年7月28日即公布第一個關於共同關稅稅率之規章[44]，且每年均會公布新的規章，以確定新的關稅稅率，目前的共同關稅稅率則採取合併的關稅稅則，同時規定對外貿易統計之要素。

在國際貿易領域，關稅主要由關稅暨貿易總協定所規範，由於歐洲聯盟的所有會員國均為關稅暨貿易總協定之締約國，因此共同關稅稅率亦必

---

[40] 參閱EuGH Rs. 33/70, Spa SACE/italienisches Finanzministerium, Slg. 1970, S. 1213.

[41] 參閱W. Hakenberg，前揭書，S. 88。

[42] EuGH Rs. 2 und 3/69, Diamantarbeiders, Slg. 1969, S. 211.

[43] 參閱U. Becker，前揭文，Juristische Arbeitsblätter 1997, S. 66。

[44] VO (EWG) Nr. 950/68 des Rates vom 28. Juni 1968 über den Gemeinsamen Zolltarif, Amtsblatt der Europäischen Gemeinschaften 1968 L 172/1ff.

須符合關稅暨貿易總協定之規定，同時歐洲聯盟亦必須顧及在關稅暨貿易總協定範圍內，對於與特定國家談判所達成的降低關稅協議。實際上，共同關稅稅率對於個別商品種類加以列舉與分類的關稅稅則表，亦相當以關稅暨貿易總協定的關稅稅則表為依據。

三、對於非關稅部分則適用一致的共同關稅法

歐洲聯盟的關稅制度實際上由各會員國的海關負責執行，由於歐洲聯盟的基礎為關稅同盟，但歐洲聯盟的關稅法規卻散見於許多不同的規章（Verordnungen; Regulations）和指令（Richtlinien; Directives）。鑑於單一市場的完成，為顧及實際上參與歐洲聯盟經濟活動者之利益和歐洲聯盟的關稅行政利益，以及盡可能確保一致地施行關稅法規，因此理事會於1992年10月19日公布第2913號關於共同關稅法的規章[45]，並且自1994年1月1日起生效。

共同關稅法之主要目的，為：

1.建立一個廣泛的歐盟規範，使原來有效的關稅法規相互連結。

2.簡化歐洲聯盟的關稅程序。

3.協調填補現存的關稅法上的漏洞。

4.致力於使各會員國關稅程序法規的單一化，以避免因而所造成的競爭扭曲。

因此，共同關稅法不僅是重新整理編排歐洲聯盟的關稅法規，同時針對特別的法律領域將行政程序法予以歐盟法的法典化[46]。共同關稅法尤其是規定基本的概念、商品進口、關稅程序、出口、關稅法上的優惠措施、關稅債務與法律救濟等。

執委會又依據1987年第2658號規章[47]公布關稅稅則、統計的稅則以及共同關稅稅率表列每個商品應課徵關稅的金額，使每個跨國交易的商品都

45　VO (EWG) Nr. 2913/92, Amtsblatt der Europäischen Gemeinschaften 1992 L 302/1-50.

46　參閱U. Becker，前揭文，Juristische Arbeitsblätter 1997, S. 67。

47　ABlEG, 1987 L 256/1.

有一個特別的稅率，而製作成一個稅表。除了加強會員國海關間的行政合作外，並公布關稅解釋規則以詳細的規定共同關稅稅率之解釋與適用，以避免不一致的適用共同關稅稅率[48]。在關稅法的司法實務上，歐洲法院考慮關稅法形式上的嚴格要求，一貫地採取狹義嚴格的解釋關稅法規，使得關稅法有非常高度的統合[49]。

第二節　在會員國間的商品交易禁止採取進、出口的限額措施及有相同效果的措施

壹、通　則

　　僅廢除會員國間的關稅障礙，尚不足以達到在歐洲聯盟內完全的商品自由流通，而會員國為保護其本國的經濟所規定的依據商品價值或數量的措施，均有可能造成阻礙部分或全部進、出口貿易，因此歐洲聯盟運作條約第34至37條並規定禁止對於會員國間的商品交易採取限額措施以及其他具有相同效果之措施。與歐洲聯盟運作條約第30條相同，歐洲聯盟運作條約第34至37條規範的對象為會員國，而非個人，因此至目前為止，這些規定均不具有水平的效力（horizontale Wirkung）[50]，也就是個人不得直接援引作為請求權的法律依據。

　　所謂的限額措施，包括完全禁止進、出口，或對於進、出口之配額做出限制；而具有相同效果措施，則是指阻礙商品進、出口跨越邊界的其他措施。實務上，稱此二種情形為非關稅之貿易障礙（nichttärifäre Handels-hemmnisse）。歐洲聯盟運作條約第34條與第35條之立法目的，係要阻止

48　J. Schwarze, Europäisches Wirtschaftsrecht, S. 201.

49　EuGH Rs. C-405/03, Class International/Colgate-Palmolive u.a., Slg. 2005, S. I-8735.

50　參閱U. Becker，前揭文，Juristische Arbeitsblätter 1997, S. 70。

一會員國對於來自其他會員國的產品採取公開的或隱藏的保護主義,而有利於自己的產品製造[51]。除了這些規定外,歐洲聯盟運作條約尚有其他的特別規定,例如:歐洲聯盟運作條約第107條禁止違法的國家補貼、第110條禁止對於其他會員國商品在稅捐或國內稅上之差別待遇,亦在阻止會員國採取保護主義;對於歐洲聯盟運作條約第34條以下之規定而言,歐洲聯盟運作條約第107條與第110條為特別規定,故不適用歐洲聯盟運作條約關於廢除限額措施的一般規定[52]。

　　歐洲聯盟運作條約第34條至第37條關於廢除限額措施之規定與歐洲聯盟運作條約第30條關於廢除關稅之規定相同,僅規範歐洲聯盟內的商品交易,當然亦包括已經在歐洲聯盟內自由流通的第三國商品在內,因為依據歐洲聯盟運作條約第28條第2項與第29條第1項之規定,第三國商品已經繳納關稅完成進口通關之手續,即與歐盟商品相同,得在歐洲聯盟內自由流通。

　　所謂的商品(Ware),是指能成為跨國商品交易的有體物[53];依據歐洲法院之見解,係指具有金錢上價值(Geldwert)且得為交易行為(Handelsgeschäft)標的之產品[54],但針對具有金錢價值的產品之見解,歐洲法院並未堅持此一觀點,例如:對於垃圾是否具有商品的性質,則是依據垃圾是否仍可運用的觀點判斷,即應區分可再回收利用的垃圾與不得再回收利用的垃圾,以判斷是否具有商品的性質[55]。而儘管商品應在跨越國界的進口中成為交易客體,但即使是個人進口以作為私人用途的標的,亦具有商品的性質,亦應適用歐洲聯盟運作條約第34條之規定[56]。

　　歐洲聯盟運作條約第34條禁止在會員國間對進口商品採取限額措施與具有相同效果之措施,歐洲聯盟運作條約第35條則禁止採取出口的限額措

51　參閱W. Hakenberg,前揭書,S. 90。

52　參閱W. Hakenberg,前揭書,S. 90。

53　J. Schwarze, Europäisches Wirtschaftsrecht, S. 41.

54　參閱EuGH Rs. 7/68, Kommission/Italien, Slg. 1968, S. 642.

55　參閱EuGH Rs. C-2/90, Abfalltourismus, Slg. 1992, S. I-4431.

56　參閱EuGH Rs. 215/87, Einfuhr von Arzneimitteln, Slg. 1989, S. 617.

施與具有相同效果之措施，此二規定之立法目的，在於保證在歐洲聯盟內商品的自由流通，但在實務上，歐洲聯盟運作條約第35條關於出口限額措施較不重要，基本上對於歐洲聯盟運作條約第35條所規定的概念，應與歐洲聯盟運作條約第28條之文義作同一解釋[57]；而歐洲聯盟運作條約第36條則為第34條與第35條之例外規定；歐洲聯盟運作條約第37條規定會員國應改組國家的商業獨占（staatliche Handelsmonopole），亦為歐洲聯盟運作條約第34條與第35條的特別規定，故應優先適用。

　　歐洲法院認為，歐洲聯盟運作條約第34條與第35條係補充的構成要件（Auffangtatbestand），因為歐洲聯盟運作條約第30條與第110條均為歐洲聯盟運作條約第34條與第35條之特別規定，因此若不符合歐洲聯盟運作條約第30條與第110條之構成要件時，亦得適用歐洲聯盟運作條約第34條或第35條之規定[58]。

　　歐洲聯盟運作條約第34條與第35條所規定之禁止效力，具有直接適用之效力[59]，故會員國不需將其轉換成為國內法，而歐洲聯盟亦不需再制定公布其他的派生歐盟法，且歐洲聯盟的立法者亦無裁量權；個人得在會員國的法院主張某一會員國的措施違反歐洲聯盟運作條約第34條或第35條之禁止規定[60]。

　　歐洲聯盟運作條約第34條、第35條與第36條僅針對商品交易，並且僅規範會員國，而不規範個人的行為。歐洲法院認為，歐盟機關必須注意對於單一市場功能有影響的限額措施以及具有相同效果之措施，均應予以禁止[61]。

---

[57] 參閱Beutler/Bieber/Pipkorn/Streil, Die Europäische Union, 4. Auflage, Baden-Baden 1993, S. 297.

[58] 參閱EuGH Rs. C-47/88, Kommission/Dänemark, Slg. 1990, S. I-4509; Rs. C-78-83/90, Sociétés Compagnie commerciale de l'Quest u.a./Receveur des douanes von La Pallice Port, Slg. 1992, S. I-1847.

[59] 參閱EuGH Rs. C-47/90, Établissement Delhaize fréres u.a./Promalvin S.A.u.a., Slg. 1992, S. I-3669.

[60] 參閱G. Nicolaysen，前揭書，S. 41。

[61] 參閱EuGH Rs. C-9/89, Spanien/Rat, Slg. 1990, S. I-1383.

貳、與限制進口數額有相同效果之措施

　　會員國的干預措施常會間接地影響會員國間的貿易往來，尤其是在不明確地禁止或限制數量而阻礙跨國的商品交易之情形，因此在歐洲聯盟的實務上，最常出現的問題為何時存在與限制進口數額有相同效果之措施，以及在何種情況下，與限制進口數額有相同效果之措施得合法存在。歐洲法院針對此一不確定的法律概念已經在歷來的判決予以解釋，以致力於實現共同市場與歐洲聯盟之目標，以下將以歐洲法院之見解說明此一禁止的非關稅貿易障礙之概念。

一、歐洲聯盟運作條約第34條之適用範圍

　　歐洲法院對於歐洲聯盟運作條約第34條的適用範圍（Anwendungsbereich），原則上採取廣義的見解，即包括會員國的所有措施，不僅包括規範性的規定，而且包括在行政上會造成限制商品流通的措施[62]。例如：1974年Dassonville[63]案，比利時海關要求進口的威士忌酒必須標示特別的原產地證明，以確保消費者能獲得關於商品獨特品質特徵之訊息，當時比利時的的威士忌酒進口商Dassonville，並非直接自蘇格蘭進口的威士忌酒，而是希望自法國進口已經在法國自由流通的蘇格蘭的威士忌酒，依據比利時法律之規定，進口未標示原產地的商品時，進口商將構成違法，必須課以刑罰制裁，但法國卻無類似之規定。本案之爭點，為一會員國的國內法規定進口商品必須標示原產地，若未由出口國出示官方的證明文件時，則禁止該產品進口，此一規定是否違反商品的自由流通原則。

　　歐洲法院在Dassonville案認為，所謂的與限制進口數額有相同效果的措施，係指任何一個直接、間接、事實上或潛在的會阻礙歐盟內貿易的會員國之貿易法規（Handelsregelung）。歐洲聯盟運作條約第34條係在保護歐盟內的自由商品流通，對於消費者保證產品原產地標示的真實性，在欠缺歐盟法規定的情況下，會員國得採取措施以阻止在此一範圍不正當的行

62　參閱EuGH Rs. 21/84, Frankiermaschinen, Slg. 1985, S. 1355.

63　參閱EuGH Rs. 8/74, Dassonville, Slg. 1974, S. 837ff.

為方式（unlautere Verhältensweise），但僅以此一會員國的干預措施係有意義的為限，且所要求的證明文件不會造成阻礙會員國間的貿易，所以有可能是由所有的國民造成會員國間的貿易障礙。在Dassonville案歐洲法院所確立的原則，為任何一個在商品的來源國（Herkunftsland）已經合法交易的商品，在其他的會員國間亦必須毫無限制地允許其進口，此即為來源國原則（Herkunftslandsprinzip）。申言之，在Dassonville案，「與限制進口數額有相同效果的措施」係指一會員國的措施有差別地適用於本國商品與進口商品之情形。

　　1976年De Peijper[64]案，英國公司Centrafarm想要從荷蘭平行進口Valium藥品，而這種藥品在英國已經由另一家公司以製造者的身分進口，因為製造者Hoffmann La Roche享有發給檢查證明的專屬權，而Centrafarm只進口少量的Valium，故無法獲得檢查證明，因此Centrafarm的進口申請遭拒絕。歐洲法院以在Dassonville案中所確立的原則為依據，認為造成僅特定公司得進口，而其他公司不得進口的所有會員國法規或實務，均應予以禁止。歐洲聯盟運作條約第36條所要保護的法益與客體，係人體的健康與生存；由歐洲聯盟運作條約第36條之文義可以得知，對於藥品進口造成或得造成限制效果的會員國法規或實務，僅以其對於人體健康或生存的有效保護所必需者為限，這些會員國的法規或實務，才得視為符合歐洲聯盟運作條約之規定。若得以其他限制歐盟內貿易較少的措施，同樣地達成有效保護人體健康或生存時，則這些造成限制效果的會員國法規或實務，即不得適用歐洲聯盟運作條約第36條的例外規定，而合法有效存在；特別是這些會員國的法規或實務的限制要素，本質上是盡力減輕行政負擔或減少支出的原因時，則不得主張這些會員國的法規或實務符合歐洲聯盟運作條約第36條之規定，而使得這些法規或實務成為合法有效，但若無這些法規或實務將造成行政負擔或公共支出明顯地超過其合理要求的界限時，則不在此限。

　　自Dassonville案以來，歐洲法院認為歐洲聯盟運作條約第34條中所

64　參閱EuGH Rs. 104/75, De Peijper, Slg. 1976, S. 613ff.

謂的有相同效果措施，包括明顯的差別待遇措施（offene diskriminierende Maβnahmen）、隱藏的差別待遇措施（versteckte diskriminierende Manahmen）以及無差別待遇之措施[65]。無疑的是，會員國的差別待遇規定係牴觸歐盟法，尤其是在本國商品與來自其他會員國商品間適用不同的法規，往往會不利於進口商品，而無形中阻礙歐盟內部的貿易往來[66]。

（一）明顯的差別待遇措施

明顯的差別待遇措施，係指對於本國產品與進口的商品明顯地適用不同的規定，而對於進口的商品採取較嚴苛的措施，常見的明顯差別待遇措施有在邊界拖延對進口商品通關手續之時間、昂貴的通關手續費用、對於進口商品的品質檢查以及授權的要求等。德國法律規定，愛爾蘭奶油的進口總額只能少於德國奶油的四分之一；英國的行政機關公開鼓吹愛用國貨（buy British）；依據義大利的法律規定，政府機關只允許採購義大利品牌Olivetti的打字機，均為會員國對於來自其他會員國進口商品採取明顯的差別待遇之例子。

（二）隱藏的差別待遇措施

隱藏的差別待遇措施，係指會員國的規定對於本國產品與進口商品間，表面上無任何的差別待遇措施。例如：在比利時只能以10立方公分的尺寸銷售奶油，而實際上在歐洲聯盟內只有比利時以這種尺寸包裝奶油，因此其他會員國的奶油若不是以這種尺寸包裝，根本無法進口比利時；法國法律規定，肥料的氮含量由19%增加到21%，但當肥料含21%的氮時，很容易引起爆炸，此一規定造成無法自其他會員國長程運送肥料進口至法國，實際上即在排除自其他會員國進口肥料至法國。

關於隱藏的差別待遇措施最有名的案例，為德國啤酒純度之規定（Deutsches Reinheitsgebot für Bier）[67]。在德國啤酒必須依據1516純度規

---

65 參閱W. Hakenberg，前揭書，S. 92。

66 參閱G. Nicolaysen，前揭書，S. 45。

67 參閱EuGH Rs. 178/84, Deutsches Reinheitsgebot für Bier, Slg. 1987, S. 1277ff.

定釀造，由其他方式釀造而成的啤酒則禁止在德國銷售。依據啤酒稅法（Biersteuergesetz）第9條之規定，啤酒只能使用大麥、酒花（Hopfen）、酵母（Hefe）與水釀造而成，但依據啤酒稅法施行細則第17條之規定，米、玉米與Dari不屬於啤酒稅法第9條第4項之穀類；而在歐洲聯盟的其他會員國，除希臘外，釀造啤酒亦得使用米、玉米與Dari代替大麥。德國的啤酒純度規定將會造成來自其他會員國的啤酒廠根本無法在德國銷售其啤酒，若要在德國銷售啤酒，則至少必須放棄使用其他的添加物或其他的麥芽種類。由於德國的啤酒稅法違反當時的歐洲共同體條約第28條之規定，因此1982年執委會向德國聯邦政府要求必須修改啤酒稅法之相關規定，但聯邦政府置之不理，故執委會於1984年7月6日向歐洲法院控訴德國。

　　在本案，歐洲法院解釋當時的歐洲共同體條約第28條中所謂的「與限制進口數量有相同效果之禁止措施」，包括每個直接、間接、事實上或潛在的會阻礙共同體內貿易的會員國之貿易法規；由於當時歐洲共同體對於商品流通欠缺相關的規定，而必須接受由會員國間法規的差異造成阻礙共同體內自由的內部貿易（freier Binnenhandel），僅以會員國的法規適用於本國產品與進口商品無任何差異時為限，附帶對於消費者之保護（Verbraucherschutz），若這些規定為強制要件（zwingende Erfordernisse）成為正當（gerecht）所必需時，而使得這些規定合法有效（gerechtfertigt）。但這些規定與其所欲達成的目標間必須有適當的關係（angemessene Verhältnisse）。在各種不同的適當方法中，若會員國得選擇欲達到相同目標的方法時，則該會員國必須選擇阻礙商品自由流通最小的方法。德國的啤酒稅法已經妨礙其他會員國依據其本國合法製造的啤酒進口到德國，因此必須審查的是，以消費者保護作為強制要件是否得使啤酒稅法合法地適用。歐洲法院認為，在一個會員國內逐漸形成的消費者觀點（Vorstellung der Verbraucher），這樣的消費者觀點亦會因不同的會員國而有差異，實施共同市場的一個重要因素，即要致力於這種消費者觀點之發展。而一個保護消費者免受誤導（Irreführung）的法規，允許顧及這種消費者觀點之發展，但同時另一個法規，例如：德國的啤酒稅法，又阻礙這種消費者觀點之發展。因此，歐洲法院重申會員國的法律不得作為與現

存的消費者習慣相結合之工具，而達到保護從中獲利的本國產業之目的。

歐洲法院在啤酒純度案，並認為由特定的原料釀造而成的啤酒，在標籤上可以合法地標示其特性，以便消費者得以在不同特性的觀點下作選擇，故會員國不得阻礙在其他會員國內合法製造的商品進口，特別是對於銷售的產品種類，課以加上適當標籤之義務。故歐洲法院認為德國的啤酒稅法第10條關於啤酒標示規定亦適用於來自其他會員國合法釀造且已經自由流通的啤酒，因此德國啤酒稅法違反當時的歐洲共同體條約第28條之不作為義務。一會員國禁止含有添加物的啤酒交易，已經阻礙來自其他會員國合法含有添加物的啤酒進口，故亦適用歐洲共同體條約第28條（現為歐洲聯盟運作條約第34條）之規定。

當時德國聯邦政府主張在啤酒中添加其他原料將有害人體的健康，基於一般的預防健康保護，因此應盡可能地限制可接受添加物之數量，而在其他會員國內製造的啤酒含有合法的添加物時，依據德國法的規定，視為其他合法製造的飲料。歐洲法院不接受德國聯邦政府的此一論點，認為德國聯邦政府對於使用添加物的主張，將會造成優惠其本國的製造過程，而成為一個對於會員國間貿易隱藏的限制（verstreckte Beschränkung）方法。申言之，德國的法律規定係對於外國產品的一種隱藏的差別待遇，故德國必須允許其他會員國的啤酒進口，而其他會員國的啤酒廠可以自行決定，是否在標籤上說明係依據德國法規釀造而成的啤酒。

另外一個關於隱藏的差別待遇著名的案例，即為義大利為保護其本國的麵食業，而阻止來自其他會員國的競爭，即為Drei Glocken[68]案。在義大利禁止販賣由Weichweizen與Hartweizen混合製成的麵食，而德國的Drei Glocken牌子的麵條是由上述的小麥種類製成；位於南提洛瓦（Südtriol）Bozen的一個零售商因為販賣德國的Drei Glocken牌子的麵條，而被課以罰鍰。

在Drei Glocken案，歐洲法院認為一會員國普遍地禁止販賣由Weichweizen或由Weichweizen與Hartweizen混合製成的麵食，已經阻礙來

68　參閱EuGH Rs. 407/85, Drei Glocken, Slg. 1988, S. 4233ff.

自其他會員國由Weichweizen、由Weichweizen與Hartweizen混合，或由Hartweizen合法製造的麵食進口到義大利，並且違反比例原則，因此無法基於當時的歐洲共同體條約第30條（現為歐洲聯盟運作條約第36條）所謂的保護人體健康為理由，而成為合法正當的措施。當時歐洲共同體已經對特定的領域達成共同的市場規範，故會員國必須放棄其所有單方面的措施，即使是這些單方面的措施可以作為支持歐洲共同體的共同政策，會員國亦必須放棄單方面的措施，因為解決共同農業政策範圍內之問題，係當時歐洲共同體的權限，而非會員國的權限。因此義大利之法規在適用上存在隱藏的差別待遇，此一隱藏的差別待遇既無法基於農業政策上之考量，又無法基於其他理由成為合法有效之措施。

（三）無差別待遇的措施

在Dassonville的形式下，所謂的與進口數量限制有相同效果之措施，亦可能包括無差別待遇的措施，但僅限於對本國產品與進口商品造成不同效果的措施。例如：在公共建築招標時，適用國內的工業法規；關於折扣的不正當競爭法規，在個別會員國間有不同的折扣規定。對於這些會員國的法規，若無惡意的意圖時，歐洲法院得指示相關的會員國修改其國內法，以達到符合歐盟法之標準。

二、禁止的例外與正當理由

依據歐洲法院在Dassonville案確立的原則，通稱為Dassonville形式，其涵蓋的範圍相當廣泛，因此必須有一些必要的合法的例外情形。歐洲聯盟運作條約第36條為歐洲聯盟運作條約第34條合法的例外規定，依據歐洲聯盟運作條約第36條前段之規定，一會員國對於來自其他會員國進口商品採取限制措施的合法理由，有基於公共道德、秩序與安全上之理由；為保護人體、動物和植物的健康與生存；為保護具有藝術、歷史或考古價值的本國文化遺產；為保護智慧財產權與商業的所有權，例如：對於專利權、商標權、新型或新式樣之保護。歐洲聯盟運作條約第36條後段同時又對這些合法限制予以例外規定，即一會員國在對來自其他會員國的商品採取進

口限制數量之措施時，不得用作任意的差別待遇之手段，或因而造成隱藏的限制會員國間之貿易往來。

　　歐洲聯盟運作條約第36條前段所規定阻卻違法事由所要保護的法益（Schutzgüter），僅為例示規定[69]，而歐洲法院在其判決中一再地強調應狹義地解釋歐洲聯盟運作條約第36條[70]，特別是所謂的公共安全與秩序之保護，並非指警察法上概括條款之意義，而係指具有基本特徵的國家利益而言，即僅有狹義的適用範圍[71]；其中最重要的阻卻違法事由為保護人體的健康，在實務上會員國常主張因有害人體健康的物質或產品而損害消費者的健康，對於消費者的保護水準仍由各會員國的法律規範[72]，但會員國在援引適用歐洲聯盟運作條約第36條時，必須舉證對消費者存在損害健康之事由。此外，歐洲法院在著名的Cassis de Dijon案創造了不成文的阻卻違法事由，即所謂的強制要件（zwingende Erfordnisse）的概念，又稱為否定的構成要件（negative Tatbestandsmerkmale）[73]。強制要件係歐洲聯盟運作條約第34條不成文的限制[74]，而且僅適用於無任何差別待遇的限制措施，才可主張強制要件而阻卻違法[75]。強制要件雖然係由歐洲法院發展而來的阻卻違法事由，為配合法律上與事實上的發展，因此強制要件的概念並不侷限於特定的法益，但消費者保護[76]與環境保護[77]卻是最重要的強制要件。

69　參閱U. Becker，前揭文，Juristische Arbeitsblätter 1997, S. 73。

70　參閱EuGH Rs. 113/80, Ursprungsangabe für Souvenirs, Slg. 1981, S. 1625.

71　參閱EuGH Rs. 7/78, Thompson ua, Slg. 1978, S. 2247; Rs. 72/83, Campus Oil, Slg. 1984, S. 2727.

72　參閱EuGH Rs. 104/75, De Peijper, Slg. 1976, S. 613.

73　參閱Groeben/Thiesing/Ehlermann, Kommentar zum EWG-Vertrag, 4. Auflage, Baden-Baden 1991, Art. 30 EWGV, Rn. 81.

74　參閱Schweitzer/Hummer, Europarecht, 4. Auflage, Frankfurt a. M. 1993, S. 259; R. Streinz, Europarecht, 2. Auflage, Heidelberg 1995, S. 215.

75　參閱U. Becker，前揭文，Juristische Arbeitsblätter 1997, S. 73。

76　參閱EuGH Rs. 120/78, Cassis de Dijion, Slg. 1979, S. 649.

77　參閱EuGH Rs. 302/86, Pfandbehälter, Slg. 1988, S. 4607.

　　除了智慧財產權外，歐洲法院對於歐洲聯盟運作條約第36條並未作很明確的解釋，以下僅就歐洲法院關於歐洲聯盟運作條約第36條的幾個重要判決說明。

（一）1979年的Henn案[78]

　　Henn與Darby藉由一個假的荷蘭地址，在英國經營一個函購寄送色情錄影帶與雜誌的生意，這些色情錄影帶與雜誌特別是描述色情暴力以及與未成年人的性行為。1974年10月，Henn與Darby自丹麥走私進口一批色情影片和雜誌，因為違反英國的關稅法遭逮捕，而被起訴。依據英國關稅統一法（Customs Consolidation Act 1867）第42條之規定，禁止進口具有下流和猥褻特徵的商品到英國，違反此一禁止規定時，並得沒收與銷毀這些商品。此外，依據關稅與貨物稅法（Customs and Excise Act 1952）第304條之規定，規避或意圖規避進口禁止者，得科以至少100英鎊之罰金，且／或處以二年以下的有期徒刑。

　　當時Henn與Darby辯稱，關稅統一法第42條之規定所規定之禁止進口涉及來自其他會員國的商品，故牴觸當時的歐洲共同體條約第28條（現為歐洲聯盟運作條約第34條）之規定，因此應為無效。英國法院各判Henn與Darby處以十八個月與二年之有期徒刑併科罰金。上訴法院維持原判決，並依據當時的歐洲共同體條約第234條（現為歐洲聯盟運作條約第267條）之規定向歐洲法院提起預先裁判之訴[79]。

　　首先歐洲法院認為，英國的關稅統一法第42條屬於當時的歐洲共同體條約第30條（現為歐洲聯盟運作條約第36條）之對進口數量限制的法規，因為進口禁止係進口限制最極端的一種形式；但當時的歐洲共同體條約第

78　參閱EuGH Rs. 34/79, Henn, Slg. 1979, S. 3795ff.

79　歐洲共同體條約第234條規定，歐洲法院以預先裁判的方式，判決本條約之解釋、共同體機關與歐洲中央銀行行為的效力與解釋、解釋由理事會所創設機構的章程，但以其章程有規定者為限。一會員國的法院受理如此的問題，且該法院認為歐洲法院的判決對其裁判有必要時，得將該問題向歐洲法院提起，請求裁判之。在訴訟繫屬中，在個別會員國法院提出如此的問題，而其判決本身不得再以本國的法律救濟予以撤銷時，該法院必須向歐洲法院提起訴訟。

30條規定，會員國得基於公共道德上之理由，而使得這些禁止進口的規定成為合法正當的規定，因此英國禁止進口具有下流或猥褻特徵商品之規定，符合當時的歐洲共同體條約第30條前段之規定。

歐洲聯盟運作條約第36條後段規定之立法目的，在於阻止會員國基於歐洲聯盟運作條約第36條前段所列舉的阻卻違法事由，而濫用限制歐洲聯盟內的貿易往來，以及利用歐洲聯盟運作條約第36條前段之阻卻違法事由，以達到對於來自其他會員國商品採取差別待遇措施或間接保護其本國特定產業之目的。然而英國禁止進口具有下流或猥褻特徵商品之規定，並無此種效果。因此，歐洲法院確認英國的進口禁止規定，符合歐洲聯盟運作條約第36條所規定危害公共道德之規定。

（二）1979年的Cassis de Dijon案[80]

德國的烈酒專賣法（Branntweinmonopolgesetz）規定，稱為Likör的甜酒至少必須含有32%的酒精含量。德國的一家超級市場自法國Dijon進口Likör的甜酒，但只含有15%至20%的酒精含量，在德法邊界通關時，德國海關禁止這些法國的Likör進口，德國海關主張基於保護消費者之理由，在德國由水果釀造的Likör至少必須含有25%的酒精含量，才得合法地以水果甜酒Likör的飲料種類進口。

德國進口商主張，德國對於Likör的酒精最低含量之規定已經牴觸歐洲共同體條約第28條之規定，因為該規定已經符合所謂的與限制進口數量有相同效果之措施；而這種禁止進口之規定造成直接的且現實的阻礙來自其他會員國的水果Likör進口到德國；此外，德國對於酒精最低含量之規定，根本無法主張當時的歐洲共同體條約第30條前段所規定的保護人體健康與消費者之阻卻違法事由，同時這種禁止進口規定卻造成當時的歐洲共同體條約第30條後段禁止任意的差別待遇措施和隱藏的限制會員國間貿易往來之結果。

德國聯邦政府主張，德國法規可基於當時的歐洲共同體條約第30條的

80　參閱EuGH Rs. 120/78, Cassis de Dijon, Slg. 1979, S. 649ff.

健康保護與消費者保護之理由，而成為合法正當的規定；在德國，對於含有酒精的飲料之製造、成分與標示，已經發展出一個固定的交易觀點，而酒精最低含量的規定適用於本國產品與進口商品間並無任何的差異，因此這個規定並不會造成對進口商品有差別待遇的結果；而且這一個規定可以達到保護消費者以及預防酒類飲料製造者與銷售者不公平競爭之目的。

執委會則認為，在健康保護與消費者保護的觀點下，德國規定酒精的最低含量是過度的（übermäßig）規定，而製造者符合酒精含量的標示亦可以預防消費者實際上喝上癮的危險。

歐洲法院在Cassis de Dijon案主要的見解，可以歸納如下：由於歐洲共同體欠缺對於酒類飲料製造與銷售之法規，因此會員國對於這類產品在其領土範圍內仍然得制定公布法規，因此必須接受對於這些產品因為適用不同會員國的銷售規定所產生的差異，因而造成阻礙歐盟內部的貿易往來，僅以這些規定係為使強制要件（zwingende Erfordernisse）成為公平合理所必需者為限，特別是一個有效的稅捐監督要件、保護公共健康的要件、公平的商業交易和消費者保護的要件。對於飲料酒精最低含量的規定，實際上只是確保含較高酒精成分飲料在本國市場上的利益，因為其他會員國的產品不符合這些規定時，根本無法進口。故會員國單方面規定飲料中酒精的最低含量，以作為酒類飲料銷售的構成要件，即已經牴觸當時的歐洲共同體條約第28條之規定。申言之，德國的烈酒專賣法對於酒精含量最低限度之規定，已經構成歐洲共同體條約第28條（現為歐洲聯盟運作第34條）所規定的與進口限制數量有相同效果之措施。

此外，歐洲法院在Cassis de Dijon案確立的一個重要原則，在一會員國合法製造的所有產品，亦得在其他會員國銷售販賣，即得在其他會員國自由流通。而Cassis de Dijon案之意義，為不僅補充而且限制在Dassonville案所發展出來的有相同效果措施的形式，即一會員國為使強制要件成為合法正當，必須採取貿易限制措施，同時承認有效的稅捐監督、保護健康、公平的商業交易與消費者保護為新的正當理由。在Cassis de Dijon案所建立的強制要件概念，在許多的案例中，歐洲法院不斷引用，並且一再重複此一概念，同時將與限制進口有相同效果的措施的概念擴及於所有對本國

產品與進口商品無任何差別待遇適用的措施上。

（三）1987年的Buet案[81]

Buet是一個販賣在家自修教材的推銷員，在比利時可以合法地挨家挨戶地推銷商品，但是在法國則禁止這種銷售方式，因此Buet主張法國的禁止規定違反當時的歐洲共同體條約第28條之規定。法國則辯稱，禁止推銷員挨家挨戶推銷商品，主要是為保護消費者的利益，因為顧客對於在家門口的商品銷售，通常不會考慮周詳，在匆促的情況下決定購買商品，而且無法享有充分的契約解除權。

歐洲法院在本案確認，法國的禁止規定符合消費者保護的強制要件，並不違反當時的歐洲共同體條約第28條之規定，因為推銷員挨家挨戶銷售商品的情形，不利於授與消費者契約解除權，對於消費者的保護不充分完備，而為達到保護消費者之目的，必須完全地禁止推銷員在家門口對顧客推銷商品。

（四）1980年的Oebel案[82]

依據德國法律規定，禁止在夜間（即清晨四點以前）烤麵包與烘焙糕餅，違反者應課以罰鍰。Oebel為在Wiesbaden的麵包師傅，因違反禁止在夜間烤麵包的規定，而被科以罰鍰。Oebel主張，德國的這個規定已經違反當時的歐洲共同體條約第28條之規定，因為在其他會員國並無類似的禁止規定，因此造成Oebel的麵包在歐洲聯盟內無法與來自其他會員國的麵包競爭。

歐洲法院認為，德國禁止在夜間烤麵包與烘焙糕餅之規定，並不牴觸當時的歐洲共同體條約第28條在歐洲聯盟內商品的自由流通原則。因為德國的這個禁止規定，屬於會員國享有決定權的經濟政策和社會政策範圍內的規定，而且依據客觀的標準適用於特定領域的所有在德國境內設立之企業，並未以參與經濟活動者之國籍為理由，而給予不同的待遇，即在

81　參閱EuGH Rs. 382/87, Buet, Slg. 1989, S. 1235ff.

82　參閱EuGH Rs. 155/80, Oebel, Slg. 1981, S. 1993ff.

德國與其他會員國間的貿易往來並沒有造成任何的差別待遇。申言之，為保持值得保護的會員國內組織之措施時，並不適用當時的歐洲共同體條約第28條之規定，特別是在會員國內的經濟政策或社會政策的範圍，例如：關於利率政策與貨幣政策的總體經濟措施、關於商店營業時間法（Ladenschlußgesetz）的社會規定等。

（五）1991年的Keck與Mithouard案[83]

　　依據法國法律規定（Art.1 des Gesetzes Nr. 63-628 i.d.F. der Ordonnance Nr. 86-1243），零售商不得以賠本的方式銷售販賣其商品。在亞爾薩斯（Elsaß）的兩家超級市場負責人Keck與Mithouard被控以賠本的方式販賣咖啡與啤酒，而由史特拉斯堡（Straßburg）地方法院（Tribunal de grande instance）向歐洲法院依據當時的歐洲共同體條約第234條之規定提起預先裁判之訴，請求歐洲法院解釋法國的禁止規定，是否符合當時的歐洲共同體條約所規定的基本自由與禁止差別待遇。

　　Keck與Mithouard主張，法國的這種普遍禁止規定已經牴觸歐洲共同體條約第28條的商品自由流通原則。在具體個案中，零售商以賠本的方式販賣商品，可以增加商品的銷售量，而普遍增加商品的銷售量又可以造成擴大會員國間商品交易之結果。法國禁止以賠本方式販賣商品之規定，符合Dassonville的形式，至少將會造成間接的與潛在的妨礙會員國間的商品交易。因為這樣的禁止規定對於Keck與Mithouard非常不利，並且這兩家超級市場亦銷售來自其他會員國的進口商品，相較於其他會員國的同業競爭者而言，Keck與Mithouard受到差別待遇，例如：在德國則允許零售商以賠本的方式銷售販賣商品。

　　歐洲法院在本案，對於當時的歐洲共同體條約第28條所規定的與限制進口數量有相同效果措施之概念，再次予以釐清，限縮自Dassonville案以來所發展出的形式，申言之，歐洲法院在Keck與Mithouard案並非修正自

83　參閱EuGH Rs. C-267/91 und C-268/91, Keck und Mithouard, Slg. 1993, S. I-6097ff.

Dassonville案以來之基礎，而只是在防止廣泛地擴大禁止的構成要件[84]。歐洲法院認為，一會員國普遍的禁止以賠本方式銷售商品的法規，並非意圖規範會員國間的商品交易，雖然這樣的法規有可能會造成限制商品的銷售量與因而將限制來自其他會員國商品的銷售量，但並非每個影響交易自由（geschäftliche Freiheit）的會員國法規，均是違反當時的歐洲共同體條約第28條之規定。Cassis de Dijon案的意義，係因為在會員國間欠缺法律之協調，因此造成阻礙會員國間的自由商品流通。例如：在其他會員國合法製造且已經自由流通的商品，仍必須符合進口的會員國法規，即使是這個法規適用於所有的商品而無任何的差異時，亦構成歐洲聯盟運作條約第34條所禁止的有相同效果措施，只要不是以具有普遍利益（Allgemeininteresse）且優先於自由流通的要件為目的，而使適用這個規定成為合法正當為限。

　　歐洲法院並且指出，僅以這些規定適用於所有在本國從事經濟活動的相關參與者為限，且僅以該規定在法律上與事實上以相同的方式規範本國產品與來自其他會員國商品的銷售為限，則會員國限制或禁止特定銷售方式（Verkaufsmodalitäten）的法規，適用於來自其他會員國的產品，並不會直接、間接、事實上或潛在地阻礙會員國間的貿易往來。若符合這些規定之構成要件時，則適用這些法規於銷售符合進口國規定的其他會員國商品時，並不會阻礙這些來自其他會員國的產品進入本國市場，或不會比對其本國商品更強烈地阻礙這些商品進入本國市場，故法國的禁止以賠本的方式銷售商品之規定並不屬於歐洲聯盟運作條約第34條的適用範圍。因此，首先必須區別會員國所採取的限制措施係與產品有關（produktbezogen）或與銷售有關的（vertriebsbezogen）限制措施，原則上會員國對於與銷售有關的限制規定，並不屬於歐洲聯盟運作條約第34條之適用範圍，即只要無任何差別待遇之適用，並不禁止會員國制定對於與銷售商品有關的禁止規定。

84　參閱W. Hakenberg，前揭書，S. 96。

（六）1992年的Hünermund案[85]

由德國Baden-Württemberg邦邦藥劑師公會（Ladensapotheker-kammer）公布的藥劑師法（Standesregel）規定，在Baden-Württemberg邦開業的藥劑師，不得在藥房對外廣告其所銷售類似藥品的商品，例如：牙膏、牙刷等商品。十三位在Baden-Württemberg開業的藥劑師質疑由邦藥劑師公會所公布藥劑師法的合法性，受理本案的Baden-Württemberg邦行政法院依據當時的歐洲共同體條約第234條之規定，訴請歐洲法院解釋。

歐洲法院明確地指出，由會員國的藥劑師公會所公布的禁止藥劑師在藥房向外對於藥房一般銷售的商品做廣告之藥劑師法規，並不屬於當時的歐洲共同體條約第28條之適用範圍。歐洲法院並引用1987年的Royal Pharmaceutical Society of Great Britain案[86]所確立之原則，即依據會員國的法律規定，同業公會有權公布措施時，若由同業公會所採取的措施會影響會員國間之貿易往來時，則這些措施亦屬於當時的歐洲共同體條約第28條所規定的與限制進口數量有相同效果之措施。然而在本案，邦藥劑師公會並不同於同業公會，因為邦藥劑師公會並無權吊銷其會員之執業執照。

在本案，歐洲法院重申在Dassonville案對於與限制進口數量有相同效果措施概念之解釋，係指任何一個會直接、間接、事實上或潛在地會阻礙共同體內貿易往來的會員國措施。由藥劑師公會公布的藥劑師法，禁止藥劑師在藥房向外對藥房一般銷售的商品做廣告，此一規定之立法目的，並非規範會員國間之商品交易。此外，此一禁止規定並不牴觸對於同為藥劑師的經濟參與者對這些商品廣告之可能性。

歐洲法院再次確認在Keck與Mithouard案中所採取之見解，即由德國的Baden-Württemberg邦邦藥劑師公會所公布的藥劑師法在適用上並不因相關產品的來源而有差異，而是在藥劑師公會的權限範圍內公布規定，且適

---

85 參閱EuGH Rs. C-292/92, Hünermund, in Europäische Zeitschrift für Wirtschaftsrecht 1994, S. 119.

86 參閱EuGH Rs. 266 und 267/87, Royal Pharmaceutical Society of Great Britain, seg. 1987, S. 1295.

用於所有的藥劑師，並不涉及對於來自其他會員國的商品銷售，與對於本國產品銷售並無不同。故當時的歐洲共同體條約第28條之規定不適用於由會員國藥劑師公會所公布的禁止藥劑師在藥房對於其一般銷售的商品做廣告之規定。

　　綜合上述所舉歐洲法院案例之見解，針對歐洲聯盟運作條約第34條之適用範圍，首先在界定所謂的與限制進口措施有相同效果的措施時應先區別會員國所採取的措施，係與產品製造有關的限制措施或係與產品銷售有關的限制措施，若僅係與產品銷售有關的限制措施時，原則上並不禁止該限制措施；但在具體的個案中，有時不容易界定，例如：禁止產品的許可[87]、禁止產品使用特定的成分或添加物[88]、禁止使用特定的包裝形式[89]、禁止特定的產品標記[90]，以及因商標保護所做的與產品有關的限制措施[91]等，均明顯牴觸歐洲聯盟運作條約第34條之規定；至於會員國對於商店的營業時間或對於營業行為的時間限制規定[92]、對於銷售特定商品的許可要件或能力證明之規定[93]、與產品無關的廣告禁止規定[94]、基於競爭法上的理由，對於商品銷售方式的一般規定[95]，以及對於在空氣污染嚴重時禁止

87　參閱EuGH Rs. C-18/88, Zulassung von Fernsprechgeräten, Slg. 1991, S. I-5941ff.

88　參閱EuGH Rs. 9/86, Drei Glocken, Slg. 1988, S. 4285ff; Rs. 247/87, Deutsche Wurstwaren, Slg. 1989, S. 150ff.

89　參閱EuGH Rs. 261/81, Verpackung von Margarine, Slg. 1982, S. 3961ff; Rs. 16/83, Bocksbeutel, Slg. 1984, S. 1299ff.

90　參閱EuGH Rs. 193/80, Obstessig II, Slg. 1981, S. 3019ff; Rs. 182/84, Genever, Slg. 1985, S. 3731ff; Rs. 298/87, Tiefgefrorener Joghurt, Slg. 1988, S. 4489ff, Rs.C-315/92, Chinique, Slg. 1994, S. I-317ff.

91　參閱EuGH Rs. C-9/93, Ideal Standard, Slg. 1994, S. I-2789ff.

92　參閱EuGH Rs. 145/88, Torfaen-Sonntagsverkaufsverbot, Slg. 1989, S. 3851ff; Rs. C-332/89, Verbot der Beschäftigung an Sonntagen, Slg. 1991, S. I-1027ff; Rs. C-69 und 258/93, Verbot gewerblicher Tätigkeit am Sonntag, Slg. 1994, S. I-2355ff.

93　參閱EuGH Rs. C-23/89, Verkauf von Sexartikeln, Slg. 1990, S. I-3059ff; Rs. C-239/90, Boscher, Slg. 1991, S. I-2023ff; Rs. C-31/92, Verarbeitete Milch für Säuglinge, Slg. 1995, S. I-1621ff.

94　參閱EuGH Rs. C-320/93, Arzneimittel, Slg. 1994, S. I-5243ff.

95　參閱EuGH Rs. C-63/94, Verbot des Verkaufs mit niedriger Gewinnspanne, in Europäische

使用汽車的規定等，均不適用歐洲聯盟運作條約第34條之規定。

參、比例原則

比例原則（Verhältnismaβigkeitsgrundsatz）係歐盟法之一般原則，在歐洲聯盟運作條約第34至36條的適用範圍，針對具有限制性質的會員國措施必須顧及比例原則，即在採取禁止的特定措施上，應考量所使用的方法是否在事實上作為達成商品自由流通的內部市場之目的，以及在較小影響的方法上，是否得不作為商品自由流通內部市場之目的[96]。里斯本條約並在歐洲聯盟運作條約加入第二號關於適用輔助原則與比例原則議定書，詳細規定比例原則之適用。

歐洲法院在其判決中明確地承認比例原則，即由於歐盟法欠缺對於產品行銷的共同規定，在歐洲聯盟內由於各會員國國內法規之差異，而阻礙在歐洲聯盟內的商品自由流通，只要各會員國的國內法規適用於其本國商品與來自其他會員國的進口商品毫無任何的差別待遇時，即應接受這種對商品自由流通的限制措施，同時也必須承認會員國採取的限制措施係不符合保護消費者的強制要件所必需的。

申言之，會員國採取之限制措施必須是正當的（gerechtfertigt），即係為達到在歐洲聯盟運作條約第36條前段所規定之保護目的客觀上所必需的[97]，而且不存在更寬容的方法與可代替的方法同樣也可以有效地達到保護相關的法益[98]，即會員國必須在不同的方法間選擇對於商品自由流通造成最小阻礙的方法[99]；歐洲聯盟運作條約第36條後段規定禁止一會員國在會員國間採取任意的差別待遇措施與造成在會員國間隱藏的限制貿易措

Zeitschrift für Wirtschaftsrecht 1995, S. 638.

[96] 參閱W. Hakenberg，前揭書，S. 97。

[97] 參閱EuGH Rs. 35/76, Simmenthal, Slg. 1976, S. 1871; Rs. 90/86, Drei Glocken, Slg. 1988, S. 4285.

[98] 參閱EuGH Rs. C-347/89, Bayern/Eurim Pharma GmbH, Slg. 1991, S. I-1763; Rs. C-131/93, Süβwasserkrebse, Slg. 1994, S. I-3303.

[99] 參閱EuGH Rs. 178/84, Reinheitsgebot für Bier, Slg. 1987, S. 1270.

施，又稱為禁止差別待遇原則（Diskriminierungsverbot），在審查會員國的限制措施是否符合比例原則時，具有關鍵性的意義[100]，比例原則不僅在實務上愈來愈重要，同時能夠過濾會員國是否採取差別待遇的限制措施[101]。

　　近年來，歐洲法院亦逐漸發展出根據歐盟法的基本權利確定基本自由的範圍，例如在2000年的Schmidberger案[102]，奧地利的環保團體對於來自德國過境阿爾卑斯山的貨車因排放廢氣影響自然生態，遂向奧地利當局申請封閉邊境的跨國高速公路，奧地利當局允許抗議團體在邊境進行抗議，長達三十小時。歐洲法院雖然肯定在商品自由流通的觀點下，會員國有義務開放過境的路線，但封閉邊境不禁止抗議集會已經構成限制商品的自由流通。抗議人士雖然有集會自由與言論表達自由的基本權利，會員國的主管機關在商品自由流通與抗議自由核准間享有裁量權，但會員國的主管機關應審查限制在歐盟內的自由流通是否與會員國保護基本權利之必要性是在相當的關係上。因此歐洲法院在本案認為封鎖邊境高速公路三十小時是合法的。

　　目前在歐盟內許多對商品自由流通的貿易障礙都已經廢除，而由歐洲聯盟公布調適的法規而成為一致適用的歐盟法。這些調適法規應優先於歐洲聯盟運作條約的第34條的適用範圍，歐洲聯盟已經針對汽車、藥品、化學物品、建築材料、化妝品、電子產品、危險物品與食品公布了許多相關的指令，以期簡化這些商品在歐盟內的自由流通[103]。

第四節　改組國營的商業獨占

　　商業獨占（Handelsmonopol; monopolies of a commercial character），

---

100 參閱J. Schwarze, Europäisches Verwaltungsrecht, Band I, Baden-Baden 1988, S. 408ff.

101 參閱U. Becker，前揭文，Juristische Arbeitsblätter 1997, S. 74。

102 EuGH Rs. C-112/00, Schmidberger, Slg. 2003, S. I-5659.

103 http://ec.europa.eu/enterprise/regulation/goods/index_de.htm可查閱這些相關的指令。

係指由會員國自己經營的經濟活動，以實施商品自由流通所採取的措施。由於會員國基於商業獨占，得自由地確定商品的進、出口，基本上對於該商品並不存在市場，在市場規避下因而會影響實現在會員國間商品自由流通之目標[104]，故會員國必須改組（umformen）其具有商業獨占性質的事業，以期在所有的會員國人民間不可能存在供應條件或銷售條件有任何的差別待遇，而在會員國間真正地實現商品的自由流通[105]。

　　歐洲聯盟運作條約第37條為針對國營商業獨占的特別規定[106]，即會員國應逐步地致力於改組其商業獨占，以廢除在會員國人民間供應條件與銷售條件的所有差別待遇，而達到避免影響在會員國間的商品自由流通之目的。申言之，歐洲聯盟運作條約第37條之適用要件，為會員國管制或操縱會員國間的貿易往來，或明顯地以相關的機構或藉移轉獨占給其他的權利主體，而影響會員國間的貿易往來[107]。所謂的改組，並非要完全廢除獨占，而只是在消除會員國的獨占權（Monopolrecht），以消除任何一個有可能造成差別待遇的專賣行為，同時要促進市場的開放[108]，例如：德國的烈酒專賣（Branntweinmonopol）必須接受執委會之建議，以修正其烈酒專賣法，同時應同意准許其他會員國的烈酒進口[109]。相同的，在西班牙與葡萄牙加入歐洲聯盟時，執委會亦建議西班牙與葡萄牙必須改組其酒類與石油專賣[110]。

　　惟應注意的是，並不是每一個國家的商業獨占都屬於歐洲聯盟運作條約第37條的適用範圍，因為歐洲聯盟運作條約第37條只適用於與商品有關的國家商業獨占，並不包括勞務獨占（Dienstleistungsmonopol）在內，例

---

104 參閱G. Nicolaysen，前揭書，S. 83。

105 參閱W. Hakenberg，前揭書，S. 98。

106 參閱G. Nicolaysen，前揭書，S. 83。

107 參閱G. Nicolaysen，前揭書，S. 83。

108 參閱G. Nicolaysen，前揭書，S. 84。

109 參閱EuGH Rs. 91/78, Hansen, Slg. 1979, S. 935.

110 參閱西班牙與葡萄牙的加入條約第208條，Amtsblatt der Europäischen Gemeinschaften 1985 L 302/85.

如：電視媒體（Telekommunikation）的領域應適用歐洲聯盟運作條約第56條以下關於勞務自由流通的規定[111]。此外，還必須該商業獨占與會員國間的貿易往來有關，即與這些商品有關的獨占，有可能影響會員國間商品交易之公平競爭[112]。

　　歐洲聯盟運作條約第37條之立法目的，在於消除妨礙歐盟內商品流通的會員國商業獨占，而歐洲聯盟運作條約第37條係特別規定，應優先於歐洲聯盟運作條約第30條與第34至36條而適用，但僅限於商業獨占行使其專屬權時，才得適用歐洲聯盟運作條約第37條之規定，並非泛指一般的商品製造或銷售[113]。

　　歐洲聯盟運作條約第37條第1項所規定的會員國改組商業獨占之義務，由於所有的會員國已經履行此一義務而廢除國營的商業獨占，因此歐洲聯盟運作條約第37條第1項規定實際上已無任何意義，而成為歐盟法的法制史（Rechtsgeschichte），僅在新加入的會員國尚保留其意義[114]。

----

111 參閱EuGH Rs. 155/73, Sacchi, Slg. 1974, S. 409.

112 參閱EuGH Rs. 6/64, Costa/ENEL, Slg. 1964, S. 1251.

113 參閱EuGH Rs. 120/78, Cassis de Dijion, Slg. 1979, S. 649.

114 參閱W. Hakenberg，前揭書，S. 98; C. O. Lenz (Hrsg.)，前揭書，Art. 37 EGV, Rn. 4。

第五章　人員自由遷徙

第一節　通　論

　　1958年歐洲經濟共同體的創始會員國所要實現的共同市場，並不是只針對商品自由流通，尤其是同時還要開放會員國彼此間的邊界，以優惠歐盟人民的自由遷徙。因此，人員自由遷徙（Freizügigkeit; Free Movement of Persons）[1]亦為歐洲聯盟運作條約所揭櫫的四大基本自由之一。

　　人員自由遷徙的內容，主要包括歐洲聯盟運作條約第45至48條的勞工自由遷徙（Freizügigkeit der Arbeitnehmer; Freedom of Movement for Workers）；第49至54條的營業所設立權（Niederlassungsrecht; Right of Establishment）；第56至57條的勞務自由（Dienstleistungsfreiheit; Free Movement of Services）；以及在派生歐盟法中的居留指令（Aufenthaltsrichtlinien），例如：1990年理事會為實現單一市場中的一般自由遷徙而公布第364號關於一般的居留指令[2]、第365號適用於退休勞工的居留指令[3]，與第366號適用於學生的居留指令[4]。

　　歐洲聯盟運作條約第49至62條不僅直接適用於積極（aktiv）行使自由權的人員，即使在其工作終止後，這些人亦得繼續在工作所在國自由遷徙，同時包括其家屬（Familienangehörige）在內；不限制勞務受領者的自由遷徙亦屬於勞務自由流通的範疇，例如：觀光客亦得主張勞務自由流通的權利，因此已經擴大了歐洲聯盟運作條約關於人員自由遷徙的適用範圍。而不論歐盟人民是否從事經濟活動，在歐洲聯盟內均享有居留權，因

1　或稱為人員自由流通。

2　Amtsblatt der Europäischen Gemeinschaften 1990 L 180/26-27.

3　Amtsblatt der Europäischen Gemeinschaften 1990 L 180/28-29.

4　Amtsblatt der Europäischen Gemeinschaften 1990 L 180/30ff.

此各會員國必須給予居留許可[5]。

　　歐洲聯盟運作條約第45至48條針對勞工自由遷徙的規定為共同市場結構的基礎，而理事會與執委會制定公布了許多重要的施行規定，以落實在歐洲聯盟內的人員自由遷徙[6]。其中歐洲聯盟運作條約第45條與第46條關於勞工自由遷徙的規定，係對於歐洲聯盟立法者的立法委任規定，即至過渡時期[7]結束時止，應完成在歐洲聯盟內對於勞工的自由遷徙立法；而理事會與執委會並已在過渡時期結束前，制定公布關於勞工自由遷徙的基本法規，大部分為指令，例如：1964年第221號指令[8]、1968年第1612號規章[9]、1968年第360號指令[10]。歐洲聯盟運作條約第45條與第49條直接適用於各會員國[11]，但由於歐洲聯盟已經公布具體詳細的施行規定，因此歐洲聯盟運作條約第45條與第49條並沒有很大的實質意義。

　　由理事會與執委會為實現勞工自由遷徙目標所制定的法規，一方面具有一般法規的性質，廣泛地規範廢除旅遊與居留之限制，以實現自由遷徙之目的，例如：1968年第360號指令；另一方面又具有特別的性質，以規範協調就業權與執業權，為事實上實現營業所設立自由與勞務自由之目的，不僅要廢除就業與執業現存的限制，而且更要在就業權與執業權上針對會員國的法規做協調[12]，歐洲聯盟運作條約第53條與第62條即授權理事

5　參閱G. Nicolaysen, Europarecht Ⅱ-Das Wirtschaftsrecht im Binnenmarkt, 1. Auflage, Baden-Baden 1996, S. 132.

6　參閱M. Schweitzer, Lehrerberuf und Arbeitnehmerfreizügigkeit, in Gedächtnisschrift für E. Grabitz, München 1995, S. 747.

7　依據原來的歐洲共同體條約第7條之規定，過渡時期至1969年12月31日止。該條規定已經廢止失效。

8　Amtsblatt der Europäischen Gemeinschaften 1964 Nr. 56, S. 850ff，為針對外國人旅遊與居留基於公共秩序、安全或健康為理由，特別規定的協調指令。

9　Amtsblatt der Europäischen Gemeinschaften 1968 L 257/2ff，為關於在共同體內勞工自由遷徙的規章。

10　Amtsblatt der Europäischen Gemeinschaften 1968 L 257/13ff，為廢除對會員國的勞工及其家屬在共同體內的旅遊與居留限制的規定。

11　參閱EuGH Rs. C-351/90, Zweitniederlassung von Ärzten, Ⅱ, Slg. 1992, S. 3945.

12　參閱Schweitzer/Hummer, Europarecht, 4. Auflage, Frankfurt a.M. 1993, S. 293.

會制定公布特別的指令，以達到使從事獨立自主工作者更容易就業與執業之目的。這些具有特別性質的指令，依據其具體的內容又可分為承認的指令（Anerkennungsrichtlinien）與協調指令（Koordinierungsrichtlinien）。承認指令的內容主要係針對相互承認文憑、考試及格證書與其他的資格證明；而協調指令係協調會員國對於從事獨立自主工作者就業與執業的法律與行政規章[13]。

　　至於歐洲聯盟運作條約第45條第3項第d款對於勞工在工作終止後在工作所在會員國繼續居留的條件規定，並無直接適用的效力，因為依據該規定必須由執委會制定公布相關的施行規章（Durchführungsverordnungen; implementing regulations），而執委會於1970年已經公布第1251號規章[14]關於勞工在工作終止後繼續居留條件的施行規定。

　　歐洲聯盟運作條約的人員自由遷徙為一個具有結合目的的基本自由（zweckgebundene Freiheit），即歐洲聯盟運作條約授予歐盟人民入境權（Einreiserecht）與居留權（Aufenthaltsrecht），以從事其職業[15]。申言之，人員自由遷徙的根本，為入境權、出境權與居留權的完全自由化，而依據歐洲聯盟運作條約與其他派生歐盟法相關之規定，所有會員國的國民均享有這些權利[16]。此外，歐洲聯盟運作條約對於勞工自由遷徙以及為達成勞工自由遷徙所制定公布的附帶措施（Begleitmaβnahmen），並不只限於單純地為實現人員遷徙關於就業的目標，並且還要實現政治與社會的目標。例如：1968年第1612號規章[17]的前言即明確指出，自由遷徙係勞工與其家屬之基本權利（Grundrecht）；勞工在歐洲聯盟內的自由遷徙，應作為對於保障勞工，改善其生活與工作條件可能的方法之一，同時也是容易提升其社會地位的方法之一，以滿足會員國在經濟上的需

13　參閱Schweitzer/Hummer，前揭書，S. 293。

14　Amtsblatt der Europäischen Gemeinschaften 1970 L 142/24ff.

15　參閱C. O. Lenz(Hrsg.), EG-Vertrag Kommentar, 1. Auflage. Köln 1994 Vorbemerkung zu Art. 48-51 EGV. Rn. 4.

16　參閱G. Nicolaysen，前揭書，S. 142。

17　Amtsblatt der Europäischen Gemeinschaften 1968 L 257/2.

要，故必須給予會員國的所有勞工在歐洲聯盟內選擇工作的權利。持續性的勞工（Dauerarbeitnehmer）、季節工（Saisonarbeiter）[18]、邊界勞工（Grenzarbeitnehmer）[19]，或從事與勞務（Dienstleistungen）有關的勞工，亦享有自由遷徙的權利。

歐洲聯盟運作條約第48條規定對於勞工的自由遷徙，具有重要的意義。依據歐洲聯盟運作條約第48條之規定，由理事會基於執委會之提案，在對於建立勞工自由遷徙的社會保障（soziale Sicherheit; Social Security）領域，以一致決議採取必要的措施；即由歐洲聯盟立法以協調會員國間的社會保障制度，現行有效的法規為1971年第1408號規章[20]，並在1997年[21]與2005年[22]修訂部分內容，以期給予歐盟人民更完善的社會保障。

人員自由遷徙是歐洲聯盟的根本，不僅適用於勞動力自由遷徙範圍的勞工，而且適用於營業所設立自由與勞務自由流通範圍的自由業者。由於會員國的相關法規在人的適用範圍上有很大的差異，因此有必要由歐洲聯盟公布規章針對適用於勞工與自由業者已經存在的社會保障制度或基於從事其工作的保險制度加以規範，以適用於所有的人；另一方面，又必須考慮個別會員國關於社會保障法規的特色，因此必須有一個協調的規定。

協調的規定尤其是要在歐盟內確保是會員國國民的所有勞工與自由業者，以及在個別的會員國內依據個別會員國的法規享有平等待遇的家屬與遺族；協調規定應保障這些人在歐盟內可以維護既得的請求權和利益，以及可獲得的期待權。特別是應合併計算依據個別會員國法規有給付請求權的時間，而不問在歐盟內的住所，應依據規章給予給付。在歐盟內遷徙的勞工與自由業者應僅適用一會員國的社會保障制度，以期避免累積適用會員國的法律規定因而造成的法律關係複雜化。

為了能最佳保障在一會員國工作的所有勞工與自由業者的平等待遇，

---

18 所謂的季節工，係指工作性質會隨著季節變化而不同的勞工。

19 所謂的邊界勞工，係指居住於靠近邊界，往返於會員國間的勞工。

20 Amtsblatt der Europäischen Gemeinschaften 1971 L 149/2ff.

21 ABIEG 1997 L 28/4.

22 ABIEU 2005 L 117/1.

應適用勞工與自由業者就業所在國的法律。此一規章主要是考慮在自由遷徙的觀點下給予勞工與自由業者更完善的社會保障，例如：社會救助、疾病保險、孕婦保障、殘疾保險、失業保險與退休保險等。由於會員國間彼此有不同的社會保障制度且各有特色，因此更有必要協調這些特別的規定；也有必要成立一個由每個會員國政府代表組成的行政委員會，特別是應處理所有由本規章產生的行政問題與法規解釋的問題，以及促進會員國間的合作。另外，由勞工代表與雇主代表組成一個諮詢委員會，以參與審查由行政委員會處理的問題。

　　歐洲原子能共同體條約第96條係對於在原子能範圍，合格技工自由遷徙之特別規定。1962年歐洲原子能共同體依據歐洲原子能共同體條約第96條制定公布一個指令[23]，僅以此指令所未規定者為限，1968年第1612號規章之規定亦補充適用於在原子能範圍合格技工之自由遷徙。

　　歐洲聯盟運作條約關於人員自由遷徙的主要內容，即為致力於本國人民與其他會員國人民的平等待遇（Gleichbehandlung）或不得對其他會員國人民採取差別待遇措施[24]；歐洲聯盟運作條約第18條為禁止差別待遇的一般規定，即一會員國不得以國籍為理由，而在歐洲聯盟內對於來自其他會員國的人民採取差別待遇措施；而歐洲聯盟運作條約第45條至第66條則為禁止差別待遇的特別規定。歐洲法院在1983年的Haug-Adrion案[25]即說明歐洲聯盟運作條約第18條與第45條至第66條間之關係。歐洲法院在該案強調，歐洲聯盟運作條約第18條[26]的禁止差別待遇為一般規定，而歐洲聯盟運作條約第45條、第56條和第61條為禁止差別待遇的特別規定；特別規定之立法目的，在於廢除在勞工自由遷徙與勞務自由範圍中，對於其他會員國人民適用比本國人民更嚴格的措施，或廢除對於其他會員國人民相較於對於本國人民，在法律上或事實上不利的措施。因此，只要是系爭的規定

23　Amtsblatt der Europäischen Gemeinschaften 1962, Nr. 57. S. 1650ff vom 9.7.1962.

24　參閱W. Hakenberg, Grundzüge des Europäischen Wirtschaftsrechts, München 1994, S. 100.

25　參閱EuGH Rs. 251/83, Haug-Adrion, Slg. 1984, S. 4277ff.

26　原來為歐洲經濟共同體條約第7條，現為歐洲共同體條約第12條。

直接或間接影響活動時，即構成差別待遇的措施[27]。

　　1987年生效的單一歐洲法對於人員自由遷徙的實現向前邁了一大步，歐洲聯盟運作條約第26條第2項規定單一市場為一個無內部邊界的區域（Raum ohne Binnengrenzen），以期能確保商品自由流通、人員自由遷徙、勞務自由流通與資金自由流通。單一市場的目標，為完全廢除會員國間的邊界管制，當然亦包括人員的自由遷徙在內，此一發展係1984年理事會在楓丹白露（Fontainebleau）召開Adonnino委員會致力於「人民的歐洲」（Europa der Bürger）之結果[28]。目標在於應使每一個人民可以感覺到並直接享受真正由歐洲聯盟凝聚所產生的利益，因此即使在邊界上對人員遷徙只是單純的抽樣檢查，也是牴觸歐洲聯盟運作條約之目標[29]。當時各會員國卻認為歐洲（經濟）共同體條約第39條第3項（現為歐洲聯盟運作條約第45條第3項）授權會員國基於公共秩序、安全或健康的理由，仍得對人員遷徙採取限制措施，因此仍得繼續施行邊界檢查；但此一論點卻無法證明各會員國以其現行的秩序法（Ordnungsrecht）足以確保聯盟人民與外國人的安全利益[30]。在歐洲聯盟體制外簽署的申根公約（Schengen-Abkommen）暫時解決了廢除邊界人員檢查的問題，但當時申根公約僅適用於部分會員國間的邊界檢查；執委會則繼續致力於在歐盟法上廢除邊界人員檢查，例如：1995年時向理事會提案制定廢除當時歐盟內部邊界的人員檢查指令[31]，以及建議給予第三國人民在歐洲聯盟內自由旅遊的權

27　J. Schwarze, Europäisches Wirtschaftsrecht, S. 53.

28　參閱Bulletin/EG, Beilage 7/85.
　　早在1974年12月舉行的巴黎高峰會議即已決議「人民的歐洲」之概念，應給予共同體人民特別的權利。參閱K. Hailbronner, Zur Entwicklung der Freizügligkeit in der Europäischen Gemeinschaft-Rechtsprechung und Rechtspolitik, Zeitschrift für Ausländerrecht und Ausländerpolitik 1990, S. 107.

29　參閱Weißbuch der Kommission zum Binnenmarkt vom 14.6.1985, DOK KOM (85) 310 endg. Rn. 47ff.

30　參閱G. Nicolaysen，前揭書，S. 133。

31　Amtsblatt der Europäischen Gemeinschaften 1995 C 289/16ff.

利[32]。

　　理事會並決議實施歐洲護照（Europa-Paβ），以實現「人民的歐洲」之目標[33]，歐洲護照係形成「人民的歐洲」意識之表徵，但歐洲護照仍然是會員國的文件，同時係以會員國的國籍為依據，因此僅協調規範歐洲護照的外觀[34]。

　　1993年11月生效的歐洲聯盟條約，在當時的歐洲共同體條約第17至20條增訂歐盟人民（Unionsbürgerschaft; Citizenship of Union）之規定。依據歐洲聯盟運作條約第20條第1項之規定，歐盟人民係指擁有會員國國籍者，歐盟人民法律地位（Rechtsstellung）之確立[35]，一方面是依據原來歐洲經濟聯盟條約中關於歐盟人民法律地位之規定，例如：勞工自由遷徙、營業所設立自由、勞務自由等規定，歐洲聯盟運作條約第21條第1項規定，每一個歐盟人民有權在所有會員國的領土內自由遷徙與居留，此一新規定明確地給予每個歐盟人民在所有會員國領土內的居留權，而不再只限於具有勞工身分才享有居留權[36]；歐洲法院的判決擴大對於與歐盟人民結合在一起的居留權的適用範圍，因而也擴大一般禁止差別待遇的適用範圍，歐洲法的禁止差別待遇發展成基於國籍的平等待遇原則[37]。另一方面則是依據歐洲聯盟條約所直接給予歐盟人民政治上的權利，例如：歐洲聯盟運作條約第22條積極地及消極地參與地方選舉（Kommunalwahl）和歐洲議會選舉之權利、第23條在第三國的領土範圍由各會員國所賦予的外交與領事的保護、第24條向歐洲議會的請願權。歐洲聯盟條約對於人員自由流通的實質內容僅作些微地修正，但歐盟人民卻因而獲得更多政治上的權

32　DOK KOM (95) 346 endg.

33　Amtsblatt der Europäischen Gemeinschaften 1981 C 241/1ff; 1982 C 179/1ff; 1986 C 185/1ff.

34　參閱G. Nicolaysen，前揭書，S. 134。

35　參閱W. Hakenberg，前揭書，S. 101。

36　參閱Klein/Haratsch, Das Aufenthaltsrecht der Studenten, die Unionsbürgerschaft und intertemporales Gemeinschaftsrecht, Juristische Schlung 1995, S. 7f；作者認為，歐洲共同體條約第12條為禁止差別待遇的一般規定，歐洲共同體條約第18條第1項則為特別針對居留權的禁止差別待遇規定。

37　J. Schwarze, Europäisches Wirtschaftsrecht, S. 335.

利。

2004年時，理事會將歐洲法院關於歐盟人民自由遷徙判決確立的原則整理公布第38號歐盟人民指令（Richtlinie zur Unionsbürgerschaft）[38]主要內容為規範歐盟人民與其家屬的出境權、入境權、居留權、長期居留權。此一指令雖然一方面統一化歐盟人民的自由遷徙，但此一指令卻未明確規範在社會法領域所衍生的相關問題[39]。整體而言，由於社會政策仍屬於會員國的職權，因此歐洲法院與歐盟法的立法者仍對此一領域持謹慎保留的態度[40]。

第二節　勞工的自由遷徙

在工資與工作條件的觀點下，勞工可自由尋找有吸引力的工作地點，為能在共同市場內靈活運用生產要素的要件，在經濟的觀點下，勞工在共同市場內可跨越國界自由地選擇工作場所，亦是符合經濟合理的原則。

歐洲聯盟運作條約第45條至第48條規定勞工的自由遷徙權。勞工的自由遷徙權為一集合的概念（Sammelbegriff），係由許多不同的個別權利共同組合而成，最典型的就是由僱傭關係（Arbeitsverhältnis）的成立、履行與終止所產生的各種權利[41]，因此在歐洲聯盟運作條約中的勞工自由遷徙權不僅是對於僱傭關係（Beschäftigungsverhältnis）的內容具有重要的意義，而且對於執業、社會法與稅法上的待遇，甚至在僱傭關係終止後的退休保險等均有重要的意義[42]。

38　ABlEU 2004 L 158/77.

39　K. Hailbronner, Unionsbürgerschaft und Zugang zu den Sozialsystemen, JZ 2005, S. 1140.

40　J. Schwarze, Europäisches Wirtschaftsrecht, S. 338.

41　參閱M. Schweitzer，前揭文，S. 750。

42　參閱P. Behrens，前揭文，Jura 1989, S. 569; Groeben/Thiesing/Ehlermann, Kommentar zum EWG-Vertrag, 4. Auflage, Baden-Baden 1991, Art. 48 EWGV, Rn. 39.

壹、歐洲聯盟運作條約第45條的自由遷徙權

一、自由遷徙權之意義

依據歐洲聯盟運作條約第45條第1項之規定，在歐盟內應完成勞工之自由遷徙；而第2項規定，勞工之自由遷徙包括廢除任何一個關於就業、工資和其他工作條件，對於會員國的勞工以國籍為依據的不同待遇。歐洲聯盟運作條約第45條第2項為禁止差別待遇（Diskriminierungsverbot）之規定，即禁止存在任何一種差別待遇，而不問其係明顯的差別待遇[43]或隱藏的差別待遇[44]，尤其是亦禁止間接的差別待遇（indirekte Diskriminierung），即並非以勞工的國籍為依據，而係針對來自其他會員國勞工的家屬所採取的差別待遇措施，亦在禁止之列[45]，因此又稱為與本國人民的平等待遇原則（Grundsatz der Inländergleichbehand-lung）[46]。但只要會員國的法律規定不考慮利害關係人的國籍，而依據客觀的構成要件適用於所有的人時，歐洲聯盟運作條約45條第3項並不禁止因該法律規定所產生的不同待遇[47]。

所謂的自由遷徙，係指要廢除會員國對於勞工以國籍為依據所採取的所有差別待遇[48]。歐洲聯盟運作條約第45條的自由遷徙權，僅係針對歐洲聯盟會員國的國民而言，並不包括第三國的國民在內[49]。對於擁有雙重國籍者，會員國不得主張其擁有第三國的國籍而否認其應享有的自由遷徙權[50]；第三國的國民在歐洲聯盟內並無獨立的入境權與居留權[51]，但卻得

43　參閱EuGH Rs. 152/73, Sotgiu, Slg. 1974, S. 164.

44　參閱EuGH Rs. 167/73, Kommission/Frankreich, Slg. 1974, S. 372f.

45　參閱EuGH Rs. 152/73, Sotgiu, Slg. 1974, S. 164.

46　參閱W. Hakenberg，前揭書，S. 102。

47　參閱EuGH Rs. 1/78, Kenny, Slg. 1978, S. 1498.

48　參閱W. Hakenberg，前揭書，S. 102。

49　參閱G. Nicolaysen，前揭書，S. 134。

50　參閱G. Nicolaysen，前揭書，S. 135。

51　參閱EuGH Rs. 267/83, Diatta, Slg. 1985, S. 590.

因其為擁有會員國國籍勞工家屬的身分而亦享有會員國國民的權利，而只要是歐洲聯盟運作條約與派生歐盟法關於勞工自由遷徙、營業所設立自由與勞務自由流通所規定的權利，持有第三國國籍的家屬均得同時享有這些權利，因此持有第三國國籍的家屬僅享有人員自由遷徙間接的權利（mittelbare Berechtigung）[52]。

　　歐洲聯盟運作條約第45條並未明文定義勞工的概念，本質上包括了工人（Arbeiter）、職員（Angestellte）及其家屬在內[53]。勞工的概念具有共同體法的意義[54]，理事會所公布的施行法規，對於勞工的概念，強調勞工的工作係具有報酬關係的工作（Tätigkeit im Lohn oder Gehaltsverhältnis）[55]；歐洲法院認為勞工的概念不應依據會員國法定義，而應依據歐盟法加以定義[56]，因為歐盟法為獨立的法律制度，而許多的法律概念亦為獨立的，這些法律概念並不需完全符合會員國法的概念，在適用上歐盟法優先於會員國法[57]，因此在適用上歐盟法的概念定義亦應優先於會員國法的概念定義，以期在所有會員國一致適用歐盟法的概念[58]。

　　歐洲法院具體定義勞工的概念，特別強調勞工的本質，為在一定的時間內依指示為他人服勞務，從而獲取報酬[59]；並以勞工的資格（Arbeitnehmereigenschaft），作為解釋勞工概念的判斷標準，即指事實上真正地工作和參與經濟生活，至於自由遷徙並非以就業的其他動機作為依據[60]。此外，公法上或私法上的僱傭關係並不重要，依據會員國法可能有不同的內

52　參閱G. Nicolaysen，前揭書，S. 135。

53　參閱P. Behrens，前揭文，Jura 1989, S. 570; W. Hakenberg，前揭書，S. 101; M. Schweitzer，前揭文，S. 749。

54　參閱K. Hailbronner，前揭文，Zeitschrift für Ausländerrecht und Ausläanderpolitik 1990, S. 109。

55　參閱1968年第1612號規章第1條第1項規定。

56　參閱EuGH Rs. 75/63, Unger, Slg. 1964, S. 395ff.

57　參閱EuGH Rs. 6/64, Costa/ENEL, Slg. 1964, S. 1269ff.

58　參閱R. Streinz, Europarecht, 2. Auflage, Heidelberg 1995, S. 164.

59　參閱EuGH Rs. 66/85, Lawrie-Blum, Slg. 1986, S. 2144.

60　參閱EuGH Rs. 53/81, Levin, Slg. 1982, S. 1035.

容，因此不應以公法或私法的法律關係作為解釋勞工概念的標準[61]。

二、歐洲法院對於自由遷徙權之見解

　　自由遷徙除了單純的工作許可（Arbeitserlaubnis）外，還包括許多廣泛且複雜的問題，例如：居留許可（Aufenthaltsgenehmigung）的問題。一個葡萄牙籍的勞工甲想去盧森堡工作，在歐洲聯盟內完成人員自由遷徙前，甲必須克服居留許可與工作許可之障礙。因勞工自由遷徙常引發許多爭議問題，以下僅以歐洲法院在1981年的Adoui／Cornuaille[62]案為例說明。

　　兩名法國女子Adoui與Cornuaille在比利時的列日擔任酒吧櫥窗女郎的工作，並且還要擔任脫衣舞的工作，1981年時向列日的移民局申請居留許可，卻遭移民局以違反公共秩序為理由拒絕。

　　在本案，歐洲法院首先肯定Adoui與Cornuaille具有勞工的資格，而比利時違反當時歐洲共同體條約所規範的與本國人民享有平等待遇的規定與勞工就業的居留權規定。Adoui與Cornuaille的行為並不違反比利時的公共秩序（öffentliche Ordnung），因為比利時的法律並不禁止妓女，除非是對於社會有特別危害的行為，且由法律所明文禁止者為限。比利時不處罰本國的妓女，當然也不可以拒絕給予居留的形式，處罰來自其他會員國之妓女。

　　歐洲法院重申在1977年的Bouchereau[63]案對於當時歐洲共同體條約第39條與第46條所規定的公共秩序概念，係指存在事實的與足夠的危害，而牴觸會員國社會的基本利益（Grundinteresse）。歐盟法對於有可能牴觸公共秩序行為方式之判斷，並未規定一定的價值標準時，一會員國為了在其領土範圍內，對於來自其他會員國的國民限制入境或限制居留而成為正當的理由，對於其本國人民的相同行為並未採取強制措施或其他事實上的和

61　參閱EuGH Rs. 152/73, Sotgiu, Slg. 1974, S. 163.

62　參閱EuGH Rs. 115 und 116/81, Adoui und Cornuaille, Slg. 1982, S. 1665ff.

63　參閱EuGH Rs. 30/77, Bouchereau, Slg. 1977, S. 1999.

有效的措施以為對抗時，則可確定不得將該行為視為已經足夠嚴重危害公共秩序。

貳、自由遷徙權之具體內容

一、實體法之規定

　　歐洲聯盟運作條約第45條所規範具體的自由遷徙權，包括對就業、工資和其他工作條件，絕對禁止會員國基於勞工之國籍而採取明顯的或隱藏的不平等待遇措施，即為在歐洲聯盟內的與本國人民平等待遇原則。而歐洲聯盟運作條約第45條第3項所規定適用於全部歐盟領域具體的勞工自由遷徙權，包括對於事實上存在的工作之求職權、找工作時的居留權、為了從事職業的居留權，以及職業結束後繼續的居留權。因此，勞工自由遷徙權實際上為一個相當廣泛的居留權[64]。

　　1990年時，理事會又制定公布了三個重要的指令，將居留權擴大適用於根本不具有勞工身分的人，例如：學生[65]與退休者[66]，若學生或退休者證明其持有相當的生存方法，而不需向居留所在國申請社會救助時，亦享有居留權。

　　歐洲聯盟運作條約第46條為一委任立法之規定，即授權理事會制定公布完成勞工自由遷徙的必要措施；為實現自由的入境權、出境權與居留權，理事會陸續制定公布了許多法規，將自由遷徙的內容予以具體規定，不同身分的人則適用不同的法規，其中最重要的法規為：

　　1. 1968年第1612號規章，為勞工自由遷徙權的基本規定，對於勞工與其家屬廢除所有對自由遷徙存在的障礙。

64　參閱T. Stein, Die Einschränkung der Freizügigkeit von EWG-Ausländern aus Gründen der öffentlichen Sicherheit und Ordnung, Neue Juristische Wochenschrift 1976, S. 1553.

65　1990年第366號指令。

66　1990年第365號指令。

2.1968年第360號指令[67]，以廢除會員國的勞工與其家屬在聯盟內旅遊
　　與居留之限制，主要在於簡化行政規定。

3.1970年第1251號規章[68]，規定勞工在相關的會員國至少居住三年
　　時，在其工作結束後，得繼續在其工作的會員國居留。

4.1973年第148號指令[69]，主要係規範在營業所設立自由與勞務自由流
　　通範圍獨立營業者的居留權。

5.1990年第365號指令與第366號指令，將自由遷徙權擴大適用於在學
　　校註冊的學生、在歐洲聯盟會員國工作的退休者以及其他無業者，
　　這些人必須證明在居留國擁有有效疾病保險之保護與有足夠的生存
　　方法，因此毋須在居留國行使社會救助請求權時，亦享有居留權。

　　上述這些關於入境、出境與居留的規定，均具有直接適用的效力，即
會員國轉換立法後的法規不符合應賦予的權利時，有權利者得直接主張歐
盟法所規定的權利[70]。依據人員自由遷徙的規定，有權利者僅須持有有效
的護照或身分證，而不須簽證與居留許可，即得自由入境與享受無期限限
制的居留權利；而隨著邊界檢查的廢除，歐洲聯盟亦廢止個人出示出入境
文件之義務[71]。會員國要求其他的入境條件當然亦牴觸上述人員自由遷徙
相關指令的規定，因此會員國詢問關於旅遊目的、停留期限或要求出示
財力證明，均是不合法的；會員國應免費給予其他會員國國民居留許可
之證明[72]，由於會員國國民的居留權係直接由歐洲聯盟運作條約相關的規
定與派生歐盟法衍生而來的權利，因此一會員國的居留證明僅具有宣示
的效力[73]；但會員國得要求有居留權者對其權利的要件提出證明，例如：

67　Amtsblatt der Europäischen Gemeinschaften 1968 L 257/13ff.

68　Amtsblatt der Europäischen Gemeinschaften 1970 L 142/24ff.

69　Amtsblatt der Europäischen Gemeinschaften 1974 L 172/1ff.

70　參閱EuGH Rs. 118/75, Watson, Slg. 1976, S. 1197.

71　參閱KOM (95)348 endg. vom 12.71995.

72　參閱G. Nicolaysen，前揭書，S. 143。

73　參閱EuGH Rs. 48/75, Royer, Slg. 1976, S. 511ff; Rs. 8/77, Sagulo, Slg. 1977, S. 1503.

出示工作證明或學業證明，對家屬要求出示官方的家屬關係證明等[74]。依據1990年第364號指令第1條第1項之規定，對於一般的居留權必須提出有健康保險（Krankenversicherung）與充分生存財源的證明。若會員國規定其本國人民應隨身攜帶身分證時，亦得要求有居留權者亦隨身攜帶居留證明[75]。

　　至於居留權的效力期限，相關的指令有不同的規定，對於勞工與設立營業所權利者，至少為五年；依據1990年第364號指令，對於一般的居留權效期至少亦為五年，對於學生與退休者只要符合相關指令規定的要件，即享有居留權；對於提供勞務者則適用勞務給付的期限；對於求職者而言，得依據歐洲聯盟運作條約第45條第3項之規定享有自由遷徙的權利，歐盟法並無時間的限制規定，歐洲法院認為原則上對於求職者至少應有六個月求職的居留期限[76]。

　　語言問題在過去常成為勞工就業許可要件的實際障礙，尤其是在就業條件侷限於就業所在國語言常識之情形，通常會限制勞工的自由遷徙，而會牴觸歐洲聯盟運作條約第45條之規定。歐洲法院對於語言常識的問題，以促進本國語言政策為限，而允許愛爾蘭規定必須會愛爾蘭文者，才得在大學任教[77]。

二、歐洲法院之見解

　　會員國的法院與歐洲法院對於歐洲聯盟運作條約第45條與上述的規章和指令之具體適用，有相當多的判決，以下將以歐洲法院著名的案例，說明勞工自由遷徙權從單純的禁止會員國採取差別待遇措施，逐漸發展成在其他會員國參與不同的職業生活與社會生活。

74　參閱1968年第360號指令第4條第3項規定。

75　參閱EuGH Rs. 321/87, Belgische Paßgesetze, Slg. 1989, S. 1010.

76　參閱EuGH Rs. C-292/89, Antonissen, Slg. 1991, S. I-779.

77　參閱EuGH Rs. C-379/87, Groener, Slg. 1989, S. I-3967.

（一）1969年的Ugliola案[78]

義大利籍的Ugliola在德國的斯圖加特（Stuttgart）工作，當時必須回義大利服兵役，依據德國的工作職位保障法（Arbeitsplatzschutzgesetz）之規定，在服完兵役後，仍得回到原來的工作崗位，並不因兵役而影響工作。有爭議的是，德國的工作職位保障法是否亦適用於Ugliola，即德國的工作職位保障法是否亦保障其工作，直到服完兵役後，仍得回到原來的工作崗位？

歐洲法院認為，德國的工作職位保障法不得對於其他會員國的國民有任何的不平等待遇。一會員國保護勞工因服兵役而無法繼續工作防止其受不利影響的法規，亦必須適用於在該會員國領土內工作，但在其本國有兵役義務的其他會員國國民。

（二）1974年的Casagrande案[79]

Casagrande的父母來自義大利，在德國的慕尼黑工作，Casagrande自出生時起即與父母居住在慕尼黑。1971、1972年時Casagrande念中學，依據當時巴伐利亞邦教育補助法（Bayerisches Ausbildungs-förderungsgesetz）之規定申請教育補助。雖然Casagrande符合實質的要件，但慕尼黑市政府主張依據巴伐利亞邦教育補助法第3條之規定，只有：(1)基本法（Grundgesetz）意義下的德國人；(2)無國籍的外國人；與(3)居所在本法適用範圍內，並且已經獲得政治庇護的外國人，有權請求教育補助，而拒絕Casagrande之申請。

依據1968年第1612號規章第12條第1項之規定，來自當時歐洲共同體勞工的子女與住所所在國的國民享有相同的條件，得參與一般的課程教育以及學徒和職業教育。巴伐利亞行政檢察處主張，1968年第1612號規章第12條之規定應解釋為，來自其他會員國勞工的子女只有受同等教育的權利，而無經濟上的補助請求權。Casagrande則主張，1968年第1612號規章

---

78 參閱EuGH Rs. 15/69, Ugliola, Slg. 1969, S. 363ff.
79 參閱EuGH Rs. 9/74, Casagrande, Slg. 1974, S. 773ff.

第12條不僅給予其他會員國國籍勞工的子女上學的抽象可能性，在具體的情況中並且給予事實上得行使請求權的可能性；故一會員國給予自己本國人民參與教育過程的補助，亦應適用於其他會員國國籍勞工的子女，因此會員國不得拒絕給予來自其他會員國勞工子女之教育補助。

　　歐洲法院認為，教育補助係與自由遷徙權有關的給付，雖然教育補助與勞工工作的執行並非有直接的關係，但會員國給予的教育補助應包括給予每一位勞工與其家屬的個別教育補助在內。

（三）1975年的Cristini案[80]

　　義大利籍女子Cristini的丈夫在法國工作，在其丈夫去世後，Cristini與其子女仍繼續住在法國。依據法國法律之規定，擁有眾多子女的家庭購買火車票時，得享有優惠。Cristini在申請購買眾多子女家庭的火車優待票時，法國國鐵以這種優惠之火車票只適用於法國人而拒絕Cristini之申請。

　　歐洲法院認為會員國禁止的差別待遇亦必須延伸適用於勞工的家庭。1968年第1612號規章第7條第2項規定，勞工在工作所在國享有與本國勞工相同的社會與稅捐上的優惠。所謂的社會與稅捐上的優惠，包括所有的社會與稅捐上之優惠，而不問這些優惠是否與現存的工作契約有關聯。一會員國對於眾多子女家庭的本國火車優待票，亦屬於這種優惠，即使是在來自其他會員國的勞工死亡後，這些優惠措施仍然適用於繼續居留在其工作所在會員國的家屬。

（四）1989年的Di Leo案[81]

　　義大利籍的勞工Di Leo在德國的達姆城（Darmstadt）已經工作了二十五年，其女兒Camina在德國完成小學與中學教育，由於德國對於醫學系的入學條件限制嚴格，因此Camina回義大利的Siena大學就讀醫學系，並希望能在德國申請聯邦助學貸款（Bundesausbildungsförderung，簡稱Bafög），以補助其在義大利之學業。

80　參閱EuGH Rs. 32/75, Cristini, Slg. 1975, S. 1085ff.
81　參閱EuGH Rs. C-308/89, Di Leo, Slg. 1990, S. I-4185ff.

當時德國主張，聯邦助學貸款只適用於來自其他會員國勞工子女在德國的學業，而不適用於在其本國的學業，雖然依據1968年第1612號規章第12條第1項之規定，來自歐盟勞工的子女與其住所所在國的國民享有相同的條件，得參與一般的課程教育以及學徒和職業教育，但是若來自其他會員國勞工的子女前往其他的會員國就學時，則不適用1968年第1612號規章第12條之規定，因為該規定只限於這些子女在住所所在國的領土範圍內就學，才有適用之餘地。1968年第1612號規章第12條之立法目的，在於促進來自其他會員國的勞工與其家屬和工作所在國相結合，若這些勞工的子女前往其他的會員國就學時，並無法達到促進與其父母工作所在國相結合之目的，因此拒絕Camina的申請。

歐洲法院解釋1968年第1612號規章第12條規定，認為依據該規定之文義，並不限於在工作所在國的教育措施；而此一規定的平等待遇，係指要實現1968年第1612號規章中勞工自由遷徙在自由與尊嚴的目標，更必須對勞工的家屬與所在國的結合建立更好的條件，而為達到此一結合之目的，必須使在工作所在國居住的其他會員國勞工子女與工作所在國國民的子女一樣，可以自由選擇其就學地。1968年第1612號規章第12條係一般規定，依據該規定，每個會員國在課程範圍內，必須確保來自其他會員國勞工的子女與其本國勞工子女相同，而受平等的待遇，故一會員國給予其本國人民在外國學業的補助，同時亦必須也讓來自其他會員國勞工的子女亦享有此一優惠待遇，即使是他們決定到其父母工作所在國以外的國家就學時亦同。歐洲法院在本案確認，勞工工作所在國的給付，並不以勞工家屬居住於給付的會員國為限，均得請求。

參、自由遷徙之例外規定

歐洲聯盟運作條約第45條第3項與第4項為勞工自由遷徙之例外規定，在特定的情形，會員國得限制勞工的自由遷徙權，即：

一、妨害公共秩序、安全與健康之情形

歐洲聯盟運作條約第45條第3項規定，除基於公共秩序、安全與健康得採取限制外，自由遷徙權應給予勞工下列的權利：(1)對事實上工作的求職；(2)為求職而在會員國內的自由遷徙；(3)在一會員國居留，以便能依據該會員國適用於勞工的法律與行政規章而從事其職業；(4)在職業終止後，在執委會的施行規章所規範的條件下，得繼續在該會員國領土內居留。

所謂的公共秩序、安全與健康，主要係指犯罪、吸毒與傳染病等情形[82]。基於公共秩序、安全與健康的理由，各會員國有權拒絕來自其他會員國人民在其本國的就業，必要時並得將其驅除出境。

為具體施行歐洲聯盟運作條約第45條第3項之規定，1964年時理事會制定公布第221號指令[83]，限於以公共秩序、安全或健康有理由時，協調會員國對於來自其他會員國國民入境與居留的特別規定，對於公共秩序、安全與健康的概念，有明確的定義規定，即依據第3條第1項與第3項之規定，在認定違反公共秩序或安全措施時，僅得依據個人的行為為考量的標準，而刑事判決不得作為違反公共秩序或安全的唯一依據；1972年時理事會又制定公布第194號指令[84]，擴大1964年第221號指令之適用範圍，即勞工在工作結束後，有權主張繼續居留於就業所在的會員國，此外繼續居留權亦適用於工作結束後的短期勞工。

會員國的法院與歐洲法院在適用歐洲聯盟運作條約第45條第3項有許多相關的判決，對於例外規定，歐洲法院採取狹義的解釋，但歐洲法院亦同意公共秩序的概念得因不同的會員國而做不同的解釋，因此必須給予會員國的有權當局一定的判斷權限（Beurteilungsspielraum）[85]。以下僅以歐洲法院兩個著名的案例說明。

82　參閱W. Hakenberg，前揭書，S. 105。

83　RL 64/221/EWG, Amtsblatt der Europäischen Gemeinschaften 1964 Nr. 56, S. 850ff.

84　RL 72/194/EWG, Amtsblatt der Europäischen Gemeinschaften 1972 L 121/32ff.

85　參閱W. Hakenberg，前揭書，S. 106。

（一）1974年的van Duyn案[86]

1968年時英國政府認為山達基教會（Church of Scientology）的活動危害社會，當時在英國並無任何的法律規定可以禁止此一教會的活動，而英國政府採取了不同的措施，以阻止此一教派在英國繼續擴大，其中一項措施為不再給予外國人在此一教派的機構之工作許可。荷蘭籍的van Duyn於1973年5月欲前往英國[87]，在山達基教會任職秘書，但在van Dyun入境時遭英國當局拒絕，所持拒絕理由為禁止該教派的人員入境英國工作。van Duyn不服，向英國的高等法院（High Court of Justice）對英國的內政部提起訴訟，而由英國的高等法院依據當時的歐洲共同體條約第234條之規定，向歐洲法院提起預先裁判之訴。

英國政府主張山達基教會的活動違反公共利益，但依據英國的國內法規並不禁止該教派的活動。van Duyn主張依據當時的歐洲（經濟）共同體條約第48條（現為歐洲聯盟運作條約第54條）、1968年的1612號規章關於勞工在歐盟內自由遷徙，與1964年第221號指令第3條第1項之規定，得在歐盟內自由遷徙，而會員國僅得基於公共秩序、安全或健康之理由，才得合法限制來自其他會員國國民的自由遷徙。

歐洲法院對於歐洲（經濟）共同體條約第39條（現為歐洲聯盟運作條約第45條）與1964年第221號指令第3條第1項規定解釋如下：基於公共秩序的理由，而主張採取正當限制措施的會員國，得考量關係人的個人行為，即利害關係人屬於某一協會或組織，而會員國認為該協會或組織的活動對其社會構成危險，但並未禁止該協會或組織之活動；同樣的亦應適用於其本國人民在相同的協會或組織工作時，該會員國亦不得採取相同的限制措施。

依據歐洲（經濟）共同體條約第39條（現為歐洲聯盟運作條約第45條）第1項與第2項之規定，會員國負有明確的義務，為履行此一義務並不需要再由共同體機關或會員國採取任何的措施，此一規定即發生效力，

86　參閱EuGH Rs. 41/74, van Duyn, Slg. 1974, S. 1337ff.

87　英國於1973年1月1日正式成為歐洲共同體的會員國。

而會員國在履行此一義務時，並無任何的裁量權限。歐洲（經濟）共同體條約第39條（現為歐洲聯盟運作條約第45條）第3項則為例外規定，係一保留的規定，歐洲法院對於此一保留規定的適用，仍有司法審查權（gerichtliche Nachprüfung），即會員國得主張此一保留規定，但不得妨礙在歐洲（經濟）共同體條約第39條（現為歐洲聯盟運作條約第45條）所規範勞工自由遷徙的原則，而歐洲（經濟）共同體條約第39條（現為歐洲聯盟運作條約第45條）規定授權個人得在法院主張自由遷徙的權利，且會員國的法院必須維護個人的此一權利。

在歐盟法中對公共秩序的概念，若將使得勞工自由遷徙重要原則之例外成為合法正當時，則必須狹義解釋此一概念，故不得由會員國單方面（einseitig）且無歐盟機關的審查而任意解釋此一概念，但規範公共秩序的範圍，有可能因會員國不同與時代變遷而使得合法主張公共秩序概念的特別狀況亦有差異，故僅在歐洲（經濟）共同體條約（現為歐洲聯盟運作條約）所規範的限度內，會員國的有權當局才享有判斷的權限（Beurteilungsspielraum）。

歐洲（經濟）共同體條約（現為歐洲聯盟運作條約）承認勞工自由遷徙原則，不得在個別會員國的國民間有任何的差別待遇存在，但同時又給予會員國得基於公共秩序、安全或健康的理由有保留的權利，即若符合保留的構成要件時，則會員國得禁止來自其他會員國的國民入境其領土或在其國內居留。

（二）1974年的Bonsignore案[88]

義大利籍的Bonsignore在德國違反武器法（Waffengesetz），並被判過失殺人罪，德國政府基於犯罪一般預防的理由，為達到嚇阻外國人犯罪的目的，故將其驅逐出境。

在本案，歐洲法院指示德國當局，僅嚇阻犯罪的理由尚不足以使驅逐出境合法化。1964年第221號指令的立法目的，在於協調維持公共秩序和

88　參閱EuGH Rs. 67/74, Bonsignore, Slg. 1975, S. 297ff.

安全的正當措施，以期該措施的適用符合勞工在歐洲聯盟內自由遷徙的基本原則，以及符合在歐洲（經濟）共同體條約（現為歐洲聯盟運作條約）的適用範圍內消除在本國人民與其他會員國國民間的所有差別待遇，因此例外規定應做狹義的解釋。

　　一會員國僅得因系爭的個人行為已經構成危害公共秩序與安全時，才能採取驅逐出境的措施，因此驅逐其他會員國人民之目的，僅在於嚇阻外國人以達到一般預防的效果，該驅逐出境的措施即已經違反1964年第221號指令第3條第1項與第2項之規定。故系爭當事人之個人行為必須明顯地危害所在會員國的國家安全，該會員國才得將其驅逐出境，系爭當事人僅被判決過失殺人，尚不足以構成危及公共安全的要件。

　　綜合上述歐洲法院的見解，依據歐洲共同體條約第39條（現為歐洲聯盟運作條約第45條）與為施行歐洲共同體條約第39條（現為歐洲聯盟運作條約第45條）所公布的規章和指令之規定，會員國負有為一定行為的義務，同時得在個人與會員國間的法律關係上創設直接的效力，故歐洲共同體條約第39條（現為歐洲聯盟運作條約第45條）與其具體的施行規定對於利害關係人具有直接適用的效力，因此歐洲共同體條約第39條（現為歐洲聯盟運作條約第45條）與其具體的施行規定不僅是作為審查會員國的法律與行政規章之標準，同時亦為審查個別判決與會員國的移民局裁量權限之標準。此外，會員國給予歐盟人民居留許可的權限不再具有創設權利的效果（rechtsbegründende Wirkung）。基於公共秩序與安全之理由，對於勞工自由遷徙之限制，為歐盟法之例外規定，故必須狹義解釋公共秩序與安全的概念，僅在個人行為事實上與足以構成嚴重的危害時，會員國才得合法主張違反公共秩序與安全，而限制利害關係人的自由遷徙權。會員國不得單方面地解釋公共秩序與安全的適用範圍，應遵守歐盟機關的審查；同時會員國不得對其他會員國的國民採取差別待遇措施，只有在對本國人民限制自由遷徙的情況下，才得對其他會員國的國民限制自由遷徙[89]。

---

89 參閱T. Stein，前揭文，Neue Juristische Wochenschrift 1976, S. 1557。

二、公共行政的工作

　　依據歐洲聯盟運作條約第45條第4項之規定，公共行政（öffentliche Verwaltung）的工作不適用勞工自由遷徙之規定。即會員國對於公共行政的工作仍然有權僅任命本國人民擔任，例如在國防、司法、國家安全機關或政治上領導層級的工作，但必須限於該工作性質係涉及真正的主權行使[90]，且不得存在隱藏的差別待遇。

　　雖然歐洲聯盟運作條約第45條第4項的適用要件為公共行政的工作，但歐洲聯盟運作條約第45條第4項並未定義公共行政的概念，在理事會與執委會所公布相關的施行規定中亦未定義此一概念，因此某些會員國認為應該依據其國內法的觀點定義公共行政的概念[91]，但歐洲法院認為會員國所持上述的見解將可能損及自由遷徙與影響歐盟法一致適用的效力[92]。

　　歐洲法院解釋公共行政的概念，係指直接或間接參與主權行使的工作，或以針對國家或其他公共團體一般利益為任務的維護工作，而這些工作必須以任職者的特別拘束力關係以及依據國籍的權利與義務對等為前提要件[93]。所謂的主權行使，係指基於權力上下服務關係（Über-und Unterordnungsverhältnis）所形成的公共行政工作，而維護國家一般的利益應係指傳統上屬於國家的利益，因此在公立醫院任職的醫護人員，其工作並不屬於公共行政的範圍[94]。僱傭關係的種類並非決定是否屬於公共行政工作的關鍵，應從具體的個案檢視當事人行使主權時是否應負一定程度的責任（Verantwortlichkeit），故在公共職務上的工作種類才是決定性的要件[95]，亦即應以工作在功能上（funktionell）的觀點，而非以組織結構上（institutionell）的觀點，作為判斷是否為公共行政上的工作[96]。

---

[90]　參閱EuGH Rs. 149/79, Kommission/Belgien, Slg. 1980, S. 3900.

[91]　參閱EuGH Rs. 149/79, Kommission/Belgien, Slg. 1980, S. 3887, 3892, 3894.

[92]　參閱EuGH Rs. 149/79, Kommission/Belgien, Slg. 1980, S. 3903.

[93]　參閱EuGH Rs. 149/79, Kommission/Belgien, Slg. 1980, S. 3900.

[94]　參閱M. Schweitzer，前揭文，S. 753。

[95]　參閱EuGH Rs. 152/73, Sotgiu, Slg. 1974, S. 162f.

[96]　參閱M. Schweitzer，前揭文，S. 753。

公共行政的工作是指直接或間接參與國家主權的行使、維護國家或其他公共團體一般的利益，執行職務者與國家間有特別的結合關係，且係以國籍為基礎而產生權利與義務的相互關係[97]。

例如：1989年時，在義大利威尼斯大學的兩位外語教師因依據義大利法律規定，受限於大學教師必須是公務員，而外國人在義大利根本不可能成為公務員，因此無法繼續擔任其定有期限的教職。歐洲法院[98]認為，在大學擔任外語教學的工作，並非直接或間接地參與國家主權的行使和國家主權的任務維護，因此會員國不得主張任教於大學的工作係歐洲聯盟運作條約第54條第4項所規定的公共行政的工作。

為完成師範教育，而應履行學習教師的階段性學習，雖然實習教師亦必須授課，因而獲得薪資作為授課的對價給付，但實習教師並不是行使公權力的工作，因此一會員國不得拒絕來自其他會員國國民的實習申請[99]。

肆、比例原則

會員國採取的任何一個影響勞工自由遷徙的措施，均必須符合比例原則，即首先必須審查在所有會員國將造成的影響，以及是否無法以更少的干預措施達到相同的結果[100]。

伍、對於勞工的社會保障

歐洲聯盟運作條約第48條規定，針對建立勞工自由遷徙，應由理事會基於執委會之提案，以一致決議在社會保障（soziale Sicherheit）領域的必要措施；為達到此一目的，特別是理事會應實施保障遷徙的勞工及其有請求權家屬的制度，即：(1)合併計算（Zusammenrechnung）所有依據不同會員國法律規定應有的給付請求權與其期待權，以及合併計算給付的時

97　EuGH Rs. 149/79, Öffentlicher Dienst, Slg. 1984, S. 1845.

98　參閱EuGH Rs. 33/88, Allué, Slg. 1989, S. 1591ff.

99　EuGH Rs. 66/85, Lawrie-Blum, Slg. 1986, S. 2121.

100 參閱W. Hakenberg，前揭書，S. 107。

期；(2)給付應支付給居住於會員國領土的人。

　　歐洲聯盟運作條約第45條規定要建立勞工在歐盟內的自由遷徙，而歐洲聯盟運作條約第48條要對勞工建立的社會保障制度，卻是歐洲聯盟運作條約第45條的重要補充規定。由於各會員國不同的社會法制度，因此在歐盟的層次必須做許多的法規協調工作，才能解決在歐盟層次複雜的社會法制度[101]。

　　社會保障（social security）係國家以保障國民整個生命週期的保險制度為基礎，從初生到死亡，包含許多的保險，例如健康保險、意外保險、失業保險、殘疾保險、年金保險、長期照護保險等。社會保障在歐盟的歷史發展上，係以集體解決的方法為基礎，早在1870年普魯士公布第一個法規提供社會保障[102]。基於社會契約（social contract）的理念，傳統上僅國民才可以享有社會保障的福利，社會保障不會跨越國界提供給付，也不會自動適用於來自其他國家的國民[103]。

　　歐盟的會員國在不同的文化、政治與社會背景下，發展出各自不同的社會保障制度，也反映出各會員國社會保障制度的特色[104]。社會保障與其他保險類型（例如房屋保險、旅遊保險、汽車保險）有很大的差異，社會保障是強制的保險、一致的與公共的保障[105]，因此大部分的歐盟會員國均以社會保障保險的保證人自居，這類社會保障保險均涵蓋全體國民[106]。

　　在歐盟實現單一市場保障商品自由流通、人員自由遷徙、勞務自由流通與資金自由流通的目標下，在社會保障領域，隨著單一市場的完成，歐盟逐步的協調整合會員國彼此不同的社會保障制度，而發展出一套歐盟的

----

101 參閱K. Hailbronner，前揭文，Zeitschrift für Ausländerrecht und Ausländerpolitik 1990, S. 111。

102 Jaan Paju (2017), The European Union and Social Lae, Oxford: Bloomsbury, p. 10.

103 F. Pennings (2015), European Social Security Law, 6th Ed., Cambridge: Intersentia, p. 4ff.

104 Jaan Paju (2017), The European Union and Social Security Law, Oxford: Bloomsbury, p. 11.

105 執委會建置一個詳細的網站MISSOC，以一年兩次報導個別會員國、挪威、冰島、瑞士與列支敦斯登等國的社會保障變化，並會隨時更新資料庫，以便歐盟人民可以隨時取得全體會員國最新的法規。

106 Jaan Paiu (2017), The European Union and Social Security Law, Oxford: Bloomsbury, p. 11.

社會保障制度。

　　歐盟二十八個會員國有不同的社會文化背景、政治發展與經濟結構，因此也發展出二十八套不同的國民健康制度，最明顯的差異有三個，即國民健康給付的經費來源、健康照護的組織架構（醫療、長期照護、疾病預防、復健）與國民健康制度之管制，也因此有不同的社會保障模式。歐盟會員國的社會保障模式主要可以歸納為下列三種[107]：

一、卑斯麥模式

　　1883年卑斯麥對於勞工實施法定的健康保險，是全世界第一個社會保險，卑斯麥模式（Bisrnark model）主要特徵就是社會保險制度，係以就業為前提要件，以作為獲得社會保障的準據，也就是以工作所得與繳納的保險費作為計算社會福利的依據。勞工與資方必須平均分擔保險費，僅在特定的情形，才是由國家稅收負擔保險費。在國家的監督下，資方與勞方組織與管理保險；無業者或非勞工成員的家眷，僅能向慈善機構或地方政府尋求有限的社會救助。在卑斯麥模式，無業者與就業者有明顯不同的保障，無業者享有很少的保障。採行卑斯麥模式的國家主要為德國與奧地利。

二、貝弗里奇模式

　　貝弗里奇模式（Beveridge model）主要是英國制度，係由英國經濟學家威廉・貝弗里奇（William Henry Beveridge）在1946年提出國民健康服務（National Health Services）的概念，對於在領土內的全體居民，均給予社會福利，由國家稅收負擔這些社會福利。為使福利可以高於最低生活需要，因此必須在額外投保一個私人保險，但並不是每個人均有能力可以購買額外的保險。

---

[107] Jaan Paju (2017), The European Union and Social Security Law, Oxford: Bloomsbury, pp. 11-12.

三、北歐模式

北歐模式（Nordic model）主要為瑞典與其他北歐國家採行的制度，為全民保險，且由國家稅收負擔社會福利，凡是居民與國民均享有社會福利，而不問是否有工作。北歐模式主要目標是重新分配社會財富，以期社會更公平。

由於這三種不同的社會保障模式挑戰著歐盟法，尤其是在人員自由遷徙原則下，有更多的問題[108]，例如退休的年金與健康保險的給付。其實早在1827年時，法國與帕爾馬公國（Duchy of Parma）締結了一個雙邊的社會保障公約，以便保障跨國情形的退休金給付[109]。1870年代末期，德國開始實施社會保障制度，在這個領域，開始加強國際合作；1904年時，法國與義大利在勞動法領域，締結了一個雙邊協定，以處理跨國的社會保障給付，主要的規定有禁止差別待遇、出口退休金、不同工作福利的規定。第一次世界大戰前，在歐洲已經有十一個雙邊社會保障協定；在兩次世界大戰期間，有高達一百五十個雙邊協定，目前大部分的歐洲國家與其鄰國及主要的貿易夥伴簽署雙邊社會保障協定[110]。

勞工在歐洲聯盟內更換工作時，僅得依據每次工作所在國的法律規定，在其社會保障範圍內獲得給付請求權，該勞工若時常更換工作，由於保險時間短，只能獲得些微的保險給付，或甚至不得主張任何的保險給付；或勞工在不同會員國內僅短期工作，在離職時僅有些微的資遣請求權，至其退休時並無法得到足以溫飽的退休金，故歐洲聯盟運作條約第48條主要立法目的，在於確保勞工關於退休金與其他社會福利的請求權。

針對上述的情形，當時的歐洲共同體很早即已開始思考應如何解決此一現象，在1971年時理事會制定公布一個至今仍然適用且非常重要的規

---

[108] Jaan Paju (2017), The European Union and Social Security Law, Oxford: Bloomsbury, p. 12.

[109] Nickless/Siedl (2004), Coordination of Social Security in the Council of Europe, Strasbourg: Council of Europe, p. 14.

[110] Jaan Paju (2017), The European Union and Social Security Law, Oxford: Bloomsbury, p. 13.

章，即為第1408號規章[111]，適用於在歐洲聯盟內遷徙的勞工及其家屬的社會保障制度（System der sozialen Sicherheit）。1971年第1408號規章主要規定應累積合併計算基於數個不同的僱傭關係的給付請求權，而不問係在哪一個會員國取得的請求權或期待權，以期使勞工如同終生只在一個國家工作。此外，並規定必須使勞工的退休金得合法地自由匯出，即不論勞工在退休後是否還繼續居住在其工作國，均須給付退休金。1971年第1408號規章協調各會員國的社會保險制度（Sozialversicherungssystem），並由當時的歐洲共同體實際規定在計算退休年齡時必須合併計算勞工在所有工作所在會員國的保險時間，避免因而減少給付請求權，以期保障勞工的權益。

　　歐盟的創始會員國在1958年歐洲經濟共同體（European Economic Community）成立時，即達成共識，針對跨國勞工議題，限制歐盟協調會員國社會保障制度之職權，原則上會員國仍保有規範社會保障的職權，歐盟僅得將會員國的社會保障制度連結在一起，人員遷徙至其他會員國時，並不會因此喪失原來的權利[112]。2004年時，歐盟公布第883號協調社會保障制度規章[113]，以協調在單一市場的社會保障制度。2009年時，歐盟又公布第987號協調社會保障制度施行規章，以作為落實協調社會保障制度的程序規定[114]。總而言之，2004年第883號協調社會保障制度規章與2009年第987號協調社會保障制度施行規章係歐盟協調會員國社會保障制度法規的規章，主要規定有構成要件等值與保險期間合併計算原則[115]，及擴大適用範圍至第三國國民。

　　歐盟協調的社會保障法係一個保障移工的社會權利模式[116]，由於社會保障仍是各會員國的職權，但社會保障給付通常與就業或居民身分連結，

---

111 Amtsblatt der Europäischen Gemeinschaften 1971 L 149/2ff.

112 F. Pennings (2015), European Social Security Law, 6th Ed., Cambridge: Intersentia, p. 8f.

113 OJ 2004 L 166/1-123.

114 OJ 2009 L 284/1.

115 2004年第883號規章第5條第8款規定。

116 Eberhard Eichenhofer (2013), Sozialrecht der EU, Berlin: Erich Schmidt Verlag, S. 33.

而不是以國民為聯繫因素。例如德國基本法第11條與第12條規定因居住與因就業而在德國領土內享有基本權利，這些社會福利國家的權利僅限於德國人，但由於歐洲國家在歷史發展上，邊界勞工（Grenzarbeiter）與移工（Wanderarbeiter）已經是一個行之有年的現象，這也挑戰傳統的屬地原則（Territoralprinzip），尤其是社會保險與居民保障（Einwohnersicherung）產生的衝突，例如住在荷蘭，卻在德國工作，由於荷蘭與德國不同的社會保障制度，便受到雙重保障（Doppelsicherung）[117]；反之，若住在德國，卻在荷蘭工作，便無法享有社會保障，而形成保障漏洞的現象[118]，特別是對於住在兩國邊界的人或移工是一個不公平的現象。

　　自1958年歐洲經濟共同體成立時，共同市場的目標即是要藉由國際合作、克服會員國國民經濟的障礙，以達到商品、人員、勞務與資金的自由流通；1987年生效的單一歐洲法明定單一市場是超國家的保障市場自由，會員國應彼此開放毫無限制的經濟交流，因此對於跨國就業與移工的工作必須給予法律保障[119]。也就是單一市場要求消除所有的跨國經濟障礙，以期對於勞工自由遷徙與其他市場自由提供超國家的保障[120]。

　　歐洲法院在許多的判決[121]已經闡明，在歐盟法規範的人員自由遷徙就是要保障所有的歐盟人民在全體會員國可以自由的就業，因此每個勞工可以前往每個會員國找工作，在那裡逗留、就業、居留，以及退休後的安養[122]。歐盟運作條約第49條規定的營業所設立自由即保障自營者的人員自由遷徙，而歐盟運作條約第34條規定的商品自由流通與第56條的勞務自由流通規定補充人員自由遷徙，特別是商品自由流通與勞務自由流通不僅是授與賣方，同時也給予消費者有權跨國取得這些商品與服務[123]。歐盟的這

---

117 荷蘭的社會保障制度原則上係採居民保障原則，德國則採以就業為依據的保障制度。

118 Eberhard Eichenhofer (2013), Sozialrecht der EU, Berlin: Erich Schmidt Verlag, S. 75.

119 Schulte/Barwig (Hrsg.) (1999), Freizügigkeit und Soziale Sicherheit, Baden-Baden, S. 397f.

120 Eberhard Eichenhofer (2013), Sozialrecht der EU, Berlin: Erich Schmidt Verlag, S. 77.

121 例如Case 79/85, Segers, 1986 ECR 2375.

122 歐盟運作條約第45條規定。

123 Eberhard Eichenhofer (2013), Sozialrecht der EU, Berlin: Erich Schmidt Verlag, S. 77.

種相互開放國民經濟的單一市場挑戰傳統的社會福利國家制度，因此歐盟運作條約第48條明文規定全體會員國應致力於人員自由遷徙與協調社會保障[124]。

　　早在1964年時，歐洲法院在van der Veen案[125]明確的闡明，依據歐盟運作條約第45條至第48條公布的社會保障規章（Verordnung）[126]，整體而言係為保障勞工的自由遷徙，之後的判決[127]不斷的深化此一理念。依據歐盟運作條約第48條規定建立的社會保障制度，就是要保障勞工自由遷徙，而不會喪失社會保障，也意謂著禁止間接的差別待遇。但社會保障制度並不包括自願的或依據團體協約的企業年金。歐盟運作條約第48條規定致力於合併計算年資與出口金錢給付，這不是只是靜態的目標，而是需要採取更多的措施，以實現這兩個方法，2004年第883號規章即規範這兩個方法，以協調社會保障給付的實質規定；2009年第987號規章為施行規定。也就是2004年第883號規章規範社會給付的權利人與保險義務人，2009年第987號規章規定落實協調社會保障的行政規定。協調法規保障全體歐盟人民的平等待遇，而不問其國籍為何。總而言之，2004年第883號規章與2009年第987號規章形成會員國社會法國際協調的基本規範[128]。

　　2004年第883號規章第3條明定社會保障的類型，即健康保險給付、育嬰保障、殘疾保障、老年年金保障、遺眷給付、職業意外與職業病保障身故給付、失業保障、提前退休保障，以及家庭保障（特別是子女津貼、新生兒的父母津貼）。2004年第883號規章第17條規定合併計算保險期間、勞動其間與居住期間，並適用於健康保險的勞務給付，實物給付與金錢給付，也就是及早發現疾病、疾病治療、藥品及輔具供應、病休津貼請求權

---

124 歐盟運作條約第48條第1項規定。

125 Case 100/63, van der Veen, 1964 ECR 1215.

126 依據歐盟運作條約第288條第2項規定。

127 Case 51/73, Smieja, 1973 ECR 1213; Case 92/8l, Caracciolo, 1982 ECR 2213; Joint Cases 379/85 to 381/85 and 93/86, Giletti, 1987 ECR 955; Case 293/88, Winter-Lutzins, 1990 ECR 1-1623.

128 Eberhard Eichenhofer (2013), Sozialrecht der EU, Berlin: Erich Schmidt Verlag, S. 84.

等[129]。

陸、第三國國民的自由遷徙

一、概論

2003年第109號指令[130]規範有長期居留權第三國國民的法律地位，也就是第三國國民在一會員國有合法長期的居留權時，實際上應與歐盟人民一樣享有相同的法律地位[131]。雖然此一指令並未規定第三國國民享有與歐盟人民完全相同種類的自由遷徙權，但第三國國民因長期居留權而享有特別的法律地位，並得在其他會員國內享有遷徙權[132]。

取得長期居留權的法律地位係指在一個會員國領土內持續五年無間斷的居留，求學與接受職業教育的時間將折半計算[133]。若未超過六個月的時間，則無損於居留中斷，在計算必要的時間總期限時，不算入此一中斷期限[134]。

長期居留權法律地位的其他要件為固定與定期的收入以及健康保險，第三國國民與其家屬對於生活無社會救助的請求權。在立法理由中表明，會員國應考慮在老年保障制度中繳納年金與履行納稅義務。另外，會員國應在其國內法規定履行融入該國社會的要件，例如應通過語言測驗的要求。

二、長期居留名義的內容

長期居留權的法律地位應有特別的持續居留名義，且居留至少應有五

---

[129] Eberhard Eichenhofer (2013), Sozialrecht der EU, Berlin: Erich Schmidt Verlag, S. 84.

[130] ABlEU 2004, L 16/44.

[131] 2003年第109號指令立法理由第2點。

[132] Manfred Dauses, Handbuch des EU-Wirtschaftsrechts, 23. Ergänzungslieferung 2008, München, D. Freizügigkeit, Rn. 183.

[133] 2003年第109號指令第4條第2項與第3條第2項第a款規定。

[134] Manfred Dauses，前揭書，D. Freizügigkeit, Rn. 184。

年的效力，同時應以貼紙或特別文件的形式特別標明長期居留的字樣[135]，會員國應在申請後六個月決定是否給予長期居留權[136]。指令授權會員國得規範註銷或喪失法律地位，即在偽造、遣返處分或在歐盟外居留超過一年時，則喪失長期居留權；若第三國國民有重大的犯罪行為而危及公共秩序時，得註銷其長期居留。拒絕或註銷長期居留法律地位的決定應附具理由，不服決定時，並得提起法律救濟[137]。

2003年第109號指令第11條規定平等待遇原則，但明顯的第三國國民在一般的社會救助給付有限制的平等待遇，即會員國得規定第三國國民不得享有社會救助與社會保障的平等待遇，例如最低所得、疾病救助、懷孕津貼、父母扶養與長期照護等，會員國有權規定給予這些給付的方式。另外，指令並規定有長期居留權者或其家屬應在相關會員國領土內的住所地或居所地請求社會給付，對於在另一會員國領土並不存在域外給付與社會給付的義務；也就是在A國領取社會救助津貼再遷移至B國時，在B國即不得請求繼續給付。

在進入就業市場方面，尚有其他平等待遇的限制，例如依據會員國法或歐盟法保留聯盟人民或歐洲經濟區會員國國民的執業限制，則第三國國民不得從事這類工作；會員國並得要求應提出接受一般與職業教育必要的語言知識證明；要進入專科以上學校就讀，應符合特別的教育條件。針對下列的領域，會員國得保留適用平等待遇原則：

1. 除從事行使公權力有關的工作外，從事受僱或獨立的營業活動、就業與工作條件，包括解僱條件與工資。
2. 一般教育和職業教育，包括獎學金和教育補助。
3. 從事職業資格的文憑、考試成績與其他資格證明的承認。
4. 社會保障、社會救助與社會保護。
5. 租稅優待。

---

135 2003年第109號指令第8條第3項規定。
136 2003年第109號指令第7條第2項規定。
137 2003年第109號指令第10條規定。

6.取得公共商品與服務、取得居住空間的程序。

7.結社自由與在工會內的會員活動。

8.自由進入相關會員國全部的領土。

三、在歐盟內的自由遷徙

在歐盟內有長期居留權者得在其他會員國內居留三個月以上；其他的遷徙權包括從事一個營業行為，或在就學、職業教育或其他非經濟目的之行為應舉證有固定和定期的所得來源，而無須請求社會救助給付，且有健康保險[138]。

依據2003年第109號指令第15條第3項之規定，第三國國民在第一個會員國應履行特定的融入社會要件，以取得其法律地位，而在遷徙至第二個會員國時可以不要求其他的融入社會要件，但在這種情形，第二個會員國得要求第三國國民參加語言課程。

會員國內就業市場狀況的根本變化明顯地反映在一系列對於工作移民的限制，不問就業的規定為何，原則上會員國可以進行就業市場的檢驗，針對自由業的要件與從事獨立營業，規定其本國的就業程序，而作更嚴格的規定。依據2003年第109號指令第14條第3項第2句之規定，基於就業市場的政策，應優先考慮歐盟人民、在歐盟法享有優待的第三國國民（例如土耳其人），與在相關會員國居留且獲得失業救助的第三國國民。在指令通過時已經規定於應適用的法律時，會員國得保留核准長期居留的名額規定，即為所謂的不景氣條款（Stillstandsklausel），是一個妥協的解決方法，以期阻止就業市場惡化的現象[139]。第二個會員國得要求出示工作契約或僱主的僱用聲明，以證明其就業；在獨立營業的情形，應出示有相當的資金證明。

依據2003年第86號依親指令[140]規定的家屬的概念，係限於核心家庭中

---

[138] 2003年第109號指令第14條第1項與第2項規定。

[139] Manfred Dauses, Handbuch des EU-Wirtschaftsrechts, D. Freizügigkeit, Rn. 197.

[140] ABIEU 2003 L 251/12.

的配偶與未成年子女，原則上得與享有長期居留權者一起遷徙。依據依親指令之規定，若家屬已經在第一個會員國時，會員國得規定家屬可與享有長期居留權者一起入境或在之後入境；而會員國得依據依親指令規定，其他無依親權的家屬亦得依親。

　　享有長期居留權者想單獨或與其家屬想要在第二個會員國居留時，基於公共秩序和安全的理由或基於公共衛生的理由，第二個會員國得拒絕其居留。若涉及世界衛生組織（World Health Organization，簡稱WHO）規定的傳染病，且居留國對本國國民採取相關的保護措施時，會員國基於疾病防制的理由，得禁止第三國國民入境或居留[141]。在第一個居留名義作成後，不得因疾病的理由，採取終止居留的措施。

　　家屬自己有固定和定期所得，或有長期居留權者對其有生活扶養義務而有依親權的家屬，得請求依親[142]。在享有長期居留權者繼續遷徙前，在第一個會員國內尚未結婚或組成家庭時，應適用依親指令的規定，即依親指令關於配偶的依親要件與未成年子女依親年齡的所有限制規定，亦應適用於有長期居留權者。

　　在符合要件時，繼續遷徙至第二個會員國會導致第二個會員國給予繼續遷徙的第三國國民在全部歐盟的長期居留時，2003年第109號指令第19條規定審理程序最高為四個月的期限與特定的程序保障。

　　只要享有長期居留權者在第二個會員國內取得其特別的居留名義時，應在所有事務範圍對其適用平等待遇原則。依據2003年第109號指令之規定，在取得第一個長期居留權後亦應適用平等待遇原則。對於進入就業市場、有僱傭契約以就業為目的而繼續遷徙的第三國國民，會員國得以最高十二個月的期限限制其從事其他的受僱工作。對於非以就業為目的，例如求學或非以工作之名而繼續遷徙者，會員國得依其本國法規定這些人從事受僱的工作或獨立營業的條件[143]。也就是享有長期居留權者依據平等待遇

---

141 2003年第109號指令第18條規定。
142 2003年第109號指令第16條第4項第c款規定。
143 2003年第109號指令第21條第2項規定。

原則進入就業市場時，得依此一方式限制之；至於依親的家屬，依據2003年第86號依親指令第14條之規定，得規定最高一年的等待期限。

在入境其他會員國後，享有長期居留權者應立即向該會員國的主管機關申請居留名義，亦得在第一個會員國居留時向第二個會員國的主管機關申請居留名義。2003年第109號指令對於不同身分的人，例如學生或工作者有不同的文件要求，申請工作居留者應出具就業的工作契約或僱主的僱傭聲明，學生居留則須出具教育機構的註冊或入學許可證明。第三國國民不須申請這些特別的居留名義時，得援引其居留權主張其在第一個會員國的長期居留權，以期依據第14條以下規定的取得在第二個會員國的居留權。

2003年第109號指令第22條規定，若基於公共秩序之理由或不再符合在其他會員國主張居留權的構成要件時，例如對生活扶養無充分的財力證明或第三國國民在相關會員國的領土內非法居留，到在第二個會員國長期居留的權利止，此一會員國得拒絕延長居留名義或註銷居留名義，並得要求相關當事人與其家屬應出境。在這種情形，第一個會員國必須立即且不須以任何的形式領回長期居留者與其家屬。基於公共秩序或公共安全的重大理由，在諮商第一個會員國後，應將第三國國民從歐盟的領土遣返回國。在這種情形，第二個會員國應採取所有適當的措施，以期實際執行決議。

若在第二個會員國依據2003年第109號指令承認第三國國民長期居留權的法律地位時，則第二個會員國應將此一承認通知第一個會員國，以便第三國國民喪失其在第一個會員國取得歐盟內的長期居留權[144]。

---

[144] 2003年第109號指令第9條第4項規定。

第三節　營業所設立自由

壹、通　論

共同市場不僅要使產品可以自由交易，而且還要使生產要素（Produktionsfaktoren）也能自由流通，首先應使產品的製造者可以自由選擇生產地，尤其是在成本的觀點下，生產地應依據經濟的標準選擇[145]。

歐洲聯盟運作條約第49條至第54條具體規範營業所設立自由必要的法律綱要（rechtlicher Rahmen）。所謂的營業所設立自由，係指獨立自主的職業（selbständige Berufe），例如：律師或公司（Gesellschaften），可持續地在其他會員國從事其職業而言，例如德國籍的建築工程師不僅可以毫無疑問地任職於比利時的工程公司，並且也可以獨立自主地在比利時開設建築事務所。公司為法人（juristische Person），與自然人（natürliche Person）相同，亦得容易地跨越國界在其他會員國內設立分支機構（Zweigniederlassung）[146]，即不僅是自然人，而且法人也享有自由設立營業所的權利[147]。因此，營業所設立自由之目的，為給予獨立自主營業者自由地進入市場（Marktzutritt）與自由地選擇營業所在地之權利[148]。

貳、營業所設立自由

歐洲聯盟運作條約第49條第1項前段規定，會員國應逐步廢除在其領土上對於來自其他會員國國民自由設立營業所之限制。歐洲聯盟運作條約第49條第1項適用於擁有歐洲聯盟會員國國籍的人與其家屬，而不問其營業所的所在地。歐洲聯盟運作條約第49條第1項後段將營業所設

---

145 參閱P. Behrens，前揭文，Jura 1989, S. 568。

146 參閱W. Hakenberg，前揭書，S. 109。

147 參閱P. Behrens，前揭文，Jura 1989, S. 568。

148 參閱U. Immenga, Binnenmarkt durch europäisches Gemeinschaftsrecht, Juristische Arbeitsblätter 1993, S. 259.

立自由的適用範圍擴大至在聯盟內設立代辦處（Agentur）、分支機構（Zweigniederlassung）與子公司（Tochtergesellschaft）。歐洲聯盟運作條約第54條第1項規定，本章對於會員國國民自然人的規定亦適用於依據某一會員國法律設立的公司，且該公司依其章程規定住所（Sitz）、主要管理處（Hauptverwaltung）或主要營業所（Hauptniederlassung）在歐洲聯盟內。申言之，歐洲聯盟運作條約第54條第1項規定公司必須在歐洲聯盟內設立，而且其住所亦在歐洲聯盟內時，才得享有自由設立營業所的權利[149]；歐洲聯盟運作條約第54條第2項定義公司的適用範圍，包括民法上的合夥與商法上的公司，合作社（Genossenschaften）與其他公法及私法上的法人均包括在內，但非以營利為目的之法人則不在此限。因此，慈善機構並不適用營業所設立自由的規定[150]。由於合作社亦參與經濟過程（Wirtschaftsprozeβ），故亦將合作社視為公司，亦賦與享有營業所設立自由的權利[151]。

　　歐洲聯盟運作條約第49條與第45條相同，亦包括居留權在內，例如：1973年理事會制定公布第148號指令[152]，規定在歐洲聯盟內營業所設立與勞務流通範圍，廢止對於會員國國民的旅遊與居留限制。

　　歐洲聯盟運作條約第49條第2項規定，除關於資金流通之規定外，依據就業國對其本國人民之規定，營業所設立自由應包括獨立自主職業的就業與執業，以及企業的設立與經營，特別是歐洲聯盟運作條約第54條第2項所規定公司的設立與經營。故營業所設立自由與勞工自由遷徙相同，亦絕對禁止明顯的與隱藏的不平等待遇，即亦適用所謂的在歐盟內與本國人民平等待遇原則[153]。申言之，自然人與法人在其他的會員國內與該會員國國民享有平等待遇，亦有權從事持續性的自主的職業。例如禁止會員國對於

----

[149] 參閱Schweitzer/Hummer，前揭書，S. 287。

[150] 參閱Schweitzer/Hummer，前揭書，S. 288。

[151] 參閱Groeben/Thiesing/Ehlermann，前揭書，Vorbemerkung zu Art. 52-58 EWGV, Rn. 7。

[152] RL 73/148/EWG, Amtsblatt der Europäischen Gemeinschaften 1973 L 172/14ff.

[153] 參閱P. Behrens，前揭文，Jura 1989, S. 568; W. Hakenberg，前揭書，S. 110; Schweitzer/Hummer，前揭書，S. 288。

本國人民與其他會員國國民間在申請貸款或補貼新設立營業所上有任何的差別待遇措施；相同的亦禁止會員國特別針對其他會員國人民開業或從事獨立職業規定特別的條件，例如對於其他會員國人民要開業或執業時，必須經由事前的批准。

因此，營業所設立自由可分為主要的營業所設立自由與次要的營業所設立自由。歐洲聯盟運作條約第49條第2項規定主要的營業所設立自由，包括依據營業所所在國對於其本國國民的規定，開設與經營獨立的營業、企業的設立與管理，特別是指設立第54條第2項規定的公司類型，例如民法上的合夥、德國商法上的公司（例如無限公司、有限公司、兩合公司與股份有限公司）、合作社、公法上或民法上的法人等。歐洲聯盟運作條約第49條第1項第2句規定次要的營業所設立自由，係指在其他會員國內設立代辦處、分支機構或子公司。也就是有營業所設立權人必須在一會員國內已經有營業所，才得主張次要的營業所設立自由[154]。

總而言之，在歐洲聯盟內的營業所設立自由包括下列的權利：

1. 一會員國國民有權將公司所在地遷移至其他會員國的領土內，以期依據營業國對其國民的規定，開設或經營獨立的營業。
2. 為開設或經營獨立的營業，有權在其他會員國的領土內，設立代辦處、分支機構或子公司，而不須遷移其母公司的所在地。
3. 依據一會員國的法律設立的公司，即為會員國的國民，與自然人相同，亦得將公司所在地遷移至開設或經營獨立營業的其他會員國領土內。
4. 已經依據一會員國的法律規定設立、取得法人資格的公司，亦得在營業所在國設立代辦處、分支機構或子公司，而不須遷移公司的所在地。

此外，歐洲聯盟運作條約第49條之目標，在於要廢除禁止差別待遇以外的其他限制，例如一會員國規定不是適用於所有會員國均相同的執業許可條件。歐洲聯盟運作條約第49條所規定的禁止差別待遇，具有直接適用

---

[154] M. Habersack, Europäisches Gesellschaftsrecht, 2. Auflage, München 2003, S. 9.

的效力，即使是在歐洲聯盟未公布具體施行規定的情形，個人亦得直接對違反的會員國直接援引適用歐洲聯盟運作條約第49條[155]。

　　另外值得一提的是，歐洲聯盟運作條約第50條第3項第g款，依據該規定，理事會與執委會應針對歐洲聯盟運作條約第54條第2項所規定的公司型態，為股東與第三人的利益，協調各會員國相關的必要保護規定，以期使這些規定具有同等的價值（gleichwertig）。

　　無疑的，歐洲聯盟運作條約第50條第3項第g款成為歐洲聯盟在公司法（Gesellschaftsrecht）領域採取措施最重要的法律依據，即針對公司法歐洲聯盟運作條約並非以制定單一歐洲公司法的方式，而是優先以協調會員國既有公司法的方式作法規調適（Rechtsangleichung）[156]。歐洲聯盟以制定公布規章與指令，以及締結國際協定的方式協調各會員國的公司法規，尤其是以公布指令協調商法上的公示規定（Publizitätsrichtlinie）[157]、公司資金的籌集與維持的規定[158]、公司合併的規定[159]、公司變更的規定[160]、公司資本的規定[161]、關係企業資產決算的規定[162]、擔任公司審計人員資格的規定[163]、設立公司分支機構的揭露規定[164]、一人有限公司的規定[165]，以及企業併購指令[166]等。

　　除調適會員國的公司法外，近年來歐洲聯盟亦致力於創設超國家的公司類型，以期在歐盟內適用一致的公司法規。除了要促進企業的跨國合

---

[155] 參閱EuGH Rs. 2/74, Reyners, Slg. 1974, S. 652.

[156] 參閱M. Lutter, Europäisches Unternehmensrecht, 4. Auflage, Berlin 1996, S. 5.

[157] RL 68/151/EWG, Amtsblatt der Europäischen Gemeinschaften 1968 L 65/8ff.

[158] RL 77/91/EWG, Amtsblatt der Europäischen Gemeinschaften 1977 L 26/1f; RL 92/101/EWG, Amtsblatt der Europäischen Gemeinschaften 1992 L 347/64ff.

[159] RL 78/855/EWG, Amtsblatt der Europäischen Gemeinschaften 1978 L 295/36ff.

[160] RL 82/891/EWG, Amtsblatt der Europäischen Gemeinschaften 1982 L 378/47ff.

[161] RL 78/660/EWG, Amtsblatt der Europäischen Gemeinschaften 1978 L 222/11ff.

[162] RL 83/349/EWG, Amtsblatt der Europäischen Gemeinschaften 1983 L 193/1ff.

[163] RL 84/253/EWG, Amtsblatt der Europäischen Gemeinschaften 1984 L 126/20ff.

[164] RL 89/666/EWG, AblEG 1989 L 395/36.

[165] RL 89/667/EWG, AblEG 1989 L 395/40.

[166] RL 2004/25/EG, AblEU 2004 L 142/12.

作、整合與改造企業組織外，執委會並將公司法整合視為聯盟產業政策的重要目標，使企業在歐盟內的組織適用於全歐盟內的企業結構，因此應將歐盟的層次創設在全歐盟內的超國家的類型[167]。

　　歐洲聯盟僅以公布規章規範歐洲經濟利益集團（Europäische Wirtschaftliche Interessenvereinigung）[168]、歐洲股份有限公司（Europäische Aktiengesellschaft，通稱為法文的縮寫SE）[169]，與2003年時創設的歐洲合作社（Europäische Genossenschaft）[170]，為另一超國家的商業組織類型，直接適用於所有的會員國。

　　歐洲經濟利益集團並非一種企業的形式，而是一種超國家的法律形式，使跨國公司的設立更容易。歐洲經濟利益集團本身並非以追求利潤為目的，而係以促進其成員跨國的經濟活動為目的[171]。

　　歐洲經濟利益集團是專門提供獨立企業合作範圍的一個組織形式，其目標是協助成員履行作用，例如研究、廣告或行銷，歐洲經濟利益集團並不是以自己企業的行為獲取利潤，而是促進其成員的經濟利益（歐洲經濟利益集團規章第3條）。歐洲經濟利益集團不得作為成立關係企業或控股公司的方法，本身亦不得超過五百名員工，依據歐洲經濟利益集團規章第23條之規定，歐洲經濟利益集團亦不得透過資本市場融資。

　　歐洲股份有限公司規章主要是規範股份有限公司的股份法，特別是股份有限公司的設立、領導管理結構與股東大會。歐洲股份有限公司的立法目的，就是在歐盟內只有單一的公司，同時要簡化不同會員國的公司參與變更組織與合作措施時的程序，也就是不再適用會員國的法律，而是依據歐洲股份有限公司規章設立一個新的公司。歐洲股份有限公司規章是一個核心規範，歐洲股份有限公司的法律形式藉由跨國的合併或建立一個國際控股，提供了跨國合作的可能性，以彌補會員國公司法所未規範的漏洞。

----

[167] Memorandum der Kommission zur Industriepolitik 1970, S. 137ff.

[168] VO Nr. 2137/85, Amtsblatt der Europäischen Gemeinschaften 1985 L 199/1ff.

[169] VO Nr. 2157/2001, ABlEU 2001 L 294/1.

[170] VO Nr. 1435/2003, ABlEU 2003 L 207/1.

[171] 參閱R. Donath, Das Gesellschaftsrecht in Europa, Juristische Arbeitsblätter 1993, S. 295.

在設立歐洲股份有限公司時，當事人可以選擇德國的雙軌制的管理模式（即設置董事會與監事會）或英國的單軌制（只設置董事會）。至於勞工參與決定的問題，資方與勞方可以決議選擇喜歡的共同參與決定模式，但若設立的企業的共同參與決定程序不足時，則必須有一定多數的勞工同意；若雙方無法達成協議時，則自動地適用最廣泛的共同參與決定。

依據歐洲股份有限公司規章之規定，歐洲股份有限公司的設立方式有四種，即由不同會員國現有的公司以合併的方式設立、設立控股的歐洲股份有限公司、設立共同的了公司、變更會員國的股份公司為歐洲股份有限公司，而歐洲股份有限公司的最低資本額為12萬歐元。

歐洲合作社規章主要是考慮歐洲股份有限公司法規範歐洲合作社組織架構的核心部分，並明文規定歐洲合作社規章未規定之事項則依據歐洲合作社章程或會員國的相關規定[172]，因此亦應適用商法上的公示規定[173]與會計規定[174]。適用個別會員國法的連繫因素為歐洲合作社的所在地，但在聯盟內遷移所在地時，亦會變更應適用的會員國法[175]。

歐洲合作社是一種組織形式，係以促進其社員的經濟或社會活動為目的[176]，其業務關係僅限於其社員，但章程可以有特別的規定。歐洲合作社享有完全的權利能力，且可將最低資本額作成股份，社員以其出資額為限負責任[177]。歐洲合作社應依據所在地國法設立，但歐洲合作社規章對於章程的形式與內容[178]、登記義務和商法上的公示均為強制的規定[179]。

1968年時，會員國依據歐洲（經濟）共同體條約第293條之規定簽署了相互承認公司與法人的國際協定[180]，即只要在一會員國合法設立的公

---

172 歐洲合作社規章第8條。
173 歐洲合作社規章第12條。
174 歐洲合作社規章第68條。
175 歐洲合作社規章第6條與第7條。
176 歐洲合作社規章第1條第3項。
177 歐洲合作社規章第1條第2項、第4項與第5項。
178 歐洲合作社規章第5條。
179 歐洲合作社規章第10條與第13條。
180 Beilage 2/69 zum Bulletin der EG.

司，其他會員國即應承認其公司的資格，但由於荷蘭一直未批准，故本協定至今仍未生效[181]。因此，以國際協定協調會員國公司法規的方式，實際上並無任何意義。

參、歐洲法院之見解

　　針對營業所設立自由，歐洲法院有許多的案例，歐洲法院並嘗試定義禁止的限制營業所設立自由措施的種類，一方面歐洲法院同意營業所設立者意圖設立在其他會員國持續的營業所，必須遵守該會員國關於職業登記與執業的慣例，但另一方面又禁止會員國的法律具體地阻礙來自其他會員國的獨立營業者進入其本國的市場[182]。歐洲聯盟運作條約第49條所規範的營業所設立自由，包括獨立自主的職業與設立公司兩種情形，以下將以歐洲法院之案例分別說明。

一、獨立自主的職業

　　德國律師Klopp在杜塞爾道夫（Düsseldorf）已經有一個律師事務所，想要在法國巴黎再設立另一個律師事務所，但為巴黎的律師公會所拒。巴黎律師公會聲稱，依據法國現行的律師法規定，每個律師僅能有一個律師事務所，因此拒絕Klopp的申請。

　　歐洲法院指出，法國律師法規定每個律師僅能有一個律師事務所，並不是強制維護符合有效的司法所必要的，而只是在阻礙營業所的設立自由，故依據歐洲共同體條約第43條（現為歐洲聯盟運作條約第49條）之規定不得適用於具體的個案。歐洲共同體條約第43條為具有直接適用的共同體法。依據歐洲共同體條約第43條（現為歐洲聯盟運作條約第49條）第2項之規定，保留關於資本流通的相關規定，營業所設立自由包括獨立職業的

---

181 參閱R. Donath，前揭文，Juristische Arbeitsblätter 1993, S. 295。

182 參閱EuGH Rs. 96/85, Zweitniederlassung von Ärzten I, Slg. 1986, S. 1475; Rs. C-351/90, Zweitniederlassung von Ärzten, II, Slg. 1992, S. I-3945; Rs. C-106/91, Ramrath, Slg. 1992, S. I-3351.

就業與執業、企業的設立與經營，特別是歐洲共同體條約第48條（現為歐洲聯盟運作條約第54條）第2項的公司型態，依據就業國對於其本國人民之規定。而依據歐洲共同體條約第48條（現為歐洲聯盟運作條約第54條）第2項之規定，民法上的合夥、商法上的公司（無限公司、兩合公司），包括合作社與其他公法上及私法上以營利為目的之法人在內，均視為公司。由於歐盟法欠缺特別的規定，故會員國在律師執業的範圍內，仍享有立法權以規範在其領土範圍內的律師執業；但歐洲共同體條約第43條（現為歐洲聯盟運作條約第49條）文義所指的營業所設立自由，並未限制在歐洲聯盟內僅能設立一個營業所。因此，法國律師法已經牴觸歐洲共同體條約第43條（現為歐洲聯盟運作條約第49條）的營業所設立自由規定。

二、公　司

依據歐洲聯盟運作條約第49條之規定，雖然對於法人亦適用所謂的與本國人平等待遇原則，但在公司僅得以設立代辦處、分支機構或子公司的方式，行使其營業所設立權，而這些代辦處、分支機構或子公司保有其原有的國籍。例如一個德國的有限公司（Gesellschaft mit beschränkter Haftung，簡稱GmbH）並無法容易地變更成為法國的有限責任公司（Société à responsabilité limitée，簡稱S.a.r.l.），或根本地變更成法國的有限公司；但該德國的有限公司得在法國設立子公司，或解散在德國的有限公司而重新在其他會員國設立新的公司。

由於各會員國的公司法與稅法仍有很大的差異，為達到真正的變更公司組織，仍有許多困難。例如1987年時，英國公司Daily Mail在保留其主事務所同一的情況下，基於稅法上的理由，想遷往荷蘭，但英國當局不允許，且認為Daily Mail必須先進行英國公司的清算（Liquidierung）程序，然後再到荷蘭設立新公司；Daily Mail則主張應適用歐洲（經濟）共同體條約第43條營業所設立自由之規定。歐洲法院當時在本案指出，歐洲（經濟）共同體條約第43條與第48條規定，依據一會員國法律設立的公司，並依據其章程規定在該會員國有住所時，此一公司並無權將其總公司遷移至

另一會員國[183]。

　　1997年的Centros案[184]對於營業所設立權的問題，歐洲法院有新的見解，雖然丹麥人為規避丹麥公司法最低資本額的規定，而設立Centros有限公司於英國，卻從未在英格蘭或威爾斯從事任何的業務活動，完全由其在丹麥的分支機構經營全部的業務。歐洲法院認為，會員國有權採取所有的適當措施，以期阻止藉由主張歐盟法的規定而非法規避其國內法規。會員國的法院根據相關當事人對於濫用或詐欺行為的客觀證據考量斟酌，但會員國的法院必須依據歐盟法規定的宗旨，判斷這些濫用或詐欺行為。營業所設立自由的宗旨，為依據一會員國法律規定設立的公司，依章程規定有營業所、主事務所或總營業所在歐盟內，可以在其他會員國藉由代辦處、分支機構或子公司經營業務。當事人在設立公司時選擇最有利的法律，並不是就構成濫用營業所設立自由，營業所設立自由的精神，就是為使當事人可以自由地選擇在設立國或在其他的會員國新設公司。

　　2000年的Überseering案[185]，歐洲法院更進一步闡明依據一會員國法設立，且其章程規定的所在地在其領土內的公司，得在另一會員國內主張營業所設立自由時，依據設立國法之規定，該公司享有權利能力，因此在訴訟上有當事人能力。

　　總而言之，歐洲法院針對公司是否享有營業所設立自由確立了以下的原則[186]：

　　1.依據相互承認原則，只須依據一會員國公司法設立、繼續存在的公司，取得法人資格後即為歐洲公司，在歐盟內享有營業所設立自由的權利與從營業所設立自由衍生的權利。

　　2.依據會員國公司法規定設立的公司類型，即得在歐盟內營業，而不須選擇其主事務所或總營業所所在地會員國的公司類型，可以在其

---

183 參閱EuGH Rs. 81/87, Daily Mail, Slg. 1988, S. 5483.

184 EuGH Rs. C-212/97, Centros, Slg. 1999, S. I-1459.

185 EuGH Rs. C-208/00, Überseering, Slg. 2002, S. I-9919.

186 陳麗娟，全球化之公司治理，台北：五南圖書出版股份有限公司，2009年，頁189-190。

他會員國藉由設立代辦處、主事務所或子公司經營業務，而不須遷移公司的總營業所或主事務所。

3.會員國的公司法必須符合單一市場的四大市場自由的原則，在解釋公司法時，必須符合歐洲聯盟運作條約的本旨。

肆、營業所設立權之例外規定

一、行使公權力之工作

歐洲聯盟運作條約第51條規定，營業所設立權之規定不適用於在相關會員國內，持續的或暫時的與行使公權力（öffentliche Gewalt）有關的工作；理事會基於執委會之提案，以加重多數決議不適用營業所設立自由規定的特定工作。因此，會員國依據歐洲聯盟運作條約第51條第1項之規定，得規定某些特定的工作，僅限於本國人民才得從事。但至目前為止，理事會尚未依據歐洲聯盟運作條約第51條第2項制定相關的法規。

例如依據希臘法律規定，僅希臘人得在法院擔任交通事故的鑑定人，但執委會認為希臘的這種規定會阻礙其他會員國的人民在此一職業範圍的營業設立，故執委會向歐洲法院對希臘依據歐洲聯盟運作條約第258條之規定提起違反條約之訴。歐洲法院認為，在法院擔任交通事故的鑑定人不得視為係歐洲聯盟運作條約第51條所規定的與行使公權力有關的工作[187]。

二、妨害公共秩序、安全與健康

歐洲聯盟運作條約第52條規定與第45條第3項的立法目的相同，會員國得基於公共秩序、安全或健康的理由，而限制營業所設立權，主要亦係針對犯罪與傳染病等情形，得合法地採取限制措施。歐洲法院對歐洲聯盟運作條約第45條第3項關於勞工自由遷徙的判決所確立的原則，亦適用於

---

[187] 參閱EuGH Rs. C-306/89, Kommission/Griechenland, Slg. 1991, S. I-5863.

營業所設立權的範圍[188]。

伍、比例原則

會員國決定對營業所設立權採取限制措施時，必須考量是否無法以干預更少的措施，達到相同的結果，即亦必須適用比例原則[189]。

第四節　勞務自由

壹、通　論

建立共同市場的目標，依據共同市場的性質，不僅包括所有種類的國際商品交易，而且還包括跨國的勞務提供。跨國的勞務提供在經濟上愈來愈重要，歐洲聯盟運作條約第26條更明確規定，至1992年12月31日止，應完成對於勞務自由流通的單一市場。

歐洲聯盟運作條約第56條至第62條規範在歐洲聯盟內的勞務自由。勞務自由權，係指一會員國不得阻礙來自另一會員國個別勞務工作之提供，但並不是持續性的設立營業所。因此勞務自由，係指在其他會員國領土範圍內得自由從事暫時性的工作（vorübergehende Erwerbstätigkeit）[190]。在性質上，勞務自由與營業所設立自由不同，營業所設立自由為在其他會員國從事持續的工作之權利[191]。

勞務自由的立法目的，在於使企業（Unternehmen）與自由業者得以簡單的方式，進入廣大的歐洲勞務市場（Dienstleistungsmarkt），而不需要藉由成立新公司或設立代辦處，即可提供勞務。例如西班牙籍的律師以

---

188 參閱W. Hakenberg，前揭書，S. 112f。

189 參閱Schweitzer/Hummer，前揭書，S. 289。

190 參閱W. Hakenberg，前揭書，S. 115。

191 J. Schwarze, Europäisches Wirtschaftsrecht, S. 82.

書面方式，為其德國的當事人解決位於馬德里的土地問題；或義大利籍的牙醫在亞得里亞海（Adria）度假中心為荷蘭籍觀光客治療；盧森堡籍的汽車向德國的保險公司投保汽車的全險；德國的德意志銀行（Deutsche Bank）在法國馬賽投資建築購物中心；由於勞務自由規定，因此上述這些情形均不成問題。

勞務自由亦屬於歐洲聯盟運作條約的基本自由，由於「人民的歐洲」（Europa der Bürger）意識的抬頭，而與「經濟的歐洲」（Europa der Wirtschaft）有密不可分的關係，提供勞務者可自由地在其他會員國提供勞務，而消費者可自由地前往其他會員國受領勞務（例如觀光旅遊或接受醫療），因此勞務自由成為歐洲聯盟消費者政策的目標（verbraucherpolitische Zielsetzung），而與消費者的利益有重要的關聯，勞務流通在消費者保護領域愈來愈重要[192]。

貳、歐洲聯盟運作條約第56條之勞務自由

歐洲聯盟運作條約第56條規定，應依據以下的規定，對於會員國國民為居住於其他會員國者提供勞務時，逐步廢除在歐盟內勞務自由流通之限制；理事會基於執委會之提案，得以條件多數決議勞務自由之規定，亦適用於第三國國民但居住於歐盟內的勞務提供者（Erbringer von Dienstleistungen）之情形。

依據歐洲聯盟運作條約第56條判斷勞務是否具有跨國的性質，最主要的特徵為勞務提供者與受領者居住於不同的會員國[193]，但勞務流通卻會因為會員國的許多法規而受到限制，例如會員國對於入境與居留的限制規定、就業許可與執業的規定等，因此必須由歐盟法規定廢除在歐洲聯盟內對於勞務自由流通的限制。

歐洲聯盟運作條約第57條第3項規定，在不牴觸營業所設立自由的規

---

192 參閱M. Kort, Schranken der Dienstleistungsfreiheit im europäischen Recht, Juristische Zeitung 1996, S. 133.

193 參閱EuGH Rs. 205/84, Kommission/Bundesrepublik Deutschland, Slg. 1986, S. 3755.

定下，勞務提供者得在勞務給付所在國暫時地提供勞務，且在提供勞務所在國規定其本國人民的條件下提供勞務。歐洲聯盟運作條約第56條第1項與第57條第3項的立法目的，在於消除基於勞務提供者的國籍或因勞務提供者在其他會員國提供勞務時所有的差別待遇[194]。此二規定具有直接適用的效力，因此個人得在會員國的法院主張勞務自由的權利[195]。

由於勞務自由流通開放構成要件的特性，歐洲法院為填補此一法律漏洞，確立一個重要原則，即不僅是適用在其他會員國積極地提供勞務，而且亦應適用在勞務受領者前往其他會員國消極地受領勞務，以期能在歐盟法的架構中保護此一基本的市場自由。因此早在增訂歐盟人民的規定前，即已承認廣泛的人員跨國的自由遷徙權。在其他會員國旅遊的觀光客因享有在聯盟內的自由遷徙，故有權居留於旅館或接受醫療服務[196]。

一、勞務的概念

依據歐洲聯盟運作條約第57條第1項對於勞務（Dienstleistung; Service）之定義規定，所謂的勞務，係指以對價提供的勞務，但不包括關於自由的商品和資金流通以及關於人員自由遷徙規定中的勞務；此一規定包含廣泛的勞務概念；歐洲聯盟運作條約第57條第2項特別將下列的工作視為勞務，即：1.營業的工作，例如建築業；2.商業的工作，例如保險業；3.手工業的工作，例如理髮師；與4.自由業的工作，例如律師。這些僅為例示規定[197]。

此外，例如跨越國界的有線電視轉播，是否亦為歐洲聯盟運作條約第56條與第57條所規定的勞務，頗有爭議，以下將以歐洲法院的案例[198]說明。1985年時，依據荷蘭的有線電視法（Gesetz über Kabelfernsehen）之規定，禁止轉播有荷蘭文字幕的外國節目與特別針對荷蘭市場廣告的外國

---

194 參閱P. Behrens，前揭文，Jura 1989, S. 567。

195 參閱EuGH Rs. 33/74, van Binsbergen, Slg. 1974, S. 1299ff.

196 EuGH Rs. 286/82 und 26/83, Luisi und Carbone, Slg. 1984, S. 377.

197 參閱M. Kort，前揭文，Juristen Zeitung 1996, S. 134。

198 參閱EuGH Rs. 352/85, Bond van Adverteerders, Slg. 1988, S. 2085.

節目，因為這樣的節目無法由荷蘭政府進行審查。海牙法院依據歐洲共同體條約第234條（現為歐洲聯盟運作條約第267條）之規定，向歐洲法院提起預先裁判之訴，請求解釋荷蘭有線電視法的禁止規定是否符合歐洲共同體條約第49條（現為歐洲聯盟運作條約第56條）之規定。歐洲法院認為，跨越國界的有線電視係歐洲共同體條約第49條（現為歐洲聯盟運作條約第56條）所規定的勞務，其特性在於給付（Leistung）跨越國界，且係一經濟活動，並且有對價關係，而此對價關係大部分係由裝接有線電視的參與者所提供，而不是由節目製作者所產生的對價，並無任何差異。荷蘭的有線電視法之規定在適用上，使外國的供應者受到差別待遇，在本案荷蘭特別限制來自其他會員國的節目，係違反比例原則，故已經違反歐洲共同體條約第49條（現為歐洲聯盟運作條約第56條）之規定。在有線電視法中規定禁止廣告（Werbeverbot），包含對於勞務自由的雙重限制，因為一方面阻礙位於某一會員國的業者自有線網路繼續轉播由位於其他會員國電台所提供的電視節目；另一方面，此一禁止規定阻止電台接收，特別是對於其本國觀眾的廣告傳達。就經濟目的而言，若確保本國公共團體的全部收入，因而專門針對相關國家的觀眾達成特定廣告傳達之經濟目的，並無法成為歐洲共同體條約第46條（現為歐洲聯盟運作條約第52條）所規定的公共秩序之理由。歐洲共同體條約第46條（現為歐洲聯盟運作條約第52條）係基本原則的例外規定，因此必須做狹義的解釋，而其效果僅限於對保護利益所必要者。歐洲法院重申在1979年Debauve案[199]確立的原則，即由於在廣播收聽與電視領域，欠缺協調各會員國間的現行法規，故會員國仍得在其領土範圍內，基於一般利益之理由，以法規規範限制或完全禁止電視廣告，在此範圍應對於所有的勞務一視同仁，而不問其來源、勞務供應者的國籍或電台的所在地。

依據歐洲共同體條約第49條與第50條（現為歐洲聯盟運作條約第56條與第57條）之規定，以及歐洲法院在判決中所形成的原則，應按照下列的

---

199 參閱EuGH Rs. 52/79, Debauve, Slg. 1980, S. 833.

順序審查，以確定勞務之意義[200]：

1. 不屬於商品自由流通、人員自由遷徙與資金自由流通所規範的勞務，即歐洲聯盟運作條約第56條為集合的構成要件（Auffangstatbestand），例如購買傳真機並裝上連接的線路，此種情形並不視為勞務，而應將購買與裝機的交易適用關於商品自由流通之規定。由於勞務自由流通是集合的構成要件，因此在實務上有許多關於勞務自由流通的案例，尤其是在具有經濟意義的勞務自由流通，歐洲聯盟運作條約關於勞務自由流通的規定已經成為最常適用的規定[201]。

2. 此一勞務必須是一經濟活動（wirtschaftliche Tätigkeit），即該行為必須要有營利目的（Erwerbszweck），且該勞務必須要有對價（entgeltlich）。例如：慈善的給付、業餘運動[202]均不屬於所謂的勞務，但醫生為孕婦墮胎[203]、電話的通訊服務、私人教師的工作、在私立學校的授課等，若是有金錢支付時，仍視為勞務。申言之，勞務的標的並不限於有體物，亦得為無體物，且勞務的標的為無體物有愈來愈多的趨勢[204]。

3. 勞務必須跨越會員國的國界，即跨國的勞務，亦即提供勞務者或勞務受領者前往外國履行或受領該勞務，或勞務本身跨越國界。因此，勞務自由可以分為三種類型[205]，即：(1)積極的勞務自由（aktive Dienstleistungsfreiheit），即提供勞務者前往其他會員國提供其勞務，例如法國籍的建築師為德國人設計與監督建築工程；

----

200 參閱W. Hakenberg，前揭書，S. 116f。

201 J. Schwarze, Europäisches Wirtschaftsrecht, S. 82.

202 參閱EuGH Rs. 36/74, Walrave und Koch, Slg. 1974, S. 1405ff.

203 參閱EuGH Rs. C-159/90, Irisches Abtreibungsverbot, Slg. 1991, S. I-4685ff.

204 參閱M. Kort，前揭文，Juristen Zeitung 1996, S. 134。

205 參閱U. Becker, Voraussetzungen und Grenzen der Dienstleistungsfreiheit, Neue Juristische Wochenschrift 1996, S. 179f; P. Behrens，前揭文，Jura 1989, S. 567; M. A. Dauses, Handbuch des EG-Wirtschaftsrechts, München 1993, EI S. 31; M. Kort，前揭文，Juristen Zeitung 1996, S. 133。

(2)消極的勞務自由（passive Dienstleistungsfreiheit），即勞務受領者前往其他會員國受領勞務，例如德國人前往荷蘭接受牙醫的治療；

(3)隔離的勞務自由（isolierte Dienstleistungsfreiheit），即僅勞務本身跨越國界的情形，例如收音機的廣播、電視節目的轉播[206]、股市的期貨交易[207]。

依據歐洲聯盟運作條約第58條第1項之規定，在交通運輸領域的勞務自由流通應適用關於交通運輸之規定。申言之，歐洲聯盟運作條約第58條第1項將交通運輸領域的勞務完全排除在勞務自由流通的適用範圍外，而明文規定應適用歐洲聯盟運作條約第90條以下針對交通的特別規定，包括所有交通領域，即道路運輸、鐵路運輸、內河航運、海運與空運[208]，並且係關於在會員國領土範圍內進出的國際交通、經過一會員國或數個會員國領土的過境交通（Durchgangsverkehr），以及其他會員國運輸業者在本國運輸的許可要件[209]，但不包括在承攬運輸國受領運輸（即消極的勞務自由）的情形在內，這類的運輸仍適用關於勞務自由流通的規定[210]。至於與運輸有關的輔助行為，例如倉庫管理或旅遊仲介，歐洲聯盟運作條約第90條第1項並未將這些人提供的勞務排除適用勞務自由流通的規定[211]，因此仍繼續適用勞務自由流通的相關規定。

雖然依據歐洲聯盟運作條約第91條第2項之規定，在交通領域的勞務自由，但至目前為止，仍只是完成部分的勞務自由，在交通領域的勞務提供仍受到相當的限制，直至1989年第4059號關於內陸運輸規章（Kobotage-Verordnung）[212]生效後，使得在會員國間陸路貨物運輸實現勞

---

[206] 參閱Grabitz/Hilf, Kommentar zum EG-Vertrag, 2. Auflage, München 1990, Art. 60 EGV, Rn. 12ff; EuGH Rs. 155/73, Sacchi, Slg. 1974, S. 409.

[207] 參閱EuGH Rs. 15/78, Société générale alsacienne de banque SA, Slg. 1978, S. 1971.

[208] 參閱歐洲共同體條約第80條。

[209] 參閱EuGH Rs. 13/83, Verkehrspolitik, Slg. 1985, S. 1598.

[210] 參閱EuGH Rs. 186/87, Cowan, Slg. 1989, S. 210.

[211] 參閱Hailbronner/Klein/Magiera/Müller-Graff, Handkommentar zum EWG-Vertrag, Köln 1991, Art. 61 EWGV, Rn. 1.

[212] VO Nr. 4059/89, Amtsblatt der Europäischen Gemeinschaften 1989 L 390/3ff.

務自由之目標向前邁了一大步。

　　歐洲法院認為，理事會在交通政策範圍不針對運輸業立法，已經構成違反條約（Vertragsverstoβ），同時造成歐洲共同體條約第49條與第50條（現為歐洲聯盟運作條約第56條與第57條）規定在運輸業的勞務提供無法直接適用的結果[213]。因此，只有依據歐洲聯盟運作條約第94條以下規定實現共同的交通政策，才能在交通運輸領域上達成勞務自由的目標[214]。

二、禁止的限制措施

　　歐洲聯盟運作條約第56條勞務自由之立法目的，在於普遍地保護跨國的勞務自由流通，而禁止一會員國基於國籍或在其他會員國提供勞務為理由，而對於提供勞務者採取差別待遇措施，包括明顯的與隱藏的差別待遇措施（offene und versteckte Diskriminierung）[215]。歐洲法院對於勞務自由流通的合法限制措施亦採取在商品自由流通與營業所設立自由確立的禁止差別待遇原則，即不僅禁止每個基於國籍對於提供勞務者所產生的明顯差別待遇。歐洲法院除了肯定在Cassis de Dijon案確立的國民平等待遇原則外，並指出對於勞務自由流通禁止所有的限制措施，即便是這些限制措施無差別地適用於本國國民與來自其他會員國的國民，但只要是這些限制措施會對在其他會員國禁止、阻礙或不利於提供勞務者提供勞務時，亦應禁止這些限制措施[216]。例如在義大利，針對資料處理範圍的公共委任（öffentliche Aufträge）完全保留給國營事業，而事實上僅在義大利有如此的國營事業，歐洲法院則認為義大利的規定已經構成隱藏的差別待遇，故已經違反當時的歐洲共同體條約中勞務自由之規定[217]。

　　當然勞務自由亦禁止無差別適用會員國法規所造成的其他限制措施，

---

213 參閱EuGH Rs. 13/83, Verkehrspolitik, Slg. 1985, S. 1599ff.

214 參閱Hailbronner/Klein/Magiera/Müller-Graff，前揭書，Art. 61 EWGV, Rn. 2。

215 參閱P. Behrens，前揭文，Jura 1989, S. 567; W. Hakenberg，前揭書，S. 117; M. Kort，前揭文，Juristen Zeitung 1996, S. 135。

216 J. Schwarze, Europäisches Wirtschaftsrecht, S. 84.

217 參閱EuGH Rs. C-3/88, Kommission gegen Italien, Slg. 1989, S. I-4035ff.

但這些法規卻對外國的勞務提供者有不同的效果[218]。例如歐洲法院在1974年的van Binsbergen案[219]指出，禁止限制勞務自由雖然不是絕對的禁止所有在會員國間阻礙勞務流通或造成勞務流通困難的限制措施，但只有基於一般利益（Allgemeininteresse）才得使這些限制措施成為合法正當（Rechtfertigung）；而會員國無差別待遇限制勞務自由流通的措施，亦必須具備一般利益的強制理由，才能成為合法正當[220]。

　　一般利益是一個需要補充的概念，並無法列表指出一般利益，而應在具體案中個別認定。歐洲法院至目前為止特別是承認闡述國家文化遺產的知識、智慧財產權的保護、勞工利益的保護、消費者保護、保護多元的廣播事業與稅捐利益等，均屬於一般利益[221]；反之，以保護本國企業為目的而限制外國勞務提供者在本國服勞務的規定，則不得視為一般利益[222]。歐洲法院將歐洲聯盟運作條約第36條對於商品自由流通合法限制的規定運用到勞務流通，原則上亦適用盡可能地避免雙重監督（Doppelkontrollen），即原則上會員國必須相互承認與考量其每一個監督措施，只要一會員國已經主張其監督措施足以保護一般利益時，即應放棄自己的監督措施[223]。

　　1991年的Säger案[224]，在德國依據法律顧問法（Rechtsberatungsgesetz）之規定，除專利律師（Patentanwalt）外，其他人必須經批准才可以在專利期間為第三人擔任審查的工作。在英國從事此種工作並不需要許

---

218 參閱EuGH Rs. M. Kort，前揭文，Juristen Zeitung 1996, S. 135。

219 參閱EuGH Rs. 33/74, van Binsbergen, Slg. 1974, S. 1299ff.

220 參閱P. Behrens，前揭文，Jura 1989, S. 568; M. Kort，前揭文，Juristen Zeitung 1996, S. 136。

221 參閱M. R. Deckert, Europäische Privatrechtsharmonisierung am Beispiel des Bank-rechts-eine Problemübersicht, Juristische Arbeitsblätter 1997, S. 79; W. Hakenberg，前揭書，S. 118; U. Immenga，前揭文，Juristische Arbeitsblätter 1993, S. 259; M. Kort，前揭文，Juristen Zeitung 1996, S. 138。

222 參閱M. Kort，前揭文，Juristen Zeitung 1996, S. 138。

223 參閱EuGH Rs. 110 und 111/78, Ministére Public und Chambre Syndicale/van Wesemael, Slg. 1979, S. 52f.

224 參閱EuGH Rs. C-76/90, Säger, Slg. 1991, S. I-4221ff.

可，英國公司Dennemeyer & Co.已經從事專利審查工作多年，亦想接洽在德國的顧客，但卻受限於德國法律顧問法所規定的批准許可要件，而無法在德國執業。歐洲法院認為，德國法律顧問法的許可要件已經構成對勞務自由禁止的其他措施，歐洲共同體條約第49條（現為歐洲聯盟運作條約第56條）不僅要消除基於國籍所造成的所有差別待遇措施，並且要消除所有其他的限制措施，即使是這些限制規定毫無差別地適用於其本國人民與其他會員國國民；若限制規定將會禁止或阻礙來自其他會員國合法提供類似的勞務行為時，即構成限制勞務自由的其他措施，尤其是對於在其國內提供勞務者而言，會員國不得主張勞務提供者必須在其國內設有營業所才能提供勞務。

　　不僅是在勞務受領國採取的限制措施，而且也包括在勞務來源國採取的限制措施，都應予以禁止[225]。雖然歐洲法院在2003年的Burmanjer案[226]也引用Keck案確立的原則適用於勞務自由流通，認為禁止的限制措施應限於涉及進入市場的措施，但歐洲法院仍未明確地闡明在勞務自由流通範圍應適用Keck案的原則。

參、勞務自由之例外規定

　　依據歐洲聯盟運作條約第62條之規定，第57條至第54條關於營業所設立自由之規定亦適用於勞務自由流通，即依據歐洲聯盟運作條約第51條對於行使公權力的工作，以及依據歐洲聯盟運作條約第52條基於公共秩序、安全或健康之理由，會員國得限制勞務自由流通。

　　由於歐洲聯盟運作條約第51條所規定在一會員國行使公權力的工作，侷限於歐洲聯盟運作條約第49條所規定的工作，包括直接與專門參與行使公權力的工作[227]，因此在勞務流通範圍係指行使公權力與執行特定職業有關的勞務，此一規定尤其是對於自由業者具有重要的意義，例如來自其他

---

[225] EuGH Rs. C-410/96, Tribunal de grande instance Metz/Ambry, Slg. 1998, S. I-7875.

[226] EuGH Rs. C-20/03, Strafverfahren gegen Burmanjer, Slg. 2005, S. I-4133.

[227] 參閱EuGH Rs. 2/74, Reyners, Slg. 1974, S. 655.

會員國的律師有可能因為歐洲聯盟運作條約第51條之規定而無法從事具有公證性質的業務，但會員國不得基於歐洲聯盟運作條約第51條之規定而完全剝奪針對該外國律師應適用勞務自由流通的規定[228]。

　　基於公共秩序、安全或健康的理由，一會員國得限制勞務自由流通，尤其是在外國人法中的特別規定（ausländerrechtliche Sonderbestimmungen）得依據歐洲聯盟運作條約第52條第1項為保護上述這些法益而成為合法正當的規定，但依據歐洲聯盟運作條約第52條2項之規定，會員國必須協調這些限制勞務自由流通的國內法規，理事會已經於1964年公布第221號指令[229]，已經廣泛地履行其協調的義務，1973年時公布第148號指令[230]，廢除在歐盟內在設立營業所與勞務自由流通範圍上，對於會員國國民旅遊與居留的限制，即為1964年第221號指令的補充規定。

　　歐洲聯盟運作條約第52條第1項的公共秩序條款不僅對積極的勞務流通，而且對於消極的勞務流通，具有重要的意義。因為勞務受領者與勞務提供者相同，在前往其他會員國受領勞務時，亦可能因該會員國的外國人法中關於入境或居留的規定而受到阻礙[231]。

肆、比例原則

　　會員國在採取限制勞務自由的措施時享有裁量權，但應遵守比例原則[232]。在勞務自由流通範圍，審查會員國所採取限制措施的合法性時，亦必須適用比例原則，考量是否無法以更少的干預措施達到相同的結果[233]。

---

[228] 參閱Hailbronner/Klein/Magiera/Müller-Graff，前揭書，Art. 66 EWGV, Rn. 2。

[229] Amtsblatt der Europäischen Gemeinschaften 1964 Nr. 56, S. 850ff.

[230] RL 73/148/EWG, Amtsblatt der Europäischen Gemeinschaften 1973 L 172/14ff.

[231] 參閱Hailbronner/Klein/Magiera/Müller/Graff，前揭書，Art. 66 EWGV, Rn. 4。

[232] J. Schwarze, Europäisches Wirtschaftsrecht, S. 85.

[233] 參閱M. Kort，前揭文，Juristen Zeitung 1996, S. 137。

第五節　文憑與證書之承認及協調會員國的法規

　　自由業的工作與勞工不同，因為在自由業的執業，大部分的情形均必須要接受一定職業訓練結業，才有可能設立營業所。例如醫師、藥劑師、律師、理髮師等，由於必須事先經由醫師公會、律師公會或工商業公會證明當事人有執業的能力，才能開業，因此一般均無法很容易地開設醫院、事務所或營業所。但適用於一會員國的執業要件，並不是同時也適用於其他的會員國，例如在德國理髮師必須接受三年的職業教育，而在法國卻必須有四年的職業教育，因此德國籍的理髮師根本無法獲得法國的營業執照，而無法在法國開設理容院；在德國，精神分析（Psychoanalyse）只能由受過特定專業訓練的醫師擔任，但在法國卻得由任何人在受過三個月的課程後，即得從事精神分析之工作。因為各會員國對於每個職業的就業與執業要件有不同的規定，無形中將會限制營業所設立自由與勞務自由，而影響共同市場之建立。

　　會員國間如此的差異，唯有靠法規調適整合，才得有效解決所衍生的問題。因此歐洲聯盟要具體實現營業所設立自由與勞務自由，不僅要廢除現存的各種就業與執業限制，同時更需要致力於在會員國間承認彼此的職業訓練結業證明，而調適各會員國相關的法規，如上例理髮師若已經在其本國或接受職業教育訓練的會員國符合職業教育之修業要件時，即得在每一個會員國開業，並得以出示證書證明其執業能力即可[234]。申言之，營業所設立自由與勞務自由很容易因各會員國對於各種職業的就業規定與執業規定而受限制，尤其是在外國人事實上比本國人更難取得資格，或在其本國取得相同的資格而不被其他會員國承認時，而使得資格要件產生限制的效果[235]。

　　歐洲聯盟運作條約第53條即規範調整會員國關於相互承認文憑法規的方法，與針對每一種職業協調會員國的相關法規。依據歐洲聯盟運作條約第53條之規定，為使獨立自主的職業在共同體內更容易就業與執業，應由理事會依據歐洲普通的立法程序，針對相互承認文憑、考試證書與其他資

---

234 參閱W. Hakenberg，前揭書，S. 113。

235 參閱EuGH Rs. 71/76, Thieffry, Slg. 1977, S. 777; Rs. 107/83, Klopp, Slg. 1984, S. 989.

格證明，制定公布指令；為達成相同的目標，在過渡時期結束前，應由理事會制定公布指令，以協調會員國關於獨立自主職業就業與執業的法律與行政規章；對於醫師、類似醫師與藥劑師等職業逐步廢除限制的前提要件，為協調在個別會員國對於這類職業執業的條件。

在商業、手工業、工業與農業的範圍，因為會員國對於這類職業的教育與執業要件有很大的差異，很難達成法規調適，因此仍繼續依照在一般綱領（Allgemeine Programme）中所規範的時間表，尤其是過渡條款，當事人只要證明在一定時間內在其本國實際上有執業的事實時，則承認其為具有執業的資格；在某一會員國無此種執業資格證明時，得由該會員國要求當事人在一定時間內出示其本國的資格證明[236]。

針對自由業，則因為會員國堅持繼續協調執業法與專門職業法（Standesrecht）作為相互承認文憑的前提要件，因此使得立法工作進行緩慢[237]。

對於自由業大部分的情形，均公布兩種指令，一為協調指令，以規範修業同等條件的共同水準，另一方面又公布承認指令，以詳細規範文憑、考試證書與其他資格證明的相互承認，特別是針對醫療的職業，例如：醫師[238]、牙醫師[239]、獸醫[240]、藥劑師[241]、助產士[242]、護士與看護人員[243]等。

---

[236] RL 64/427/EWG, Amtsblatt der Europäischen Gemeinschaften 1964 S. 1863ff.

[237] 參閱G. Nicolaysen，前揭書，S. 157; Schweitzer/Hummer，前揭書，S. 292f。

[238] RL 75/362/EWG, Amtsblatt der Europäischen Gemeinschaften 1975 L 167/1-13; RL 75/363/EWG, Amtsblatt der Europäischen Gemeinschaften 1975 L 167/14ff; RL 86/457/EWG, Amtsblatt der Europäischen Gemeinschaften 1986 L 267/26ff.

[239] RL 78/686/EWG, Amtsblatt der Europäischen Gemeinschaften 1978 L 233/1-9; RL 78/687/EWG, Amtsblatt der Europäischen Gemeinschaften 1978/10ff.

[240] RL 78/1026/EWG, Amtsblatt der Europäischen Gemeinschaften 1978 L 362 L 1-7; RL 78/1027/EWG, Amtsblatt der Europäischen Gemeinschaften 1978 L 362/8ff.

[241] RL 85/432/EWG, Amtsblatt der Europäischen Gemeinschaften 1985 L 253/34-36; RL 85/433/EWG, Amtsblatt der Europäischen Gemeinschaften 1985 L 253/37ff.

[242] RL 80/154/EWG, Amtsblatt der Europäischen Gemeinschaften 1980 L 33/1-7; RL 80/155/EWG, Amtsblatt der Europäischen Gemeinschaften 1980 L 33/8f.

[243] RL 77/452/EWG, Amtsblatt der Europäischen Gemeinschaften 1977 L 176/1-7; RL 77/453/EWG, Amtsblatt der Europäischen Gemeinschaften 1977 L 176/8ff.

另外，還針對建築師公布特別的指令[244]，但僅限於相互承認不同的資格證明，至於修業法規並未作調適，但明文規定必須承認在大學建築系修業課程的標準。因此，歐洲聯盟幾乎已經完成對規範會員國每種職業法規的協調工作。

為實現單一市場，更有必要加速協調會員國的法規，以達成營業所設立自由與勞務自由的目標，因此理事會於1988年12月公布第48號指令[245]，係關於大學文憑相互承認的一般規定；1992年時並公布第51號指令[246]，規範相互承認執業資格證明，以作為關於大學文憑相互承認一般規定的補充規定。此二指令並非針對特定的職業，亦非協調會員國關於修業與執業法規，而是要在單一市場內針對所有應具備資格的職業建立一般職業變動的基礎，而不問歐盟市民係在哪一個會員國取得其執業的資格。此二指令使得在各會員國間對於修業與執業資格廣泛地達成一致的見解，並在相互信任的基礎上考量現行修業與執業的水準和監督[247]。

1989年第48號關於大學文憑相互承認的指令，持續過去在歐洲法院判決[248]中所建立在會員國間承認可比較文憑的原則，並且加強文憑的相互承認，而使得文憑相互承認及其條件定型化。此一指令適用於所有會員國的國民欲在其他會員國從事以擁有大學文憑為資格的獨立自主的職業，或受僱於他人的職業[249]。除已經有特別規定外，1989年第48號指令係針對所有職業關於大學文憑相互承認的一般規定，即一個大學文憑在一會員國至少必須有三年的職業教育結業，各會員國即應相互承認此一文憑[250]。若該職

----

244 RL 85/384/EWG, Amtsblatt der Europäischen Gemeinschaften 1985 L 223/15ff.

245 RL 89/48/EWG, Amtsblatt der Europäischen Gemeinschaften 1989 L 19/16ff.

246 RL 92/51/EWG, Amtsblatt der Europäischen Gemeinschaften 1992 L 209/25ff.

247 參閱G. Nicolaysen，前揭書，S. 153。

248 參閱EuGH Rs. 222/86, Heylens, Slg. 1987, S. 4116ff; Rs. C-340/89,Vlassopoulou, Slg. 1991, S. I-2357ff; Rs. C-319/92, Haim, Slg. 1994, S. I-425ff；在這些案件，歐洲法院確立承認可比較文憑的原則，並確立應考量在其他會員國以執業經驗獲得的知識與能力，僅在由其他會員國文憑證明的知識與能力不完全符合本國的文憑時，得由就業所在國向利害關係人要求證明取得所欠缺的要件，必要時並得要求考試。

249 1989年第48號指令第1條與第2條。

250 1989年第48號指令第3條第a款。

業在其本國不屬於應具備資格的職業時，當事人必須持有已經執業二年的官方修業證明與準備從事此一職業至少三年學業的結業證明[251]。若在本國所需要的修業年限至少比就業所在國需要的修業年限少一年時，就業所在國得額外要求當事人出示執業經驗證明，但此一執業經驗證明的期限不得超過四年；在專門的教育或執業資格的範圍上有重大差異時，得由當事人選擇完成最長為期三年的適應課程（Anpassungslehrgang）或通過資格審核考試（Eignungsprüfung），但針對以具備對國內法律知識為要件的法律顧問與辯護工作，就業所在國得以法律規定不適用此一選擇[252]；對於其他的職業，若會員國不願當事人以完成最長為期三年的應適課程或通過資格審核考試時，則應立即通知執委會其所欲規範相關法規的草案與規範必要的理由，而執委會應立即通知其他會員國此一草案，並依據第9條的規定成立協調小組（Koordinierungsgruppe），針對此一草案進行諮商，僅在執委會在三個月的期限內不做反對的決定時，提出草案的會員國才得正式公布該法規[253]。依據第6條之規定，文憑相互承認對於所要求的證明，包括對於當事人行為的可信度與健康的證明；此外，依據第8條之規定，就業所在國應盡速完成承認的程序，最長應在四個月內完成審核，應附具理由說明其所做的決定，當事人不服該決定時，並給予當事人在就業所在國進行法律救濟的司法保障（gerichtlicher Rechtsbehelf）。

　　1992年第51號指令主要係針對在大學文憑以下的資格證明與考試證書的相互承認，與1989年第48號指令同為對文憑與考試證書相互承認的一般規定，其他針對特定職業相互承認文憑與證書的指令[254]仍繼續適用，同時適用於歐洲聯盟運作條約第54條以下關於勞工自由遷徙適用範圍中任何一種職業的執業資格之相互承認[255]。

　　為促進實現在歐洲聯盟內營業所設立自由，歐洲法院亦有許多的判

---

[251] 1989年第48號指令第3條第b款。

[252] 1989年第48號指令第4條第1項。

[253] 1989年第48號指令第10條。

[254] 1989年第48號指令第2條第2項；1992年第52號指令第2條第2項與附錄A。

[255] 1989年第52號指令第2條第3項與附錄B。

決，例如1991年時德國建築師Bauer畢業於專科大學（Fachhochschule），並取得德國建築師的資格，在德國，專科大學的建築系必須修業四年，其中包括兩個學期的實習；Bauer想要在比利時開設建築師事務所，但為比利時Brabant的建築師公會所拒，當時Brabant的建築師公會主張歐洲共同體關於建築師的文憑相互承認指令規定應有四年的大學學業，但實習的學期不得視為是大學學業。比利時法院因此向歐洲法院依據歐洲共同體條約第234條（現為歐洲聯盟運作條約第267條）之規定提起預先裁判之訴，請求解釋學業的概念。歐洲法院認為，在建築師文憑相互承認指令中，所謂的學業，亦包括在專科大學的實習學期在內[256]。

在歐盟層次，對於法學教育亦逐步地協調整合會員國間的差異，在1998年2月時，理事會公布第5號律師指令[257]，以簡化在一會員國取得律師資格後在其他會員國持續從事律師工作。依據律師指令之規定，歐洲律師可以使用來源國的職業頭銜在所有的歐盟會員國設立事務所，並從事其本國法、國際法與所在國法的法律事務；在三年的居留期限屆滿後，且有在執業所在國的實務經驗後，歐洲律師可以請求與所在國的律師享有平等的地位[258]。律師指令第2條以下規範歐盟人民以其原始取得的律師資格在其他會員國持續的執業條件。由於必須很投入律師的工作，因此律師指令第10條第1項規定，一名律師首先必須已經在執業國有效率地且定期地從事法律工作三年後，才會與執業所在國的律師完全對等，也就是必須要實際上在執業所在國從事律師工作，並且對該國的法律規定有相當程度的理解與熟悉該國的法律規定的運作。

歐洲聯盟運作條約第62條準用第53條之規定，為實現勞務自由流通，亦以相互承認文憑與證書的方式，達到調整會員國法律規定之目的。依據歐洲聯盟運作條約第53條第2項之規定，協調法規的義務包括所有與勞務有關的會員國法律與行政規章，因此不僅包括針對勞務提供者與受領者

---

256 參閱EuGH Rs. C-166/91, Bauer, Slg. 1992, S. I-2797ff.

257 ABlEG 1998 L 77/36.

258 C. Sobottal C. Kleinschnittger, Freizügigkeit für Anwälte in der EU nach der Richtlinie 98/51EG, EuZW 1998, S. 645.

的規定，而且還包括與勞務本身有關的法規[259]，例如關於電視廣告的規定[260]。

勞務業之範圍相當廣泛，特別是在具有投機性的經濟領域，值得一提的是對於銀行業與保險業，依據歐洲聯盟運作條約第58條第2項之規定，實施銀行業和保險業與資金流通有關的勞務自由化，應符合資金流通的逐步自由化。1973年時，理事會公布第183號指令[261]，針對銀行業與其他金融機構廢除關於營業所設立自由與勞務自由流通的限制，並陸續公布關於金融業就業與執業的法規協調指令，以協調會員國間的銀行法規[262]。因此銀行業可以毫無限制地在歐洲聯盟內從事業務，而且採取所謂的單一核准原則（Prinzip der einmaligen Zulassang），自1993年起，銀行只須經由一個會員國核准即可在歐洲聯盟內營業，例如在德國銀行必須登記與經主管機關之許可後，即可在歐洲聯盟內到處營業，而不須再經過其他會員國的核准；以及採取所謂的來源國監督原則（Prinzip der Herkunftslandskontrolle），會員國相互承認對於銀行業務監督的要件具有同一性，即一德國銀行在法國的巴黎所做的勞務提供，僅受德國聯邦金融業監督局之監督，而不受法國的銀行監督局之監督[263]。申言之，歐洲聯盟除了以制定指令協調會員國的法規外，在銀行法領域特別是以相互承認的原則作為調適會員國法規的理念[264]。

針對保險業的自由化，理事會亦公布許多指令，尤其是針對再保險（Rückversicherung）[265]、財產損害保險（Schadensversicherung）[266]、人

---

259 參閱Hailbronner/Klein/Magiera/Müller-Graff，前揭書，Art. 66 EWGV, Rn. 6。

260 Amtsblatt der Europäischen Gemeinschaften 1989 L 298/23ff.

261 Amtsblatt der Europäischen Gemeinschaften 1973 L 194/1ff.

262 RL 77/780/EWG, Amtsblatt der Europäischen Gemeinschaften 1977 L 322/30ff; RL 89/649/ EWG, Amtsblatt der Europäischen Gemeinschaften 1989 L 386/1ff.

263 參閱W. Hakenberg，前揭書，S. 119; Schweitzer/Hummer，前揭書，S. 297。

264 參閱M. R. Deckert，前揭文，Juristische Arbeitsblätter 1997, S. 79。

265 RL 64/225/EWG, Amtsblatt der Europäischen Gemeinschaften 1964 S. 878ff; Amtsblatt der Europäischen Gemeinschaften 1972 L 73/5ff.

266 RL 92/49/EWG, Amtsblatt der Europäischen Gemeinschaften 1992 L 228/1ff.

壽保險（Lebensversicherung）[267]、共同保險（Mitversicherung）[268]、債
權與押金保險（Kredit-und Kautionsversicherung）[269]、訴訟費用之保險
（Rechtsschutzversicherung）[270]、汽車保險與汽車責任保險
（Kraftfahrzeug-und Kraftfahrzeughaftpflichtversicherung）[271]，或個別
的人壽保險[272]等。關於在歐洲保險業實現勞務自由流通上，歐洲法院
的判決亦扮演著重要的角色，特別是歐洲法院認為，會員國要求來自
其他會員國的保險業者必須在其領土範圍設立營業所，或經批准程序
（Zulassungsverfahren），方得以提供勞務的規定，均是牴觸歐洲聯盟運
作條約第75條關於勞務自由流通的規定[273]。

　　至目前為止，依據歐洲聯盟運作條約第53條所公布的指令，大部分是
同時以實現營業所設立自由與勞務自由流通為目的，僅針對律師於1977年
公布特別的勞務原則[274]，以簡化律師事實上執業的困難，才真正的實現律
師的自由遷徙，也就是對於律師實現跨國的勞務自由流通。1989年時，理
事會針對公共工程的政府採購（Vergabe Öffentlicher Bauaufträge）公布第
440號指令[275]，以在公共工程政府採購上建立更大的透明化原則，作為在
此一領域實現勞務自由流通的前提要件。

----

[267] RL 79/267/EWG, Amtsblatt der Europäischen Gemeinschaften 1979 L 63/1ff; Amtsblatt der Europäischen Gemeinschaften 1990 L 330/50ff.

[268] RL 78/473/EWG, Amtsblatt der Europäischen Gemeinschaften 1978 L 151/25ff.

[269] RL 87/343/EWG, Amtsblatt der Europäischen Gemeinschaften 1987 L 185/72-76.

[270] RL 87/344/EWG, Amtsblatt der Europäischen Gemeinschaften 1987 L 185/77ff.

[271] Amtsblatt der Europäischen Gemeinschaften 1990 L 129/33ff.

[272] Amtsblatt der Europäischen Gemeinschaften 1990 L 330/50ff.

[273] 參閱EuGH Rs. 220/83, Kommission/Frankreich, Slg. 1986, S. 3663ff; Rs. 252/83, Kommission/Dänemark, Slg. 1986, S. 3713ff; Rs. 205/84, Kommission/Bundesrepublik, Slg. 1986, S. 3755ff; Rs. 206/84, Kommission/Irland, Slg. 1986, S. 3817ff.

[274] RL 77/249/EWG, Amtsblatt der Europäischen Gemeinschaften 1977 L 78/17ff.

[275] RL 89/440/EWG, Amtsblatt der Europäischen Gemeinschaften 1989 L 210/1ff.

第六節　申根公約

　　歐洲聯盟的部分會員國以締結申根公約（Schengen-Abkommen）的方式，取代歐盟法所要求的完全廢除邊界檢查，並在歐洲聯盟條約所規範的移民政策與內部安全的範圍，先於歐洲聯盟採取行動。自1995年3月26日申根公約正式施行後在七個締約國（荷蘭、比利時、盧森堡、德國、法國、西班牙與葡萄牙）間實現事實上的人員自由遷徙，使得原來歐洲共同體條約所規範的人員自由遷徙之目標，更接近完全實現的腳步[276]。

　　雖然任何一個歐洲聯盟的會員國均得加入申根公約，但僅部分的會員國同時為申根公約的締約國，目前申根公約已經是歐盟法的一部分；申根公約主要的意義，係當時締約國致力於事實上的完全廢除共同的內部邊界檢查，以實現在締約國間的人員自由遷徙，同時並實施對於廢除邊界檢查必需的補償措施。因此，申根公約實際上可視為歐洲聯盟為實現單一市場所欲達成人員自由遷徙目標之先驅者與實驗品，以及向統合邁進的動力[277]。

　　申根公約不僅優惠歐盟人民在內部邊界內自由遷徙，同時使得第三國國民因而享受自己遷徙的優惠，對國人而言，前往申根公約締約國旅遊，僅需持有由主要旅遊目的地的締約國核發的簽證，即得在申根領域內自由遷徙，可以免去以往申請歐洲國家簽證的許多繁雜手續，雖然這僅是施行申根公約所衍生的效果，但對於國人前往歐洲旅遊實為一大福音。

壹、立法背景

　　歐洲聯盟的會員國致力於廢除邊界檢查，可追溯至1974年的巴黎高峰會議，當時會員國即已表達廢除內部邊界檢查的意願，並決議應給予歐

---

276 參閱G. Nicolaysen，前揭書，S. 138。

277 參閱Achermann/Bieber/Epiney/Wehner, Schengen und die Folgen, Bern 1995, S. 24; K.-P. Nanz, Schengener Übereinkommen und Personenfreizügigkeit, Zeitschrift für Ausländerrecht und Ausländerpolitik 1994, S. 99.

盟人民特別的權利[278]。1982年時，執委會起草護照聯盟（Paβunion）的法規，在草案中亦規定應落實在會員國間廢除內部的邊界檢查，執委會並建議分兩個步驟進行，首先應減少邊界檢查，對於歐盟人民僅以抽樣的方式進行邊界檢查，而尤其應實施單一的護照式樣，以利抽樣檢查；第二個步驟為事實上的廢除會員國間的邊界檢查。執委會主張理事會不應以具有拘束力的法律行為形式公布此一法案，而僅以在法律上不具強制性的理事會決議（Ratsentschlieβung）接受此一草案即可[279]。當時會員國因擔憂損及國家安全，遲遲不肯進行第一個步驟，於1984年時僅就縮短在邊界等候檢查的時間與檢查的期限，作成一致的決議[280]。

　　為促進與加速完全廢除內部邊界檢查，法國總統密特朗與德國總理柯爾於1984年6月13日在德法邊界的薩爾布魯根（Saarbrücken），依照執委會的提案，就簡化德法兩國邊界的人員檢查，締結雙邊的政府間協定[281]。當時為加強歐洲共同體同一性之目標，理事會隨後在法國的楓丹白露集會，決議應廢除歐洲共同體內部邊界的人員檢查，並成立由會員國代表組成人民的歐洲委員會（Ausschuβ für das Europa der Bürger），應盡速審查實現廢除歐洲共同體內部邊界人員檢查的所有警察與海關手續的措施[282]；但各國的代表均認為，在歐洲共同體內部的邊界檢查仍具有重要的意義，特別是在國家安全的作用上，因此不得輕易地放棄歐洲共同體內部的邊界檢查。1985年3月29日與30日，理事會在布魯塞爾指出，廢除歐洲共同體內部邊界的人員檢查必須同時也採取適當的補償措施（Ausgleichmaβnahmen）[283]。

----

278 參閱Achermann/Bieber/Epiney/Wehner，前揭書，S. 22f; K. Hailbronner，前揭文，Zeitschrift für Ausländerrecht und Ausländerpolitik 1990, S. 107。

279 Amtsblatt der Europäischen Gemeinschaften 1982 C 197/1ff.

280 Amtsblatt der Europäischen Gemeinschaften 1984 C 159/1ff.

281 Bundesgesetzblatt der Bundesrepublik Deutschland 1986 Ⅱ, S. 767ff.

282 參閱Achermann/Bieber/Epiney/Wehner，前揭書，S. 23f; K.-P. Nanz，前揭文，Zeitschrift für Ausländerrecht und Ausländerpolitik 1994, S. 99。

283 參閱K.-P. Nanz，前揭文，Zeitschrift für Ausländerrecht und Ausländerpolitik 1994, S. 99。

受到此一見解的鼓舞，執委會於1985年向理事會提出在歐洲共同體內應實現簡化邊界檢查的指令草案[284]，但因為英國、愛爾蘭與丹麥擔憂完全廢除歐洲共同體內部的邊界檢查，將會對其國家安全造成威脅，同時畏懼日益增加的毒品交易、組織犯罪與外國人的非法入境，而強烈反對此一草案，因此理事會並未通過此一法案[285]。當時歐洲共同體企圖廢除或至少簡化在會員國間邊界檢查的努力，因而宣告失敗。

於是荷蘭、比利時、盧森堡、德國與法國政府決議，以德法兩國在薩爾布魯根締結的決議為基礎，採取單獨的計畫，於1985年6月14日在盧森堡的申根（Schengen）簽署逐步廢除彼此共同邊界的協定，即所謂的第一個申根公約[286]。第一個申根公約主要包括兩個部分，第一部分係規定短期內應實施的簡化邊界檢查措施，簡化檢查的重點為在一般的情況，當汽車通過邊界的關卡時，不再做有系統的檢查，而僅以簡單的視覺檢查（Sichtkontrolle），並盡可能設立共同的檢查站；第二部分則規範長期應實施的措施，以達到完全廢除締約國共同內部邊界檢查的長程目標，針對為完全廢除共同內部邊界檢查所需要的補償措施，則採取一個廣泛的計畫[287]。

1987年7月1日單一歐洲法生效時，雖然人員自由遷徙為實現單一市場的要素，但會員國對於人員自由遷徙卻仍持有不同的觀點，執委會與大部分的申根公約締約國均認為要實現單一市場的人員自由遷徙應包括歐盟人民與第三國人民，而且應以完全廢除內部邊界為目標；但其他的會員國（尤其是英國）卻認為，依據當時歐洲共同體條約之規定，人員自由遷徙的適用對象應該僅限於共同體人民，對於第三國人民仍應繼續實施邊界檢查，因此並無義務完全廢除邊界檢查[288]。由於當時在共同體的層次出現不

---

[284] Amtsblatt der Europäischen Gemeinschaften 1985 C 47/5ff.

[285] 參閱H. C. Taschner, Schengen oder die Abschaffung der Personenkontrollen an den Binnengrenzen der EG, Saarbrücken 1990, S. 12ff.

[286] 德國公布於Gemeinsames Ministerialblatt 1986, S. 79ff.

[287] 參閱E. Stobbe, Das Schengener Übereinkommen, Saarbrücken 1986, S. 4ff.

[288] 參閱K.-P. Nanz，前揭文，Zeitschrift für Ausländerrecht und Ausländerpolitik 1994, S. 100; G. Nicolaysen，前揭書，S. 138。

同的意見，對執委會與大部分的會員國而言，在補償措施與人員完全自由遷徙間仍存在一個無法解決的關係，因此當時在共同體的層次仍無法達成完全廢除內部邊界檢查的目標，也因而促成贊同廢除內部邊界檢查的會員國以國際法為基礎，致力於實現完全廢除內部邊界檢查的目標[289]。

　　為施行第一個申根公約的內容，並以第一個申根公約的長期計畫為基礎，早在1989年12月時，締約國已經完成對施行協定內容的談判，但由於柏林圍牆的快速倒塌，就德國的觀點，不應再將東、西德間的邊界視為申根公約的外部邊界，而其他締約國必須等待兩德關係的後續發展，因此必須暫時中止簽署申根公約的施行協定。兩德政府並達成協議，自1990年6月1日起，廢除兩德間的邊界檢查[290]。針對申根公約施行協定的解釋，德國政府發表聲明，僅在兩德統一的前景下，締結本協定，而東德與西德間並非是外國的關係，故申根公約施行協定第136條不適用於東德與西德間的關係[291]。

　　因兩德統一而拖延相當長的一段時間，荷蘭、比利時、盧森堡、德國與法國才於1990年6月19日再度於申根簽署申根公約施行協定，即所謂的第二個申根公約（以下簡稱申根公約）。依據申根公約第140條第1項之規定，任何一個歐洲共同體的會員國均得加入本協定。當時其他的歐洲共同體會員國，例如義大利於1990年11月27日、西班牙與葡萄牙於1991年6月26日、希臘於1992年11月6日已正式加入申根公約[292]，奧地利在1995年加入歐洲共同體後亦加入申根公約[293]。1996年時，瑞典、丹麥與芬蘭加入申根公約。

----

289 參閱Achermann/Bieber/Epiney/Wehner，前揭書，S. 25。

290 Art. 35 I-IV des Gesetzes zu dem Vertrag vom 18. Mai 1990 üuber Schaffung einer Währungs-, Wirtschafts-und Sozialunion zwischen der Bundesrepublik Deutschland und der Deutschen Demokratischen Republik, Bundesgesetzblatt 1990 Ⅱ, S. 535.

291 Erklärung der Bundesrepublik Deutschland zur Auslegung des Übereinkommens, Protokoll Ⅱ.1. zum Schengener Durchfürüngsübereinkommen.

292 參閱Achermann/Bieber/Epiney/Wehner，前揭書，S. 21。

293 參閱G. Nicolaysen，前揭書，S. 138。

　　申根公約為國際協定，必須經由締約國批准才能生效施行，即依據申根公約第139條第1項之規定，本協定必須批准、接受或核准；批准、接受或核准的文件交存於盧森堡政府，並由盧森堡政府通知所有締約國交存。申根公約第139條第2項規定，本公約在最後的批准、接受或核准文件交存後第二個月的第一日生效；自本公約生效時起，適用關於行政委員會的組織、職務與職權之規定；自本公約生效後第三個月的第一日起適用其他的規定。另外，依據締約國對於第139條所發表的共同聲明，在本公約生效前，簽署國應互相通知對於與公約內容和生效有關的所有重要情況；在簽署國已經履行本公約的適用要件與事實上實施外部邊界檢查時，本公約才生效。由於義大利與希臘尚未完全履行適用申根公約的一些技術上與法律上的要件，因此完全廢除內部邊界的人員檢查仍不適用於義大利與希臘；自1995年3月26日起，首先在荷蘭、比利時、盧森堡、德國、法國、西班牙與葡萄牙間正式施行申根公約，事實上完全實現人員自由遷徙，義大利與奧地利於1998年4月1日起正式施行申根公約[294]。

　　自1954年起，所有的北歐國家形成一個「北歐護照聯盟」（Nordische Pass-Union），即在冰島、丹麥、瑞典、芬蘭與挪威間形成一個無旅遊限制的區域，而由芬蘭、丹麥與瑞典加入歐洲聯盟與申根合作。因此，在1999年5月18日時，挪威與冰島亦加入申根國家的協定，以期維持北歐護照聯盟[295]，挪威與冰島亦納入人員自由遷徙的區域內[296]。

　　自2007年起，瑞士亦加入申根公約。至目前為止，除英國與愛爾蘭外，歐洲聯盟的其他會員國均為申根公約的締約國。另外，安道拉（Andorra）、列支敦斯登（Liechtenstein）、摩納哥（Monaco）、聖馬利諾（San Marino）、梵諦岡（Vatikanstadt）亦事實上廢除邊界檢查[297]。

----

[294] 參閱Achermann/Bieber/Epiney/Wehner，前揭書，S. 17; G. Nicolaysen，前揭書，S. 139。

[295] Die Schengen-Kooperation, http://www.norwegen.no/misc/print.aspx? article, last visited 2006/6/11.

[296] Kathrin Joester, Schengen-Abkommen, http://www.europa-reden.de/info/schengen.htm, last visited 06/11/2006.

[297] Schengener Durchführungsübereinkommen, http://de.wikipedia.org/wiki/Schengen_Abkommen, last visited 06/11/2006.

貳、申根公約之內容

申根公約共有一百四十二個條文，其編排如下：

第一編　定義規定（第1條）

第二編　廢除內部邊界的檢查與人員遷徙

　　第一章　跨越內部邊界（第2條）

　　第二章　跨越外部邊界（第3至8條）

　　第三章　簽證

　　　　第一節　短期居留的簽證（第9至17條）

　　　　第二節　長期居留的簽證（第18條）

　　第四章　第三國外國人旅遊的要件（第19至24條）

　　第五章　居留名義與公布入境拒絕（第25條）

　　第六章　其他的措施（第26至27條）

　　第七章　處理請求政治庇護的管轄權（第28至38條）

第三編　警察與治安

　　第一章　警察合作（第39至47條）

　　第二章　刑事案件的司法上互助（第48至53條）

　　第三章　雙重處罰之禁止（第54至58條）

　　第四章　引渡（第59至66條）

　　第五章　刑事判決執行之移轉（第67至69條）

　　第六章　麻醉品（第70至76條）

　　第七章　武器與彈藥（第77至91條）

第四編　申根資訊系統

　　第一章　申根資訊系統之建立（第92條）

　　第二章　申根資訊系統之運作與使用（第93至101條）

　　第三章　申根資訊系統內人事資料之保護與保全（第102至118條）

　　第四章　申根資訊系統費用之分擔（第119條）

第五編　運輸與商品交易（第120至125條）

第六編　人事資料之保護（第126至130條）

第七編　行政委員會（第131至133條）

第八編　最終條款（第134至142條）

申根公約的內容包含許多不同的領域且規定相當複雜，部分條文並涉及國家主權的核心範圍，而幾乎所有的締約國都必須克服在政治上與憲法上的疑慮，例如德國即因申根公約是否牴觸其基本法第16條關於政治庇護法（Asylrecht）而有許多爭議，法國也因此修正憲法中關於政治庇護法的規定[298]。申根公約的內容主要可歸納為下列六部分：

一、廢除締約國間共同邊界的人員檢查

依據申根公約第2條之規定，不論當事人的國籍，所有在締約國內的人原則上不受任何人員檢查，得跨越內部邊界（Binnengrenzen）。因此，在邊境通道上的欄木與其他技術性的設備均是多餘的，而且跨越邊界不再只侷限於特定的關卡，在火車、港口與機場亦不再施行檢查；但基於公共秩序或國家安全的理由，在經締約國諮商後，且只限於在一定的期限內得例外地施行人員檢查。因此，在締約國間的人員流通原則上如同本國的交通（Inlandsverkehr），締約國間的邊界本身並未消除，仍保有其作用，例如：國家主權行使的界線[299]。

在第3至7條規定中則加強外部邊界（Außengrenzen）的人員檢查，並在一致原則的範圍內，保證外部邊界的檢查。對於第三國人民的檢查，不僅包括必要的證件檢查、汽車與行李的檢查，而且包括在緝捕技術上的審查。對於來自第三國與其他聯盟人民在外部邊界的檢查無任何的區別，依據第134條之規定，僅以符合共同體法規定者為限，方得適用申根公約的規定；而依據歐洲共同體條約第14條（現為歐洲聯盟運作條約第26條）對於完成單一市場確保人員自由遷徙之規定，在申根公約生效施行後，在締約國與其他歐洲共同體會員國的邊界上，亦不可能再對聯盟人民做系統的檢查。

---

298 參閱G. Nicolaysen，前揭書，S. 138。

299 參閱G. Nicolaysen，前揭書，S. 139。

對於第三國的外國人（Drittausländer，係指非歐洲聯盟會員國國籍的人）實施共同的簽證，第9至12條規定在三個月內短期居留簽證的共同要件，即第三國的外國人持有由一締約國核發的短期居留簽證時，得在所有締約國的領土範圍內居留，原則上由主要旅遊目的地的締約國核發簽證；若主要旅遊目的地不確定時，則必須由首先入境的締約國核發簽證。依據第18條之規定，對於長期居留的簽證（即三個月以上的簽證），各締約國仍然保有核發簽證的權限。依據第20條之規定，無需簽證的第三國外國人自入境日起，在三個月的居留期限內，得在所有締約國的領土自由遷徙。

第26條並規定第三國的外國人非法入境時的因應措施，即締約國必須在其相關的國內法規中增訂遣返在外部邊界遭入境拒絕的第三國外國人，並課運輸業者以採取必要措施之義務，以確定所運送的第三國外國人持有入境締約國領土必需的有效旅遊文件，同時必須制裁支助非法入境者。

二、對於尋求政治庇護的處理

申根公約對於處理第三國外國人申請政治庇護的規定，具有重要的政治意義，尤其是在開放的邊界，必須要對第三國國民尋求政治庇護作共同的規定[300]，申根公約對於各締約國政治庇護法的實體規定與相關的程序規定並未作任何的法規調適，而僅規定對於尋求政治庇護一致的管轄權。

依據第29條第3項之規定，不論第三國外國人向哪一個締約國提出尋求政治庇護的申請，僅有一個締約國有處理尋求政治庇護申請的權限；並依據第30條所規定的標準確定有管轄權的締約國，原則上核發給申請庇護者簽證的締約國享有管轄權，或申請庇護者在跨越外部邊界入境申根領域的締約國亦有管轄權；申請庇護者在入境申根領域未持有有效的越境文件（Grenzübertrittspapier）時，則由跨越其外部邊界的締約國享有管轄權。

第32條規定對於政治庇護申請之處理，由有管轄權的締約國依據其國內法作決定，該決定之效力並及於所有的締約國。故第三國外國人的政治庇護申請遭有管轄權的締約國拒絕時，亦同時適用於所有的締約國，該第

---

300 參閱G. Nicolaysen，前揭書，S. 139。

三國外國人即不得再向其他的締約國尋求政治庇護，而任何一個締約國均得依其本國法將該第三國外國人遣返或驅逐出境[301]。此外，第37條與第38條規定對於政治庇護事件由締約國建立相互交換資訊的制度。

三、預防與防制犯罪的警察合作

加強警察機關的合作係廢除內部邊界人員檢查的補償措施[302]，為預防與防制犯罪，締約國間警察機關的合作成為申根公約的重點，除了警察機關間的資訊交換與相互支援[303]外，依據第40條與第41條之規定，在符合一定的條件下，一締約國的警察人員在調查程序（Ermittlungsverfahren）的範圍內，有權在其他締約國領土對於特定犯罪行為的涉嫌者進行監視與追訴。申言之，警察機關對於特定的犯罪行為得跨越本國的邊界，而在其他的締約國領土範圍內行使職權，無疑地已經造成警察職權跨越國家領土的擴張效果與聯繫[304]。國家主權也因而受到相當的限制，故申根公約第40條第3項與第41條第2項明文規定許多的條件與預防措施，例如進行監視或追捕的官員不得進入住宅；不得羈押或逮捕受監視者；在追捕時，僅得因當地機關無法及時行動時，才得逮捕受監視者；僅在緊急防衛（Notwehr）時，才得合法使用武器。跨國的監視與追訴犯罪成為在締約國間消失國界的標誌，會員國的保留條款顯示了在傳統主權觀念與防制犯罪目標間提供了思考的空間。例如在簽署申根公約時，法國即聲明，在其領土範圍內的追捕行動有時間與地點之限制[305]。

第70至76條規定銷售麻醉品、對麻醉品不法與合法需求，以及麻醉品的進、出口，以防制在歐洲聯盟內的毒品犯罪問題與麻醉品交易。除設立一個常設的工作小組加強締約國間的合作外，並以遵守聯合國公約的義務

---

[301] 參閱申根公約第29條第2項。

[302] 參閱G. Nicolaysen，前揭書，S. 140。

[303] 參閱申根公約第39條、第44至47條。

[304] 參閱R. Bieber, Die Abkommen von Schengen über den Abbau der Grenzkontrollen, Neue Juristische Wochenschrift 1994, S. 296.

[305] 參閱G. Nicolaysen，前揭書，S. 141。

為限，所有的締約國均必須採取防制麻醉品交易的措施。

對於私人製造、交易、取得與使用武器和彈藥的問題，第77至91條規定締約國必須對武器和彈藥進行管制與核准，並禁止使用和利用特定的武器；締約國必須調整關於取得、持有、銷售與轉讓武器和彈藥的國內法律、行政規章與其他相關規定，以符合申根公約之規定；另外，在締約國間建立經由在其他締約國居留或有住所的私人在零售取得武器的資訊交換。

四、申根資訊系統

在外部邊界施行共同邊界檢查的必要條件，為蒐集公共安全所需要的資料，申根資訊系統即具有此種功能，申根公約第92至119條特別規定建立中央人事資料檔案的申根資訊系統。申根資訊系統之目的，主要在於針對入境、核發簽證與警察合作上交換資訊，以確保在締約國領土內的公共安全和秩序，包括國家安全在內，以及在人員自由遷徙範圍內確保適用申根公約之規定[306]。申言之，締約國的警察機關得直接從其他締約國取得關於特定的人或事物所儲存的資料[307]。因此，對締約國而言，申根資訊系統為在廢除內部邊界的人員檢查後在技術上最重要的補償措施。

依據第92條之規定，申根資訊系統係由各締約國的國內資訊系統與一個技術性的支援單位（technische Unterstutzüngseinheit）所組成的共同資訊系統。在申根資訊系統內，由締約國共同負責並共同分擔技術性支援單位之費用，由法國統籌此一中央的技術性支援單位，並設立於法國的史特拉斯堡（Straßburg），以負責在締約國間自動化的資訊交換程序與保證資訊內容的同一性。

第94條、第97條、第99條與第100條明確列舉得合法儲存的人事資料，必要時並得由警察機關對這些資料進行調查；依據第109條之規定，任何人均得查閱在申根資訊系統內所儲存關於其個人的人事資料，關於

---

306 參閱申根公約第93條。

307 參閱G. Nicolaysen，前揭書，S. 140。

個人所儲存的資料若有不實或違法的情形，並得依據第110條規定請求註銷。此外，依據第111條之規定，任何人有權在任何一個締約國，基於對於其個人有關的通緝令（Ausschreibung），依據該締約國的國內法規向有管轄權的法院或有權機關，特別是請求更正、註銷、通知或損害賠償。申言之，第111條賦與利害關係人權利，以請求更正或註銷所儲存的人事資料，並得向法院訴請司法救濟。

申根資訊系統在締約國的部分由各國的監督機關負責監視的工作，另外成立共同的監督機關（gemeinsame Kontrollinstanz）以負責監督技術性支援單位的運作[308]，主要為考核技術性支援單位是否正確適用申根資訊系統的規定，共同的監督機關並得對中央儲存的資料採取必要的措施。

五、廣泛地廢除商品交易上的內部邊界檢查

自1993年1月1日起，由於單一市場的完成，亦確保在歐洲聯盟內的商品自由流通，在會員國間的商品交易，雖然已經因為建立關稅同盟而完全廢除關稅和其他與關稅有相同效果的稅捐，並已完成調整會員國間的加值稅（Mehrwertsteuer），但在會員國間的商品交易卻仍然存在內部邊界的檢查。為實現逐步廢除全部的共同邊界檢查，申根公約的另一個目標即為致力於簡化在締約國間的運輸與商品交易的邊界檢查。

第120條規定，締約國必須注意，不得以其法律規定或行政規章，且不合理的方式，阻礙在內部邊界的商品交易；應盡可能廣泛地廢除在締約國間商品流通的檢查，在商品通關時，不得實施禁止或限制自由流通的手續，而利害關係人得依其選擇在其本國內地（Binnenland）或在內部邊界上報關；締約國必須致力於促進內地的報關；對於來自外部邊界的商品交易，締約國應致力於相互調整對於商品流通的通關手續，並且遵守依照一致的原則進行檢查。

締約國彼此間必須放棄依據歐盟法對於特定的植物或植物產品所規定的衛生檢查，而且不得要求出示植物的衛生文件（Pflanzengesundheits-

---

308 參閱申根公約第114條以下。

papier）[309]。

　　依據第122條之規定，締約國應加強對於危險物品運輸安全的合作，並且加強監督在內部邊界運送有危險或無危險垃圾的合作。第123條則規定對於戰略上的工業產品（strategische Industriewaren）取消出示出口許可文件的義務，但以締約國為該產品的到達國（Bestimmungsland）或最終所在國（Endverbleibsland）為限。依據第124條之規定，對於在跨越內部邊界旅遊所攜帶的隨身物品應盡可能將檢查次數與程度降低到最低限度，以逐步實現完全廢除對於旅遊者的檢查。

六、設立行政委員會為適用申根公約的專職機構

　　為確保正確適用申根公約，依據第131條之規定，應設立行政委員會（Exekutivausschuβ），以監督正確地運用申根公約之規定；另一方面，行政委員會享有許多特別的職權，例如第12條第3項規定，由行政委員會規定核發共同簽證的適用方式與確定主要旅遊目的地之標準。

　　每一個締約國在行政委員會擁有一席，由對施行申根公約有權責的部長代表締約國出席行政委員會，但僅以必要時為限，亦得由專家參與協商的工作；在行政委員會應以一致決決議；行政委員會得指定由締約國的公務員代表組成工作小組，以準備決議或其他的工作[310]。依據第133條之規定，行政委員會應在各締約國輪流召開，且依照履行其任務之必要性決定會議的日期。

　　行政委員會為監督與施行申根公約的專職機構，擁有相當廣泛的職權，例如：監督申根領域的外部邊界；落實對於外部邊界施行一致的檢查；對第三國外國人實施共同簽證政策；規定遣返非法入境第三國外國人的費用；對於尋求政治庇護者的權限；防制麻醉品交易；防制取得、交易、持有與使用武器彈藥；以及簡化在內部邊界運輸與商品交易的通關手續等，行政委員會並得針對這些事項做詳細的規定與採取必要的措施。

----

309 參閱申根公約第121條。
310 參閱申根公約第132條。

參、納入阿姆斯特丹條約

　　最初申根公約只是會員國間的一個國際協定，但1997年簽署的阿姆斯特丹條約將申根現狀納入歐洲聯盟的基礎條約中。申根現狀係指第一個申根公約與第二個申根施行公約，以及由行政委員會通過的決議與發表的聲明。阿姆斯特丹條約致力於實現歐盟人民自由遷徙的規定，申根現狀應自1999年5月1日起納入歐洲聯盟的範圍。因此當時在歐洲共同體條約新增訂標題四第61條至第69條關於簽證、庇護、移民與其他涉及人員自由遷徙的事務，至此時申根現狀因而也成為歐洲聯盟現狀的一部分（Protokoll zur Einbeziehung des Schengen-Besitzstandes in den Rahmen der Europäischen Union）。

　　這些規定例外的不適用於英國與愛爾蘭，也就是英國與愛爾蘭仍繼續保留在其邊界進行人員的檢查，分別在兩個議定書規定適用於英國與愛爾蘭的特別規定，並將過去由行政委員會執行的任務移轉給理事會，由歐盟機關負責申根法的繼續發展。這種在歐洲聯盟內不同時適用申根現狀的特別形式，是以貨幣同盟為考慮（例如丹麥、英國與瑞典亦選擇不適用歐元），而形成一種「多速歐洲」的發展模式。

　　在五年的過渡時期，由理事會基於執委會或一會員國的提案，以一致的決議；但在過渡時期後，由執委會單獨行使創制權，由理事會以一致決議通過在標題四中規範的事務之法規。挪威與冰島雖然不是歐洲聯盟的會員國，但依據在1999年5月18日簽署的協定之規定，挪威與冰島參與申根現狀的轉換立法與發展，因此挪威與冰島亦納入人員自由遷徙的區域內。

　　在歐洲聯盟範圍納入申根現狀議定書第8條中明文規定，在新會員國加入歐洲聯盟的談判中適用申根現狀，由機關在申根現狀的適用範圍內公布的其他措施，應由全體想加入歐洲聯盟的候選國完全地接受上述這些申根現狀。

　　由於申根公約亦為歐洲聯盟的歐盟法現狀，新加入的會員國有義務轉換立法這些申根現狀的規定，以便新加入會員國的國民享有人員自由遷徙

的權利，申根公約是一個直接與歐盟人民權益有關的歐洲計畫[311]。

　　在阿姆斯特丹條約生效後，在司法與內政策範圍的合作，對於庇護程序的進行有共同的最低標準，並且對於想要入境歐洲聯盟的外國人群組建立了一個共同的法律架構，同時加強來自非歐洲聯盟會員國非法移民與非法居留的共同規定。

　　早在1993年馬斯垂克條約生效時，即已增訂共同簽證的規定，由理事會基於執委會之提案且在歐洲議會之聽證後，以條件多數決議公布第三國國民在進入歐洲聯盟的外部邊界時必須適用簽證的規定，以期實現在1987年單一歐洲法所規定人員自由遷徙之目標、保證一個民主的議會監督與使人民在權益受侵害時有法律救濟的可能性。一會員國核發給第三國國民申根簽證（Schengenvisum）時，即在所有的申根國家第三國國民有旅遊自由與居留的許可。依據一致的原則，以一致的簽證標誌形式，並有高度偽造辨識保證，發給申根簽證。第三國國民符合全體申根國家共同的入境條件時，即得發給申根簽證，而不須再向每個個別申根國家申請簽證。

　　申請申根簽證的要件為：

1.在申根資訊系統中未公布申請入境者的入境拒絕。

2.不存在危害公共秩序、國家安全與申根國家的國際關係。

3.由全體申根國家承認的合法旅遊文件。

4.第三國國民屬於必須持有有效簽證的國家。

5.有足夠的財力證明可負擔生活費。

　　不符合上述的申請要件時，會駁回第三國國民的申根簽證申請。

　　為防止濫用申根簽證，特別是人口販賣與強迫的妓女所隱含的問題，因此在全體申根國家加強海關檢查與警察檢查，特別是由申根國家特別的機關執行海關與警察的檢查工作，例如德國由聯邦警察（Bundespolizei）與海關負責外部邊界的檢查工作[312]。2001年紐約的九一一恐怖攻擊事件發

---

311 Kathrin Joester, Schengen-Abkommen, http://www.europa-reden.de/info/schengen.htm, last visited 06/11/2006.

312 Schengener Durchführungsübereinkommen, http://de.wikipedia.org/wiki/Schengener_Abkommen, last visited 06/11/2006.

生後，美國與歐盟國家在9月時達成協議，共同對抗恐怖主義採取一個行動計畫，以加強歐洲司法機關、警察機關與情報單位的合作，並由位於荷蘭海牙的歐洲警察署（Europol）負責領導的工作，以期必要時可以由會員國共同調查與組成一個多國的特別小組。在2004年3月1日馬德里的火車爆炸攻擊事件後，歐盟各國政府飽受壓力，而延緩對抗恐怖主義的緊密合作。在嚴重威脅的情形，得中止適用申根規定，例如法國當時即中止適用申根規定，而實施邊界檢查。2004年初，開始對重大的犯罪行為實施歐洲逮捕令（Europäischer Haftbefehl），以簡化在歐盟國家間引渡犯罪嫌疑人的程序[313]。

2009年12月1日里斯本條約生效後，原來歐洲聯盟三根支柱的結構解體，關於第三根支柱的刑事案件司法與警察合作，成為歐洲聯盟的職權範圍，納入歐洲聯盟超國家的機制，而在歐洲聯盟運作條約第三部分增訂標題五自由、安全與司法的區域（Area of Freedom, Security and Justice），明文規範在邊界管制、庇護與移民範圍的政策、在民事案件的司法合作、在刑事案件的司法合作及警察合作。

自由、安全與司法區域主要結合內政與司法政策，確保人員自由遷徙，並提供人民一個高度保護，涵蓋整合國際私法、會員國間犯罪引渡、邊界檢查、共同的旅遊簽證、移民與庇護政策、警察與司法合作。由於會員國彼此間已經廢除了內部邊界，防制跨國犯罪使得跨國的警察合作愈來愈重要。

2009年里斯本條約生效後，依據歐洲聯盟運作條約第4條規定，歐盟與會員國共享自由、安全與司法區域的職權，而依據歐洲聯盟運作條約第76條規定，除針對犯罪的警察合作與司法合作有四分之一的會員國創制提案外，執委會享有專屬的立法提案權，而歐盟法院對於經普通立法程序制定自由、安全與司法區域的所有法規有訴訟管轄權；會員國的國會並參與歐盟實施自由、安全與司法區域的評估機制、政治監督歐洲警察署

---

[313] http://www.weltalmanach.de/stichwort_schengen 2.html, last visited 06/11/2009.

（Europol）與評估歐洲司法合作處（Eurojust）的行為[314]。

　　歐洲聯盟運作條約第68條規定，歐洲高峰會議應規定在自由、安全與司法區域的立法與運作規劃的策略準繩。2010年時，理事會下設立內部安全運作合作常設委員會[315]，以確保促進與加強歐盟內部安全的運作合作。自2005年起，位於波蘭華沙的歐洲外部邊界管制合作局（European Agency for the Management of Operational Cooperation at the External Borders，簡稱FRONTEX）開始運作外部邊界防護管制合作，職權範圍涵蓋歐盟全體會員國、瑞士，及轉換申根現狀的結盟國家（特別是挪威與冰島）[316]。

　　2003年並建置歐洲邊界監督系統（European Border Surveillance System，簡稱EUROSUR）規範會員國邊防機關與FRONTEX所需的基礎設施與工具，以改善在歐盟外部邊界的邊界防護意識與因應能力。一方面要揭發、預防與打擊非法移民與跨國犯罪，另一方面致力於確保保護與救助移民生命[317]。

　　根據相互承認與相互信賴，特別是針對民事與刑事案件的司法合作，2013年時，歐盟通過第1382號自2014年至2020年建構司法綱領規章[318]，以致力於進一步的發展歐洲司法區域（European area of justice），主要內容有：

　　1.促進與支持民事與刑事的司法合作；

　　2.支持與鼓勵司法進修，包括法律專業用語的語言進修、促進共同的法律與司法文化；

　　3.促進對每個人有效率的運用司法，包括促進與支持犯罪被害人的權利；

　　4.在毒品政策上，支持緊密的司法合作與犯罪預防。

----

314 歐洲聯盟運作條約第12條。

315 2010年第131號決議，OJ 2010 L 52/50。

316 2004年第2007號規章，OJ 2004 L 349/1；2005年第358號決議。

317 2013年第1051號規章與第1052號規章，OJ 2013 L 295/1-26。

318 OJ 2013 L 354/73-83.

第六章　自由的資金與支付流通

第一節　通　論

　　歐洲聯盟運作條約第63條至第66條規範自由的資金與支付流通，原則上在會員國間對於資金與支付流通禁止所有的阻礙，僅得在例外情形採取限制措施。在歐盟內廢除所有對於資金流通限制之目的，在於藉由生產要素（Produktionsfaktor）廣泛的流動，以確保資金靈活運用，而使得在歐洲聯盟內的製造以成本為導向，符合設廠的利益，進而在經濟過程中，使資金獲得最大的利潤[1]。自由的商品流通僅在會員國間對於支付貨款毫無限制的情況下才能發揮作用，不僅適用於支付買賣價金，同時包括損害賠償與擔保之支付；同樣地對於勞務的對價、工資與利息的支付等，亦應自由地匯兌[2]。因此，只有支付的自由流通才能使商品自由流通、人員自由遷徙與勞務自由流通發揮作用[3]。故支付的自由流通係其他基本自由必要的補充規定[4]，支付自由流通之實施也因此必須同時適用其他的基本自由，是故歐洲聯盟運作條約第63條第2項所規定的支付自由流通為一附屬的自由（Annex-Freiheit）[5]。

　　自由的資金流通（freier Kapitalverkehr），係指當事人可任意決定資金的流向，且單方面地存放資金，例如一位居住於德國的大學教授可將其存款存在盧森堡的銀行；而自由的支付流通（freier Zahlungsverkehr），係指在適用自由的商品、人員與勞務流通規定時，對

1　參閱Schweitzer/Hummer, Europarecht, 4. Auflage, Frankfurt a.M. 1993, S. 300.

2　參閱G. Nicolaysen, Europarecht II, Das Wirtschaftsrecht im Binnenmarkt, 1. Auflage, Baden-Baden 1996, S. 394.

3　參閱M. Matzat, Europarecht, 1. Auflage, Münster 1995, S. 146; Schweitzer/Hummer，前揭書，S. 301; R. Streinz, Europarecht, 2. Auflage, Heidelberg 1995, S. 234。

4　參閱M. Ahlt, Europarecht, München 1993, S. 107.

5　參閱M. Matzat，前揭書，S. 146。

於對價（Gegenleistung）的價值移轉，例如一家德國公司在法國巴黎設立子公司，為支付法律顧問費，而匯款給法國的律師[6]。

自由的支付流通與資金流通均係以資金的所在地（Sitz des Kapitals）為連繫因素，即係以資金所有者的住所（Wohnsitz），而非以其國籍為連繫因素[7]，即只需其住所在歐盟內即可，而不問資金所有者是否擁有會員國的國籍。不同於其他基本自由的規定均係以國籍為連繫因素，此乃由於資金自由流通之目的，在於在經濟過程中得以有效運用必要的資金；同時在外匯法上的限制措施僅在非以國籍為連繫因素時，才能達成其目標。故資金所有者的國籍並不會影響其在歐盟內的資金流動[8]。

資金自由流通是歐洲聯盟達成建立共同市場目標所必要的任務，資金自由流通是共同市場的一個基本自由[9]，資金流通自由化應致力於單一市場之完成，以促進其他的基本自由（即商品自由流通、人員自由遷徙與勞務自由流通）與經濟的發展[10]。資金自由流通是在歐盟內以市場經濟原則及基礎的經濟交易發展所必需的，尤其是自由的資金流通不僅是實現經濟暨貨幣同盟的前提要件，也是邁向持續統合的重要步驟。

第二節　自由資金與支付流通之發展

資金流通與支付流通屬於會員國經濟政策中特別敏感的範圍，也因此各會員國在歷經很長一段時間後，才逐步地使資金流通與支付流通同意接受歐洲聯盟的自由化規範（Liberalisierungsregelung），原來的歐洲經濟共同體條約第107條以下即為最好的證明。例如德國在資金與支付流通

6　參閱W. Hakenberg, Grundzüge des Europäischen Wirtschaftsrechts, München 1994, S. 122; M. Matzat，前揭書，S. 145。

7　參閱W. Hakenberg，前揭書，S. 122; R. Streinz，前揭書，S. 234。

8　參閱Schweitzer/Hummer，前揭書，S. 301。

9　EuGH Rs. 203/80, Casati, Slg. 1981, S. 2595.

10　EuGH Rs. C-163/94 und C-250/194, Sanz de Lera, Slg. 1995, S. I-4827.

方面，並非屬於規定嚴格的國家，依據其對外經濟法（Außenwirtschafts-recht）第1條之規定，亦適用於包括資金流通在內的對外經濟交易，因此原則上是相當自由的，而法國與義大利有相當長的一段時間，在外匯管理條例（Devisenbewirtschaftsregelungen）中，仍有相當多的限制規定。

壹、自由的資金流通

在自由的資金流通範圍，長時期面臨極大的困難，且長期以來一直是共同市場的一個弱處。資金流通不僅包括固定資本（Sachkapital）的流通，並且包括金錢資金（Geldkapital）的流通；所謂的固定資本，係指直接投資、不動產與企業的股份等投資，而所謂的金錢資金，則為借款、公債、保證、貸款或有價證券的投資[11]。因此，獨立的資金移轉均屬於資金流通的範疇[12]。而資金自由流通的適用範圍，除標的必須有金錢價值與為交易行為的客體外，尚必須為具有支付工具的功能[13]。

原來的歐洲共同體條約對於資金流通並無定義規定，僅在1988年由理事會公布的資金流通指令[14]附錄I中列舉適用資金流通的業務行為，例如直接投資、不動產投資、不同種類的有價證券交易、股票交易、借貸行為、保證、履行保險契約的支付行為、贈與、嫁妝、遺產等。沒有開放的資金市場與自由地實施上述這些業務行為，將造成不完全的單一市場[15]，足見資金自由流通之重要；但另一方面，限制外匯流通屬於國家經濟與貨幣政策的傳統方法[16]，資金的流入與流出將會影響國內經濟的流動資金與收支的平衡，除貨幣政策與匯率政策外，國家管制資金的流向亦是作為防止這

11　參閱W. Hakenberg，前揭書，S. 123。

12　參閱G. Nicolaysen，前揭書，S. 395。

13　參閱U. Becker, Das Verbot tarifärer und nichttärifärer Hemmnisse des EU-Warenverkehrs, Juristische Arbeitsblätter 1997, S. 67.

14　RL 88/361/EWG zur Durchführung von Art. 67 EWGV, Amtsblatt der Europäischen Gemeinschaften 1988 L 178/5ff.

15　參閱G. Nicolaysen，前揭書，S. 395。

16　參閱EuGH Rs. 203/80, Casati, Slg. 1981, S. 2614.

類干擾的方法，因此無可避免的是會員國仍使用外匯管制防止這類資金流通所造成的嚴重的損害經濟發展。故管制外匯、經濟政策與貨幣政策仍屬於會員國的權限[17]。自1994年1月1日起，僅在符合有效的主要歐盟法的情況下，才得繼續適用1988年第361號指令中資金自由流通的相關規定。

　　1960年代，理事會即制定公布兩個指令，針對免除特定交易行為的許可要件，開始進行資金流通的自由化工作；1986年持續資金流通自由化的工作；1988年理事會公布第361號指令[18]，規定應至1990年7月1日止，對居住於會員國領域者廢止關於資金流通的所有限制措施，使得資金自由流通向前邁了一大步；但1988年第361號指令卻也規定，在一會員國的貨幣政策與外匯政策（Geld-und Devisenpolitik）受干擾時，會員國得採取限制措施的特別保護條款，而僅限於六個月內實施，而在緊急的情況下，亦得由會員國採取新的限制措施；同時1988年第361號指令亦排除對外國人取得土地之限制規定，但針對行政與統計資料的申報程序，仍得繼續合法存在。

貳、自由的支付流通

　　歐洲聯盟運作條約亦未定義支付流通（Zahlungsverkehr）或支付（Zahlung）的概念，而在歐洲法院的判決實務發展下，才逐漸地施行支付自由的流通，首先將以一著名的歐洲法院案例[19]說明。依據義大利1956年生效的第476號關於外匯管制的法律規定，住在義大利的人因出國旅遊、做生意、唸書或就醫等，每年從銀行最多只能換取50萬里拉的外匯。義大利籍的Luisi與Carbone在1979年自不同的銀行共換得數百萬的里拉，並將這筆錢匯至國外，因違反上述的義大利外匯管制法規，而遭判決並被處以罰鍰。

　　在義大利熱那亞（Genua）地方法院，Luisi與Carbone主張，由於他們

17　參閱G. Nicolaysen，前揭書，S. 395。

18　RL 88/361/EWG, Amtsblattder Europäischen Gemeinschaften 1988 L 178/5ff.

19　參閱EuGH Rs. 286/82 und 26/83, Luisi und Carbone, Slg. 1984, S. 1891ff.

必須支付在德國的醫藥治療費用，以及在德國與法國的觀光費用，因此所匯出的外匯，係與勞務自由相關聯的事物，而共同體法亦保證此一目的，故主張義大利的外匯管制法規已經違反當時共同體法的規定，特別是歐洲經濟共同體條約第3條第1項第c款、第10條與第107條。受理本案的熱那亞地方法院依據歐洲經濟共同體條約第234條（現為歐洲聯盟運作條約第267條）之規定，向歐洲法院提起預先裁判之訴，請求解釋自由的資金流通與支付流通之概念。

　　歐洲法院指出，人員自由遷徙包括勞工在歐洲聯盟內的自由遷徙與在會員國領土內的營業所設立自由權，原來歐洲經濟共同體條約107條第1項的支付（Zahlung）[20]，係指與商品流通和勞務流通有關的支付必須自由化，但僅限於在會員國間商品與勞務流通已經完成自由化。1964年第340號指令[21]，雖然廢除對於給付的支付仍存在所有禁止或阻礙，但會員國卻仍得審查資金或支付匯出金額的種類與事實上的執行，以及採取必要的措施，特別是在支出以旅遊為目的之外匯，以阻止違反法規的違法行為。故自由的勞務流通包括勞務受領者有前往其他會員國受領此一勞務的自由，而不受任何限制措施的阻礙，因此觀光客、接受醫藥治療者、出國求學者或做生意者，均得視為勞務的受領人。

　　原來的歐洲經濟共同體條約並無定義「資金流通」之概念，而理事會在1960年[22]與1962年[23]就資金流通所公布的兩項指令，僅規範數種不同的資金流通過程，雖然包括實質的鈔票兌換，但並不意謂著鈔票的兌換即為資金流通。經常性的支付（laufende Zahlung），係指外匯的匯兌，即在以交易為依據的給付範圍內之對待給付（Gegenleistung）；而資金流通則係關於金融業務（Finanzgeschäft），主要是關於與金額有關的投資，而不是勞務的報酬（Vergütung），故資金流通的過程有可能形成經常性支付的理

20　為舊規定，在1993年11月1日歐洲聯盟條約生效後，已經併入歐洲共同體條約第56條第2項。

21　RL 64/340/EWG, Amtsblatt der Europäischen Gemeinschaften 1963, S. 1609ff.

22　Amtsblatt der Europäischen Gemeinschaften 1960, S. 921ff.

23　Amtsblatt der Europäischen Gemeinschaften 1963, S. 62.

由。但鈔票的匯兌（Transfer von Banknoten），卻不得視為資金流通，申言之，若該匯兌符合在商品或勞務範圍所產生交易的支付義務時，則該匯兌即不得視為資金流通。因此，對於出國觀光旅遊、做生意、求學、接受醫藥治療所為的支付，若是以鈔票匯兌的方式支付時，均不得視為資金流通。

歐洲法院強調，自過渡時期結束後，必須消除所有與勞務流通有關的支付限制措施，故自過渡時期結束起，關於出國觀光、做生意或求學的旅行，以及醫藥治療的支付均應自由化。在過渡時期結束後，資金流通在歐洲聯盟內尚未完全自由化，而理事會所公布相關的指令亦尚未消除在資金流通的所有限制措施，故在1980年Casati案[24]後，應如此解釋資金流通，即在過渡時期結束後，不問理事會依據歐洲經濟共同體條約第69條[25]所公布指令的內容，無法視為已經消除外匯匯出之限制。在這種情況下，會員國能繼續享有管制外匯匯兌（Devisentransfer）的職權，而此一監督權限為在貨幣同盟範圍內會員國的責任，則顯得更重要。基於會員國對於貨幣同盟的責任，必須使會員國得採取適當的措施，以阻止資金流出（Kapitalflucht）或針對其本國貨幣的類似投機行為。

除危機時期外，與至自由的資金流通完全實現止，仍應承認會員國有權管制所謂的關於支付自由化的外匯匯兌，即對於已經批准的資金流通過程是否使用於別的用途。故會員國仍有權審查相關交易的種類與事實上的執行，或對匯兌之批准，但會員國的管制不得逾越在歐盟法內、從勞務流通自由和與其相關的支付自由應遵守的界限。故會員國的管制可以針對在每一交易或每一時期一定的數額，對於與勞務有關的支付或匯兌則不得加以限制，歐洲法院在Luisi與Carbone案認為義大利的外匯管制，將會損害原來的歐洲經濟共同體條約所規範的自由權。

24　參閱EuGH Rs. 203/80, Casati, Slg. 1981, S. 2595.
25　此一條文在阿姆斯特丹條約生效後，已經廢止失效。

第三節　支付流通與資金流通自由化的現狀

　　由於在會員國間一般的限制資金流通將牴觸經濟暨貨幣同盟，同時實施單一貨幣後亦不可能再存在任何限制資金流通的措施，因此歐洲聯盟條約生效後，修正當時的歐洲共同體條約中關於自由的資金流通與支付流通之規定，做了根本的重新編排，成為歐洲共同體條約第56至60條關於自由的資金流通與支付流通之新規定。

　　在派生法所達成的資金自由化狀況，在歐洲聯盟條約生效後成為主要的歐盟法[26]，即新的規定符合1988年第361號資金流通指令關於禁止所有限制的規定。依據歐洲聯盟運作條約第63條之規定，在自由的資金流通與支付流通範圍的規定，不僅應禁止在會員國間的所有限制措施，而且亦應禁止在會員國與第三國間的所有限制措施。申言之，資金流通與支付流通不僅應在會員國間完全自由，而且在會員國與第三國間亦應完全自由。歐洲聯盟運作條約第63條成為具有直接適用效力的規定[27]，即歐盟的人民得直接援引適用資金與支付自由流通的規定。

　　歐洲聯盟運作條約第63條第1項明文規定在資金流通領域廣泛的禁止限制措施，不僅包括外匯法上的規定，即針對跨國資金流動的直接干預在內，並且包括非外匯法上的規定在內，例如：特別的投資與資金運用的規定、現金存款、發行股票之限制或股市批准之限制等[28]。歐洲聯盟運作條約第63條第2項所規定的支付，依據一般的見解，可視為以金錢履行債務的法律行為[29]，因此可以交付鈔票（即跨國事實上的交付金錢）或透過轉帳的方式完成支付行為[30]。

　　但歐洲聯盟運作條約對於自由的資金流通與支付流通仍有一些例外規

26　參閱R. Streinz，前揭書，S. 236。

27　參閱M. Matzat，前揭書，S. 145; R. Streinz，前揭書，S. 237。

28　參閱M. Matzat，前揭書，S. 145。

29　參閱A. Bleckmann, Europarecht, 5. Auflage, Köln 1990, Rn. 1200.

30　參閱M. Matzat，前揭書，S. 146。

定，即歐洲聯盟針對資金與支付的自由流通並未享有完全的職權[31]，主要係關於與第三國間的交易或具有稅捐性質的行為，會員國仍得繼續採取限制措施或保護措施，例如：

1. 歐洲聯盟運作條約第64條：至1993年12月31日止，會員國與第三國間仍存在與直接投資（Direktinvestition）有關的約定。

2. 歐洲聯盟運作條約第65條第1項第a款：為監督與預防規避稅捐、逃稅（Steuerflucht）和漏稅（Steuerhinterziehung），會員國得採取合法的限制措施，以確保遵守稅法上的規定，但這些限制措施不得作為任意的差別待遇之方法，亦不得作為隱藏限制支付自由流通之方法[32]。

3. 歐洲聯盟運作條約第65條第1項第b款：基於公共秩序（öffentliche Ordnung）或安全（Sicherheit）的理由，會員國得合法地採取限制措施，以確保遵守刑法上的規定，但這些限制措施不得作為任意的差別待遇之方法，亦不得作為隱藏限制支付自由流通之方法[33]。

4. 歐洲聯盟運作條約第66條：在會員國與第三國交易出現非常干擾時，得由理事會基於執委會之提案，並在歐洲中央銀行聽證後，以條件多數決議，對第三國採取最長為六個月的短期保護措施。針對匯率，理事會的此一職權補充其貨幣政策之職權[34]，而歐洲聯盟在適用保護條款時，優先以穩定匯率為目標[35]。

5. 歐洲聯盟運作條約第75條：依據共同的外交與安全政策之行動對第三國的制裁或其他政治上的困難，得由理事會基於執委會的提案，以加重多數決議，對第三國在支付與資金流通範圍內採取單方面的立即措施（Sofortmaβnahmen）。

31　參閱H.-J. Ihnen, Grundzüge des Europarechts, München 1995, S. 55.

32　參閱歐洲共同體條約第58條第3項。

33　參閱歐洲共同體條約第58條第3項。

34　參閱歐洲共同體條約第111條。

35　參閱G. Nicolaysen，前揭書，S. 399。

　　理事會並於1988年制定公布第1969號規章[36]，主要的立法目的為支持會員國的收支平衡，與採取中程財政援助的單一制度（einheitliches System des mittelfristigen finanziellen Beistands），以建立在會員國間相互支持支付平衡的財政援助制度。

　　另外，建立歐洲金融區域（europäischer Finanzraum）也是希望藉由自由化措施帶動其他領域的自由化，特別是調整會員國間的銀行法、證券交易法與稅法，並廣泛地準備完成經濟同盟與貨幣同盟，亦對歐洲金融區域的建立造成相當大的影響。

第四節　單一金融市場

壹、歐盟在全球金融治理之角色

　　2009年12月里斯本條約（Treaty of Lisbon）生效後，歐盟在全球舞台扮演更重要的角色並在許多國際機構內發揮更大的影響力。歐盟運作條約第220條規定，在符合目的下，歐盟應與其他國際組織維持關係，此一規定成為歐盟參與全球金融治理重要的法律依據。在全球金融治理，歐盟已經是一個重要的角色，在全球金融海嘯爆發前，歐盟即積極參與國際金融治理，特別是制定與適用標準化的規則[37]，2002年時，歐盟亦實施國際會計準則（International Financial Reporting Standards），作為歐盟上市公司內部的財報準則。此舉使得第三國企業想要進入歐盟市場時，亦必須適用國際會計準則[38]。

36　VO (EWG) Nr. 1969/88, Amtsblatt der Europäischen Gemeinnschaften 1988 L 178/1-4.

37　Eric Posner (2009), Making Rules for Global Finance: Transatlantic Regulatory Cooperation at the Turn of Millennium, International Organization 63 (4), pp. 665-699.

38　Niamh Moloney (2014), EU Securities and Financial Markets Regulation, Oxford: Oxford University Press, pp. 165-168.

　　執委會從一開始就致力於完全自由流通的單一金融服務市場，也就是不斷的整合會員國不同的金融法規，但執委會實際上較少關注在單一金融區域內的市場管制與監理。在資金自由流通原則下，廢除在會員國與第三國間的資金流通限制[39]，建立歐洲金融服務的法律架構有助於更大的金融市場統合，例如在銀行業，實施相互承認會員國設立登記與金融機構監理的規則，因而可以使金融機構可以依據一個會員國的法規與監理體系而在歐盟全部境內經營業務，即所謂的「歐洲護照制度」（European Passport）[40]。

　　隨著歐洲單一金融市場之形成，歐盟亦加強金融治理，而發展出一套歐洲金融市場法。在國際社會，歐盟的金融市場法亦影響著全球金融法規的建構與制定，例如巴塞爾銀行監理委員會許多的法規主要都是以歐盟銀行法規為依歸。早在1970年代，歐盟就已經成功的整合銀行與保險市場；1992年底完成歐洲單一市場，而由於金融國際化的趨勢，美國的金融業亦進入歐洲市場，特別是倫敦金融市場（City of London），因而單方面的引進許多英美法系的金融法規[41]。

　　隨著資金自由流通，1999年時，執委會實施「金融服務行動計畫」（Financial Services Action Plan）[42]公布許多新的金融法規及歐洲法院判決對於判例法的原則確立，開始積極整合金融服務業市場，因而形成了一個歐洲金融區域（European Financial Area），不僅允許跨國的交易與投資，而且亦可提供跨國金融服務及設立代理、分支機構與子公司[43]。

　　金融服務行動計畫包含了四十二個措施，為了具體施行這些措施，歐

---

[39] 歐盟運作條約第63條第1項規定。

[40] Fabian Amtenbrink: What Role for the European Union in Shaping Global Financial Governance?, in Bart Van Vooren/Steven Blockmanns/Jan Wouters (eds.) (2013), The EU's Role in Global Governance: The Legal Dimensions, Oxford: Oxford University Press, p. 246.

[41] Daniel Mügge (2014), Europe's Role in Global Financial Governance-historical lessons and future outlook, Global Re-ordering: Evolution through European Networks, p. 3.

[42] COM (1999) 232 final.

[43] 關於歐洲金融區域之發展，可參閱John A. Usher (2000), The Law of Money and Financial Services in the EC, 2nd Ed., Oxford: Oxford University Press.

洲議會與理事會陸續公布了許多新的金融市場法指令，透過協會會員國金融市場的法律規範，以期使歐洲金融市場更透明、更公平與更有效率[44]，也就是此一多年計畫依照優先順序排定工作進程，以具體的行動計畫加強投資人的權利、改善企業員工與債權人的保護、提高企業的效率與競爭力。

2008年全球金融海嘯爆發，不僅突顯歐盟解決金融危機的能力極有限，同時也突顯欠缺適當的全球金融機制，以處理全球金融海嘯的結果，與阻止在整個金融體制的「野火」蔓延。[45]雖然歐盟已經整合歐洲金融市場，但歐洲中央銀行或其他歐盟的機關都未被授與監督系統風險（systemic risks）的權責，全球金融海嘯顯示歐盟欠缺一個有效率的金融監理體系[46]。

2008年至2014年，在全球金融海嘯時期，由於會員國有不同的處境，使得歐盟在全球金融治理上，亦有不同的立場，例如在巴塞爾銀行監理委員會[47]（Basel Committee on Banking Supervision）與國際證管委員會組織（International Organization of Securities Commissions，簡稱IOSCO），歐盟明顯地以超國家的區域組織積極參與制定新的金融監理標準。[48]換言之，歐盟凝聚全體會員國以「一個聲音」（one voice）參與制定國際金融標準，積極投入全球金融治理。

----

[44] COM (1999) 232 final.

[45] Fabian Amtenbrink: What Role for the European Union in Shaping Global Financial Governance?, in Bart Van Vooren/Steven Blockmanns/Jan Wouters (eds.) (2013), The EU's Role in Global Governance: The Legal Dimensions, Oxford: Oxford University Press, p. 247.

[46] De Larosière Report, 25.02.2009, p. 10.

[47] 巴塞爾銀行監理委員會係由比利時、加拿大、法國、德國、義大利、日本、盧森堡、荷蘭、西班牙、瑞典、瑞士、英國及美國的中央銀行總裁在1975年成立的委員會，宗旨在促進銀行監理事宜的國際合作。

[48] 請參閱Lucia Quaglia (2014), The European Union & Global Financial Regulation, Oxford: Oxford University Press.

貳、歐洲單一金融市場

　　1999年經濟暨貨幣同盟進入第三階段與開始施行金融服務行動計畫，都是促成歐洲金融市場統合與法規整合進入一個新的里程碑，接著建立一個新的金融法規與監理架構。近年來，歐盟愈來愈明顯地積極參與全球治理，全球金融海嘯爆發後，歐盟在全球金融議題上，更是突顯歐洲金融市場的重要性。

　　事實上，隨著資金自由流通原則而逐步完成歐洲單一金融市場，歐盟亦建立一套歐洲金融市場法。也就是歐洲單一金融市場是由二十八個會員國金融市場組成，必須遵守歐盟單一手冊內的共同、整合的法規，已經形成一套歐洲金融市場法，這些金融市場法促進自由的跨國金融活動。單一手冊是銀行聯盟的基礎，由許多的法規組成，例如銀行資本適足要件，以確保更佳的保障存款人，以及規範銀行失靈的防止與管理。

一、單一金融監理體系

　　在全球金融海嘯時，自2011年1月1日起，歐盟建置了新的單一金融監理機關，以支援在單一金融市場的穩定。歐洲單一金融監理機制為歐盟新的超國家行政結構，以支援歐盟單一金融市場的治理，此一單一金融監理機制包括三個獨立的歐洲金融監理局[49]，即位於倫敦的歐洲銀行監理局（European Banking Authority）、位於法蘭克福的歐洲保險業暨企業退休金基金監理局（European Insurance and Occupational Pensions Authority）與位於巴黎的歐洲有價證券暨市場監理局（European Securities and Markets Authority）。總而言之，歐洲單一金融監理體系由執委會與會員國監理機關形成一個真正的多層級的金融監理制度，三個獨立的歐洲金融監理機關是上層的監理機關，應致力於維護會員國的共同利益，而與會員國的監理機關、執委會與歐洲系統風險委員會（European Systemic Risk Board）形

---

[49] Walter Frenz/Christian Ehlenz, Rechtsangleichung über Art. 114 AEUV und Grenzen gemäß Art. 5 EUV nach Lissabon, EuZW 2011, S. 623.

成一個結合的監理網絡[50]。雖然歐洲單一金融監理機關主要的作用為支援歐盟單一金融市場的穩定與效率，但亦授權三個金融監理機關與國際機構的合作，例如2010年第1093號設立歐洲銀行監理機關（即歐洲銀行監理局）規章[51]第33條。

2014年第65號指令[52]（即所謂的MiFID II）與2014年第600號規章[53]（即所謂的MiFIR）為歐盟最主要的金融市場規範措施，這兩個法規授權歐洲有價證券暨市場監理局在其職權範圍內應進行國際合作與協調，特別是在歐盟金融體系相關的監理合作與協調，包括在會員國主管機關與第三國主管機關間促進資訊交流與合作協定。以參與IOSCO為例，歐洲有價證券暨市場監理局為列席成員，但實際上卻在IOSCO的協調金融監理亦獲得相當的可信度與發揮相當的影響力，在全球金融海嘯後，金融穩定委員會要求IOSCO應進行同儕檢討（peer review）[54]，因此歐洲有價證券暨市場監理局在IOSCO亦加強其在全球金融治理的影響力[55]。總而言之，歐盟（常常是由歐洲中央銀行代表歐盟）為了自身的利益與保護全體會員國的利益，無形中強化了國際金融標準的能力。

在歐盟的金融治理中，三個歐洲金融監理機關為新的行政機關，但在複雜的組織架構運作與層次結構的陰影[56]（shadow of hierarchy）下發展，而這三個歐洲金融監理機關係獨立的管制機關，設立三個歐洲金融

---

50 Michael Röttingen-Christina Lang, Das Lamfalussy-Verfahren im Umfeld der Neuordnung der europäischen Finanzaufsichtsstrukturen: Entwicklung und Ablauf, EuZW 2012, S. 9.

51 OJ 2010 L 331/12.

52 OJ 2014 L 173/349.

53 OJ 2014 L 173/84.

54 International Organization of Securities Commissions, Peer Review of Implementation of Incentive Alignment Recommendations for Securitization, 2014, www.iosco.org/library/pubdocs/pdf/IOSCOPD504.pdf., last visited 12/15/2015.

55 Pierre-Henri Conac, The European Union's Role in International Economic Fora, Paper 6: IOSCO., Report prepared for the European Parliament, www.europal.europa.eu/RegData/etudes/STUD/2015/542195/IPOL_STU(2015)542195_EN.pdf., last visited 12/15/2015.

56 Adrienne Heritier/Dirk Lehmkuhl (2008), Introduction: The Shadow of Hierarchy and New Modes of Governance, Journal of Public Policy Vol. 28, No. 1, pp. 1-17.

監理機關的法律依據為歐盟運作條約第114條，依據歐洲法院之見解[57]，這三個歐洲金融監理機關僅有特別的權力，也就是僅限於金融監理權[58]（supervisory powers）；針對經濟暨貨幣同盟事務，歐洲銀行監理局仍必須在銀行聯盟（Banking Union）的範圍內受歐洲中央銀行的監督。

二、銀行聯盟

（一）銀行聯盟之形成背景

隨著資金自由流通與邁向啟用單一貨幣，自1990年代開始，歐盟亦逐步整合銀行法規，但由於會員國不同的法制與銀行監理體系，使得歐盟無法成功的建構歐洲銀行監理架構。2000年起，由於一些銀行集團的跨國併購，例如Santander Group[59]買下Abbey National[60]、Uni Credit[61]併購HypoVereinsbank[62]、BNP Parisbas[63]併購Banca Nazionale del Lavoro[64]，再度引起各界關注整合銀行政策；2004年時，執委會公布第5號決定[65]，成立了歐洲銀行監管機關委員會（Committee of European Banking Supervisors），

---

[57] Case C-270/12, UK v. Council and Parliament, 2014 ECR.

[58] Case 9/56, Meroni v. High Authority, 1957/1958 ECR 133.

[59] Santander Group為西班牙的銀行集團，2000年起大舉併購歐洲、拉丁美洲、北美洲、與亞洲的銀行，亦為歐洲股市（Euro Stoxx 50）的上市公司。2016年5月為「富比世全球2000」（Forbes Global 2000）名列全球第37大的上市公司。

[60] Abbey National原為英國的銀行，2004年11月被西班牙的Santander Group收購，成為Santander Group 100%的子公司。

[61] Uni Credit為義大利的金融控股公司，亦為歐洲股市指數（Euro Stoxx 50）的上市公司，總部位於羅馬，核心市場在義大利、奧地利、俄羅斯、德國南部與保加利亞。

[62] HypoVereinsbank原為德國第四大銀行，總部位於慕尼黑，2005年時被義大利的Uni Credit集團併購，而成為Uni Credit的子公司。

[63] BNP Parisbas為法國的國際金融集團，亦為歐洲股市指數（Euro Stoxx 50）的上市公司，2016年為歐元區第二大的銀行，全球排名第八大銀行。BNP Parisbas主要的經營市場在法國、比利時、義大利與盧森堡。

[64] Banca Nazionale del Lavoro為一家義大利的銀行，總部位於羅馬，是義大利第六大銀行，2006年起成為BNP Parisbas的子公司。

[65] Decision 2004/5/EC, OJ 2004 L 3/28.

作為歐盟針對銀行監理的獨立諮詢小組；2009年1月時，修訂其章程，歐洲銀行監管機關委員會由會員國的銀行監管機關與中央銀行代表組成[66]，歐洲銀行監管機關委員會為2011年設立的歐洲銀行監理局（European Banking Authority）的前身。

　　歐債危機亦重創單一金融市場的穩健發展，執委會體認到只有改革歐盟的金融架構法規是不夠的，還必須致力於在經濟暨貨幣同盟內的金融穩定，尤其是必須採取追蹤在歐元區[67]內特別風險的步驟，雖然會員國的監理機關相互協調，但只有協調是不夠的，特別是在歐元區更需要有共同的決策機制、加強金融業的單一市場與歐元區的貨幣政策有效率的運用到實體經濟。也就是應在各會員國層級，在銀行與各會員國政府間建立一個雙向連結，一方面由會員國政府提供給其國內銀行財務上的支援，另一方面銀行對於主權債務的曝險普遍偏高[68]。因此，執委會呼籲應在銀行領域建立一個銀行聯盟，以作為經濟暨財政統合長期願景的一部分[69]。

　　2010年至2013年接續全球金融海嘯引發的歐債危機，銀行信用狀況惡化，特別是2011年中期歐元區大型會員國（德國、法國、英國、義大利、西班牙）的金融穩定也大受影響，亦引起思考銀行政策的獨立性。2012年4月17日，國際貨幣基金（International Monetary Fund，簡稱IMF）的總裁拉加德（Christine Lagarde）再度呼籲歐元貨幣同盟應有更穩固的金融整合，並建議歐元區應有單一的監理（unified supervision）、單一銀行清算機關（single bank resolution authority）與單一存款保險基金（single deposit insurance fund）[70]。2012年4月25日，歐洲中央銀行總裁德拉吉（Mario

---

66　Commission Decision 2009/78/EC, OJ 2009 L 25/23.

67　歐元已經成為全球第二大的儲備貨幣。目前使用歐元的國家有荷蘭、比利時、盧森堡、德國、法國、義大利、西班牙、葡萄牙、奧地利、芬蘭、愛爾蘭、希臘、賽浦路斯、馬爾它、斯洛維尼亞、斯洛伐克、愛沙尼亞、拉脫維亞，立陶宛亦於2015年1月1日使用歐元，共有十九個會員國使用歐元，統稱為歐元區（Euro Area）。

68　Angelo Baglioni (2016), The European Banking Union, London: palgrave macmillan, p. 2.

69　European Commission: A Roadmap towards a Banking Union, COM (2012) 510 final, p. 3.

70　International Monetary Fund, IMF/CEP Policy Roundtable on the Future of Financial Regulation: Opening Remarks by Christine Lagarde, 17. April 2012.

Draghi）在歐洲議會的經濟暨貨幣事務委員會（Committee on Economic and Monetary Affairs）演講時，回應拉加德的呼籲，表明確保經濟暨貨幣同盟[71]發揮良好的作用，涵蓋在歐盟層級加強銀行監理與解散清算，建議應更進一步整合歐洲銀行監理[72]。

2012年6月26日，當時的歐洲高峰會議主席Herman van Rompuy亦要求在歐元區更深化的統合，並建議在下列四個領域應進行改革[73]：

1.由歐洲穩定機制[74]（European Stability Mechanism）建立一個銀行聯盟，涵蓋一個共同的金融監理機關、共同的銀行清算制度與存款保證基金。

2.建立一個財政聯盟（fiscal union），嚴格的監督歐元區國家的財政預算、以及中期應發行歐元債券（eurobonds）。

3.更加整合的經濟政策。

4.加強民主的正當性與負責任，也就是應授與歐洲聯盟一個對金融事務的監督職權與政治同盟的職權。

為回應歐債危機所造成的經濟衰退，歐盟提出銀行聯盟的新作法，也是目前重要的金融政策，以期確保穩定銀行業的經營與穩定歐盟及其全體會員國的金融體系。為落實銀行聯盟，歐盟陸續公布許多的法規，以整合銀行業在歐洲單一市場的經營環境。執委會體認到只有改革歐盟的金融架

----

71 經濟暨貨幣同盟主要的要素，為協調會員國的經濟政策、實施單一貨幣、與建立歐洲中央銀行制度。自1999年1月1日起，位於德國法蘭克福的歐洲中央銀行開始肩負起制定歐元區（Euro Area）貨幣政策的任務。創立歐元區與設立一個新的超國家組織——歐洲中央銀行，經濟暨貨幣同盟使得歐洲統合邁向一個新的里程碑。

72 European Central Bank, Hearing at the Committee on Economic and Monetary Affairs of the European Parliament: Introductory statement by Mario Draghi, 25. April 2012.

73 Herman van Rompuy (2012), Towards a Genuine Economic and Monetary Union (pdf), last visited 07/06/2012.

74 歐洲穩定機制為一個政府間的組織，位於盧森堡，所有的歐元國簽署一個特別的歐洲穩定機制政府間條約，2012年9月27日開始運作，而成為歐元區永久的「防火牆」（firewall），對於歐元區會員國財政困難時，予以防衛與提供立即的財政援助計畫，最多給予5,000億歐元的貸款。

構法規是不夠的，還必須致力於在經濟暨貨幣同盟內的金融穩定，尤其是必須採取追蹤在歐元區內特別風險的步驟，雖然會員國的監理機關相互協調，但只有協調是不夠的，特別是在歐元區更需要有共同的決策機制、加強金融業的單一市場與歐元區的貨幣政策有效率的運用到實體經濟。因此，執委會呼籲應在銀行領域建立一個銀行聯盟，以作為經濟暨財政統合長期願景的一部分[75]。

在歐盟層級建立單一的銀行監理、共同的存款保證制度、整合銀行的危機管理都是銀行聯盟重要的步驟[76]。2012年6月26日，理事會、執委會、歐元集團與歐洲中央銀行都認可這個願景，而確立銀行聯盟的三大支柱[77]。2012年6月29日，歐元區高峰會議並確認成立銀行聯盟[78]，即應在歐洲中央銀行的權責下，建立單一監理機制，在單一監理機制有效建立後，應在歐洲穩定機制下，亦建立直接的銀行再資本化。2012年10月18日、19日，歐洲高峰會議決議實現經濟暨貨幣同盟結論[79]，也就是要邁向一個真正的經濟暨貨幣同盟[80]。

全球金融海嘯爆發後，亦引發歐元區的債務危機，由於歐元區國家的相互依賴，因此更需要有一個更深化統合的銀行體系，這也是執委會建立銀行聯盟路徑（Roadmap towards a Banking Union）[81] 的理由，理事會與歐洲議會亦同意針對銀行建立一個單一監理機制與單一清算機制。2012年12月時，歐洲高峰會議宣布成立單一清算機制，銀行聯盟因而成為現階段最主要的結構政策（structural policy），並為回應歐元區債券危機最重要的政策[82]。

75　European Commission: A Roadmap towards a Banking Union, COM (2012) 510 final, p. 3.

76　Angelo Baglioni (2016), op.cit., p. 2.

77　http://www.consilium.europa.eu/uedocs/cms_data/pressdata/en/ec/131201.pdf.

78　http://www.consilium.europa.eu/uedocs/cms_data/pressdata/en/ec/131359.pdf.

79　http://www.consilium.europa.eu/uedocs/cms_data/pressdata/en/ec/132992.pdf.

80　http://www.consilium.europa.eu/uedocs/cms_data/pressdata/en/ec/132881.pdf.

81　European Commission: A Roadmap towards a Banking Union, COM (2012) 510 final.

82　European Central Bank (2012), Hearing at the Committee on Economic and Monetary Affairs of the European Parliament: Introductory statement by Mario Draghi, 9. October 2012.

　　為回應2008年全球金融海嘯的衝擊，隨著全球化的趨勢，執委會進行許多的金融改革，以建立單一市場更安全與更穩固的金融業，這些改革措施包括對銀行業更嚴格的審查要件、改善存款保障及管理失靈銀行、在全歐盟二十八個會員國內對全體金融業者建立一個單一手冊（single rulebook），因此單一手冊為銀行聯盟的根基[83]。也就是為了達成銀行聯盟的目標，歐盟公布了單一手冊具體規範金融監理事務，統一適用於全體會員國[84]，對於會員國的監理機關與金融機構是事實上有拘束力的準繩與建議[85]。

　　2012年時，歐盟陸續公布許多規章，即所謂的歐洲市場基礎設施規章[86]（European Market Infrastructure Regulation）、2013年7月另類投資基金經理人指令[87]（Alternative Investment Fund Managers Directive）生效，這些法規主要要加強在歐盟境內經營的外國金融企業，以防止規避在所在國監理機關的監理。2009年美國通過Dodd-Frank法，以改革華爾街的金融監理與加強金融消費保護，強調監督系統風險與加強監督信貸評等機構（credit rating agencies）。美國的金融監理改革也激發歐盟更進一步的金融改革，在2018年時要完全發展成一個歐洲銀行聯盟（European Banking

---

[83]　http://ec.europa.eu/finance/general-policy/banking-union/index_en.htm, last visited 08/09/2016.

[84]　European Banking Authority, The Single Rulebook, 2014; Council of the European Union, Policies-Economic and Financial Affairs-Banking Union-Single Rulebook, 2014; European Commission, A comprehensive EU response to the financial crisis: substantial progress towards a strong financial framework for Europe and a banking union for the eurozone, 2014; Elke Gurlit, The ECB's relationship to the EBA, EuZW Beilage 1, 2014, S. 16.

[85]　2010年第1093號規章、第1094號規章與第1095號規章第16條規定。

[86]　歐洲市場基礎設施規章主要在規範OTC衍生性商品、避險基金（hedge-funds）等。

[87]　即2011年第61號指令，OJ 2011 L 174/1-73. 在全球金融海嘯爆發前，私募股票（private equity）、不動產基金（real estate funds）等其他類型的投資標的，並無法律規範，因此有必要在歐盟層級規範另類投資基金經理人的資訊揭露，以確保會員國主管機關、歐洲有價證券暨市場監理局（European Securities and Markets Authority）與歐洲系統風險理事會（European Systemic Risk Board）所需要的資訊以監督在歐盟內的金融體系，同時亦達到保護投資人之目的。

Union）。2010年時，銀行聯盟已經完成初步的階段，而建立一個雙層的金融監理制度，即

1.上層由歐洲系統風險理事會與歐洲中央銀行組成；

2.下層則由全體會員國的金融監理機關與三個歐洲金融監理局組成一個網絡，由一個分散的監理結構結合成一個跨領域的監理結構。

2012年6月29日在布魯塞爾舉行的歐元區高峰會議決議歐元區會員國彼此應互相支援，除了要防止主權債務的惡化外，同時要對銀行建立一個單一監理機制[88]（Single Supervisory Mechanism）與歐洲穩定機制（European Stability Mechanism），即為所謂的銀行聯盟。銀行聯盟聚焦在打破歐元區銀行失靈與主權債務的連結，提供一個穩定的平台，以支援在全體會員國發展一個資本市場聯盟（Capital Markets Union）；同樣的，完整與良好的資本市場有助於提高經濟暨貨幣同盟的抗壓性[89]。

2013年10月通過建立單一監理機制規章，2014年6月通過銀行重整暨解散清算指令，2014年7月通過單一清算機制規章，最後在2014年6月確定會員國存款保證制度新的要件，2015年11月時，執委會提出設立歐洲存款保險制度規章草案。這些法律規定形成歐盟金融監理新的法律架構，而形塑一個銀行聯盟。

銀行聯盟最重要的目標就是要重建金融市場對於銀行與主權債務的信心、穩定會員國的金融體系與改革破碎的歐洲金融市場，同時銀行聯盟亦要明確的移轉會員國的職權給歐盟。歐盟決定要建立銀行聯盟是經濟治理（economic governance）的重大發展，亦使歐洲統合又向前邁進了一大步，也就是邁向一個真正的經濟暨貨幣同盟[90]。銀行聯盟是經濟暨貨幣同盟的關鍵，亦是達成財政聯盟（Financial Union）目標之根本，同時可以

---

88 也就是由歐洲中央銀行負責，在上層對銀行實施單一監理機制，歐洲中央銀行直接負責約140家大型銀行與間接負責在歐元區所有6,000家小型銀行的監理，並由歐洲中央銀行與會員國監理機關合作。

89 COM (2015) 63 final., p. 5.

90 David Howarth/Lucia Quagalia (eds.) (2016), The Political Economy of European Banking Union, Oxford: Oxford University Press, p. 2.

達成保障歐元的完整與提高在私部門的風險分擔,在2017年中旬完成銀行聯盟。

(二)銀行聯盟與單一市場之關聯

金融業單一市場係依據確保銀行與其他金融機構在歐盟運作條約規範下享有自由設立營業所與自由提供服務,在全歐盟內遵守同等規則與適當監理的共同規則。建立銀行聯盟並不是協調單一市場的統一與完整,而是銀行聯盟取決於應完成單一市場的規範改革,即擬定單一手冊。單一市場與銀行聯盟必須相互加強,執委會在2012年底前持續加強單一市場,特別是在關於銀行聯盟的三個特別領域[91],即:

1. 更嚴格的銀行審慎要件,即第四個銀行資本適足要件(capital requirement),以施行新的銀行資本與清償能力的全球標準,因此應建立一個單一監理機制;

2. 整合與簡化存款保證制度,更快速的償付存款與成立一個存款保證基金以改善償付;

3. 對於有危機的銀行提出重整與清算的工具,以加強歐洲銀行業與避免任何可能的金融危機外溢效果對存款人與納稅人造成負面效果,而為確保金融穩定,執委會將起草共同的規則與職權架構,有助於協助會員國防止銀行出現危機,並藉由建立由銀行事前出資成立的清算基金,以更有效率的管理銀行的危機。單一手冊應穩定與整合歐盟在金融業的單一市場,以邁向銀行聯盟,而無肢解單一市場的風險。因此,銀行聯盟最重要的就是要改革資本適足要件、建立存款保證制度與規範銀行解散清算[92]。

在實現銀行聯盟上,歐洲銀行監理局(European Banking Authority)在建立共同法律架構及監理機制上,扮演一個非常重要的角色。為避免歐元區與非歐元區間的差異,單一手冊應有一個一致的監理實踐,因此歐洲

銀行監理局應發展一套單一監理手冊以補充單一手冊[93]。

　　由於歐元國的國家元首及政府首長均認為位於倫敦的歐洲銀行監理局並無法適切處理歐元區的銀行監理，有趣的是英國並未參與歐洲穩定機制，英國不使用歐元，但2011年歐洲銀行監理局設立於英國倫敦，同時歐元國並主張歐洲法院在Meroni案[94]判決的見解，廣泛的決策權與歐洲銀行監理局應受歐盟法之限制，因此最後決議在歐洲中央銀行建構單一監理機制，畢竟歐洲中央銀行負責歐元區內的銀行監理，依據歐洲聯盟運作條約第127條第6項之規定，依據特別的立法程序，且在歐洲議會與歐洲中央銀行的聽證後，理事會得以一致決議，以規章移轉和監督銀行業與其他金融機構的特別任務給歐洲中央銀行，但不包括保險公司在內。歐洲中央銀行為歐盟機關之一[95]，加強歐洲單一金融監理具有統合及單一市場重要的政策意義[96]。

　　歐洲單一手冊是銀行聯盟的要素[97]，適用於全體會員國，主要為三個領域的法規：

1. 2013年第36號資本適足指令[98]與2013年第575號資本適足規章[99]，即在施行第三個巴塞爾銀行資本適足協議（Basel III）；
2. 2014年第49號存款保證制度指令[100]（Deposit Guarantee Scheme Directive），規範存款保險，以因應銀行無法清償其債務的情形，而給予存款人應有的保障；
3. 2014年第59號銀行重整與解散清算指令（Bank Recovery and Resolution Directive），目的在於對金融機構與投資公司陷入財務危

93　COM (2012) 510 final., p. 5.

94　Rs. 9/56, Meroni, Slg. 1958, S. 7.

95　歐洲聯盟條約第13條規定。

96　Christoph Ohler (2015), aa.O., S. 139.

97　David Howarth/Lucia Quagalia (eds.) (2016), op. cit., p. 2.

98　OJ 2013 L 176/338-436.

99　OJ 2013 L 176/1-337.

100 OJ 2014 L 173/149-178.

　　機時，建立一個重整與清算的架構。

（三）銀行聯盟之內容

　　銀行聯盟的三根支柱為單一監理機制、單一清算機制與歐洲存款保險制度，分述如下：

1.單一監理機制

　　完成銀行聯盟必須建立一個單一監理機制、共同的存款保證制度與整合危機管理架構，建立單一監理機制是最重要的第一步[101]。2012年9月，執委會提案建立單一監理機制；2013年3月19日，歐洲議會與理事會決議通過單一監理機制的特別監理工作；2013年10月15日，歐盟公布第1024號單一監理機制規章[102]，以改善在歐洲單一市場內的金融穩定[103]。

　　基本上，單一監理機制規章是一個在會員國與歐盟機關間的政治妥協，而在歐洲中央銀行建構一個統一與直接的監理架構[104]。也就是在單一監理機制下，歐洲中央銀行負責在銀行聯盟內所有銀行的監理，在單一市場內適用單一手冊，在2014年1月1日後，所有歐元區的銀行就會在歐洲監理機制的架構下接受監理[105]。2014年11月4日，歐洲中央銀行開始其監督角色，也就是單一監理機制授權歐洲中央銀行監理機關的角色，以監理參與歐洲金融穩定機制會員國內銀行施行單一手冊與金融穩定。

　　並非所有會員國均參與單一監理機制，但所有歐元區的十九個會員國均自動適用單一監理機制，由於歐盟條約與歐盟運作條約僅授權歐洲中央銀行負責歐元區的貨幣政策，法律上歐洲中央銀行並無法在非歐元區施行貨幣政策的措施，但單一監理機制允許非歐元區會員國得與歐洲中央銀行簽署緊密合作協議（close cooperation agreement）而加入單一監理機

------

[101] COM (2012) 510 final., p. 6.

[102] OJ 2013 L 287/63-89.

[103] 2013年第1024號規章第1條第1項規定。

[104] Christoph Ohler (2015), aa.O., S. 139.

[105] COM (2012) 510 final., p. 7.

制，亦使其國內的銀行受歐洲中央銀行的監理，任何一方均得終止緊密合作協議，參與單一監理機制的非歐元國在歐洲中央銀行的監理委員會（Supervisory Board）亦享有一席。所有參與單一監理機制會員國的銀行均納入歐洲中央銀行的監理架構下，亦促進與會員國監理機關的合作。單一監理機制與單一清算機制的地域適用範圍主要是參與的會員國範圍[106]，也就是歐元國與非歐元國有一個緊密的合作，一旦非歐元國進入這種合作關係，即進入單一監理機制與單一清算機制[107]。

在單一監理機制下，歐洲中央銀行應進行特別的監理工作，包括對金融機構行壓力測試（stress test），以確保發現威脅銀行的風險，並要求該銀行應採取必要的救濟行動，尤其歐洲中央銀行應負責監督金融機構遵循最低的資本適足要件，足以解決其所面臨的風險，同時亦應負責監督金融控股公司，而對於有問題的銀行，歐洲中央銀行將及早採取干預措施，以防止系統風險產生[108]。若銀行陷入清償危機時，則由單一清算機制負責後續的清算事宜。

在單一監理機制中，涵蓋會員國的監理機關，應確保平順及有效率地準備與執行監理決策，同時應在會員國層級與歐盟層級進行必要協調與資訊交流，以期確保在全歐盟與全體會員國內的金融穩定[109]。至於消費者保護、防制洗錢、來自第三國金融機構分支機構之設立與在國內提供跨國的金融服務，仍屬於會員國監理機關之權責[110]。

由於單一監理機制規章並不是一個完整的法律制度，尚需由歐洲中央銀行公布許多法律措施，以作為補充。2014年4月16日，歐洲中央銀行公布第468號在單一監理機制內在歐洲中央銀行、會員國監理機關與會員國指定的機關合作下建立一個綱要架構，即所謂的單一監理機制綱要規章

---

106 2013年第1024號規章第4條第1項規定與2014年第806號規章第4條第1項規定。

107 Paul Weismann (2016), European Agencies and Risk Governance in EU Financial Market Law, London and New York: Routledge, pp. 182-188.

108 COM (2012) 510 final., p. 7.

109 COM (2012) 510 final., p. 7.

110 COM (2012) 510 final., p. 7.

（SSM-Framework Regulation）[111]，主要內容為界定重要的與較不重要的
金融機構、歐洲中央銀行與會員國主管機關間的合作、歐洲中央銀行行政
程序的一般規定。

　　2014年5月14日，歐洲中央銀行與非歐元國簽署「移轉暨相互撥款
給單一清算基金協議」（Agreement on the transfer and mutualisation of
contributions to the Single Resolution Fund），此一協議為由二十六個會員
國簽署的政府間協議（Intergovernmental Agreement）（瑞典與英國並未
簽署），依規定批准國家需有單一監理機制與單一清算機制表決權達90%
時，此一協議才生效施行。2015年11月30日時，批准達90%的門檻，自
2016年1月1日起，單一監理機制與單一清算機制生效施行。

2.單一清算機制

　　全球金融海嘯嚴重衝擊銀行業，也造成銀行「大到倒不了」（too-
big-to-fail）與「大到救不了」（too-big-to-save），因此更應在銀行聯盟內
加強監理，以使銀行經營更穩健，這也是執委會強調銀行聯盟應包含一個
更集中的銀行危機管理，因此應有一個清算銀行和保證消費者存款的共同
機制[112]，這也就是單一清算機制就是要管理銀行解散清算與在銀行聯盟內
協調適用銀行清算工具，以期更有效率的解決跨國的銀行解散、重整與清
算金融機構[113]，更快速與更值得信賴地解決銀行危機。因此，單一清算機
制是建立單一監理機制的補充機制[114]。2014年3月20日，歐洲議會與理事
會決議通過第806號單一清算機制規章[115]，向完成銀行聯盟邁進一大步，
並在2014年8月19日生效施行。

　　為實現銀行聯盟第一步的單一監理機制，自2016年1月1日起，成立單

---

[111] OJ 2014 L 141/1.

[112] http://ec.europa.eu/europe2020/banking-union/index_en.htm., last visited 2016/12/15.

[113] 2014年第59號銀行重整暨解散指令（Bank Recovery and Resolution Directive）OJ 2014 L
　　173/190，金融機構係指所有的銀行與證券公司，銀行重整暨解散指令目標就是建置金
　　融機構與投資銀行陷入經營危機重整暨解散清算的架構。

[114] COM (2012) 510 final., p. 9.

[115] OJ 2014 L 225/1.

一清算理事會（Single Resolution Board），以負責由歐洲中央銀行直接監理歐元區銀行解散的業務。歐洲中央銀行與會員國的主管機關依據歐洲單一手冊進行銀行監理，這些規則不僅適用於歐元區的金融機構，並且適用於全歐盟境內的金融機構[116]。

　　單一清算機制主要為施行銀行重整暨解散指令的共同手冊，並成立一個統一的清算基金（Single Resolution Fund），隸屬於單一清算理事會，以提供金融機構重整所需的經費。在單一清算機制下，運用不同的工具，使經營不善的銀行進行重整，這些工具包括由單一清算基金提供的紓困基金[117]（bailout funds）協助減緩受歐債衝擊陷入經營困境的銀行；單一清算機制亦會處理無力繼續經營銀行的清算事宜，由單一清算委員會直接負責由歐洲中央銀行監理的大型銀行之解散清算，小型銀行的解散清算仍由會員國的主管機關負責。執委會在2016年公布第451號授權規章[118]，新設立歐洲清算局，位於布魯塞爾，負責與系統相關金融機構的清算與重整，並由金融機構提撥特別費用設立「清算基金」（Resolution Fund）。

3.歐洲存款保險制度

　　銀行聯盟適用於歐元區國家，但非歐元區國家亦得加入銀行聯盟。另外，對於歐元區建立共同的存款保證制度，以作為銀行聯盟的第三根支柱[119]，2014年4月公布第49號存款保證制度指令[120]，以加強在會員國的存款保證制度，全體會員國應在2015年7月3日前完成轉換立法的工作。

　　為全面實現銀行聯盟，在2015年11月時，執委會提出歐洲存款保險制度（European Deposit Insurance Scheme）草案，以便提供一個更強與更一

---

[116] Danny Busch/Guido Ferrarini (eds.) (2016), European Banking Union, Oxford: Oxford University Press, p. 4.

[117] 依據2014年第806號規章第69條第1項規定，紓困基金係由參與單一監理機制國家的所有金融機構以期存款的1%提撥成立，估計約有550億歐元。

[118] OJ 2016 L 79/2-9.

[119] COM (2012) 510 final., p. 6.

[120] OJ 2014 L 173/149.

致的保險程度以涵蓋在銀行聯盟的所有個人的存款戶[121]。歐洲存款保險制度適用於在歐元區所有銀行10萬歐元以下的存款，若一家銀行破產或解散時，應返還所有存款或將這些存款戶移轉給其他銀行，會員國的存款保證制度（deposit guarantee schemes）與歐洲存款保險制度將進一步干預，以便歐洲存款保險制度完全保障這些存款，同時歐洲存款保險制度與會員國的存款保證制度建立一個緊密合作；若會員國的存款保證制度仍無法平息群眾的擠兌恐慌時，歐洲存款保險制度的目的就是要以銀行聯盟確保存款的平等保障，而不問存款是在哪　個會員國內[122]，除歐洲存款保險制度外，執委會承諾持續降低風險、確保在銀行業平順的經營環境、與更進一步限制銀行與納稅人錢包間的連結。

　　歐洲存款保險制度最主要的目標為：

(1)在會員國存款保證制度無法充分處理大的銀行擠兌時，提供額外的財源；

(2)確保會員國的存款保證制度可以不依賴期政府的財政支援，可以防止危及政府的財政；

(3)在銀行聯盟內，提供給所有的銀行一個平順的經營環境，增加存款人的信心與經濟上更有效率。

---

[121] http://ec.europa.eu/finance/general-policy/banking-union/index_en.htm., last visited 08/09/2016.

[122] http://ec.europa.eu/finance/general-policy/banking-union/index_en.htm., last visited 08/09/2016.

第三篇

個別的共同政策

第七章　競爭政策

第一節　通　論

　　歐洲聯盟運作條約欲建立一個以市場經濟（marktwirtschaftlich）為導向的制度，因此除了建立共同市場的規範外，尚必須在共同市場內規範防止扭曲競爭的制度，因而應禁止經濟主體（Träger der Wirtschaft，包括自然人與法人）從事妨礙建立共同市場扭曲競爭或阻礙競爭的行為。競爭法規可視為歐洲聯盟的經濟憲法（Wirtschaftsverfassung），其功能亦為實現平等與自由的憲法上的基本價值（verfassungsrechtliche Grundwerte）[1]。申言之，歐洲聯盟運作條約一方面明文規定，在共同市場內應致力於消除對會員國間貿易的經濟障礙，以期達成在歐洲聯盟內商品自由流通之目標；另一方面，在歐洲聯盟運作條約又規定競爭政策，以建立一個公平競爭的制度，保障參與經濟活動的私人企業。

壹、競爭的概念

　　競爭政策（Wettbewerbspolitik; Competition Policy）為歐洲聯盟最重要的政策之一，而由歐盟機關詳細地規定並執行競爭政策。在單一市場內若無有效的競爭保護制度，就無法完全實現自由的單一市場，而有效的競爭保護制度必須跨越會員國的邊界，延伸至全部的歐洲聯盟領域，也只有在符合此一前提要件下，才能在歐洲聯盟內建立一個防止扭曲競爭的制度[2]。

　　歐洲聯盟運作條約中的競爭概念，不僅包括得限制市場參與者自由

1　參閱Schweitzer/Hummer: Europarecht, 4. Auflage, Frankfurt a.M. 1993, S. 318.

2　參閱P. M. Schmidhuber, Die europäische Fusionskontrolle und ihr Verhältnis zum nationalen Recht, in Wettbewerbspolitik an der Schwelle zum europäischen Binnenmarkt, Köln 1989, S. 95.

行為的事實，而且還包括以不公平手段的行為方式[3]。競爭（Wettbewerb; Competition）是一個多層的概念，係指經濟政策的規範原則、法律規定的制度、對於選擇特定的產品或勞務在市場上的狀況、個人的行為過程（即獨立自主企業間的對抗）等[4]。

自1958年歐洲經濟共同體條約生效時起，在當時歐洲共同體會員國的全部領域內即致力於自由市場（freier Markt），而主張以自由主義對抗國家的監督主義（Liberalismus gegen staatlichen Dirigismus），國家的措施有可能損害自由的商品與勞務交易，相同的供應者在自由的意圖下，亦有可能妨礙機會均等的跨國交易，故歐盟法必須預防妨礙自由競爭（freier Wettbewerb）的情形，而為達到保護自由競爭之目的，需要許多的措施、監督與必要的規定，因此歐洲聯盟亦將跨越國界對於妨礙自由競爭之保護，納入自己的義務範圍內，僅在一會員國內造成妨礙自由競爭的行為，仍由會員國管轄，而執委會的競爭總署（Generaldirektion Wettbewerb）為在此一領域享有直接職權的行政機關[5]。

競爭在市場結合（Marktintegration）上扮演著重要的角色[6]，歐洲聯盟運作條約第101條的禁止卡特爾規定為確保無扭曲競爭制度的一部分[7]，此一規定的任務係作為歐洲聯盟運作條約第36條以下，防止會員國的貿易障礙措施阻礙在共同市場內自由貿易的補充規定（Komplementärvorschrift）[8]，因此適用歐洲聯盟運作條約第101條的卡特爾禁止規定時，亦必須考量歐洲統合政策的各種要素[9]。

歐洲法院對於競爭的概念無明確的解釋，但非常強調系爭的限制競

---

3 參閱W. Kilian, Europäisches Wirtschaftsrecht, München 1996, S. 155.

4 參閱Grabitz/Hilf, Kommentar zum EG-Vertrag, 2. Auflage, München 1991, Art. 85 EGV, Rn. 3.

5 參閱W. Hakenberg, Grundzüge des Europäischen Wirtschaftsrechts, München 1994, S. 126.

6 參閱Ebenroth/Hübschle, Gewerbliche Schutzrechte und Marktaufteilung im Binnenmarkt der Europäischen Union, Heidelberg 1994, S. 34.

7 參閱Groeben/Thiesing/Ehlermann, Kommentar zum EWG-Vertrag, 4. Auflage, Baden-Baden 1991, Vorbemerkungen zu Art. 85 EWGV, Rn. 13.

8 參閱A. Bleckmann, Europarecht, 5. Auflage, Köln 1990, S. 337.

9 參閱Ebenroth/Hüschle，前揭書，S. 35。

爭措施在單一市場上所造成影響利益的效果，即值得保護的競爭（schutz-würdiger Wettbewerb），因此在判斷是否存在限制競爭時，必須審查系爭的措施是否造成限制競爭的效果[10]。歐洲法院不斷強調，在全部交易階段中的競爭與所有的競爭形式，均屬於值得保護的競爭，故價格競爭並不優先受保護，因為在許多市場上的其他競爭形式（例如生產競爭或廣告競爭）往往由於其他的條件而使價格居於重要的地位；同樣的在供應競爭與需求競爭間，或在事實上的競爭與潛在的競爭間，亦無必要區別何者較為重要[11]；即歐洲法院認為任何一種競爭形式均是值得保護的，因此對抗水平的限制競爭與對抗垂直的限制競爭是一樣重要的[12]。

　　歐洲法院解釋歐洲聯盟運作條約第101條與第102條中競爭的概念時，亦會考慮當時歐洲共同體條約第2條與第3條所規定的原則和目標，尤其是以第3條第1項第g款「在單一市場內應建立一個防止競爭扭曲的制度」為解釋競爭概念的論據；2009年里斯本條約後，歐洲聯盟條約第3條規定歐洲聯盟之目標。為了要實現共同市場的目標，尤其是要建立單一市場，前提要件就是要維持一個有效的競爭環境，即值得保護的競爭為履行歐洲共同體條約的基本條件與實現欲達成的目標，因此即為所謂的有效競爭（wirksamer Wettbewerb）[13]。歐洲法院的理念係源於真正的競爭為不完全的競爭，即競爭不僅要促進生產力的提高與調整全部的經濟過程，而且還要作為解除壟斷市場者對於其競爭對手社會支配的工具[14]，因此競爭是實現共同市場的方法，歐洲聯盟運作條約所要保護的競爭係不受扭曲的競

10　參閱EuGH Rs. 56/65, LTM/Maschinenbau Ulm, Slg. 1966, S. 304; Rs. 172/80, Züchner, Slg. 1980, S. 2033.

11　參閱EuGH Rs. 61/80, Cöperatieve Stremsel-en Kleurselfabriek, Slg. 1981, S. 867.

12　參閱EuGH Rs. 56/65, LTM/Maschinenbau Ulm, Slg. 1966, S. 302ff; Rs. 56 und 58/64, Consten-Grundig, Slg. 1966, S. 387.

13　參閱EuGH Rs. 26/76, Metro, Slg. 1977, S. 1905ff.

14　參閱EuGH Rs. 32/65, Italien/Rat und Kommission, Slg. 1966, S. 389ff; Rs. 6/72, Continental Can, Slg. 1973, S. 215ff; Rs. 26/76, Metro, Slg. 1977, S. 1875ff; Rs. 85/76, Hoffmann-La Roche, Slg. 1979, S. 461ff; Rs. 22/78, Hugin, Slg. 1979, S. 1869ff; Rs. 136/79, National Panasonic, Slg. 1980, S. 2057.

爭,即公平的競爭[15]。

　　歐洲法院在其歷來的判決均避免採取競爭法規為秩序政策（Ordnungspolitik）的意義,而將市場經濟原則視為對於共同市場功能一般規定的基礎[16],因此從歐洲法院的判決可以作成下列的結論:為確保市場的開放與確保存在競爭,而致力於以市場經濟為導向發展共同市場。值得保護的競爭亦有不同的形式,故歐洲法院在歐盟法的領域發展出所謂的合理原則（Rule of Reason）,一限制競爭措施對於以市場經濟為架構的單一市場之功能造成危險時,即可作為判斷存在限制競爭與否的標準[17]。

　　共同市場競爭秩序發揮功能的前提要件,為保證市場參與者個人的行為自由和決定自由（Handlungs-und Entscheidungsfreiheit）,並且以歐洲聯盟運作條約的競爭法規為依據。歐洲聯盟運作條約最重要的目標為實現共同市場,故競爭之目的,就是要保障競爭自由（Wettbewerbsfreiheit）[18]。歐洲法院認為,企業的自主決定（Selbständigkeit der unternehmerischen Entscheidung）為歐洲聯盟運作條約競爭法的基本思想[19],只有在市場參與者是自主地決定主體參與一般的約定過程時,才能達成競爭的秩序功能[20]。

　　進入市場的自由、締約自由與契約內容形成自由,是產生競爭與實現競爭功能的前提要件,而這些前提要件強制供應者提高其給付,並且為需求者創造選擇給付的可能性,即需求者可自由地選擇其締約對象[21]。歐洲聯盟運作條約第101條中的競爭概念,原則上並不區別妨礙給付或提高給付的約定或行為方式;依據歐洲聯盟運作條約第101條第1項之規定,原則上禁止以提高生產為目的之限制競爭,但得依據歐洲聯盟運作條約第101條

15　參閱Groeben/Thiesing/Ehlermann,前揭書,Art. 85 EWGV, Rn. 78。

16　參閱EuGH Rs. 276/80, Padana, Slg. 1982, S. 517ff.

17　參閱V. Emmerich, Kartellrecht, 7. Auflage, München 1994, S. 530.

18　參閱Grabitz/Hilf,前揭書,vor Art. 85 EGV, Rn. 4。

19　參閱EuGH Rs. 40/73, Suiker, Slg. 1975, S. 1663ff; Rs. 172/80, Züchner, Slg. 1981, S. 2012ff.

20　參閱V. Emmerich,前揭書,S. 529。

21　參閱Grabitz/Hilf,前揭書,vor Art. 85 EGV, Rn. 5。

第3項之規定予以豁免，而成為合法的行為。在此情形，以提高給付作為豁免的要件，具有決定性的意義[22]。

貳、歐洲聯盟運作條約競爭政策之目標

歐洲聯盟條約第3條規定，歐洲聯盟之任務，在於以建立單一市場、建立經濟暨貨幣同盟，促進歐盟內經濟生活的協調與平衡發展、促進穩定的、無通貨膨脹的和符合環境的成長、促進高度集中經濟成果、達成更高的就業水準與高度的社會保護、提高生活狀況與生活水準，並促進會員國間經濟與社會的團結一致。即應建立自由的單一市場，以促使商品和勞務的自由流通、資本自由流通、勞工自由的遷徙與企業得自由設立營業所。

歐洲聯盟運作條約在第101條至第109條明文規定競爭法，以建立一個自己的保護競爭制度，歐洲聯盟的競爭法不僅要防止國民經濟，並且要防止個別企業因約定、濫用市場的優勢地位或國家給予的優惠措施，而受到限制競爭或扭曲競爭的影響，因此歐洲聯盟的競爭規範應保障供貨者在共同市場上的機會均等（Chancengleichheit）[23]。申言之，歐洲聯盟的競爭法對於企業的規定，以防止存在扭曲的競爭，屬於歐洲聯盟經濟組織實質上的原則；國家對於企業的優惠措施或私人企業對於限制競爭的約定或其獨占市場的優勢地位，原則上均不得妨礙會員國間的自由商品流通。另一方面，歐洲聯盟運作條約競爭法的主要目標為保障競爭自由，普遍地防止企業的限制競爭行為和企業濫用其市場上的優勢地位。

1962年第17號卡特爾規章（Kartellverordnung）[24]揭示競爭政策的四大目標，即以對抗限制競爭的卡特爾約定措施而實現與維持共同市場、以阻礙濫用市場獨占的措施而保護消費者與居弱勢的市場參與者、以促進中小

22　參閱EuGH Rs. 56/65, LTM/Maschinenbau Ulm, Slg. 1966, S. 304; Rs. 22/71, Bequelin, Slg. 1971, S. 960; Rs. 99/79, Parfums Lancome, Slg. 1980, S. 2536; Rs. 31/80, L'Oreal, Slg. 1980, S. 3792.

23　參閱H.-J. Ihnen, Grundzüge des Europarechts, München 1995, S. 72.

24　VO (EWG) Nr. 17/62, Amtsblatt der Europäischen Gemeinschaften 1962, Nr. 13/204ff.

企業的有效競爭與合作而達到維持歐洲經濟的競爭能力與水準、監督會員國的補貼以確保歐洲聯盟的利益。於2002年12月16日，理事會公布2003年第1號規章[25]，成為施行歐洲聯盟運作條約第101條與第102條之新規章，即自2004年1月1日起生效施行，並且取代1962年第17號規章。

市場結構的管制亦屬於競爭制度的一部分，即對所有的跨國企業合併實施有系統的管制亦屬於有效競爭保護制度的一部分[26]，但歐洲聯盟運作條約對於企業合併並無明文規定，而歐洲聯盟運作條約第101條與第102條是否得作為企業合併管制適用上的法律依據，頗有疑問。因此當時歐洲共同體依據歐洲共同體條約第83條與第308條之規定，於1989年12月21日公布第4064號企業合併管制規章[27]，並於1990年9月20日生效，以防止因企業的合併而嚴重阻礙在共同市場內有效的競爭，並得由歐洲共同體宣告該企業合併因牴觸共同市場為無效。此一規章已經廢止失效，2004年第139號規章為現行的企業合併管制規章。

參、歐洲聯盟競爭法之體系

歐洲聯盟的競爭法與歐洲聯盟運作條約中其他的規定不同，原則上並非將歐洲聯盟的立法權與會員國的執行權分離，而是將立法權與執行權完全移轉給歐盟機關，即不僅由歐盟機關制定法規，並且由歐盟機關執行法規[28]；執委會負責競爭法規的執行事宜，歐洲法院具體闡明歐洲聯盟運作條約的規定與內容，並因適用個案所形成的案例，已經形成歐洲聯盟競爭法的體系，故執委會對於競爭法概念的解釋與歐洲法院的判決，已經形成歐洲聯盟競爭法的重要法源。

歐洲聯盟的競爭法係特別的領域，自始即與法人和消費者有直接的關

25　Council Regulation, 1/2003, official Journal of the European Communities 2003 L 1/1.

26　參閱P. M. Schmidhuber，前揭文，S. 95。

27　VO (EWG) Nr. 4064/89, Amtsblatt der Europäischen Gemeinschaften 1989 L 395/1ff，此一規章經2004年第139號規章修訂。

28　參閱F. Rittner, Wettbewerbs-und Kartellrecht, 4. Auflage, Heidelberg 1993, S. 154; Schweitzer/Hummer，前揭書，S. 319。

係[29]，基於市場經濟的理論，使企業有自由競爭的環境，進行價格、品質及服務的競爭，而透過增加的競爭，使企業的生存與否由市場決定，同時也使得消費者可以從中獲得利益，特別是歐洲聯盟運作條約第101條與第102條之規定，主要目的為市場開放，即跨越會員國的邊界廢除關稅與限額措施。歐洲聯盟運作條約第101至102條則詳細規定競爭政策，此外，並有許多重要的派生法規。

競爭法（Wettbewerbsrecht; Competition Law）實際上包括：

1.對抗不正競爭法：主要規範公平的競爭，例如合法的廣告、特價銷售與折扣。在關於商品自由流通、勞務自由流通、資金與支付自由流通的規定，例如歐洲聯盟運作條約第34條、第56條、第63條中已經包括這類公平競爭的規範，至於公平的交易依據歐洲法院之見解，屬於歐洲聯盟運作條約第34條強制要件（zwingende Erfordernisse）的規範範圍[30]。

2.禁止限制競爭法：主要規範禁止企業採取無自由競爭的措施，主要形式有卡特爾法、價格約定、企業濫用其市場優勢地位、濫用獨占與對同業的杯葛措施等，主要規定於歐洲聯盟運作條約第101條至第106條。

3.企業合併管制法：針對企業合併或其他形式的企業結合，以防止在特定領域毫無競爭，例如2004年第139號企業合併管制規章。

4.廣義的競爭法還包括智慧財產權保護法，例如專利法、商標法、著作權法、新式樣的保護等，由於在自由市場內對於專利、商標或新式樣的使用必須有授權，實際上已經違反自由競爭的原則[31]。

歐洲聯盟的競爭法主要規定於歐洲聯盟運作條約第101條至第109條、2003年第1號卡特爾規章與2004年第139號企業合併管制規章，而實際上只包括卡特爾法與企業合併管制法；至於不正競爭法卻未加以規定或協調，

29　參閱W. Kilian，前揭書，S. 156。

30　參閱EuGH, Clinique, in Neue Juristische Wochenschrift 1994, S. 1207.

31　參閱W. Hakenberg，前揭書，S. 126f.

至今仍適用歐洲聯盟運作條約第34條阻礙商品自由流通之規定解決不正競爭的問題；近年來，歐洲聯盟在智慧財產權的保護做了許多的協調與努力，在此一範圍同樣的亦適用歐洲聯盟運作條約第34條與第36條解決，因此至今對於智慧財產權的保護仍未成為競爭法規範的對象；但歐洲聯盟的競爭法卻包括監督會員國採取的干預措施所造成的限制競爭，一方面為歐洲聯盟運作條約第106條規範公營事業與獨占的情形，另一方面則為依據歐洲聯盟運作條約第107條至第109條關於會員國對其國內企業給予補貼之規範。

　　歐洲聯盟的競爭法不僅適用於在會員國內的企業，而且也適用於在會員國內以競爭者出現的企業，故歐洲聯盟的競爭法亦適用於外國的企業，因此競爭法是歐盟機關得直接對第三國人民具有影響力的少數領域[32]。歐洲聯盟競爭法的目標，不僅要保護市場上的競爭者，而且也要保護消費者，以期消費者自公平的競爭關係中獲利；此外，歐洲聯盟更致力於產業政策措施，以期能達到在製造與銷售的合理化，並持續的調整技術與經濟的進步，期能達到提高企業競爭力之目的。

肆、歐洲聯盟競爭法與會員國競爭法之關係

　　歐洲聯盟的競爭法自1958年歐洲經濟共同體條約生效時起，即為直接適用的法律，並且為具有優先於會員國法適用的超國家性質的法律[33]，歐洲法院在其判決中不斷地表明，歐洲聯盟創設自己的法律規範，會員國繼受歐洲聯盟的法律規範，並由其國內的行政機關與法院適用這些法律規範，即會員國藉由建立歐洲聯盟而限縮自己的主權，並使歐洲聯盟成為具有法律拘束力的權利主體[34]。

　　由於歐盟法具有優先於會員國法適用的特性，故會員國不得再制定牴

32　詳細內容請見伍、歐洲聯盟競爭法的適用範圍；二、歐洲聯盟競爭法之域外效力。

33　參閱EuGH Rs. 14/68, Walt Wilhelm, Slg. 1969, S. 13f.

34　參閱EuGH Rs. 26/62, van Gend & Loos, Slg. 1963, S. 1ff.

觸歐盟法的國內法[35]，即歐盟法優先性是絕對的，因此歐盟法亦優先於嗣後公布的會員國法，亦即歐盟法與會員國法間的關係不適用後法優先於前法原則，在適用上歐盟法絕對優先於會員國法，歐盟法優先原則當然亦適用於歐洲聯盟的競爭法。

歐洲聯盟的競爭法與會員國的競爭法同時並列適用，此二法規間本質上並非互補的關係，而且也不是在追求相同的目標，在會員國層次對於競爭保護有不同的判斷依據與評價，因此在歐盟法與會員國法間存在法規衝突的問題，特別是在競爭行為的事實產生跨國的效果時[36]。歐洲聯盟運作條約第101條與第102條為實體法上的構成要件，而非衝突規範（Kollisionsnorm），歐洲聯盟運作條約第103條第2項第e款則為衝突規範，依據此一規定理事會有權規定歐洲聯盟競爭法與會員國競爭法間之關係，故歐洲聯盟運作條約第103條第2項第e款一方面針對各會員國競爭法規與歐洲聯盟競爭法間的關係加以規範，另一方面則規定以歐洲聯盟運作條約第103條第2項第e款為解決法規衝突之法律依據[37]。

歐洲法院對於歐盟法與會員國法間的法規衝突問題，在許多判決中已經明確地表明其見解，過去的通說「雙重限制說」（Zweischrankentheorie; Twobarrier Approach），認為歐洲聯盟的競爭法與會員國競爭法的保護範圍（Schutzbereiche）並不重疊，因此並不會存在法規的衝突，而僅在符合歐盟法與會員國競爭法的限制競爭行為，方為合法的行為[38]。雙重限制說的理論依據為歐洲聯盟競爭法與會員國的競爭法有不同的保護範圍，即會員國的競爭法在於保護其本國的經濟交易，而歐洲聯盟的競爭法為保護會員國間的經濟交易，因此對於相同的事實得同時適用歐洲聯盟的

35　參閱EuGH Rs. 6/64, Enel, Slg. 1964, S. 1269ff.

36　參閱P. M. Schmidhuber，前揭文，S. 96。

37　參閱F. Rittner，前揭書，S. 214。

38　參閱EuGH Rs. 14/68, Walt Wilhelm, Slg. 1969, S. 1ff; H.-W.Arndt, Europarecht, Heidelberg 1994, S. 131; E. Niederleithinger, Die europäische Fusionskontrolle und ihr Verhältnis zum nationalen Recht, in Wettbewerbspolitik an der Schwelle zum europäischen Binnenmarkt, Köln 1989, S. 82ff; P. M. Schmidhuber，前揭文，S. 97。

競爭法與會員國的競爭法，在具體的個案中應適用較嚴格的法規；申言之，對於損害會員國間的限制競爭行為，若是依據歐洲聯盟競爭法與會員國競爭法之規定有相同的法律效果時，原則上平行適用歐洲聯盟與會員國的競爭法，在實體法上並不會互相矛盾[39]。

依據雙重限制說的論點，係針對相同的法律事實必須同時適用歐洲聯盟的競爭法與會員國的競爭法，並且必須累積適用其法律效果，即必須適用較嚴格的法律效果，因此若會員國法規定比歐盟法更嚴格時，應優先適用會員國法的規定，而造成較嚴格的法律具有事實上優先適用的結果[40]。雙重限制說的論點在歐盟法與會員國法發生衝突時，會牴觸歐盟法優先原則與歐洲聯盟運作條約在單一市場內建立一致的且相同競爭條件之目標，同時有可能造成執委會依據歐洲聯盟運作條約第101條第3項之規定宣告豁免某一限制競爭約定，而不適用歐洲聯盟運作條約第101條第1項的禁止規定，但會員國的卡特爾機關卻得依據其本國的競爭法禁止該限制競爭約定而宣告該約定為無效[41]。

歐洲法院「以損害會員國間的貿易」作為界定歐洲聯盟與會員國在執行競爭法權限的標準，此即所謂的會員國間條款（Zwischenstaatlichkeits-klausel），主要作用即在界定歐洲聯盟競爭法和會員國競爭法間事務的適用範圍[42]，歐洲聯盟的競爭法專門在保護會員國間的貿易往來[43]，並以歐洲聯盟運作條約第103條第2項第e款作為同時適用歐洲聯盟與會員國調查程序合法的依據，即只有在不損及歐盟法的一致適用和不影響為施行歐盟法在共同市場上所採取措施的效力時，才得合法地同時適用會員國的競爭

---

39 參閱F. Rittner，前揭書，S. 215。

40 參閱Gleiss/Hirsch, Kommentar zum EG-Kartellrecht, Band I, 4. Auflage, Heidelberg 1993, S. 30.

41 例如：德國的限制競爭法第37a條第1項規定。

42 參閱Schweitzer/Hummer，前揭書，S. 320; R. Zäch, Wettbewerbsrecht der Euröpaischen Union, München 1994, S. 54ff, S. 337。

43 參閱E. Niederleithinger, 前揭文，S. 83。

法。因此歐洲法院自Walt Wilhelm案後改採取單一限制說[44]，認為在歐洲聯盟競爭法與會員國競爭法間發生法規衝突時，應適用歐盟法優先的原則解決，故應優先適用歐洲聯盟的競爭法，以期達成歐洲聯盟的競爭法在全部歐洲聯盟領域內一致適用之目的；若無法規衝突存在時，則根本不會存在歐盟法優先適用與否的問題。會員國的卡特爾機關在適用其本國的競爭法時，不得損害歐洲聯盟競爭法的一致適用，而必須考慮歐洲聯盟競爭法的優先性和實現歐洲聯盟競爭法已經採取或可能採取的決定或措施之優先性，執委會與會員國的權責機關在適用競爭法時均必須在歐盟層次遵守維護有效競爭的目標[45]。因此由歐盟法優先原則衍生歐洲聯盟競爭法應在所有會員國內無限制的且一致的適用，且應優先適用歐洲聯盟的競爭法，僅在歐洲聯盟的競爭法有未規定而存在漏洞時，才得以會員國的競爭法補充適用[46]。

在歐洲聯盟競爭法與會員國競爭法的關係上，可以歸納為下列四點結論：

1. 若歐洲聯盟的競爭法與會員國競爭法規範相同的事實時，則應優先適用歐洲聯盟的競爭法；即依據歐洲聯盟的競爭法為合法時，會員國的競爭法不得再禁止之。

2. 因歐盟為一超國家的法律規範，若依據歐洲聯盟競爭法之規定，禁止跨國的限制競爭行為時，即不得再依據會員國的競爭法允許其合法存在。

3. 若限制競爭行為僅在一會員國內產生限制競爭的效果時，即不適用歐洲聯盟的競爭法，而只適用會員國的競爭法。

---

[44] 有學者稱單一限制說為修正的雙重限制說，認為歐洲共同體的競爭法與會員國的競爭法雖然有不同的保護範圍，但二者可同時適用，故在二者存在法規衝突時，應優先適用歐洲聯盟的競爭法，以確保歐盟競爭法在會員國間一致的適用與在全部的共同市場內完全有效的採取措施。參閱E. Steindorff, Europäisches Kartellrecht und Staatenpraxis, Zeitschrift für das gesamte Handels-und Wirtschaftsrecht 1978, S. 525ff.

[45] 參閱P. M. Schmidhuber, 前揭文，S. 97。

[46] 參閱R. Walz, Der Vorrang des europäischen vor dem nationalen Kartellrecht, Baden-Baden 1994, S. 265.

4.若無法規衝突的情形，則根本不會出現應優先適用歐盟法的問題。

另外要補充說明的是歐洲聯盟條約第5條第3項所規定的輔助原則（Subsidiaritätsprinzip）適用於競爭法的情形，輔助原則為歐洲聯盟與會員國間職權分配的基本原則[47]。依據歐洲聯盟條約第5條第3項之規定，歐洲聯盟在其非專屬的權限和所確定的目標範圍內執行職務；在歐洲聯盟與會員國間競合的權限範圍內，只要在會員國層次，不足以達成所欲採取措施的既定目標，而因其範圍或效果在聯盟層次上更能達成該目標時，歐洲聯盟得依據輔助原則執行職務；歐洲聯盟所欲採取的措施不能超越對於實現歐洲聯盟條約所規定目標的必要範圍。

輔助原則不僅適用於所有的歐盟政策，並且適用於競爭法的轉換立法，由於輔助原則屬於憲法位階（Verfassungsrang）[48]，因此位階在下的現行或未來將制定的歐盟法均必須符合輔助原則，故在某一會員國出現限制競爭的經濟問題時，該會員國的卡特爾機關必須考慮適用歐洲聯盟的競爭法，如此不僅可由會員國的卡特爾機關就相關事實做普遍的審查和決定，並且可以解決由執委會依據歐洲聯盟運作條約第101條第3項審查豁免申請所出現的許多問題，而縮短審查的時間。

2009年12月1日里斯本條約生效後，在歐洲聯盟條約與歐洲聯盟運作條約附加第二號關於適用輔助原則與比例原則議定書，詳細規定歐洲聯盟在立法程序上適用輔助原則的要件，即在提案機關提出法律按時應附具詳細的資料說明是否遵守輔助原則；這些資料應說明預估的財務影響，以及在公布指令的情形，應說明對於由會員國公布法律規定的影響，包括必要時對於區域法律規定的影響在內。確認在歐盟層次更能達成歐盟目標，依據品質與數量的標準，以有可能為限。此外，法律草案應考慮對歐盟、會員國政府、地區與地方機關、經濟參與者和人民所造成的財政負擔與行政

47　參閱P. M. Schmidhuber, Die Europäische Gemeinschaft nach der Ratifikation des Vertrags von Maastricht, in Gedächtnisschrift für E. Grabitz, München 1995, S. 662.

48　參閱C. O. Lenz (Hrsg.), EG-Vertrag Kommentar, 1. Auflage, Köln 1994, Art. 1 EGV, Rn. 3.

花費，應盡可能的維持小額，且與應達成的目標，有相當的關係。

伍、歐洲聯盟競爭法的適用範圍

一、地域的適用範圍

歐洲聯盟條約第52條規定，歐洲聯盟條約與歐洲聯盟運作條約適用於比利時、丹麥、捷克共和國、德國、希臘、西班牙、法國、克羅埃西亞、愛爾蘭、義大利、盧森堡、荷蘭、奧地利、葡萄牙、芬蘭、瑞典、英國、賽浦路斯、愛沙尼亞、拉脫維亞、立陶宛、匈牙利、馬爾它、斯洛維尼亞、斯洛伐克共和國、波蘭、羅馬尼亞與保加利亞。歐洲聯盟條約與歐洲聯盟運作條約的地域適用範圍則詳細規定於歐洲聯盟運作條約第355條。競爭法在地域上的適用範圍為全部會員國的領土。依據國際法的原則，歐洲聯盟運作條約的競爭法規亦得適用於其他的第三國[49]，例如歐洲聯盟與土耳其間的結盟條約第16條、當時歐洲共同體與過去的歐洲自由貿易協會（European Free Trade Association，簡稱EFTA）間的自由貿易協定第23條均規定，每一締約國均有適用歐洲聯盟運作條約競爭法的義務，若締約國對於違反競爭法規之行為不加以干預時，在相關的締約國諮商後，得採取保護措施。

歐洲經濟區協定（Abkommen über den Europäischen Wirtschaftsraum）[50]第53至60條規定適用於企業的競爭法規，其中第53條相當於歐洲聯盟運作條約第101條禁止企業間的卡特爾約定、第54條相當於歐洲聯盟運作條約第102條禁止企業濫用其市場的優勢地位、第57條則規定企業的合併管制。對歐洲聯盟的會員國而言，必須將歐盟法的原則納入歐洲經濟區協定中；而對於歐洲自由貿易協會的會員國而言，歐洲聯盟機關所制定公布的競爭法規均屬於歐洲經濟區協定的重要法源，必須繼受納入

---

49 參閱Grabitz/Hilf，前揭書，vor Art. 85 EGV, Rn. 10。

50 歐洲經濟區協定為歐洲共同體與歐洲自由貿易協會間的協定，已經於1994年1月1日生效施行。

其本國法中。此外，依據歐洲經濟區協定第35號議定書（Protokoll）之規定，歐洲自由貿易協會成員在歐洲經濟區協定與其本國法發生法規衝突時，必須確保歐洲聯盟條約之適用。

二、歐洲聯盟競爭法之域外效力

歐洲聯盟是一個由二十八個主權國家組成的超國家國際組織，雖然歐洲聯盟運作條約的競爭法規直接適用於其會員國，但在實務上不僅要界定歐洲聯盟與其會員國間的權限分配，而且也必須界定歐洲聯盟與第三國間的管轄權限[51]。

依據歐洲聯盟運作條約第101條第1項「對抗在共同市場內限制競爭的行為」與第102條「限於在共同市場上或共同市場的重要部分，企業濫用其優勢地位」，因此歐洲聯盟的競爭法適用所謂的效果原則（Auswirkungsprinzip），即企業的限制競爭行為只需在共同市場的領域內造成間接的效果時，歐洲聯盟即得對該限制競爭行為適用歐洲聯盟運作條約第101條與第102條之規定，而禁止該限制競爭的行為，至於是否為歐洲聯盟的企業並不重要。申言之，歐洲聯盟運作條約的競爭法規不僅適用於所有在歐洲聯盟領域內造成限制競爭效果的行為，而且亦適用於參與限制競爭行為的第三國企業，此即所謂的歐洲聯盟競爭法的域外效力（extraterritoriale Anwendung; Extraterritorial Effect）[52]。

針對歐洲聯盟競爭法的域外效力，執委會與歐洲法院雖然有不同的論據，但卻一致認為歐洲聯盟的競爭法具有域外效力[53]，即僅需第三國企業的行為在共同市場內產生違反競爭的效果時，歐洲聯盟運作條約的競爭法規亦應適用於該第三國企業。

51　參閱陳麗娟，〈歐洲共同體競爭法域外效力之研究〉，《美歐月刊》，第11卷第4期，1996年4月，頁73。

52　參閱Ebenroth/Hübschle，前揭書，S. 69; V. Emmerich，前揭書，S. 507; Grabitz/Hilf，前揭書，vor Art. 85 EGV, Rn. 11; Groeben/Thiesing/Ehlermann，前揭書，Vorbemerkungzu Art. 85 bis 89 EWGV, Rn. 77。

53　詳細內容請參閱陳麗娟，前揭文，《美歐月刊》，第11卷第4期，頁72-77。

三、事務的適用範圍

除歐洲聯盟運作條約有特別規定外，歐洲聯盟條約第101條至第109條的競爭法規原則上適用於所有的經濟領域，當然也包括銀行[54]與保險業[55]在內。

（一）農產品

歐洲聯盟運作條約第103條第2項第c款規定，針對個別的經濟領域，理事會得制定公布規章詳細規定適用歐洲聯盟運作條約第101條與第102條的範圍。例如：1962年第26號規章即已包含此種條款，在此一規章中關於競爭法之適用，具有創設的效力。依據第1條之規定，在保留第2條的情形下，歐洲聯盟運作條約第101條至第106條與為適用這些規定所制定的規定，適用於對歐洲聯盟運作條約附錄II所列舉的農產品；而依據第2條第1項之規定，若對於歐洲聯盟運作條約附錄II所列舉農產品的生產或交易的約定、決議或相互配合的行為方式，是個別會員國市場規範的重要構成要素，或是為實現歐洲聯盟運作條約第39條共同農業政策目標所必要時，則歐洲聯盟運作條約第101條第1項規定不適用於第1條所指稱的約定、決議或相互配合的行為方式。申言之，1962年第26號規章第2條第1項為法律上的例外規定，若符合本規定的構成要件時，可由執委會依職權或依申請作成決定宣告不適用歐洲聯盟運作條約第101條以下的規定，執委會的決定具有宣示的效力。

（二）交通運輸

在交通運輸領域，理事會在1962年11月26日制定公布第141號規章，明文規定1962年第17號卡特爾規章不適用於交通運輸事項。1968年時，理事會又制定公布第1017號規章[56]，明文規定關於適用在鐵路運輸、公路運輸與內河航運的競爭法規。此外，理事會與執委會又不斷制定公布許多與

54　參閱Amtsblatt der Europäischen Gemeinschaften 1992 L 95/50.

55　參閱Amtsblatt der Europäischen Gemeinschaften 1992 L 37/16.

56　Amtsblatt der Europäischen Gemeinschaften 1968 L 175/1ff.

交通運輸有關的競爭法規，例如1986年第4056號規章[57]、1988年第4260號規章[58]等。

（三）原子能產品

歐洲原子能共同體條約本身因無競爭法規，因此歐洲聯盟運作條約第101條以下的競爭法規亦適用於歐洲原子能共同體條約所規範的經濟領域。

第二節　禁止限制競爭的約定與行為方式

壹、通　論

禁止限制競爭的約定與行為方式通稱為卡特爾禁止（Kartell-verbot），規定於歐洲聯盟運作條約第101條，即在企業間的所有協議、企業協會之決議與相互配合的行為方式，足以損害會員國間之貿易往來，並意圖阻礙、限制或干擾共同市場內之競爭，或造成此等效果時，均為牴觸共同市場，應禁止之，特別是下列的情形：(a)直接或間接規定進貨價格、銷售價格或其他的交易條款；(b)限制或管制生產、銷售、技術發展或投資；(c)市場與原料來源之分配；(d)對貿易夥伴，就相同價值的給付，適用不同的條件，因而不利其競爭；(e)在締約時附條件，使契約相對人受領額外的給付，而該給付在客觀上或商業習慣上均與契約標的物無關；依據本條所規定禁止的協議或決議，為無效。有下列情形者，得宣告不適用第1項之規定，即企業間之協議或協議類型、企業協會之決議或決議類型、相互約定配合的行為方式或類型在消費者有相當的參與下，其因之而產生盈餘，有助於改善商品生產或分配，或促進技術與經濟進步；(a)若不限制

---

[57]　Amtsblatt der Europäischen Gemeinschaften 1986 L 378/4ff.

[58]　Amtsblatt der Europäischen Gemeinschaften 1988 L 376/1ff.

參與的企業，將無法達成目的；或(b)若不給予參與的企業機會，將對相關產品的重要部分排除競爭。

　　首先以歐洲法院1986年Metro案[59]說明，SABA是一家製造收音機等電子產品的公司，和其銷售客戶間建立所謂的選擇的銷售體系（selektives Vertriebssystem），即SABA的產品僅得在其承認的專賣商、批發商與零售商（Alleinvertriebs-, Groß-und Einzelhändler）間所形成的網路銷售，而其他的顧客則不得銷售其產品。由於執委會依據原來的歐洲共同體條約第81條（現為歐洲聯盟運作條約第10條）第3項給予SABA豁免，來自美國的大型自助超級市場Metro公司認為SABA的選擇銷售體系造成其在歐洲聯盟的市場上不能銷售SABA的產品，已經違反原來的歐洲共同體條約第81條之規定，於是向歐洲法院對執委會提起訴訟。

　　在本案歐洲法院首先承認Metro係執委會依據1962年第17號卡特爾規章作成豁免決定中有直接相關的關係人，故Metro享有訴權，得直接依據原來的歐洲共同體條約第230條（現為歐洲聯盟運作條約第263條）第2項（舊規定，新規定為第4項）向歐洲法院提起訴訟。選擇銷售體系的契約約定原則上已經構成原來歐洲共同體條約第81條第1項的禁止措施，因為選擇的銷售體系已經在歐洲聯盟的領域內造成垂直的市場分配（vertikale Marktaufteilung），由於排除未受許可的商家銷售其產品，使得此一垂直的市場分配可以感覺到（spürbar）已經扭曲了競爭。執委會必須維護有效的競爭（wirksamer Wettbewerb），同時又必須維護其他的目的，因此在例外的情形得允許特定的限制競爭約定，以達到其他的目的，故執委會可以給予合法有效的個別豁免（Einzelfreistellung）。歐洲法院認為選擇銷售體系對於市場競爭的積極影響超過消極影響，消費者在此電器設備高度複雜的領域，從受過特別訓練的銷售人員中獲利，而在壽命長、高價值與高度技術發展的消費品，即使有可能附帶地造成限制價格競爭，適合不同消費族群（Verbrauchergruppen）需要的銷售方法，是正當的。

59　參閱EuGH Rs. 75/84, Metro, Slg. 1986, S. 3021ff.

貳、歐洲聯盟運作條約第101條之適用範圍

一、禁止的措施

在適用歐洲聯盟運作條約第101條第1項規定時，首先必須確定在企業間是否有歐洲聯盟運作條約第101條第1項所規定的禁止措施，即：(1)協議，即企業間的契約；(2)企業協會的決議；或(3)適用相互約定的行為方式。

歐洲聯盟運作條約第101條第1項所規定的協議包括最廣義的契約，必須具有法律效果，通常至少要參與約定的一方負有履行一定行為的義務[60]，即不問契約的形式，締約當事人互相拘束[61]；至於是否為契約，完全依據各會員國的契約法認定[62]。企業間若欠缺約定或欠缺法律拘束意思（Rechtsbindungswille）時，並不存在契約；若企業間的約定不符合契約的要件時，其行為協調（Verhaltenskoordinierung）卻有可能構成相互配合的行為方式[63]。企業間的協議得為口頭約定或書面約定，且不以明示的意思表示為必要，亦包括默示的意思表示在內；以發給許多企業的通知，在通知上包含行為的要求時，進而由受領通知者事實上回函完成所要求的行為，即已經存在協議[64]。

這些企業間的約定可以是水平的（horizontal）限制競爭措施，即在相同的銷售階段的企業間的約定，例如兩家染料製造者約定相同的價格之商品種類；也可以是垂直的（vertikal）限制競爭措施，亦即在不同銷售階段的企業間的約定，例如染料製造者禁止其銷售商販賣其他製造者的染料，或染料製造者強迫命令其銷售商產品的價格[65]。歐洲聯盟運作條約第101條

---

60 參閱V. Emmerich，前揭書，S. 527。
61 參閱Schweitzer/Hummer，前揭書，S. 319。
62 參閱V. Emmerich，前揭書，S. 527。
63 參閱V. Emmerich，前揭書，S. 527。
64 參閱EuGH Rs. 107/82, AEG, Slg. 1983, S. 3195; Rs. 25 und 26/84, Ford, Slg. 1985, S. 2743.
65 參閱Ebenroth/Hübschle，前揭書，S. 31; V. Emmerich，前揭書，S. 527; W. Hakenberg，前揭書，S. 129。

第1項當然包括專屬拘束的約定（Ausschließlichkeitsbindungen）與授權契約（Lizenzvertrag）在內[66]。

在上述的Metro案，即為典型的垂直協議；1989年的BASF案[67]為一水平協議的範例，執委會指責BASF與其他十一家公司間的約定及相互配合的的行為方式，要求全部供應歐洲聯盟的PVC製造者參與定期的集會，以達到所約定目標價格（Zielpreis）與目標數量（Zielquoten）之目的，並為達到計畫提高價格水準與監督適用上述所指秘密約定之目的；為達到上述的目的，這些公司定期交換資訊，因此執委會對這些參與的公司科處高額的罰鍰，BASF等公司不服執委會的罰鍰決定，於是向歐洲法院的第一審法院提起訴訟[68]。

相互配合行為方式（aufeinander abgestimmte Verhaltensweise; Concerted Practices）的概念係源於美國反托拉斯法（Antitrust Law），係指企業間僅以單純協調其行為而造成阻礙競爭，彼此間並無形式的約定或具有拘束力的企業協會的決議[69]。歐洲法院認為此一概念包含企業間的協調形式，雖然尚未達成締結契約的地步，但數個企業針對商品種類、參與企業的重要性與數量，以及範圍和特性等，有意識地進行實際的合作以代替相互競爭，而造成不符合正常市場條件的競爭條件，特別是若參與企業實際上的合作有可能鞏固已經獲得的市場地位，而損害在共同市場內真正的自由商品交易與損害消費者自由選擇供貨者時，即構成所謂的相互配合的行為方式[70]。相互配合的行為方式係一補充的構成要件（Auffangtatbestand），尤其是在判斷企業間欠缺法律拘束力的君子協定

66　參閱EuGH Rs. 56 und 58/64, Consten-Grundig, Slg. 1966, S. 321ff; Rs. 56/65, LTM/ Maschinenbau Ulm, Slg. 1966, S. 304f; Rs. 42/84, Remia, Slg. 1985, S. 2571f.

67　參閱EuGH Rs. C-137/92, PVC-Kartell, in Hummer/Simma/Vedder/Emmert, Europarecht in Fällen, 2. Auflage, Baden-Baden 1994, S. 323.

68　第一審法院首先認為執委會的罰鍰決定因程序瑕疵，故宣告執委會的決定無效。

69　參閱G. Nicolaysen, Europarecht II-Das Wirtschaftsrecht im Binnenmarkt, Baden-Baden 1996, S. 236; Schweitzer/Hummer，前揭書，S. 320。

70　參閱EuGH Rs. 48/69, ICI-Teerfarbenkartell, Slg. 1972, S. 658; Rs. 40-48, 50, 54-56, 111, 113 und 114/73, Suiker, Slg. 1975, S. 1942.

（Gentlemen's Agreements）或企業協會不具拘束力的決議等，由參與的企業事實上遵守而造成阻礙競爭的措施時，則具有重要的意義[71]。

歐洲聯盟運作條約對於企業（Unternehmen; Undertaking）的概念，並無定義規定，因此歐盟機關（尤其是執委會與歐洲法院）對於企業的概念享有解釋的職權[72]。歐洲法院認為，企業為從事經濟活動的單位，不問其法律型態與財務種類，亦不考慮依據各會員國的法律規定，是否以營利為目的，或是否享有權利能力[73]。判斷是否為歐洲聯盟運作條約第81條第1項企業的決定性因素，為系爭的經濟單位在系爭的限制競爭行為上是否為一個行為單位（Handlungseinheit），即企業在法律上必須有行為能力（Handlungsfähigkeit），以便得以成為契約的主體[74]。故歐洲聯盟運作條約第101條第1項中的企業概念，係指一個權利主體持續地致力於追求一定的經濟目標[75]，至於企業是否必須有特定的法律型態，歐洲聯盟運作條約第101條第1項並無明文的規定[76]。因此企業的概念不僅包括私法上的企業，並且包括公營的事業在內[77]；來自第三國的企業只要在共同市場上作成限制競爭的約定，亦適用歐洲聯盟運作條約第101條之規定[78]；子公司（Tochtergesellschaft）或關係企業（Konzern）中的一個關係企業亦為歐洲聯盟運作條約第101條第1項的企業[79]，但子公司若無法真正自主地確定其市場行為時，並不構成歐洲聯盟運作條約第101條第1項企業之意義，因為子公司與其母公司形成一個經濟實體（wirtschaftliche Einheit），並非處於相互競爭的關係[80]；企業在競爭法的意義，除營利性質的企業外，亦包括

71　參閱G. Nicolaysen，前揭書，S. 236; Schweitzer/Hummer，前揭書，S. 320。

72　參閱V. Emmerich，前揭書，S. 523。

73　參閱EuGH Rs. 170/83, Hydrotherm/Compact, Slg. 1984, S. 3016.

74　參閱Schweitzer/Hummer，前揭書，S. 319。

75　參閱V. Emmerich，前揭書，S. 523。

76　參閱Schweitzer/Hummer，前揭書，S. 319。

77　參閱G. Nicolaysen，前揭書，S. 236f。

78　參閱EuGH Rs. 89/85, Zellstoff, Slg. 1988, S. 5243.

79　參閱EuGH Rs. 15/74, Centrafarm, Slg. 1974, S. 1168.

80　參閱EuGH Rs. 15/74, Centrafarm, Slg. 1974, S. 1168.

非營利性質的企業，例如自由業者（律師、會計師、醫師）、會計師事務所、手工業者、農人、足球隊聯盟等[81]。

　　企業協會大部分是私法上的合夥或社團，但亦得為公法上的協會或團體，亦得為基於法律規定或主權行為而成立的企業結合[82]。企業協會是否擁有自己的法律人格，並不重要，除法人外，亦包括無權利能力的協會在內[83]；企業協會的決議對其成員在法律上是否具有拘束力，並不重要，只要該決議足以規範成員的市場行為即可[84]；由協會的委員會作成的單純限制競爭的建議，只要其成員事實上遵守該建議，亦牴觸歐洲聯盟運作條約第101條第1項之規定，例如保險協會對於保險費用收取標準的建議[85]。

　　雖然歐洲聯盟運作條約第101條第1項主要是規範企業的行為，但依據歐洲法院歷來判決所持的見解，歐洲聯盟運作條約第101條亦得適用於會員國的行為，即依據歐洲聯盟運作條約第101條之規定，會員國不得採取或保留會影響歐洲聯盟競爭法實際效力的措施或法律、行政規章，在符合歐洲聯盟運作條約第101條第3項豁免的要件時，得由執委會宣告豁免[86]。

二、損害會員國間的貿易

　　接著必須審查這些企業間的措施，是否以可以感覺到的方式妨礙會員國間的貿易，即所謂的會員國間條款（Zwischenstaatlichkeitsklausel）[87]。若企業間的措施係僅關於唯一一個會員國的事實，或僅關於第三國的事

81　參閱Entscheidungen der Kommission, Amtsblatt der Europäischen Gemeinschaften 1976 L 6/12; 1978 L 157/40; 1980 L 383/23f; 1981 L 370/54; 1992 L 326/35f.

82　參閱Entscheidungen der Kommission, Amtsblatt der Europäischen Gemeinschaften 968 L 231/24.

83　參閱Entscheidungen der Kommission, Amtsblatt der Europäischen Gemeinschaften 1969 L 69/15; 1987 L 295/28.

84　參閱Schweitzer/Hummer，前揭書，S. 320。

85　參閱EuGH Rs. 209-215 und 218/78, van Landewyck u.a., Slg. 1980, S. 3250.

86　參閱EuGH Rs. 267/86, van Eycke, Slg. 1988, S. 4769.

87　參閱Ebenroth/Hübschle，前揭書，S. 32; W. Hakenberg，前揭書，S. 129; G. Nicolaysen，前揭書，S. 237; Schweitzer/Hummer，前揭書，S. 320; R. Zäch，前揭書，S. 54ff。

實，或在其他的會員國僅占非常小的市場占有率[88]時，均不適用歐洲聯盟運作條約第101條第1項之規定。會員國間條款的主要作用，在於界定歐盟法與會員國法間的關係，即應優先適用歐盟法，而在歐盟法與會員國法競合時，應避免雙重制裁（Doppelsanktionen），至於執委會所給予的否定證明（Negativattest）並不排除會員國法之適用[89]，此外會員國間條款為適用歐盟法之依據[90]。

損害並不是僅指消極的影響（negative Beeinfluβung）[91]，而是應根據客觀的在法律上或事實上全部的情況，並且有足夠的可能性可預見此一限制競爭措施會直接或間接、事實上的或有可能以不利於實現一致的國際市場為目標的方式影響會員國間的貿易，即將此一限制競爭措施視為會損害會員國間的貿易[92]。

三、可感覺到的限制競爭措施

第三個步驟應審查企業間的措施是否造成可感覺到的影響（spürbare Auswirkung），即可感覺到的影響是判定企業間措施是否違法的最重要標準。企業間的措施在歐洲聯盟內意圖以阻礙競爭（wettbewerbshindernd）、限制競爭（wettbewerbseinschränkend）或扭曲競爭（wettbewerbsverfälschend）的方式，造成可以感覺到的影響，因此必須對市場的關係產生影響[93]，即一方面可以感覺到的影響是企業間措施的結果，另一方面可感覺到的特徵必須以數量界定[94]。

----

88 關於市場占有率並無明文的限制，但無論如何僅1%的市場占有率絕不會符合會員國間條款的構成要件。參閱Schweitzer/Hummer，前揭書，S. 321。

89 參閱R. Zäch，前揭書，S. 56f。

90 參閱W. Hakenberg，前揭書，S. 130。

91 參閱Ebenroth/Hübschle，前揭書，S. 32。

92 參閱EuGH Rs. 56 und 58/64, Consten-Grundig, Slg. 1966, S. 389; Rs. 5/69, Völk/Vervaecke, Slg. 1969, S. 302; Rs. 99/79, Lancome, Slg. 1980, S. 2536; Gleiss/Hirsch，前揭書，S. 120。

93 參閱G. Nicolaysen，前揭書，S. 238。

94 參閱C. T. Ebenroth, Die Beendigung von Absatzmittlungsverhältnissen m Spannungsfeld von Kartell-und Zivilrecht, Konstanz 1980, S. 137; Gleiss/Hirsch，前揭書，S. 129ff; W.

　　卡特爾成員在相關市場上的市場占有率（Marktanteil），即參與卡特爾約定企業的市場地位與總銷售量的價值，為判斷可感覺到的限制競爭之標準[95]。歐洲法院認為市場占有率若在5%以下，通常不適用競爭法規，但市場占有率在5%或5%以上時，原則上可視為可感覺到的限制競爭[96]。限制競爭的種類亦是判斷可感覺到影響的重要依據，即限制競爭的約定或決議對於單一市場的功能造成愈大的威脅時，愈可以肯定其為可感覺到的限制競爭；除價格約定外，例如大企業間在發展新產品時的合作或交換技術移轉的約定，都是屬於競爭的關鍵要素[97]，亦得作為判斷可感覺到的影響之依據；其他市場上的選擇可能性輕微減少時，並不會造成嚴重的影響，因此不會構成可感覺到的限制競爭[98]。

　　1986年9月3日執委會的微量公告（Bagatellbekanntmachung）明文指出，相同或同類產品在歐洲聯盟內的銷售比例在5%以下，以及參與企業的年總銷售額在20億歐元以下時，均屬於微量，而不屬於可感覺到（Spürbarkeit），故不適用歐洲聯盟運作條約第101條第1項之規定[99]。

四、以限制競爭為目的或造成限制競爭的效果

　　依據歐洲聯盟運作條約第101條第1項之文義，並從歐洲聯盟運作條約第101條第1項所列舉的例子，可推論所謂的阻礙競爭係指完全排除競爭的可能性，而限制競爭則是指其他任何一種通常的限制競爭措施，至於扭曲競爭的意義則非常的廣泛[100]。

　　歐洲聯盟運作條約第101條第1項所禁止的限制競爭措施，還必須在共

　　Hakenberg，前揭書，S. 130。

95　參閱Ebenroth/Hübschle，前揭書，S. 32; V. Emmerich，前揭書，S. 530f。

96　參閱EuGH Rs. 19/77, Miller International, Slg. 1978, S. 149; Rs. 107/82, AEG, Slg. 1983, S. 3201; Rs. 86/82, Hasselbad, Slg. 1984, S. 902f.

97　Amtsblatt der Europäischen Gemeinschaften 1993 L 20/16.

98　參閱EuGH Rs. 30/78, Distillers Company, Slg. 1980, S. 2265.

99　Amtsblatt der Europäischen Gemeinschaften 1986 C 231/2ff.

100 參閱V. Emmerich，前揭書，S. 528。

同市場內以限制競爭為目的或造成限制競爭的效果，即企業間的約定內容必須有限制競爭的意圖或因而造成限制競爭的效果。因此首先必須審查企業間的措施是否以限制競爭為目的，但並不以已經實現目的為限[101]；約定的限制競爭意圖並非指締約當事人內心難以確定的主觀意圖，而是指客觀的、可確定的約定意向[102]，而且還必須限制競爭的意圖有可能同時可以感覺到是可以實現的[103]，因此必須舉證卡特爾約定事實上產生的效果[104]。

接著必須審查是否造成限制競爭的效果，企業間個別的約定雖然不會對競爭與會員國的貿易往來造成可感覺到的效果，但若累積相同種類的數個個別約定卻會造成影響競爭與損害會員國間的貿易往來時，依據歐洲法院在Delimitis案[105]所發展出來的集束理論（Bündeltheorie），亦應適用歐洲聯盟運作條約第101條之規定禁止這類約定。

此外，歐洲聯盟運作條約第101條第1項列舉企業間限制競爭具體的例子，即對於價格或交易條件的共同規定（例如規定具有拘束力的參考售價）、對產品製造與銷售的限制與管制（例如規定生產的配額）、市場分割（例如專賣協議）、對交易夥伴間的差別待遇（例如給予卡特爾成員折扣）、要求與標的無關的契約條件（例如一定的搭售行為）等，但這些僅為例示的規定[106]。

---

101 參閱EuGH Rs. 56 und 58/64, Consten-Grundig, Slg. 1966, S. 390f.

102 Amtsblatt der Europäischen Gemeinschaften 1990 L 71/76.

103 Amtsblatt der Europäischen Gemeinschaften 1986 L 232/26.

104 參閱G. Nicolaysen，前揭書，S. 238。

105 參閱EuGH Rs. C-234/89, Delimitis, Slg. 1991, S. I-935.

106 參閱EuGH Rs. 243/83, Binon, Slg. 1985, S. 2034; U. Everling, Der Beitrag des Europäischen Gerichtshofs zur Weiterentwicklung des Wettbewerbsrechts der Gemeinschaft, in Wettbewerbspolitik an der Schwelle zum europäischen Binnenmarkt, Köln 1989, S. 114; Schweitzer/Hummer，前揭書，S. 322。

參、法律效果

符合歐洲聯盟運作條約第101條第1項規定的企業間協議或決議，依據歐洲聯盟運作條約第101條第2項之規定為無效，即任何人均不得主張這些約定的法律效果。至於相互配合的行為方式，因為不具有法律行為性質，因此不可能有無效的問題，故歐洲聯盟運作條約第101條第2項只規定企業間限制競爭的約定與企業協會的決議為無效[107]。

由於無效的法律效果係自始、絕對與確定的不會發生效力，因此毋須訴請廢止該禁止的約定或決議[108]，但僅限於約定或決議牴觸歐洲聯盟運作條約第101條第1項的部分為無效，其他部分則應依據會員國的法規判斷是否亦為無效，即原則上僅以違反歐洲聯盟運作條約第101條第1項的契約條款為無效，當事人的其他約定若與違反歐洲聯盟運作條約第101條第1項的條款不可分時亦為無效，約定或決議的其他部分是否為無效，則依各會員國的契約法判斷其效力[109]。

依據歐洲聯盟運作條約第103條第2項第a款與2003年第1號卡特爾規章之相關規定，執委會對於違法的卡特爾約定得科處罰鍰（Geldbuße）與強制金（Zwangsgeld），1974年第2988號規章[110]並規定此一罰鍰與強制金的追訴時效與執行時效（Verfolgungs-und Vollstreckungsverjährung）。

例如在1962年第17號卡特爾規章生效（1962年3月13日）前即已存在的卡特爾約定，稱為舊的卡特爾約定（Altkartelle），依據第17號卡特爾規章第4條第1項之規定應向執委會申報，並由執委會宣告不適用歐洲聯盟運作條約第101條第1項的形式要件；在1962年第17號卡特爾規章生效後的卡特爾約定，稱為新的卡特爾約定（Neukartelle），依據第17號卡特爾規章第4條與第6條之規定必須由參與的企業及時地向執委會申報。依據歐洲法院之見解，基於信賴保護（Vertrauensschutz）之理由，至執委會作成不

---

107 參閱Schweitzer/Hummer，前揭書，S. 322。

108 參閱EuGH Rs. 127/73, BRT/SABAM, Slg. 1974, S. 51ff; G.Nicolaysen，前揭書，S. 241。

109 參閱EuGH Rs. 319/82, SVCB/Kerpen & Kerpen, Slg. 1983, S. 4184.

110 Amtsblatt der Europäischen Gemeinschaften 1974 L 319/1ff.

適用宣告的決定止，舊的卡特爾約定仍暫時有效，而新的卡特爾約定則為無效[111]。因此執委會的決定宣告舊的卡特爾約定應適用歐洲聯盟運作條約第101條第1項時具有創設的（konstitutiv）效力，而對於新的卡特爾約定則僅有宣示的（deklaratorisch）效力[112]。

肆、歐洲聯盟運作條約第101條第3項之豁免可能性

歐洲聯盟運作條約並非絕對的禁止企業間的卡特爾約定，即在符合歐洲聯盟運作條約第101條第3項的特別要件下，可以由執委會宣告豁免禁止的限制競爭措施。依據歐洲聯盟運作條約第101條第3項之規定，有下列情形時，得宣告不適用第1項之規定，即企業間之協議或協議類型、企業協會之決議或決議類型、相互約定配合的行為方式或類型，在消費者有相當的參與下，其因之而產生盈餘，有助於商品生產或分配的改善，或促進技術與經濟進步：(a)若不限制參與的企業，將無法達成目的；(b)若不給予參與的企業機會，將對相關產品重要部分排除競爭。

一、豁免之意義

雖然歐洲聯盟運作條約第101條第1項禁止卡特爾約定，但依據歐洲聯盟運作條約第101條第3項之規定得給予豁免（Freistellung）宣告，而不適用歐洲聯盟運作條約第101條第1項之禁止規定，例外地使禁止的卡特爾約定合法化，但必須累積（kumulativ）適用豁免的四個構成要件，即必須同時存在歐洲聯盟運作條約第101條第3項所規定的構成要件，才得宣告豁免使該禁止的卡特爾約定成為合法[113]；申言之，歐洲聯盟運作條約並非絕對的禁止卡特爾，在符合歐洲聯盟運作條約第101條第3項的特別要件下，可以豁免禁止的限制競爭措施，而成為合法的措施。因此，歐洲聯盟間接地

---

111 參閱EuGH Rs. 48/72, Haecht II, Slg. 1973, S. 77f, 87f.

112 參閱Schweitzer/Hummer，前揭書，S. 324。

113 參閱EuGH Rs. 43 und 63/82, VBVB und VBBB/Kommission, Slg. 1984, S. 70ff; R. Geiger, EG-Vertrag, 2. Auflage, München 1995, Art. 85 EGV, Rn. 48.

推動自己的競爭政策[114]。

二、豁免之類型

歐洲聯盟運作條約第101條第3項所規定的豁免，可分為個別豁免（Einzelfreistellung）與類型豁免（Gruppenfreistellung）兩種。

（一）個別豁免

個別豁免係關於特定的協議、決議或相互配合的行為方式，依據1962年第17號卡特爾規章第4條與第5條之規定，向執委會申報，請求執委會宣告豁免。依據1962年第17號卡特爾規章第9條第1項之規定，僅執委會有豁免宣告權，而執委會必須以決定（Entscheidung; Decision）宣告豁免。但依據2003年第1號新的卡特爾規章規定的新制度，目前已經不再適用個別豁免的規定。

（二）類型豁免

為克服許多的個別豁免申請程序，故由理事會依據歐洲聯盟運作條約第101條第3項與第103條之規定，以規章（Verordnung; Regulation）針對全部類型的協議、決議或相互配合的行為宣告豁免，稱為類型豁免[115]。申言之，類型豁免係關於特定的契約類型之豁免，類型豁免以規章（Verordnung; Regulation）形式公布，以作為一般的規定（allgemeine Regelung），通常係由理事會依據歐洲聯盟運作條約第103條第2項第b款行使此一立法職權。

類型豁免主要是對於具有卡特爾性質的契約，給予歐洲聯盟運作條約第101條第3項一般的豁免構成要件具體化，因此類型豁免形成歐洲聯盟運作條約第101條第1項禁止規定的合法例外（Legalausnahmen），即一契約符合類型豁免規章所規定的豁免要件時，即得依法豁免，亦即不需要再判

---

114 參閱R. Geiger，前揭書，Art. 85 EGV, Rn. 39。
115 參閱R. Zäch，前揭書，S. 84。

斷是否符合歐洲聯盟運作條約第101條第3項所規定的一般豁免要件[116]。故在具體個案，首先應先判斷卡特爾約定是否可依據有效的類型豁免規章予以豁免，若不適用類型豁免規章時，才繼續判斷是否可依據歐洲聯盟運作條約第101條第3項之規定，申請個別豁免。

目前有效的類型豁免規章，例如：

1.1983年第1983號規章，關於專賣協議（Alleinvertriebsvereinbarung）[117]。

2.1983年第1984號規章，關於專買協議（Alleinbezugsvereinbarung）[118]。

3.1984年第2349號規章，關於專利授權協議（Patentlizenzvertrag）[119]。

4.1985年第123號規章，關於汽車的銷售與售後服務協議（Vertriebs- und Kundendienstvereinbarungen über Kraftfahrzeuge）[120]。

5.1985年第417號規章，關於專業化協議（Spezialisierungsvereinbarungen）[121]。

6.1985年第418號規章，關於研究與發展協議（Vereinbarungen über Forschung und Entwicklung）[122]。

7.1988年第4087號規章，關於連鎖經營協議（Franchisevereinbarungen）[123]。

8.1989年第556號規章，關於技術移轉協議（Know-how-Vereinbarungen）[124]。

----

116 參閱R. Zäch，前揭書，S. 84。

117 VO (EWG) Nr. 1983/83, Amtsblatt der Europäischen Gemeinschaften 1983 L 173/14.

118 VO (EWG) Nr. 1984/83, Amtsblatt der Europäischen Gemeinschaften 1983 L 173/5ff.

119 VO (EWG) Nr. 2349/84, Amtsblatt der Europäischen Gemeinschaften 1984 L 219/15ff.

120 VO (EWG) Nr. 123/85, Amtsblatt der Europäischen Gemeinschaften 1985 L 15/16ff.

121 VO (EWG) Nr. 417/85, Amtsblatt der Europäischen Gemeinschaften 1985 L 53/1-4.

122 VO (EWG) Nr. 418/85, Amtsblatt der Europäischen Gemeinschaften 1985 L 53/5ff.

123 VO (EWG) Nr. 4087/88, Amtsblatt der Europäischen Gemeinschaften 1988 L 359/46ff.

124 VO (EWG) Nr. 556/89, Amtsblatt der Europäischen Gemeinschaften 1989 L 61/1ff.

9.1993年第3652號規章，關於對於空運企業間的電腦連線定位系統協議（Vereinbarungen zwischen Unternehmen über computergesteuerte Buchungssysteme für den Luftverkehr）[125]。

在上述的這些類型豁免規章中，均明確地規範在這些契約類型中合法的豁免構成要件。

三、豁免之法律效果

執委會依據歐洲聯盟運作條約第101條第3項宣告限制競爭的約定或決議不適用第1項的禁止規定時，該約定或決議即為合法有效。申言之，豁免係依據有創設效力的法律行為，但豁免並不排除適用歐洲聯盟運作條約第102條之規定禁止系爭的限制競爭措施，即對於已經宣告豁免的限制競爭措施仍得依據歐洲聯盟運作條約第102條之規定審查是否構成企業濫用其市場優勢地位[126]。

第三節　禁止企業濫用其在市場的優勢地位

壹、通　論

歐洲聯盟運作條約第102條規定，一個或數個企業濫用其在共同市場或在共同市場重要部分的優勢地位，因而導致損害會員國間貿易往來之結果時，為牴觸共同市場，應禁止之；濫用情形如下：(a)直接或間接強迫接受不相當的進貨價格、銷售價格或其他的交易條款；(b)限制生產、銷售或技術發展，而損害消費者；(c)對交易夥伴，就相同價值的給付，適用不同的條件，因而不利其競爭；(d)在締約時附條件，使該契約相對人受領額外

---

[125] VO (EWG) Nr. 3651/93, Amtsblatt der Europäischen Gemeinschaften 1993 L 333/37ff.

[126] 參閱Ebenroth/Hübschle，前揭書，S. 36; R. Geiger，前揭書，Art. 85 EGV, Rn. 41。

的給付，而該給付在客觀上或商業習慣上均與契約標的物無關。

　　歐洲聯盟運作條約第102條禁止企業在共同市場或在共同市場的重要部分濫用其優勢地位，但僅以損害會員國間之貿易為限，最主要係針對企業為獨占（Monopol）或寡占（Oligopol）時，而濫用其市場的優勢地位的情形[127]。

　　一事實若同時符合歐洲聯盟運作條約第101條與第102條之構成要件時，可同時適用歐洲聯盟運作條約第101條與第102條之規定，即此二規定並無排他性[128]。

貳、歐洲聯盟運作條約第102條之適用範圍

　　為確定企業是否濫用其市場的優勢地位，必須具備下列的構成要件：

一、必須相關的企業在市場上占有優勢地位

　　優勢地位（beherrschende Stellung）係指一個或數個企業在相關產品或勞務的市場上得以阻礙有效的競爭（wirksamer Wettbewerb）[129]，即一個或數個企業在經濟上的實力地位（wirtschaftliche Machtstellung），得以在相關市場上阻礙維持有效競爭，企業藉由其經濟實力面對其競爭者、顧客、消費者足以在舉足輕重的範圍上獨立自主地確定其行為[130]，市場占有率在85%以上時即已構成優勢地位[131]，即使企業的市場占有率只在45%亦有可能具有優勢地位[132]。市場占有率的大小並非是絕對，而應在具體的個

----

127 參閱W. Hakenberg，前揭書，S. 135; H.-J. Ihnen，前揭書，S. 73; Schweitzer/Hummer，前揭書，S. 325。

128 參閱W. Hakenberg，前揭書，S. 135。

129 參閱EuGH Rs. 78/70, Deutsche Grammophon, Slg. 1971, S. 501.

130 參閱EuGH Rs. 27/76, United Brands, Slg. 1978, S. 207ff.

131 參閱H.-J. Ihnen，前揭書，S. 74。

132 參閱EuGH Rs. 40-48, 50, 54-56, 111, 113 und 114/73, Suiker, Slg. 1975, S. 1663ff; Rs. 27/76, United Brands, Slg. 1978, S. 207ff; Rs. 322/81, Michelin, Slg. 1983, S. 3461ff.

案中進行市場分析，以確定是否構成優勢地位[133]。

　　企業的優勢地位必須存在於歐洲聯盟的全部領域或在共同市場的重要部分（ein wesentlicher Teil des Gemeinsamen Marktes），在判斷是否出現在共同市場的重要部分時，尤其是要考量生產的結構與範圍、相關產品的銷售結構與範圍，以及買賣雙方的習慣與經濟上的可能性等[134]，在共同市場內個別的大區域或較大的區域亦可視為共同市場的重要部分，即在較大的會員國的一個區域（例如南德）亦可視為係共同市場的重要部分[135]。

　　通常執委會針對下列的要素判斷企業在市場上是否存在優勢地位，例如供貨者與消費者的選擇可能性（Wahlmöglichkeiten）、參與企業的經濟實力與財力（wirtschaftliche Macht und Finanzkraft）、相關市場的結構（Struktur）、國際競爭（internationaler Wettbewerb）、在相關產品或勞務的供需發展（Entwicklung von Angebot und Nachfrage）[136]。

二、企業是否有濫用此一優勢地位的行為

　　企業占有優勢地位與濫用優勢地位係不同的概念，歐洲聯盟運作條約第106條禁止企業濫用其市場的優勢地位，但本質上並不禁止企業擁有市場的優勢地位[137]，在必要時企業加強其市場的優勢地位卻有可能構成濫用優勢地位的要件[138]。

　　所謂的濫用，係指企業在市場上居於優勢地位，而其行為方式足以影響市場結構，即具有優勢地位的企業在市場上已經削弱競爭，而且該企業的行為方式阻礙在市場上競爭的維持，或藉使用違反以市場參與者給付為

---

133 參閱G. Nicolaysen，前揭書，S. 254f。

134 參閱EuGH Rs. 40-48, 50, 54-56, 111, 113 und 114/73, Suiker, Slg. 1975, S. 1663ff.

135 參閱EuGH Rs. 127/73, BRT/SABAM, Slg. 1974, S. 313ff; Rs. 322/81, Michelin, Slg. 1983, S. 3502.

136 參閱W. Hakenberg，前揭書，S. 136。

137 參閱Schweitzer/Hummer，前揭書，S. 328。

138 參閱W. Hakenberg，前揭書，S. 136。

基礎的正常的產品或勞務競爭的方法，以阻礙市場上競爭的發展[139]。

歐洲聯盟運作條約第102條並未定義濫用的概念，而僅在第a款至第d款規定列舉不同的濫用形式，主要可分為三大類型[140]：

（一）剝削濫用

例如強行實施不適當的價格或交易條件，而造成市場上欠缺可比較的價格，構成歐洲聯盟運作條約第102條第a款的情形；在自己的企業內（例如：讓消費者很難獲得備用零件）或在別的企業（例如買下競爭者的裝配設備，以便使其在市場上消失）限制製造、銷售或技術發展，構成歐洲聯盟運作條約第102條第b款之情形；在交易夥伴間的差別待遇，而構成歐洲聯盟運作條約第102條第c款之情形；以及搭售交易（Koppelungsgeschäfte）（例如A公司有不同的關係企業，購買其製造的水泥時，必須同時購買電腦印表機，而水泥與印表機無任何的關係）。

（二）阻礙濫用

例如競價的低價供應（Kampfpreisunterbietung）、任意的拒絕交易（Geschäftsverweigerung）（例如對於獨立的修車廠拒絕供應備用零件）。

（三）市場結構之濫用

例如提高授權使用的權利金（Lizenzgebühre），在這種情形，並不是在產品行銷上的濫用，而是濫用市場本身。

三、濫用行為必須對市場造成影響，而且會損害會員國間的貿易往來

此一構成要件與歐洲聯盟運作條約第101條的會員國間條款相同，歐洲法院在大部分的案件中，亦審查濫用行為是否構成可感覺到

---

139 參閱EuGH Rs. 85/76, Hoffmann-La Roche, Slg. 1979, S. 541.
140 參閱W. Hakenberg，前揭書，S. 136f。

（Spürbarkeit）的要件[141]。

　　以下將以歐洲法院的著名案例United Brands[142]，說明歐洲聯盟運作條約第102條之適用。United Brands公司與其子公司集團，1970年代在歐洲聯盟市場上，以Chiquita商標居香蕉市場領導（Marktführer）的地位，並占有歐體內香蕉總銷售量的40%。執委會對於位於荷蘭鹿特丹（Rotterdam）的United Brands母公司與其子公司進行歐洲聯盟運作條約第102條之調查程序，執委會指責此一企業集團禁止獨立的銷售商繼續銷售尚未完全成熟還是綠色的香蕉，同時該集團對於在不同會員國的顧客並有不同的價格政策，在不同的港口甚至出現超過100%的價格差異，而在很長一段時間，此一集團甚至拒絕供應香蕉給潛在可能的顧客（potentielle Abnehmer）。因此執委會對於此一集團的行為給予禁止的處分，並科以相當多的罰鍰。

　　在本案，歐洲法院確認大部分執委會所作的決定，認為United Brands在歐洲共同體市場上的確居於市場領導的地位，特別是由於此一集團從自己的大香蕉園到促銷的垂直（vertikal）結構；歐洲法院同意執委會對United Brands指責其濫用市場的優勢地位，因為United Brands基於只有綠色的香蕉適於運輸與耐放的理由，而禁止其顧客繼續銷售尚未成熟還是綠色的香蕉，已經造成封鎖市場的效果；而以不同的價格出售給銷售商則已經存在對於其貿易夥伴的差別待遇（Diskriminierung der Handelspartner），已經構成市場的阻礙，對於特定顧客拒絕供貨同樣的也阻礙市場的流通，由於香蕉特有的特性並無法由其他的新鮮水果取代，而United Brands絕對無法使其拒絕供貨的行為成為正當的，因此已經符合歐洲聯盟運作條約第102條濫用市場優勢地位的構成要件。

---

[141] 參閱EuGeI Rs. T-65/89, BPB Industries plc und British Ltd/Kommission, Slg. 1993, S. II-389.

[142] 參閱EuGH Rs. 27/76, United Brands, Slg. 1978, S. 207ff.

參、法律效果

　　歐洲聯盟運作條約第102條僅禁止企業濫用其市場的優勢地位，違反此一規定時，並無歐洲聯盟運作條約第101條第2項無效之效果，即歐洲聯盟運作條約第102條並無明文規定直接無效的法律效果，因此必須依據各會員國的國內法規判斷其法律效果[143]。例如依據德國限制競爭法之規定，僅以企業間作成契約時為限，則為無效；此外，歐洲聯盟運作條約第102條亦為德國民法第823條第2項[144]中所謂的法律上的禁止或保護法（Schutzgesetz），因此，因某一企業濫用其市場優勢地位而受損害的企業得依據民法的規定請求侵權行為的損害賠償。執行委員會對於違反歐洲聯盟運作條約第102條的企業得依據2003年第1號規章第23條或第24條之規定科處罰鍰或強制金，以期企業停止其濫用市場優勢地位的行為。

　　2006年3月31日，執委會提出改革歐洲聯盟運作條約第102條的意見[145]，認為亦應準用歐洲聯盟運作條約第101條第3項的豁免規定於第82條[146]，顯示以更經濟的途徑，在競爭法的觀點下應更重視消費者的利益[147]。

肆、程序規定

　　關於歐洲聯盟運作條約第102條的調查程序與歐洲聯盟運作條約第101條相同，亦規定於2003年第1號卡特爾規章。在調查程序終結時，由執委會作成決定，利害關係人不服該決定時，並得依據歐洲聯盟運作條約第263條第4項之規定向歐洲法院提起訴訟，請求撤銷該決定。

　　在歐洲聯盟的實務上，執委會較少進行歐洲聯盟運作條約第102條的調查程序，但此一調查程序卻具有重要的經濟意義，同時顯示執委會在重

----

143 參閱W. Hakenberg，前揭書，S. 137; Schweitzer/Hummer，前揭書，S. 326f。
144 德國民法第823條第2項相當於我國民法第184條第2項之規定。
145 Kommission, Memo von 19. 12. 2005, MEMO/05/486.
146 ABlEU 2004 C 31/5.
147 J. Schwarze, Europäisches Wirtschaftsrecht, S. 112.

要的工作範圍上扮演著競爭守護者（Wettbewerbshüter）的角色[148]。

第四節　卡特爾規章

　　2003年第1號卡特爾規章（Kartellverordnung）係為施行歐洲聯盟運作條約第101條與第102條規定，由理事會依據歐洲聯盟運作條約第103條制定公布的第一個施行規章，詳細規定執委會的調查程序，而2003年第139號企業合併管制規章為執委會對於企業合併管制進行調查的特別程序規定。

　　為建立保障在共同市場內無競爭扭曲的制度，必須使歐洲聯盟運作條約第101條與第102條在歐盟內有效的與一致的適用，於是理事會制定了2003年第1號新的卡特爾規章以取代1962年第17號舊的卡特爾規章，並自2004年5月1日起生效施行，此一新卡特爾規章對於施行歐洲聯盟的競爭法作了重大的修正，不僅修正執行委員會的調查程序，並且建立施行歐洲聯盟競爭法的新制度，各會員國的主管機關與法院在施行歐洲聯盟運作條約第101條與第102條時，也將扮演更重要的角色。

　　由於在1962年第17號舊卡特爾規章所規範的申報集中制度限制了各會員國的主管機關與法院適用歐洲聯盟的競爭法規，而該制度中的申報程序妨礙執行委員會追訴重大違反競爭法的案子。因此，新的卡特爾規章以法定例外制度（Legalausnahmesystem）取代原來的申報集中制度[149]，即各會員國的主管機關與法院不僅有權可以直接適用歐洲聯盟運作條約第101條第1項與第102條之規定，而且可以直接適用歐洲聯盟運作條約第101條第3項的豁免規定。

　　2003年第1號規章第1條禁止歐洲聯盟運作條約第101條第1項所規定的企業間協議、企業協會的決議與企業間相互約定的行為方式，但不符合第3項所規定的豁免要件，而無須執行委員會做任何事前的決定，即自動無

---

148 參閱W. Hakenberg，前揭書，S. 138。

149 A. Weitbrecht/J. Mühle, Europäisches Kartellrecht 2003-2008, EuZW 2008, S. 551.

效；第1條並明文禁止歐洲聯盟運作條約所規定的企業濫用其在市場上的優勢地位，執行委員會亦無須做任何事前的決定，即自動無效。因此，若企業間的協議已經構成歐洲聯盟運作條約第101條第1項的要件，但卻符合第3項的豁免要件時，自始即不禁止該協議，而不須經由執行委員會做任何的行政行為。依據新的規定，企業應完全地自律自己在市場上的經濟活動，也因此歐洲企業可以更有效率地從事跨國的商業活動，一旦其行為違反歐洲聯盟運作條約第101條第1項規定的構成要件，依據第2項之規定，該協議係自動地無效。企業自己必須承擔適用豁免要件的風險[150]。

依據新卡特爾規章第2條之規定，若當事人或會員國的主管機關主張有違反歐洲聯盟運作條約第101條第1項或第102條之情事時，必須舉證該違法行為已經牴觸相關規定的法律要件；涉嫌違法的企業或企業協會主張其行為係合法正當時，則必須提出符合相關豁免要件的反證，以證明其行為是合法正當的。只要會員國的法律規定與要求符合歐盟法的一般原則，為致力於闡釋系爭事實在法律上有重大影響時，新的卡特爾規章既不牴觸各會員國的舉證法規，亦不限制各會員國主管機關與法院的義務。

有效適用歐洲聯盟競爭法規的前提要件，是各會員國的主管機關在適用歐洲聯盟競爭法時應有更多的參與，亦即各會員國的主管機關亦應有權適用歐洲聯盟的競爭法；在適用歐洲歐盟的競爭法規上，會員國的法院也履行了重要的義務，即各會員國的法院在私人的法律訴訟上保護由歐盟法所賦予個人的權利，同時各會員國的法院也承認對於違法行為而受損害者的損害賠償請求權，就此一觀點，各會員國的法院補充會員國的主管機關施行歐洲聯盟競爭法的任務，因此也應該要賦予各會員國的法院完全得適用歐洲聯盟運作條約第101條與第102條的職權。

會員國的主管機關與法院在適用其國內的競爭法規於足以損害會員國間貿易的協議或相互約定的行為方式時，為保障歐洲聯盟有效的施行競爭法規與在新的卡特爾規章所規定的合作形式能順利地發揮其作用，會員國的主管機關與法院也必須適用歐洲聯盟運作條約第101條與第102條之規

---

150 A. Weitbrecht, Das neue EG-Kartellverfahrensrecht, EuZW 2003, S. 70.

定。為建立在單一市場內對於企業間協議、企業協會的決議與企業間相互約定的行為方式有相同的條件，有必要更進一步以歐洲聯盟運作條約第103條第2項第e款為依據，以確定會員國競爭法與共同體競爭法間的關係。依據歐洲聯盟競爭法禁止的企業間協議、企業協會的決議與企業間相互約定的行為方式時，也必須保障適用會員國的競爭法規於構成歐洲聯盟運作條約第101條第1項所規定的企業間協議、企業協會的決議與企業間相互約定的行為方式時，亦為禁止的。2003年第1號規章第3條確立歐洲聯盟運作條約第101條與第102條與會員國競爭法間關係的明確規範，即歐洲聯盟運作條約第101條只適用於會影響會員國間貿易往來的企業間協議、企業協會的決議與企業間相互約定的行為方式；在協議、決議與相互約定的行為方式已經構成影響會員國間貿易往來的要件時，會員國的主管機關與法院即應適用歐洲聯盟運作條約第101條之規定，因此歐洲聯盟競爭法制度的位階是完全高於各會員國的競爭法制度，亦即只要是企業間協議、企業協會的決議與企業間相互約定的行為方式會影響會員國間的貿易往來時，則應完全適用歐洲聯盟的競爭規範。相同的，若企業在共同市場內濫用其在市場上的優勢地位或在市場上的重要部分中濫用其優勢地位時，會員國的主管機關與法院亦應適用歐洲聯盟運作條約第102條之規定；但2003年第1號規章第3條允許會員國對於只發生在其領土範圍內的限制競爭行為適用更嚴格的國內競爭法規。

依據2003年第1號規章第7條之規定，有正當利益的自然人或法人以及會員國，得向執行委員會申請，或執行委員會得依據職權確定一違法行為牴觸歐洲聯盟運作條約第101條與第102條時，執行委員會得以決定命令系爭的企業或企業協會停止該違法行為，並得採取任何符合比例原則得有效停止該違法行為的必要補救措施。在緊急的情形，執行委員會得依據2003年第1號規章第8條之規定依職權根據真實確定的違法行為以決定採取暫時的處分措施；執行委員會依據2003年第1號規章第9條的規定將以決定停止該違法行為時，得要求參與的企業履行適當的義務。依據2003年第1號規章第10條之規定，若基於共同體的公共利益係必須施行歐洲聯盟運作條約第101條與第102條時，執行委員會依職權以決定宣告不適用歐洲聯盟運作

條約第101條與第102條之規定。

2003年第1號新卡特爾規章形成適用歐洲卡特爾法分權的結果[151]，執委會與各會員間的主管機關形成一個施行網絡，密切合作地適用歐洲競爭法規。為達成此一目標，應實施詢問與諮商程序。過去執委會負責卡特爾的調查程序，但在新卡特爾規章生效後，由會員國的主管機關成為主要的調查機關。2004年時，執委會公布一個在會員國主管機關網絡合作的網絡公告[152]。

2003年第1號規章第四章規定在執行委員會與會員國主管機關間廣泛的合作，包括資訊的交流，即會員國的主管機關在開始第一個正式的調查措施後，或在依據歐洲聯盟運作條約第101條與第102條作成決定前的三十天，必須通知執行委員會；各會員國的法院在適用歐洲聯盟運作條約第101條與第102條時得要求執行委員會交付文件，與依據2003年第1號規章第15條之規定要求執行委員會發表法律意見；會員國必須向執行委員會交付其國內法院所有相關書面判決的副本。

依據2003年第1號規章第16條之規定，會員國的法院不得作違反執行委員會決定的判決，且必須避免判決與執行委員會正在進行的調查程序相衝突；會員國的法院得等到執行委員會已經作成決定後，再繼續其訴求程序。

2003年第1號規章第17條則規定執行委員會的調查權，調查的範圍包括個別的行業、要求提供資訊與檢查企業或企業的協會；而會員國的主管機關與法院應協助執行委員會的檢查工作。

依據2003年第1號規章第23條之規定，對於牴觸歐洲聯盟運作條約第101條與第102條規定的違法行為，執行委員會有權科處罰鍰；對於不遵守執行委員會決定中的義務者，依據2003年第1號規章第24條之規定，執行委員會並得科以強制金。有利害關係的企業不服執委會的禁止決定或制裁決定時，得依據歐洲聯盟運作條約第263條第4項規定的無效之訴，向第一

---

151 2003年第1號規章立法理由第15點。

152 ABlEU 2004 C 101/43.

審法院提起訴訟，僅在有法律瑕疵時，才得上訴歐洲法院。

　　值得一提的是，執委會科處罰鍰一事。自1990年代初期以來，科處罰鍰是很普遍的現象，而金額也愈來愈高，動輒為上億歐元[153]，例如2001年的維他命卡特爾（Vitamin Kartell）高達18億歐元的罰鍰[154]。依據2003年第1號規章第14條第2項之規定，得以有利害關係企業總營業額的10%作為罰鍰的金額，通常執委會係以利害關係企業全球營業額的10%作為科處罰鍰金額的上限[155]，2003年第1號規章第23條第5項規定罰鍰並非刑罰種類的制裁。

　　對於可歸責的違法行為違反作為或不作為的義務時，應科以罰鍰。歐洲法院認為，罰鍰之目的在於制裁不法的行為方式，以預防一再發生這些不法的行為[156]。執委會在確定罰鍰程序的準繩（Leitlinien für das Verfahren zur Festsetzung von Geldbußen）[157]亦指明罰鍰不僅有特別預防的目的，而且有一般預防目的，以威嚇其他的企業。因此，罰鍰除了預防作用外，尚有威嚇的效果[158]。

　　執委會在2006年新公布的確定罰鍰程序準繩[159]主要的新規定為：

1.在企業年總營業額10%的上限範圍內，得至在相關產業企業的年營業額30%止，確定罰鍰的金額。

2.不論違法行為的期限，得科以卡特爾出現費（Eintrittsgebühr），即一企業出現卡特爾時，得科以在相關產業企業的營業額的15%至25%作為卡特爾出現費。

3.對於再犯的企業，原則上可以科以更高的罰鍰，在具體的個案，甚至可以提高至100%的營業額作為罰鍰金額。

---

153 A. Jones/B. Sufrin, EC Competition Law, 2nd Ed., Oxford 2004, p. 1127.

154 Europäische Kommission, XXXI Bericht über die Wettbewerbspolitik, 2001, S. 3.

155 2003年第1號規章第23條第2項。

156 EuGH Rs. 41/69, ACF Chemiefarma, Slg. 1970, S. 661.

157 ABlEU 2006 C 210/2.

158 J. Schwarze, Europäisches Wirtschaftsrecht, 1. Auflage, Baden-Baden 2007, S. 119.

159 ABlEU 2006 C 210/2.

為貫徹歐洲競爭法規的效力，歐洲法院授權執委會，以罰鍰的水準配合歐洲競爭政策的必要性[160]。雖然2003年第1號規章第23條第5項規定罰鍰為不具刑法性質的制裁，但歐洲法院仍堅持罰鍰應有清楚明確的法律依據[161]，即制裁的明確性與可預見性亦應適用於競爭法的罰鍰程序，以符合法治國家原則[162]。另外，罪刑法定主義、無罪推定、禁止溯及既往與基本的辯護權亦適用於競爭法的罰鍰程序[163]。

因此，僅在明確的違反法定的構成要件時，才得加以制裁，制裁的金額亦應是確定的[164]。執委會在適用競爭法會導致制裁的行政程序應遵守歐盟法基本原則的結果，特別是禁止溯及既往[165]。

第五節　企業合併管制規章

企業為了要更佳地利用市場的機會與改善現存的國際競爭力，往往會與其他的企業進行合併，跨國的企業合併因而將個別的、分隔的國家經濟緊密結合在一起；另一方面企業合併卻有可能影響歐洲聯盟以市場經濟為導向的競爭政策，過去處於相互競爭狀態的企業，由於合併而不存在競爭，且有可能加強在市場上的實力而影響市場競爭的狀態[166]。

歐洲聯盟運作條約並未規範企業合併的管制，因此並無法有效地防止

---

160 EuGH Rs. 100-103/80, Pioneer, Slg. 1983, S. 1825.

161 EuGH Rs. 117/83, Könnecke/Balm, Slg. 1984, S. 3291; Rs. C-30/89, Kommission/Frankreich, Slg. 1990, S. I-709.

162 J. Schwarze, Europäisches Wirtschaftsrecht, S. 121.

163 EuGH Rs. C-173/99, BECIU, Slg. 2001, S. I-4881, 在本案強調基本權利憲章是適用卡特爾規章的標準。

164 J. Schwarze/A. Weitbrecht, Grundzüge des europäischen Kartellverfahrensrechts, Baden-Baden 2004, S. 142.

165 EuGH Rs. T-64/02, Heubach, Slg. 2005, S. II-5137.

166 參閱G. Nicolaysen，前揭書，S. 258。

市場結構（Marktstruktur）的變更[167]，針對企業合併的問題，究應作為競爭政策或產業政策經過冗長的討論，1973年時執委會提出第一個企業合併管制規章的草案[168]，直至1989年12月21日理事會依據歐洲共同體條約第87條（現為歐洲聯盟運作條約第103條）與第235條（現為歐洲聯盟運作條約第352條）制定公布關於企業合併管制的第4064號規章[169]，並自1990年9月21日起生效，才完成企業合併管制的立法工作。

　　企業合併管制規章不僅填補了歐洲聯盟競爭法的漏洞，藉由此一規章使得歐洲聯盟的競爭法更完整，同時簡化了長久以來歐洲聯盟在企業合併範圍內複雜紊亂的法律依據，並對歐洲聯盟的產業造成增加法律安定性的結果[170]。

　　自1990年代以來，歐洲的企業合併管制在競爭法領域愈來愈重要，申請企業合併的產業主要是電信業、金融業、化學業、媒體業與製藥業[171]。1997年時，理事會公布第1310號規章[172]大幅修訂第一個企業合併管制規章，主要是擴大執委會在企業合併管制範圍的職權，以期避免依據不同會員國卡特爾法的規定必須提出重複的申請；另外在第1條第3項增訂對於影響數個會員國的企業合併門檻值。

　　2004年1月20日時，理事會公布第139號新的企業合併管制規章[173]，並自2004年5月1日起生效施行。1989年第4064號規章因而廢止失效。理事會同時公布第802號的施行規章[174]規範企業合併的程序規定，以補充2004年第139號新的企業合併管制規章。新的企業合併管制規章適用於包含在歐

---

[167] 參閱H.-J. Ihnen，前揭書，S. 74。

[168] Amtsblatt der Europäischen Gemeinschaften 1973 C 92/1ff.

[169] VO (EWG) Nr. 4064/89, Amtsblatt der Europäischen Gemeinschaften 1989 L 385/1ff.

[170] 參閱H.-J. Niemeyer, Die Europäische Fusionskontrollverordnung, Heidelberg 1991, S. Einleitung 5.

[171] Manfred Dauses, Handbuch des EU-Wirtschaftsrechts, 23. Ergänzungsieferung, München 2008, H. I. §2. Fusionskontrolle, Rn. 4.

[172] ABlEG 1997 L 180/1.

[173] ABlEU 2004 L 24/1.

[174] ABlEU 2004 L 133/1.

洲經濟區（European Economic Area）內的企業合併，除了在歐盟全體會員國內的合業合併外，還包括挪威、冰島與列支敦斯登的企業合併。因此，歐盟的企業合併管制規章的適用範圍為三十個國家[175]。

壹、企業合併管制規章之立法演進

　　1952年生效的歐洲煤鋼共同體條約第66條對於在煤鋼範圍的企業合併規定事前預防的合併管制（präventive Zusammenschlußkontrolle），而所謂的在煤鋼範圍的企業，依據歐洲煤鋼共同體條約第66條之規定，係指參與合併的企業中至少必須有一企業在共同市場上從事煤、鋼產品的生產或銷售。若煤鋼企業合併並不會形成參與者或參與企業對於煤、鋼產品在市場的重要部分確定價格、控制、限制生產或分配，或阻礙真正競爭的可能時，依據歐洲煤鋼共同體條約第66條第2項之規定，執委會得准許該煤鋼企業之合併。執委會適用競爭法的目標，在於維護市場的競爭，而雖形成寡占的市場結構（oligopolische Marktstruktur），但維持現存競爭者在市場上的均勢[176]。而通常執委會准許煤鋼企業合併的前提要件，為現存於市場上的企業仍然保有其自主性與獨立性，但由於各會員國對於煤鋼業的補貼，而導致嚴重扭曲競爭的結果，故依據歐洲煤鋼共同體條約的企業合併管制規定，幾乎未形成對競爭政策特別的意義[177]，而歐洲煤鋼共同體條約已於2002年7月因適用期限屆滿而失效。

　　歐洲聯盟運作條約雖然亦有競爭規範，主要為第101條與第102條，規定禁止卡特爾與禁止企業濫用其市場的優勢地位，但對於企業合併卻無明確的規範，即並未規範聯盟機關對於企業的合併行為享有事前管制

---

[175] Manfred Dauses, Handbuch des EU-Wirtschaftsrechts, 23. Ergänzungslieferung, München 2008, H. I. § 2. Fusionskontrolle, Rn. 4.

[176] 參閱Monopolkommission, Konzeption einer europäischen Fusionskontrolle, Sondergutachten 17, Baden-Baden 1989, S. 23.

[177] 參閱Monopolkommission, Zur Neuordnung der Stahlindustrie, Sondergutachten 13, Baden-Baden 1983, Tz. 19-26.

（vorbeugende Kontrolle）的職權[178]。申言之，歐洲聯盟運作條約第101條與第102條僅授權歐洲聯盟對於企業的行為管制（Verhaltenskontrolle），並未明文授權歐洲聯盟對企業作結構上的管制（Strukturkontrolle），但在歐洲聯盟的實務上卻不斷出現企業合併。

在具體的適用上，執委會嘗試以歐洲聯盟運作條約第101條與第102條規範企業合併，但此二規定均無法圓滿解決企業合併所造成的損害競爭之效果；另一方面持續增加的跨國企業收購、企業合併與形成關係企業等，均顯示有必要在聯盟層次，對企業合併加以立法規範；歐洲法院藉由法官造法（richterliche Rechtsfortbildung）的方式，依據在歐洲聯盟內應建立無扭曲競爭制度的原則實施企業合併管制；1989年第4064號企業合併管制規章終於使得歐洲聯盟得以對企業做結構上的管制。以下將先說明過去執委會與歐洲法院對於企業合併管制的見解，以明瞭歐洲聯盟對於企業合併管制的立法過程。

一、歐洲聯盟運作條約第102條

依據歐洲聯盟運作條約第102條之規定，禁止企業在共同市場上或在共同市場的重要部分濫用其市場的優勢地位，而歐洲聯盟運作條約第102條僅在禁止企業的濫用行為，但並不禁止企業建立其在市場的優勢地位。

雖然歐洲聯盟運作條約第102條的文義明確，但自1970年代初期，執委會卻不斷援引歐洲聯盟運作條約第102條適用於企業合併，另一方面歐洲法院亦支持贊同執委會之見解，即企業藉由加強其市場優勢地位，而造成所達到的優勢程度明顯地已經阻礙競爭時，即使在市場上雖然仍有其他的企業存在，但其市場行為（Marktverhalten）卻依賴具有優勢地位的企業，或殘存在市場上的企業無法與具有優勢地位的企業相抗衡時，即存在歐洲聯盟運作條約第102條的濫用行為[179]；申言之，若企業合併產生上述的效果時，即得視為濫用，因此歐洲聯盟運作條約第102條的禁止規定，

---

178 參閱W. Hakenberg，前揭書，S. 139。

179 參閱EuGH Rs. 6/72, Continental Can, Slg. 1973, S. 240ff.

亦擴及適用於企業合併。之後雖然執委會依據歐洲聯盟運作條約第102條之規定，多次地調查企業合併，但自Continental Can案後，執委會卻不再正式地禁止企業合併，而歐洲聯盟運作條約第102條對於廣泛的企業合併卻無法提供有效的解決方法[180]。

二、歐洲聯盟運作條約第101條

基本上歐洲聯盟運作條約第101條禁止在企業間的限制競爭約定，即歐洲聯盟運作條約第101條僅規範企業的市場行為（Marktverhalten），原則上並不適用於企業結構的變更[181]，也因此執委會自始即不適用歐洲聯盟運作條約第101條於企業合併的情形。執委會在其所謂的教授鑑定（Professoren-Gutachten）中針對在共同市場上的企業結合（Unternehmenskonzentration）所發表的意見中明確地表示，歐洲聯盟運作條約第101條不適用於企業合併、收購股份或併購財產的情形[182]。

在1987年歐洲法院的BAT und Reynolds案[183]判決確定後，執委會改變其以往所持的見解；在本案歐洲法院首次討論歐洲共同體條約第81條（現為歐洲聯盟運作條約第101條）適用於企業合併的問題，認為併購競爭對手少數股份的資本並無歐洲共同體條約第81條（現為歐洲聯盟運作條約第101條）所謂的限制競爭之效果，但此一併購卻得作為影響企業營業行為的手段，尤其是在併購者獲得對於其他企業在法律上或事實上的監督，或預先計畫在企業間營業合作的情形。之後執委會不斷引用此一判決的論點審查企業合併，在具體的個案中，依據歐洲共同體條約第81條（現為歐洲聯盟運作條約第101條）之規定反對收購股份、併購競爭對手的少數股份、在同一授權者監督下處於競爭授權網中對兩個競爭對手的合併、以緊密結合在高度合併市場上兩個重要競爭者阻礙競爭對手獲得供應來源的合

---

[180] 參閱G. Nicolaysen，前揭書，S. 259。

[181] 參閱H.-J. Niemeyer，前揭書，S. 9。

[182] 參閱Europäische Wirtschaftsgemeinschaft, Das Problem der Unternehemens-konzetration im Gemeinsamen Markt, Kollektion Studie, Reihe Wettbewerb Nr. 3, Brüssel 1966.

[183] 參閱EuGH Rs. 142 und 156/84, BAT und Reynolds, Slg. 1987, S. 4487ff.

併計畫等，但執委會在這些情形卻又未正式禁止企業合併，參與合併的企業不是放棄其計畫就是遵照執委會所要求的特定義務[184]。

三、小　結

由於歐洲聯盟運作條約第101條第1項的禁止卡特爾規定並無法作為企業合併管制的依據，而一旦依據歐洲聯盟運作條約第101條第3項規定宣告豁免後，會員國的卡特爾機關即不得再對該企業合併契約加以管制；歐洲聯盟運作條約第102條係規範企業的市場行為，而非管制市場的結構，也僅能暫時解決企業合併所產生影響競爭的問題[185]。

因此1988年4月時，執委會正式向理事會提出制定歐洲聯盟企業合併管制規章的草案[186]，當時執委會特別希望以有效的與廣泛的合併管制作為單一市場發揮功能的前提要件，同時藉由法律規範以確保在歐洲聯盟的企業合併管制與會員國企業合併管制間的法律安定性（Rechtssicherheit），因此管制的審查程序應在有限的期限內完成，對於同一事實不得由不同的機關依據不同的標準做兩次審查，故必須明確地界定具有所謂的歐盟範圍的企業合併或僅為會員國內的企業合併，此外在適用歐洲聯盟的企業合併管制法時僅由單一的機關執法，以期確保一致的解釋與適用法規[187]。

在立法過程中，大部分的會員國認為企業合併管制法應作為實施產業政策的方法，但德國卻認為應嚴格地作為競爭規範且應盡可能給予會員國的卡特爾機關更多的職權[188]；歐洲議會與經濟暨社會委員會原則上均積極地贊同執委會的提案[189]，理事會終於在1989年12月21日決議通過企業合併管制規章，亦屬於歐洲聯盟的競爭規範。

----

[184] 參閱H.-J. Niemeyer，前揭書，S. 9f。

[185] 參閱K. Schmidt，前揭文，in Wettbewerbspolitik an der Schwelle zum europäischen Binnenmarkt, S. 76。

[186] Amtsblatt der Europäischen Gemeinschaften 1988 C 130/4ff.

[187] 參閱P. M. Schmidhuber，前揭文，S. 99f。

[188] 參閱V. Emmerich，前揭書，S. 591。

[189] Amtsblatt der Europäischen Gemeinschaften 1988 C 208/11ff; 1988 C 309/55ff.

貳、適用範圍

歐洲聯盟僅得對具有共同體範圍的企業合併進行管制，第139號規章第3條第1項定義合併的意義，係指獨立企業間的合併，或以其他方式取得控制其他企業的權利，例如獲得股權、獲得財產上的價值，第2項規定企業合併亦包括成立結合的合資企業（konzentrative Gemein-schaftsunternehmen）[190]的情形，但自主的企業間單純的協調競爭行為，並非企業合併，僅得適用歐洲聯盟運作條約第102條之規定[191]；第3項定義控制（Kontrolle），係指藉由權利、契約或其他方式直接或間接地取得控制[192]，個別地或共同地在考慮所有事實或法律的情況下，而取得對企業運作並造成一定的影響[193]；第5項明文規定例外的情形，即不適用於金融機構或保險公司取得股權的情形。

第139號企業合併管制規章適用於所有的企業合併類型或企業參與的股份，且具有歐盟範圍之意義，而造成控制一個或數個企業的全部或一部並因而損害競爭的企業合併[194]，即所謂的妨礙條款（Behinderungsklausel）[195]；因此，參與合併企業的營業額為判斷是否構成歐盟範圍的依據[196]。

----

[190] 依據2004年第139號規章第3條第2項之規定，合資企業持續地執行自主經濟實體（Wirtschaftseinheit）的所有作用。結合的合資企業得自主決定自己的營業政策，並且可以按照自己的利益確定競爭行為。參閱Bekanntmachung über die Unterscheidung zwischen konzentrativen und kooperativen Gemeinschaftsunternehmen nach der VO Nr. 4064/89 über die Kontrolle von Unternehmenszusammenschlüssen, Amtsblatt der Europäischen Gemeinschaften 1994 C 385/1ff. 合作的合資企業（kooperative Gemeinschaftsunternehmen）仍屬於歐洲共同體條約第85條的適用範圍。參閱Bekanntmachung der Kommission, Amtsblatt der Europäischen Gemeinschaften 1993 C 43/2ff.

[191] 參閱G. Nicolaysen，前揭書，S. 260。

[192] Amtsblatt der Europäischen Gemeinschaften 1994 C 385/5.

[193] Amtsblatt der Europäischen Gemeinschaften 1990 C 321/16.

[194] 2004年第139號企業合併管制規章第2條第1項。

[195] 參閱V. Emmerich，前揭書，S. 595。

[196] 參閱G. Nicolaysen，前揭書，S. 261。

依據2004年第139號規章第1條第2項之規定，所謂的歐盟範圍，係指參與合併的企業，其全球的年總營業額超過50億歐元，且參與合併的企業中至少有兩個個別在歐洲聯盟範圍內的年總營業額超過2.5億歐元，同時參與合併的全部企業不得在同一個會員國內超過在歐洲聯盟內年總營業額的三分之二；即若參與合併的全部企業在某一會員國內的年總營業額超過在歐洲聯盟內總營業額的三分之二時，則應適用該會員國卡特爾法中關於企業合併的管制規定。即第3條所規定的企業合併必須達到此一門檻價值標準與其總銷售額符合三分之二條款（Zweidrittelklausel）[197]。

例如A、B、C三個企業計畫合併，其中A企業每年的全球總營業額為30億歐元，在歐洲聯盟內的總營業額為3億歐元，在每個會員國的營業額均為24萬歐元，占其總營業額的十二分之一；B企業每年的全球總營業額為10億歐元，在歐洲聯盟內的總營業額為1.9億歐元，在法國有945萬歐元，占其總營業額的二分之一，在比利時與荷蘭各有4,250萬歐元，各占其總營業額的四分之一；C企業每年的全球總營業額為15億歐元，在歐洲聯盟內的總營業額為2.6億歐元，在德國的營業額為三分之一，在義大利的營業額為三分之一，而在西班牙與葡萄牙的營業額各為六分之一。A、B、C三個企業的合併計畫即屬於具有歐盟範圍意義的企業合併，應適用第139號企業合併管制規章。

第139號規章第5條詳細規定參與企業銷售額的計算方法，由於三分之二條款之限制，因此大企業若在一會員國內獲得三分之二以上的銷售額時，這類的企業合併仍應適用會員國的企業合併管制法規[198]。

第139號規章第1條第2項所規定的門檻相當高，無疑的限制歐洲聯盟僅能對於大型合併進行管制，同時此一規定具有界定會員國對合併管制的作用[199]，即具有歐盟範圍的企業合併原則上不可能適用會員國的競爭法規[200]。

----

197 參閱V. Emmerich，前揭書，S. 594。

198 參閱V. Emmerich，前揭書，S. 594。

199 參閱G. Nicolaysen，前揭書，S. 261。

200 2004年第139號規章第21條第1項與第2項。

　　執委會對於超過第1條第2項所規定的門檻享有審查權，即執委會必須審查這些企業合併是否會出現市場上的優勢地位，或因而加強在市場上的優勢地位，執委會依據審查的結果得許可或禁止該企業合併計畫[201]，此一判斷標準類似歐洲聯盟運作條約第102條的構成要件，但在企業合併管制並非取決於企業濫用市場的實力[202]。

　　執委會審查後，若認為企業合併不符合第1條第2項所規定的門檻時，並得將該案移轉給會員國的權責機關，僅以維護有效競爭絕對必要時為限，得由執委會採取干預措施[203]，否則應適用會員國的競爭法規以認定是否應予以管制。

　　在審查企業合併時，確定產品的與地域的相關市場（sachlich und räumlich relevanter Markt）具有特別的意義，分析產品的相關市場尤其是針對產品的可代替性，若不同的產品可互相取代，即顧客可以選擇其他的產品時，則這些產品屬於一個市場，例如小車與大型房車並非相互競爭的產品；執委會依據第139號規章第9條第7項之規定判斷地域的相關市場，即相關的企業在一個區域內以商品或勞務的供應者或需求者的身分出現，而在此一區域內競爭條件係相同的，並且可與其鄰近區域作區別[204]。

參、程序規定

　　2004年第139號規章第1條第1項授權執委會，對於具有歐盟範圍的企業合併進行管制，而在執委會的競爭總署中並增設一個特別的部門，即合併工作小組（Merger Task Force），以進行對於企業合併的管制[205]。

　　適用2004年第139號規章的企業合併，依據第4條之規定，在簽署企業合併契約後一星期內必須向執委會申報，若未申報，依據第14條之規定，

---

201 參閱W. Hakenberg，前揭書，S. 140; G. Nicolaysen，前揭書，S. 261。
202 參閱G. Nicolaysen，前揭書，S. 261。
203 2004年第139號規章第9條第8項、第21條第2項。
204 參閱G. Nicolaysen，前揭書，S. 262。
205 參閱V. Emmerich，前揭書，S. 592; W. Hakenberg，前揭書，S. 139。

執委會對於該企業合併得科處罰鍰（Buβgelder; Fines）。然後執委會在一個月內公布進行調查準備程序（Vorverfahren）後的第一個意見（Stellungnahme），而此一意見有可能同意該合併計畫，若不符合歐盟範圍的企業合併時，也有可能指示與企業合併直接相關會員國的卡特爾機關進行調查，適用其本國法，以確保在其領土範圍內區域市場有效競爭的條件[206]，或執委會亦得表明有必要繼續調查；若執委會決定繼續調查時，則進入調查程序（Prüfungsverfahren）或主要的程序（Hauptverfahren），但執委會必須在四個月內調查終結；若執委會在四個月內未作成最後決定時，則視為同意該合併計畫。

　　執委會主要應依據第2條之規定審查企業的合併是否會阻礙有效競爭的發展或維持，以及參與合併的企業是否會形成在市場上的優勢地位。執委會於1994年公布第3384號規章[207]詳細規定申報、期限與聽證等。

　　執委會在調查終結時作成最終決定（Schluβentscheidung）宣告該企業合併計畫符合共同市場或牴觸共同市場[208]，因此有可能許可合併計畫，或在附一定義務或條件下許可該合併計畫，以確保有效競爭的條件或拒絕該合併計畫；但在最終決定中，執委會絕不可能再指示會員國的卡特爾機關再進行調查。依據第20條之規定，執委會必須將最終決定公告於歐洲聯盟的公報；企業不服執委會的最終決定時，得依據歐洲聯盟運作條約第263條第4項之規定向歐洲法院的第一審法院訴請法律救濟。

----

[206] 2004年第139號規章第8條第2項。

[207] Amtsblatt der Europäischen Gemeinschaften 1994 L 377/1ff.

[208] 2004年第139號規章第8條第2項與第3項。

附錄一：企業合併管制的程序

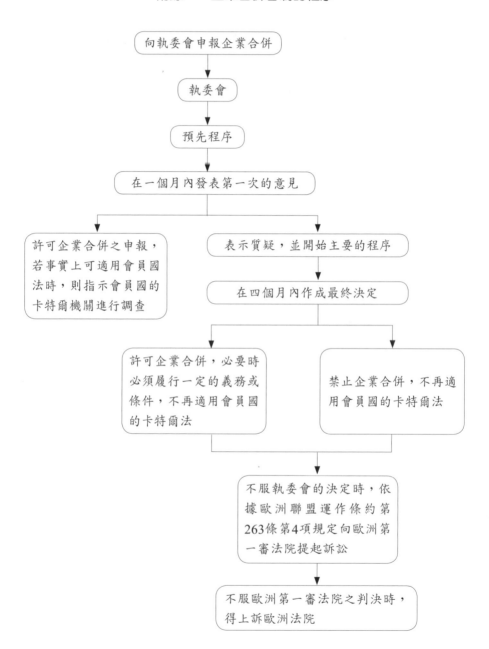

第六節　違法的國家補貼

壹、通　論

不僅個人的行為有可能扭曲競爭，甚至一會員國給予其國內企業補貼的競爭利益亦有可能影響競爭，因此歐洲聯盟運作條約原則上禁止補貼[209]。歐洲聯盟運作條約第107條至第109條係適用於會員國的競爭規範，由於國家補貼（staatliche Beihilfen）有可能造成競爭扭曲的結果，因此明文規定禁止會員國以國家補貼的形式阻礙競爭。

補貼（Beihilfe）在歐盟法內適用範圍很廣，歐洲聯盟運作條約第107條第1項所規定的補貼，包括三種類型，即傳統意義的補貼、節省資金（例如貸款時的優惠、稅的優惠、特別的稅率或折扣等），以及在公營機構直接的資本參與。即補貼並不需由國家直接支付給企業金額，只需給予優惠，亦可視為補貼[210]。歐洲法院解釋補貼的概念，係指國家的措施，包括以不同的形式阻止企業在正常情況下應承擔的負擔[211]，當然亦包括無對價的利益在內[212]；相較於未獲補貼的企業，若改善受益企業的競爭力，亦存在補貼[213]。

依據歐洲聯盟運作條約第107條第1項之規定，若國家補貼扭曲競爭或有扭曲競爭之虞時，且因而損害會員國間的貿易往來時，則應禁止該國家補貼，除非補貼僅在一會員國的領域內產生扭曲競爭的影響[214]，而影響會員國間貿易的補貼並不以事實上已經造成損害為限，只要有可能損害會員國間的貿易，即應禁止該補貼[215]。但由歐盟本身或間接由會員國以歐盟的

---

209 參閱Schweitzer/Hummer，前揭書，S. 330。

210 參閱H.-J. Ihnen，前揭書，S. 76; Schweitzer/Hummer，前揭書，S. 329。

211 參閱EuGH Rs. 30/59, Steenkolenmijnen in Limburg, Slg. 1961, S. 43.

212 參閱EuGH Rs. 78/76, Steinike und Weinlig, Slg. 1977, S. 613.

213 參閱EuGH Rs. 730/79, Philip Morris, Slg. 1980, S. 2688ff.

214 參閱Schweitzer/Hummer，前揭書，S. 330。

215 參閱EuGH Rs. 730/79, Philip Morris, Slg. 1980, S. 2688.

經費分擔而採取的促進措施，並不屬於禁止的國家補貼[216]。

　　基於對會員國社會政策與區域政策上的考量，歐洲聯盟運作條約第107條第2項為合法補貼的例外規定，例如在社會領域不問商品來源地給予個別消費者的補貼、為消除天然災害所造成損害給予的補貼，即自始視為符合歐盟法的國家補貼類型；符合歐洲聯盟運作條約第107條第3項規定的構成要件，例如為促進經濟發展落後區域的補貼、為促進歐洲共同利益的重要計畫或為消除某一會員國經濟生活重大干擾而給予的補貼、為獎勵特定經濟領域（例如：造船業）給予的補貼、為獎勵文化或保持文化遺產的補貼、其他由理事會基於執委會的提案以條件多數決所確定的補貼類型，亦得視為係符合共同市場的補貼；由於歐洲聯盟運作條約第107條第3項包括非常廣泛的構成要件，適用此一例外規定時，必須就每個具體個案明確地審查與衡量，是否符合歐洲聯盟運作條約第107條第3項之構成要件。

貳、執委會之監督職權

　　歐洲聯盟運作條約並未明確定義補貼的概念，執委會在審查時對於補貼的解釋，具有特別的意義。1999年理事會公布第659號規章[217]，由執委會負責進行行政監督，以監督會員國遵守補貼的規定。依據歐洲聯盟運作條約第108條之規定，會員國必須及時向執委會申報所有的補貼計畫，並由執委會進行審查，以決定該補貼計畫是否合法，以及監督是否遵守歐盟法之規定；在執委會作成最終決定前，相關的會員國不得進行想採取的補貼措施。若執委會確定，會員國的補貼不符合共同市場時，執委會得要求相關的會員國在一定的期限內廢止或變更該補貼；若不合法的補貼計畫已支付，或會員國未申報該補貼計畫時，執委會得命令退回已支付的補貼金額，必要時並得對該會員國提起歐洲聯盟運作條約第258條違反條約之訴（Vertragsverletzungsverfahren）；不服執委會決定（Entscheidung; Decision）的會員國或補貼受益人，得依據歐洲聯盟運作條約第263條第4項

---

216 Thomas Oppermann, Europarecht, 3. Auflage, München 2005, S. 341.
217 ABlEG 1999 L 83/1.

規定向歐洲法院提起訴訟，由歐洲法院審查執委會是否依規定行使其裁量權限。

參、歐洲法院之見解

執委會對國家補貼之監督享有很大的權限，每年均有很多關於補貼的訴訟繫屬於歐洲法院，以下將以著名的Philip Morris[218]案說明歐洲法院之見解。1978年10月10日荷蘭政府以書面通知執委會的競爭總署（Generaldirektion Wettbewerb），將給予Philip Morris關係企業的荷蘭子公司Philip Morris Holland對其擴大香菸製造的補貼。而依據荷蘭的獎勵投資法規定，對大型計畫得給予額外的獎金（Zusatzprämie），即給予投資計畫超過3,000萬盾（Gulden，荷蘭幣名）者獎金，並得依據新創造的工作機會之數目給予至投資額4%的獎金。Philip Morris International的投資計畫決定關閉其在Eindhoven的香菸製造廠，而將其製造設備移往位於Bergen-op-Zoom的製造廠，而全部的香菸年產量將從114億增加到160億根香菸，其生產量將增加40%，且將占全荷蘭產量13%。Philip Morris Holland主張，荷蘭政府給予的補貼，並不會在共同市場內造成可感覺到的競爭扭曲；此外，在Bergen-op-Zoom亦顯示嚴重欠缺工作機會，擴大投資將有助於該地區的繁榮。

在本案執委會認為荷蘭的獎勵投資制度，為一般的補貼規定，並在保留應事先依據歐洲共同體條約第88條（現為歐洲聯盟運作條約第108條）第3項規定考慮歐洲共同體條約第87條（現為歐洲聯盟運作條約第107條）的原則對執委會通知所有個案下，同意該補貼。在執委會向荷蘭政府要求額外的資料後，執委會於1978年12月14日開始進行歐洲共同體條約第87條（現為歐洲聯盟運作條約第107條）第2項的調查程序，結果執委會認為荷蘭政府的補貼違反歐盟法。

歐洲法院贊同並確認執委會所作的決定，認為若一會員國給予企業的

---

218 參閱EuGH Rs. 730/79, Philip Morris, Slg. 1980, S. 2671ff.

資金援助（Finanzhilfe），在歐洲聯盟內的貿易往來上，相對於其他競爭者僅加強某一企業的競爭力時，即應視為補貼。適用歐洲共同體條約第87條（現為歐洲聯盟運作條約第107條）第3項時，執委會得在經濟與社會評估下行使其裁量權，尤其是針對歐洲聯盟全部區域在經濟與社會所造成的影響。而荷蘭在歐洲聯盟內並不屬於經濟結構很差的會員國，所謂的嚴重欠缺工作機會，應在歐盟層次考量此一概念，不得只針對一個會員國作判斷，故荷蘭政府給予的補貼不得視為係為排除在某一會員國經濟生活之重大干擾，而該投資計畫並非是歐洲共同體條約第87條（現為歐洲聯盟運作條約第107條）第3項第b款所規定的「共同利益之重要計畫」。

歸納歐洲法院在許多判決[219]中對於補貼概念的詳細解釋，也就是補貼的概念是指應給予優惠、由國家提供經費給予補貼或免除應繳納的稅捐、後給予特定的企業或產業優惠、優惠必須扭曲競爭，以及損害聯盟內的貿易。

補貼不僅是包括所有積極的給予優惠，同時還包括由國家以援助企業的目的所減輕的任何負擔，依其類型與效果，這些負擔的減輕與補貼相同[220]。優惠並不以國家單方給予的利益為限，若是在雙方的關係上對價不相當，而一方受有利益時，亦得認為是補貼[221]。而不論是由國家直接或由國家設立的公家或民營機構給予的經費，都屬於國家補貼[222]。

---

[219] EuGH Rs. C-379/98, PreussenElektra/ Schleswag, Slg. 2001, S. I-2099; Rs. C-280/00, Altmark, Slg. 2003., I-7747; Rs. C-237/04, Enirisorse/Sotacarbo, Slg. 2006, S. I-2843.

[220] EuGH Rs. C-148/04, Unicredito Italiano/Agenzia delle Entrate, Ufficio Genova 1, Slg. 2005, S. I-11137.

[221] R. Streinz (Hrsg.), EUV/EGV, München 2003, Art. 87 EGV Rn. 31.

[222] EuGH Rs. C-52 bis 54/97, Viscido u.a./Ente Poste Italiane, Slg. 1998, S. I-2629.

第七節　歐洲聯盟的不正競爭法[223]

壹、通　論

　　至目前為止，歐洲聯盟運作條約中尚無明確的規定對抗不公平競爭的行為，但各會員國各有自己的對抗不公平競爭的法規，即各會員國為保護其本國的消費者與企業的利益，得依據其本國法規採取完全不同的措施，例如德國的不正競爭法（Recht gegen den unlauterenWettbewerb）。

　　歐洲聯盟對於不公平競爭的問題，基本上依據歐盟法優先適用的原則解決，歐盟法優先原則要求在歐洲聯盟內應一致地解釋法規的意義，而優先適用歐盟法[224]，因此原則上仍得適用各會員國的不正競爭法，但會員國的不正競爭法必須符合歐盟法所規定的商品自由流通原則，才得適用於來自其他會員國進口商品的銷售[225]。

　　歐盟法在不正競爭法的領域仍有其作用，即一方面歐洲聯盟可依據歐洲聯盟運作條約第114條由理事會制定建立單一市場與使單一市場發揮功能的法規，以達成調整會員國間法規之目的；對於消費者而言，這些歐盟法規主要欲建立同一標準，更重要的是對企業而言，要廢除因會員國間不同的法律制度所造成的進入市場之限制[226]。例如1984年理事會制定公布調和會員國間關於不實廣告法規與行政規章的指令，以協調會員國間的不正競爭法[227]；1985年制定公布調和各會員國關於瑕疵產品責任[228]法規

---

[223] 不正競爭法係制裁侵權行為或逾越正常競爭行為的法規，可視為民法侵權行為的特別規定。

[224] 參閱Ebenroth/Hübschle，前揭書，S. 137。

[225] 參閱G. Nicolaysen，前揭書，S. 57。

[226] 參閱U. Everling，前揭文，S. 108。

[227] RL 84/450/EWG, Amtsblatt der Europäischen Gemeinschaften 1984 L 250/17ff.

[228] 例如：在德國過去對於產品瑕疵責任的法律依據一直是民法第823條侵權行為的規定，而聯邦最高法院（Bundesgerichtshof）的判決也發展出許多的原則，尤其是社會安全義務的理論。過去對於產品製造人的責任一向採取過失責任原則，而為擴大保護消費

與行政規章的指令[229]；1986年底制定公布調和各會員國關於消費者貸款
（Verbraucherkredit）的法規與行政規章的指令[230]；1992年時，理事會制
定公布關於一般的產品安全（allgemeine Produktsicherheit）指令[231]，即在
當時的歐洲聯盟內創設一般性的產品安全標準，以保護消費者的利益。

　　另一方面，歐洲聯盟運用歐洲聯盟運作條約第34條[232]的禁止進口限額
規定，使其發生不正競爭法的功能，尤其是歐洲法院監督會員國適用其不
正競爭法時，在歐洲聯盟運作條約第34條的規範下，考量在歐洲聯盟內是
否會阻礙商品自由流通[233]。歐洲聯盟運作條約第34條明文禁止會員國間的
進口限額或有相同效果的任何限制措施（Maßnahme gleicher Wirkung），
以達到實現共同市場的基礎，而實現商品的自由流通。因此歐洲聯盟運
作條約第34條規定在判斷會員國行使其專屬職權是否會造成市場區隔
（Marktaufspaltung）時，具有重要意義[234]，特別是在智慧財產權的保護
上，歐洲法院並不援引歐洲聯盟運作條約第101條，而皆依據歐洲聯盟運
作條約第34條關於商品自由流通的規定[235]。商品自由流通原則不僅適用於
聯盟產品，並且適用於所有已在歐洲聯盟內自由流通的第三國商品[236]。

　　商品自由流通原則與競爭法為歐洲聯盟最重要的經濟法規，此二原則

者的利益，並且基於社會安全義務的理論，對於產品製造人的責任改採無過失責任的
立法原則。德國並將此一指令轉換立法為瑕疵產品責任法（Gesetz über die Haftung für
fehlerhafte Produkte）。

[229] RL 85/374/EWG, Amtsblatt der Europäischen Gemeinschaften 1985 L 210/31ff.

[230] RL 87/102/EWG, Amtsblatt der Europäischen Gemeinschaften 1987 L 42/48ff.

[231] RL 92/59/EWG, Amtsblatt der Europäischen Gemeinschaften 1992 L 228/24ff.

[232] 歐洲聯盟運作條約第34條規定：在無損於下列規定的情況下，禁止在會員國間採取進
口限額及所有其他有相同效果的措施。

[233] 參閱U. Everling，前揭文，S. 118; F. Rittner，前揭書，S. 16。

[234] 參閱Ebenroth/Hübschle，前揭書，S. 72。

[235] 參閱EuGH Rs. 192/73, HAG, Slg. 1974, S. 731ff; Rs. 15/71, Sterling Drug, Slg. 1974, S.
1147ff; Rs. 16/74, Winthrop, Slg. 1974, S. 1183ff; Rs. 119/75, Terranova/Terrapin, Slg. 1976,
S. 1036ff; Rs. 27/87, Erauw-Jacquery, Slg. 1988, S. 1919ff; Rs. 65/86, Bayer, Slg. 1988, S.
5249ff.

[236] 參閱歐洲聯盟運作條約第28條第2項規定。

的目標係在會員國建立一個共同市場。商品自由流通原則禁止會員國採取貿易障礙措施或會阻礙會員間貿易的措施；競爭法規範私人企業不得以其與其他企業的限制競爭協議阻礙歐盟市場的結合，以期確保在共同市場內的有效競爭。因此，各會員國必須致力於消除會員國間的貿易障礙，並採取共同的競爭政策，以達成共同市場之目標。基本上，商品自由流通原則與競爭法係規範不同主體的經濟活動，即商品自由流通原則係規範會員國不得禁止或採取限制會員國的商品貿易，而競爭法則係適用於私人企業違反競爭的行為。在適用商品自由流通原則與競爭法的實務上，卻仍存在許多的漏洞，即私人企業的經濟活動有可影響在歐洲聯盟內的商品自由流通，而會員國有可能因其不同的法規而造成違反競爭的情形。為填補這樣的漏洞，歐洲法院的判決發揮了重大的功能，也就是歐洲法院在其相關判決中所確立的原則，對於在商品自由流通的共同市場內維持一個公平競爭非常的重要。

所謂的有相同效果的措施，屬於不確定的法律概念，歐洲聯盟運作條約第34條對於此一概念並無定義規定，但歐洲法院在許多判決中闡明此一概念，因此歐洲法院的判決對於歐洲聯盟的不正競爭法發展出許多重要的原則。

貳、歐洲法院著名的案例

跨越會員國邊界的行為有可能因為牴觸歐洲聯盟運作條約第34條所保障的在歐洲聯盟內商品自由流通原則而無效，以下將說明歐洲法院對於適用歐洲聯盟運作條約第34條的重要判決。

一、Dassonville案[237]

依據比利時的法律規定，進口未標示原產地的商品，進口商的行為將構成違法，而應課以刑罰；但在法國卻無此類似的規定。Dassonville

---

237 EuGH Rs. 8/74, Dassonville, Slg. 1974, S. 837ff.

為比利時的進口商，欲從法國進口已經在法國自由流通的蘇格蘭威士忌（Whisky）酒到比利時，由於這些酒未標示其原產地，而是由法國的進口商在合法進口後加以標示，這些酒因此違反比利時的法律，但這些酒卻是符合法國的法律規定。

　　首先歐洲法院指出歐洲聯盟運作條約第34條具有直接適用的效力，而所謂的有相同效果的措施，係指會員國的任何一個貿易規範，若直接、間接、事實上的或潛在的會阻礙歐盟內部的貿易往來時，即可視為有相同效果的措施。歐洲聯盟運作條約第34條之立法目的為保護商品的自由流通，其前提要件為商品在歐盟內流通，任何一個商品在其原產國已經合法交易，即必須允許該商品在會員國間毫無限制地進、出口，此即為所謂的來源國原則（Herkunftslandsprinzip）。一會員國在邊界拖延時間或收取高額費用的通關手續、品質檢查、對國內產品保留的標記、授權要求、妨礙進口商品在本國的銷售或廣告限制等，均可視為係阻礙進口的規定。

　　對於歐洲聯盟內的貿易往來是否造成可察覺到的損害，並不是適用歐洲聯盟運作條約第34條的必要要件；若該進口商品已經包裝好，但進口國仍強制更改作其他的包裝形式，亦有可能構成牴觸歐洲聯盟運作條約第34條之規定。會員國對於特定形式的廣告、促銷方法的限制規定或禁止規定，若因而限制商品銷售的可能性，並因而造成限制該商品的進口數量時，也有可能構成歐洲聯盟運作條約第34條所規定的有相同效果的措施。

　　歐洲法院在本案揭示歐洲聯盟運作條約第34條具有垂直的效力，只有在個人與會員國間的關係上，個人才得主張會員國的法規違反歐洲聯盟運作條約第34條之規定，至於個人間的法律關係則無法主張因會員國的法律有妨礙貿易之嫌，而向會員國的法院訴請保護。

二、Cassis de Dijon案[238]

　　德國的烈酒專賣法規定，稱為Likör的烈酒係指至少必須有32%的酒精含量；一家超商自法國的Dijon進口法國Likör，只含有15%至20%的酒精含

---

[238] EuGH Rs. 120/78, Cassis de Dijon, Slg. 1979, S. 649ff.

量，在德法邊界時，德國海關禁止該法國Likör進口，歐洲法院認為德國海關禁止法國Likör進口，已經牴觸歐洲聯盟運作條約第34條商品自由流通的規定。

歐洲法院在判決中補充與限制在Dassonville案所發展的有相同效果措施的形式，若一會員國所採取的措施是符合有效的稅捐監督、商業交易與對消費者公平保護的強制要件（zwingende Erfordernisse）[239]所必需者，即不存在所謂的有相同效果措施。申言之，一方面由於欠缺歐盟法，另一方面為使強制要件成為正當合法的要件，客觀上需要這些規定時，才得容忍因為這些不同的會員國法規所造成的貿易障礙，即只要無歐盟法存在，就必須容忍因會員國法規的差異影響自由的歐盟內部交易，而造成貿易障礙，因此必須協調商品原產國（Herkunftsland）與目的國（Bestimmungsland）的法律規範。

一會員國的本國法規符合Dassonville案所揭示的原則，若有可能阻礙來自其他會員國的商品進口時，除因欠缺相關的歐盟法外，首先必須依據Cassis de Dijon案所確立的強制要件，檢驗該進口措施是否為正當的，即該進口措施必須無任何差異的適用於本國產品與進口商品；檢驗結果若不符合實際的情形時，則該進口措施如同進口限額措施，依據歐洲聯盟運作條約第34條規定，應視為禁止的相同效果措施。

就公平的商業交易與保護消費者的觀點而言，自始不可能存在限額的問題，而其他的情形有可能依據歐洲聯盟運作條約第36條的例外規定，基於非經濟上的理由[240]，使強制要件成為正當合法的。強制要件使得會員國的限制貿易措施成為合法正當的，但並不是每一個會員國的法規或措施都是以共同利益、公平的商業交易或保護消費者為目標，而具有強制要件的性質，因此歐洲法院在審查會員國的法規或措施是否具有強制要件的性質時，還必須考量歐洲聯盟在商品自由交易的利益與各會員國受利益的程

---

[239] 歐洲法院在其他的案件中亦指出，公平的商業交易和消費者保護屬於不成文的強制要件。參閱EuGH Rs. 6/81, Beele, Slg. 1982, S. 707ff.

[240] 例如公共道德；秩序與安全；保護人類、動物或植物的健康與生存；保護具有藝術、歷史或考古價值的國家文化遺產，以及保護智慧財產與商業的財產等。

度，並且衡量會員國所使用方法的必要性與適當性。

　　另外，歐洲法院亦闡明，會員國的競爭法規所欲保護的法益若非必要時，則該競爭法規違反歐洲聯盟運作條約第34條之規定；而一會員國比另一會員國要求履行更高的保護標準時，對於這類保護消費者的法律，歐洲法院通常宣告其為符合歐洲聯盟運作條約第34條之規定，但歐洲法院卻明白指出，並不是相關會員國聲明其法規屬於保護消費者的法規，均得認為是保護消費者的法規，即會員國單方面聲明其國內法為消費者保護法，並不足以作為其適用歐洲聯盟運作條約第34條採取進口限額措施的合法依據，歐洲法院仍得對會員國的限額措施作實質的審查，而宣告會員國的法規牴觸歐洲聯盟運作條約第34條之規定。

三、鼓腹酒瓶（Bocksbeutelflasche）案[241]

　　德國巴伐利亞（Bayern）弗蘭根（Franken）地區所產的葡萄酒自古以來均為鼓腹酒瓶盛裝，因此鼓腹酒瓶成為弗蘭根葡萄酒的重要標誌。來自義大利的進口葡萄酒亦使用鼓腹酒瓶盛裝，依據德國的不正競爭法第3條之規定視為誤導的標示，因而德國海關禁止該葡萄酒的進口。

　　歐洲法院認為自由商品流通的保護具有優先性，若依據公平的實務見解與傳統的習慣，其他會員國的葡萄酒使用相同的或類似的酒瓶盛裝，雖然有可能牴觸德國的法律規定，但應優先適用歐洲聯盟運作條約保護商品自由流通的原則，因此德國不得禁止其他會員國盛裝在鼓腹酒瓶的葡萄酒進口。

四、啤酒純度（Reinheitsgebot für Bier）案[242]

　　德國對於啤酒的釀造有許多的規定，尤其是針對得使用的添加物，而在市場上以啤酒名稱銷售的飲料，必須符合啤酒純度的規定才能標以啤酒的名稱。除希臘外，歐洲聯盟的其他會員國對於啤酒的釀造添加物，除使

----

[241] EuGH Rs. 16/83, Bocksbeutelflasche, Slg. 1984, S. 1299ff.
[242] EuGH Rs. 178/84, Reinheitsgebot für Bier, Slg. 1987, S. 1227ff.

用大麥外，亦得使用米、玉米等穀物與其他的防腐劑和香料。德國啤酒純
度的規定造成來自其他會員國的啤酒釀造廠欲在德國市場販賣其產品時必
須符合德國的規定釀造，或者完全無法在德國銷售其啤酒的結果。1982年
時，執委會要求德國聯邦政府修改相關的法規，以期符合歐洲共同體條約
第28條（現為歐洲聯盟運作條約第34條）所規定的在歐洲聯盟內商品自由
流通原則。

歐洲法院認為，依據其他會員國規定的其他釀造過程所釀造的啤酒，
與德國的釀造方法作比較，並不會影響消費者的健康而造成任何的傷害；
標示啤酒純度規定的目的，主要在防止消費者受騙，以相當的標籤標明啤
酒釀造使用的添加物亦可以達到相同的目的；因此德國的啤酒純度規定實
際上已經牴觸歐洲共同體條約第28條（現為歐洲聯盟運作條約第34條）的
規定。

五、INNO案[243]

INNO為比利時的一家超市連鎖商，以價目表的方式作促銷商品的廣
告，在價目表上以刪除原價格並標明特價的對比方式，同時標明特價期
間。雖然INNO位於比利時，但並不限於在比利時散發此種廣告傳單，也
在盧森堡散發這種價目表的廣告傳單。這類的廣告在比利時是合法的，但
盧森堡卻禁止這類的廣告，尤其是違反盧森堡在1974年公布的行政規章，
即在盧森堡對於特價商品在廣告上不得標明其特價期間，亦不得以價格對
比的方式標明其原來的價格。

歐洲法院在本案認為，由於歐洲聯盟欠缺市場銷售規定，僅以會員國
的相關法規無任何差異地適用於本國產品與進口商品為限，必須接受因會
員國間不同的法規所造成對於歐洲聯盟內部自由貿易障礙的結果，並且可
藉由這些必要的規定表明係合法正當的，以便使保護消費者或公平的商業
交易的強制要件成為合理的。

在促銷廣告中以對比的方式標明原價與特價之差異及特價期間，歐洲

---

243 EuGH Rs. C-362/88, INNO, Slg. 1990, S. I-667ff.

法院認為並不構成不公平競爭（unlauterer Wettbewerb），因為歐盟法視提供消費者的信息為保護消費者的基本要件，以刪掉原價而告知消費者新的價格，且消費者知悉特價期間，這種訊息通知的情形，更有利於消費者，即在促銷廣告中標明原價與特價期間，符合消費者保護的要件，是正當合理的，因此盧森堡的法律在客觀上造成不合理的廣告障礙，而違反歐洲共同體條約第28條（現為歐洲聯盟運作條約第34條）的規定。會員國的法規禁止預先告知特價活動的廣告，阻礙消費者獲知其他會員國合法的商品銷售活動與發現廉價商品的自由，此恋的自由正是歐洲法院所要保護的消費者自由。

第八章　農業政策與漁業政策

第一節　通　論

壹、前　言

　　歐洲聯盟對於漁業政策的職權與農業政策有密切關聯，在歐洲聯盟運作條約第32至38條規定共同農業政策的基本原則。

　　在第二次大戰結束後，由於食物普遍匱乏的影響，農業為相當敏感的經濟領域，在歐洲經濟共同體條約談判時，創始會員國即擔憂歐洲經濟共同體條約規範的競爭自由將影響其本國的農業生存問題，因此當時各國傾向於在農業領域不實施經濟自由的原則，而由原來的共同體機關統籌管制與操縱農業市場[1]，以平衡彼此間的利益。

　　1958年在義大利史特雷紗（Stresa）會議，六個創始會員國擬定共同農業政策的準繩[2]，強調農業的角色是經濟的結合要件，呼籲應發展在共同體內和共同體外的貿易，強調在考慮自然條件符合分工下應維持生產與銷售機會的均衡，以及應有一個共同的價格政策。

　　當時在法國的強力施壓下，在歐洲經濟共同體條約中針對農業應提供保證，以作為商品自由流通的對稱規定，尤其是應確保歐洲在食物的供應上能夠自給自足，但事實上由於戰後機械化的農業生產，而造成農產品的生產過剩，在原來歐洲經濟共同體條約所規範的共同農業政策已經無法解決農產品過剩所帶來的問題，因此，農業政策成為問題最多的一項政策，農業統合屬於原來歐洲經濟共同體在政治上最重要的任務[3]。

1　參閱H.-W. Arndt, Europarecht, Heidelberg 1994, S. 119f.

2　ABlEG 1958, S. 281.

3　參閱Schweitzer/Hummer, Europarecht, 4. Auflage, Frankfurt a.M. 1993, S. 266.

　　共同農業政策自1958年歐洲經濟共同體成立時起，在國際社會即不斷引起廣泛的批評，尤其是關稅暨貿易總協定（GATT）的其他締約國均強烈質疑共同農業政策是否符合關稅暨貿易總協定的規定；直到1970年代，歐洲共同體才逐漸地對其他的世界區域開放其農產品市場，而歐洲共同體仍為世界上最大的農產品進口地區[4]。由於歐洲農業的技術化與工業化，再加上歐洲共同體的農業市場規範，自1980年代開始即因生產過剩，而使得當時的歐洲共同體在國際農產品市場採取強硬激進的態度，並且不斷地採取保護政策[5]，尤其是大量增加農產品的出口，而極力阻止第三國的農產品進口，因此也引發與不同第三國間的農產品貿易戰（Agrarhandelskriege），特別是與美國間的貿易糾紛[6]，當然也嚴重影響以出口農產品為主的其他國家之利益[7]。自1990年代初期起，執委會在烏拉圭回合談判的壓力下，不斷地提出改革農業政策的建議，尤其是希望針對穀物過剩的問題作根本的改革[8]。

　　在1973年、1981年與1986年，傳統海洋國家（英國、希臘、西班牙與葡萄牙）加入歐洲聯盟後，更顯現漁業問題的重要性。例如在1972年簽署的加入條約（Beitrittsakte）第102條中，即包括關於漁業範圍的規定、與針對保護魚類生存和為維持海洋生物寶藏捕魚的重要授權和要件。自1979年1月1日起，對於公布維護海洋生物寶藏之措施，當時的歐洲共同體享有完全的專屬權限（ausschließliche Zuständigkeit）[9]，漁業亦為歐洲聯盟締結許多國際漁業協定之標的，故歐洲聯盟亦享有締約的專屬權[10]。

4　參閱Grabitz/von Bogdandy/Nettesheim, Europäisches Auaßenwirtschaftsrecht, München 1994, S. 143.

5　參閱O. Gottesmann, Der Gemeinsame Agrarmarkt, Baden-Baden 1991, IA5, S. 5.

6　參閱V. Erdmann-Keefer, Agrarhandelskonflikte EG-USA, Analyse eines Dauerproblems, Kehl am Rhein 1991.

7　參閱Grabitz/von Bogdandy/Nettesheim，前揭書，S. 144。

8　參閱W. Hakenberg, Grundzüge des Europßischen Wirtschaftsrechts, München 1994, S. 147f.

9　參閱EuGH Rs. 804/79, Seefischerei-Erhaltungsmaßanahmen, Slg. 1981, S. 1072ff.

10　參閱EuGH Rs. 3.4.und 6/76, Kramer, Slg. 1976/1310f.

貳、適用範圍

　　單一市場亦包括農業與對農產品的交易[11]，歐洲聯盟運作條約並未詳細定義農業的概念，而依據歐洲聯盟運作條約第38條第1項之規定，在歐洲聯盟運作條約中所謂的農產品交易，包括土地作物、畜牧產品、漁業產品，以及上述這些產品的初級加工品[12]之交易。對於農產品適用市場單一性（Markteinheit）為歐盟法的基本原則[13]，而依據歐洲聯盟運作條約第38條第2項之規定，僅以第39條至第43條無其他規定為限，歐洲聯盟運作條約關於建立共同市場的規定亦適用於農業，因此在歐洲聯盟內自由的商品流通原則亦適用於農產品[14]，但歐洲聯盟運作條約對於農產品的特別規定（例如歐洲聯盟運作條約第42條與第44條）應優先適用[15]；相對於其他的商品，農產品在歐洲聯盟運作條約中具有特別的地位，即歐洲聯盟運作條約對於農產品有特別的政策與操縱的方法，尤其是理事會得依據歐洲聯盟運作條約制定公布許多干預農產品市場的法規[16]。歐洲聯盟運作條約第38條第3項規定在附錄II列舉適用歐洲聯盟運作條約第39條至第44條的農產品，在本條約生效後兩年內，理事會應依據執委會的提案，以條件多數決議增加適用附錄II的農產品，理事會甚至將第二級的加工品亦列入附錄II的農產品表列中[17]，事實上歐洲聯盟運作條約附錄II中已經包括所有重要的農產品在內。因此，可以將農業政策的適用範圍歸納如下：

　　1.歐洲聯盟運作條約第39條至第44條為對於農業的特別規定，適用於附錄II所列舉的農產品，若無其他特別的規定，歐洲聯盟運作條約

11　參閱Grabitz/von Bogdandy/Nettesheim，前揭書，S. 146。

12　例如穀物加工而成的麵粉，但不包括麵包。

13　參閱F. Balzer, Die Agrarpolitik der Gemeinschaft, Zeitschrift für Zölle und Verbrauchsteuern 1984, S. 200.

14　參閱EuGH Rs. 80 und 81/77, Französische Abgabe auf italienischen Wein, Slg. 1978, S. 946f.

15　參閱C. O. Lenz (Hrsg.)，前揭書，Art. 38 EWG, Rn. 17。

16　參閱Grabitz/von Bogdandy/Nettesheim，前揭書，S. 147。

17　參閱Schweitzer/Hummer，前揭書，S. 267；第二級的農產加工品，例如：人造奶油、水果的加工品等。

關於共同市場的規定亦適用於這些農產品。

2.不屬於附錄II表列的農產品，例如木材、棉，應適用歐洲聯盟運作
　條約關於共同市場的規定。

3.屬於歐洲聯盟運作條約第38條第1項後段的農產品，得由理事會將
　其納入附錄II的農產品表列中。

　　歐洲聯盟運作條約第42條第1項規定，僅在理事會特別考量歐洲聯盟
運作條約第39條共同農業政策目標，且依據歐洲聯盟運作條約第43條第2項
與第3項的立法程序規定適用於農產品的生產與貿易的競爭法規。申言之，
必須由理事會依據歐洲聯盟運作條約第38條之規定制定公布規章、指令
或決定，以明文規定歐洲聯盟運作條約第101條至第109條的競爭法規亦適
用於農產品的生產或貿易，歐洲聯盟運作條約第101條至第109條才得適用
於農產品，亦即歐洲聯盟運作條約第101條至第109條並非自1958年1月1日
歐洲經濟共同體生效時起，即自動適用於附錄II所表列的農產品。

第二節　共同農業政策的基本原則與目標

　　共同農業政策並非如競爭政策係侷限於跨國的事實，而係涉及各會員
國全部的農產品，因此共同農業政策是一個很難執行的共同政策。歐洲聯
盟運作條約第39條第1項規定共同農業政策具有下列的目標，即：(1)以促
進技術的進步、農業生產與盡可能使用生產要素的合理化之方式，提高農
業的生產力；(2)保障農民相當的生活水準；(3)穩定農產市場；(4)確保農
產品的供應；(5)以適當的價格確保供應消費者之需求。

　　歐洲聯盟運作條約第39條所列舉的共同農業政策目標在執行上有可能
造成互相衝突的現象[18]，由於一方面必須考慮農業的利益，另一方面又必
須衡量消費者的利益[19]，平衡兩者間的利益卻是相當困難，因此歐洲聯盟

18　參閱H.-W. Arndt，前揭書，S. 120。

19　參閱Schweitzer/Hummer，前揭書，S. 268。

運作條約賦予執委會在執行共同農業政策時享有廣泛的裁量權限[20]，同時又必須考量具體個案的各方面觀點[21]，而這些目標並不需要同時且完全地實現[22]；此外，歐洲聯盟在實現共同農業政策的目標時，不得忽視一般利益的優先目標，例如人類的健康與生存、保護消費者重要的法益[23]。

由於共同農業政策在歐洲聯盟運作條約中特殊的地位，因此在歐洲聯盟運作條約第206條所規定的貿易政策目標與共同農業政策目標相互牴觸時，必須優先適用歐洲聯盟運作條約第39條共同農業政策目標之規定；在競爭規範領域，亦應優先適用共同農業政策目標的規定[24]。

歐洲聯盟運作條約第39條第2項列舉各項在執行共同農業政策目標時應考慮的標準，即：(1)農業活動在社會結構與不同的農業領域結構上與天然差異所產生的特點；(2)必須階段性實施適當的調整措施；(3)將農業緊密地融入會員國總體的國民經濟。

原始的歐洲共同體條約第33條規定的共同農業政策目標並未將環境保護（Umweltschutz）包括在內，直到1987年生效的單一歐洲法，才在歐洲共同體條約第174條（現為歐洲聯盟運作條約第191條）第2項中增訂環境保護亦為共同農業政策的目標。

歐盟農業政策的負責機構為執委會主管農業的第六總署（Generaldirektion VI-Landwirtschaft）與許多的委員會，例如農業特別委員會（Sonderausschuβ）、常設的農業結構委員會（Ständiger Agrarstrukturausschuβ）、歐洲農業調整與保證基金委員會（Ausschuβ des Europäischen Ausrichtungs-und Garantiefonds für die Landwirtschaft）[25]，

20　參閱W. Hakenberg，前揭書，S. 150。

21　參閱EuGH Rs. 56-60/74, Kampffmeyer II, Slg. 1976, S. 744.

22　參閱EuGH Rs. 5/67, Bens & Co/Hauptzollamt München, Slg. 1968, S. 127.

23　參閱EuGH Rs. 68/86, Hormone, Slg. 1988, S. 896.

24　參閱G. Nicolaysen, Europarecht II, Das Wirtschaftsrecht im Binnenmarkt, Baden-Baden 1996, S. 403f.

25　VO (EWG) Nr. 4256/88, Amtsblatt der Europäischen Gemeinschaften 1988 L 374/25ff; VO (EWG) Nr. 25/62, Amtsblatt der Europäischen Gemeinschaften 1962 S. 991ff.

　　歐洲農業調整與保證基金委員會負責共同市場規範中補償與干預的財政支出，並採

此外，並由位於愛爾蘭首都都柏林的動、植物衛生檢疫與管制局
（Inspktionsbüro für Veterinär-und Pflanzenschutzkontrollen）負責補充的任
務[26]。

　　歐洲聯盟的共同農業政策實際上為計畫經濟（Planwirtschaft），而此
一計畫經濟與歐洲聯盟的優惠原則有密切的關聯，即歐洲聯盟自己的農產
品優先於來自第三國的進口農產品，在單一的農業市場內完全適用商品自
由流通的市場單一原則，以及在財政上由會員國相互支持的原則[27]。

　　歐洲聯盟運作條約第43條第1項規定，為擬定共同農業政策的基本方
針，在歐洲聯盟運作條約生效後，應由執委會直接召集會員國的會議，以
比較會員國彼此間的農業政策，特別是比較農產品的生產與需求。申言
之，歐洲聯盟賦予會員國以強有力的主權干預形式，影響農產品的市場運
作[28]，此一規定目前僅具有歷史的意義[29]。

　　在1958年6月3日至10日時，六個創始會員國在義大利的史特雷紗
（Stresa）舉行會議，並將執委會的提案作成決議[30]，揭櫫共同農業政策的
基本原則為：(1)市場的單一性，即自由交易農產品；(2)共同體優惠性，
即應優先銷售歐洲共同體的農產品，防止第三國農產品的低價進口；(3)財
政支出的相互支持原則，即由會員國共同承擔費用。

　　1959年時，執委會根據史特雷紗報告（Stresa-Bericht）提出Mansholt計
畫（Mansholt Plan），1960年底理事會根據此一計畫作成共同農業政策的
原則決定，並在1962年時公布第一個逐步建立同市場規範的規章。1962年
時並公布共同農業政策財務支出規章[31]與適用特定競爭法規於農產品生產

取共同措施，以實現共同農業政策的目標。參閱VO (EWG) Nr. 1883/78, Amtsblatt der
Europäischen Gemeinschaften 1978 L 216/1ff.

26　參閱W. Hakenberg，前揭書，S. 149。
27　參閱W. Hakenberg，前揭書，S. 149。
28　參閱Grabitz/von Bogdandy/Nettesheim，前揭書，S. 148。
29　參閱C. O. Lenz (Hrsg.)，前揭書，Art. 43 EGV, Rn. 1f。
30　Amtsblatt der Europäischen Gemeinschaften 1958, S. 281ff.
31　ABlEG 1962, S. 991.

與貿易規章[32]。這些規章目前仍為有效的法規。自1967年起，並對最重要的產品適用共同價格水準，而大部分的農產品則適用一個共同的市場規範。

依據歐洲聯盟運作條約第43條第2項與第3項之規定，由理事會基於執委會之提案，且在歐洲議會聽證後，以條件多數決議，制定共同農業政策的基本規範，而理事會並陸續以規章、指令或決定，制定農業法規；此外，理事會並授權執委會廣泛地制定獨立的施行規定，因此歐洲聯盟的公報中有一大部分，係由執委會以規章形式，針對農業範圍所公布的個別規定。

第三節　共同農業政策的運作與改革

壹、共同農業政策的運作

歐洲聯盟運作條約第39條第1項規定共同農業政策的目標，為促進農業的生產、確保農民適當的生活水準、穩定農產品的市場、保障農產品的供應，以及以適當的價格確保消費者的供應。為實現共同農業政策之目標，歐洲聯盟運作條約第40條至第42條明文規定執行共同農業政策的四種方法，即建立共同的農業市場規範、採取獎勵措施、實施競爭管制與施行農業結構政策。

一、共同的農業市場規範

依據歐洲聯盟運作條約第40條第1項之規定，全體會員國應發展共同的農業政策，以期達成第39條規定的目標。申言之，歐洲聯盟並非由市場機制實現農業政策的目標，而是以管理市場的方式實現農業政策的目標，

32　ABlEG 1962, S. 993.

即在農業範圍實際上並不存在自由經濟，而是藉由建立計畫經濟的管理制度（planwirtschaftliches Verwaltungssystem），以實現共同農業政策的目標[33]。典型的操縱方法為規定農產品的價格、對於生產過剩的農產品由會員國採取收購的干預措施、給予鼓勵農產品的出口補貼，以及對於第三國的農產品課徵特別的進口稅捐與關稅等[34]。

　　歐洲聯盟以所謂的市場規範（Marktordnungen）實現在農業範圍的管理制度，所謂的市場規範即為由權責機關藉由法律的組織與規定，以管制和操縱農產品市場[35]。即依據歐洲聯盟運作條約第40條第2項之規定，按照個別的農產品，以共同的競爭規定、在不同會員國的個別市場規範間義務性的協調，與歐洲的市場規範形式，組成共同的農業市場規範。即歐洲聯盟的農業市場規範主要有三種形式：(1)建立共同的競爭規定為非結構性的市場規範形式，本質上與歐洲聯盟運作條約第101條至第109條的競爭規範相同；(2)必須在個別會員國的市場間建立協調機制（Koordinierungs-mechanismen），例如協調補貼規定或補償規定；(3)歐洲的市場規範為最強有力的市場規範，通常必須建立一個結構的基礎，以完全取代會員國的市場規範[36]。

　　至於應選擇何種形式的市場規範，原則上由歐盟的機關依據個別農產品的特性自由決定[37]，當然可以適用混合形式的市場規範，在實務上以歐洲的市場規範形式為一般的情形，而依據歐洲聯盟運作條約第40條第3項之規定，共同農業市場規範可以包括所有為達成共同農業政策的必要措施，尤其是價格規定、生產補貼、不同產品的分配、貯藏措施、補償措施、為穩定農產品進出口而設立的共同機構等，這些僅為列舉的規定，當

33　參閱H.-W. Arndt，前揭書，S. 120; W. Kilian, Europäisches Wirtschaftsrecht, München 1996, S. 311; Schweitzer/Hummer，前揭書，S. 271。

34　參閱Schweitzer/Hummer，前揭書，S. 271ff。

35　參閱EuGH Rs. 90 und 91/63, Kommission/Luxemburg und Belgien, Slg. 1964, S. 1348.

36　參閱Schweitzer/Hummer，前揭書，S. 269。

37　參閱C. O. Lenz (Hrsg.)，前揭書，Art. 40 EGV, Rn. 6。

然並不排除其他有效的措施[38]。

　　由於在歐洲聯盟許多農產品的生產成本高於國際市場的農產品生產價格，而且在會員國間因貨幣不同的強度而造成在歐洲聯盟內嚴重的競爭扭曲現象，因此共同的農業市場規範有存在的必要，特別是在強勢貨幣的國家（例如德國）在出口農產品時，給予補貼以平衡農產品的出口價格，而針對弱勢貨幣的國家（例如義大利與葡萄牙）在進口農產品時，則徵收貨幣平衡金額；由會員國間貨幣匯率的波動程度決定補貼或徵收金額的額度[39]。

　　因此，歐洲聯盟的農業市場規範依據歐洲聯盟運作條約第38條第1項的產品種類，大致可分為農產品、畜牧產品、漁業產品與其他特別措施四大類。目前共有二十三種市場規範，其中95%為農產品，但羊毛、絲、木材與馬鈴薯卻仍無市場規範[40]，但對於在附錄II列舉的商品所制定的共同農業市場規範，則僅係針對與第三國的農產品貿易[41]。

　　理事會以公布基本規章（Grundverordnung）的方式，依據農產品的性質規定共同農業市場規範的內容[42]。農產品市場規範制度包括將近一千個第一階段的施行規章、數千個第二階段的施行規章，以及約一千個由執委會作成的決定；至目前為止，歐洲法院已經有超過五百個關於共同農業市場規範的判決，同時會員國又公布許多的調整措施，包括法律、規章、行政命令與法院的判決[43]。申言之，只有在將農產品自銷售至最終消費者的每個階段均包括在內的情形，才能使共同的市場規範發揮功能。

　　每一個市場規範包含下列各項基本要素，即：(1)建立共同市場，在會員國間的農產品貿易不僅禁止課徵關稅或與關稅有相同效果的稅捐，並且

38　參閱Schweitzer/Hummer，前揭書，S. 269。

39　參閱H.-W. Arndt，前揭書，S. 121。

40　參閱Grabitz/von Bogdandy/Nettesheim，前揭書，S. 151; W. Kilian，前揭書，S. 312。

41　參閱Schweitzer/Hummer，前揭書，S. 270。

42　參閱Grabitz/von Bogdandy/Nettesheim，前揭書，S. 151; Schweitzer/Hummer，前揭書，S. 270。

43　參閱W. Kilian，前揭書，S. 312f。

禁止採取限額措施或有相同效果的措施、禁止規定最低價格、與禁止補貼等；依據混合關稅分類所確定的商品種類，不僅適用於市場規範內，而且適用於共同關稅稅率；(2)對於單一市場內的價格規定，即保證最低價格，但供應者得嘗試以更高的價格銷售其農產品；(3)與第三國貿易時的規定，尤其是對第三國的農產品以課徵關稅或其他進口稅捐的方式，保護共同市場[44]。

　　規定單一市場價格的主要作用，為防止歐洲聯盟的農產品因世界市場的價格波動而受干擾，並禁止價格競爭（Preiswettbewerb），主要以確定的最低進口價格禁止在單一市場上的價格競爭。在考慮成本因素下，例如：運輸成本、轉運成本、銷售成本，確定最低的進口價格，若第三國的農產品低於最低進口價格進口至歐洲聯盟時，則由歐洲聯盟對該進口的農產品課徵平衡稅，此一程序將造成進口障礙（Marktzugangsschranke）的效果[45]。

　　對於特定的農產品，為鼓勵出口，並由歐洲聯盟給予出口補貼[46]；若特定的農產品因生產過剩，而導致在市場上的價格下跌時，則由會員國的權責單位依據每年規定的干預價格（Interventionspreis）收購過剩的農產品，事實上會員國的干預在性質上即為一種價格保證（Preisgarantie）的形式[47]，生產者因而獲得自動的銷售保證（automatische Abnahmegarantie）[48]。

二、獎勵措施

　　依據歐洲聯盟運作條約第41條之規定，為實現共同農業政策的目標，在共同農業政策範圍內得採取：(1)有效的協調措施，以致力於職業教育、研究與推廣農業的專業知識；(2)為促進消費特定農產品的共同措施。申言

44　參閱W. Kilian，前揭書，S. 313; Schweitzer/Hummer，前揭書，S. 270f。
45　參閱W. Kilian，前揭書，S. 313。
46　參閱W. Hakenberg，前揭書，S. 151。
47　參閱W. Hakenberg，前揭書，S. 152。
48　參閱H.-W. Arndt，前揭書，S. 121。

之，歐洲聯盟運作條約第41條賦予歐洲聯盟採取特別的農業政策措施之職權，以實現共同農業政策的目標[49]。歐洲農業調整與保證基金負責採取特定的獎勵措施，例如對於農民的職業教育與進修計畫、農業推廣研究計畫等。

三、競爭管制

依據歐洲聯盟運作條約第42條之規定，歐洲聯盟運作條約第101條至第109條的競爭規範原則上不適用於農產品的生產與貿易，但在考量共同農業政策的目標下，得由理事會依據歐洲聯盟運作條約第43條第2項與第3項的程序立法，明文規定在農產品的生產與貿易上亦適用歐洲聯盟運作條約第101條至第109條的競爭規範，特別是同意給予補貼，以保護因結構條件或天然條件而受到不利益的企業，或在經濟發展計畫範圍內給予補貼。

1962年時，理事會制定公布第26號規章[50]，明文規定歐洲共同體條約第81至89條（現為歐洲聯盟運作條約第101條至第109條）的競爭規範原則上亦適用於所有農產品的生產與貿易，但以實現農業政策目標所必要者為限，得例外地不適用歐洲共同體條約第81至89條（現為歐洲聯盟運作條約第101條至第109條）的競爭規範，而適用有利於個別會員國的市場規範或其他的特別規定。

四、農業結構政策

共同農業政策的兩大支柱為農產品市場政策（Agrarmarktpolitik）與結構政策（Strukturpolitik）。所謂的結構政策，係指長期影響農產品生產與銷售條件的措施[51]。僅以市場政策並無法完全實現共同農業政策之目標，為了要有更高的生產力與確保農民有相當的收入，必須要施行其他的措施，因此必須改善農業生產的結構、改進農民的教育，以及引進現代

49　參閱C. O. Lenz (Hrsg.)，前揭書，Art. 41 EGV, Rn. 1。

50　Amtsblatt der Europäischen Gemeinschaften 1962 Nr. 30, S. 993ff.

51　參閱Schweitzer/Hummer，前揭書，S. 278。

化的農業技術，故必須由歐洲聯盟採取共同的結構政策，以改善農業結構[52]。此外，農業發展取決於土地的基本設施、相關區域的一般發展程度與農產品的加工和銷售，故共同農業政策亦必須影響農業經營結構的改善與相關的經濟領域[53]。

依據歐洲聯盟運作條約第39條與第42條第2項之規定，為能長期改善農產品的生產與銷售條件，歐洲聯盟亦享有制定農業結構政策的職權。由於歐洲聯盟在結構政策領域的職權無可避免地會與傳統上屬於會員國的職權領域重疊，例如稅捐政策、社會政策、環境政策或土地規劃等，因此歐洲共同體在施行農業結構政策時必須考量會員國在結構政策上的措施。

早在1968年底，在執委會提出的「1980年綱領」（Programm 1980）中即已包含共同農業結構政策的關鍵概念，並以提高農業生產面積與停止不獲利的農業生產面積為目標[54]。在1972年時，更進一步將共同農業結構政策的構想轉換立法為三個結構政策的指令，主要內容為：(1)藉由給予投資補助，使農業經營現代化[55]；(2)鼓勵停止農業活動，以期加速農業經營的世代更新與結構轉變[56]；(3)改善社會經濟資訊與農民的素質，以期促進擴大農業經濟與技術的進步，尤其是給予農民與農業顧問進修的補助[57]；並由農業基金（Agrarfonds）負責統籌資助共同農業結構政策[58]。

1985年時，理事會公布第797號規章[59]以規範農業結構政策，而取代1972年的結構政策指令。此一規章繼續為實現整體目標以實施措施，例如恢復生產與市場容量間的均衡、藉由繼續發展與重新組織農業經營的結構以提高農業經營的生產力、維持有生存能力的農業共同體、保護環境，以

52　參閱G. Nicolaysen，前揭書，S. 432。

53　參閱C. O. Lenz (Hrsg.)，前揭書，Art. 39 EGV, Rn. 10。

54　參閱Sonderbeilage zum Bulletin 1/1969.

55　RL 72/159/EWG, Amtsblatt der Europäischen Gemeinschaften 1972 L 96/1-8.

56　RL 72/160/EWG, Amtsblatt der Europäischen Gemeinschaften 1972 L 96/9-14.

57　RL 72/161/EWG, Amtsblatt der Europäischen Gemeinschaften 1972 L 96/15ff.

58　參閱G. Nicolaysen，前揭書，S. 432。

59　Amtsblatt der Europäischen Gemeinschaften 1985 L 93/1ff.

及持續地維護自然資源。

　　1988年，當時的歐洲共同體針對調整農業結構與土地規劃的發展而改革結構基金（Strukturfonds）[60]，其基本原則為財務支出計畫綱領、由歐洲共同體的獎勵措施補充會員國的措施、由歐洲共同體與會員國共同合作施行結構政策措施。因此，現階段歐洲聯盟主要的農業結構政策措施為[61]：

（一）水平的結構措施

　　水平的結構措施（horizontale Strukturmaβnahmen）係適用於歐洲聯盟的全部領域，以期致力於改善農業生產、加工與貿易結構的競爭能力，具體的作法為獎勵消除過量的生產、促進環境保護、促進改善農業經營，以及促進平衡在山區或受不利益區域的生產弊病。

（二）農業的所得補貼

　　對於農業的所得補貼係暫時的措施，由於歐洲聯盟的價格政策影響許多小型農場的生存，因此農民收入低於一定的限度時，則由會員國給予補貼。

（三）土地規劃的發展

　　由於土地規劃的發展關係到區域的結構發展，尤其是在歐洲聯盟內的落後區域與有發展需要的區域中，仍然占相當高比例的農業人口，而其收入偏低，同時仍存在低度的社會經濟發展狀態，因此歐洲聯盟亦致力於土地規劃的發展，以期平衡區域的發展。

　　另外，在1991年時，理事會特別針對農業結構政策制定公布第2328號

60　參閱Schweitzer/Hummer，前揭書，S. 376f。

　　結構基金係協調歐洲區域基金（Europäischer Regionalfonds）、歐洲社會基金（Europäischer Sozialfonds）、歐洲農業調整與保證基金（Europäischer Ausrichtungs-und Garantiefonds der Landwirtschaft）與調整部門（Abteilung Ausrichtung）而成立的基金。參閱C. O. Lenz (Hrsg.)，前揭書，Art. 39 EGV, Rn. 17。

61　參閱Schweitzer/Hummer，前揭書，S. 278f。

規章[62]，以期有效地改善農業結構，為能達到最理想的配合區域特性發展
之目的，因此在實施結構政策時會員國仍享有廣泛的職權，而由歐洲聯盟
分擔財務支出。

貳、農業政策的改革

　　共同農業政策引起國際社會強烈批評的論據，乃因共同農業政策的功
能機制（Funktionsmechanismus）不僅在歐洲聯盟的市場，而且在世界市
場上對於歐洲聯盟的農產品給予主權上的干預，例如限制第三國農產品的
進口、支援歐洲聯盟的農產品，以及影響歐洲聯盟農產品在國際市場上
的競爭力，進而優惠歐洲聯盟的農民[63]，即歐洲聯盟欠缺市場經濟供需原
則的農業市場規範迫切的需要改革[64]。1980年代初期，當時的歐洲共同體
即已著手阻止農業生產過剩的問題[65]，即在穀物的市場規範實施保證門檻
（Garantieschwelle），若穀物生產超過此一數量限制時，應降低其干預價
格。

　　1985年時，為改革農業政策，執委會提出所謂的綠皮書（Grün-
buch）[66]，闡述共同農業政策繼續發展的前景，尤其是關於消除生產過
剩、環境保護與農業結構政策的問題。

　　1992年初，在當時的歐洲共同體內與在關稅暨貿易總協定的烏拉圭
回合談判中均熱烈地討論改革共同農業政策[67]，主要議題為大幅降低農產
品的干預價格，以直接支付（Direktzahlung）的方式，平衡農民因改革
共同農業政策所造成的收入損失，而至少應停止15%的農地耕作[68]。對於

62　Amtsblatt der Europäischen Gemeinschaften 1991 L 218/1ff.

63　參閱Grabitz/von Bogdandy/Nettesheim，前揭書，S. 144。

64　參閱G. Nicolaysen，前揭書，S. 413。

65　參閱R. Priebe, Maßnahmen der EG zur Beseitigung landwirtschaftlicher Überschüsse, in
　　Festschrift für W. Zeidler, 1987, S. 1729.

66　Bulletin EG 7/8-1985, S. 12ff.

67　KOM (91) 100 endg.; KOM (91) 258 endg.; Bulletin EG Beilage 5/91.

68　VO (EWG) Nr. 1765/92, Amtsblatt der Europäischen Gemeinschaften 1992 L 181/12ff.

牛肉生產，飼養的公牛在特定時間內屠宰與飼養母牛則給予特別的獎金（Sonderprämien）[69]；降低牛奶的價格，但仍然維持生產配額的規定[70]。另外，以關於環境保護[71]、獎勵造林[72]與鼓勵農民提早退休[73]，作為改革共同農業政策的附加措施。

理事會並於1992年6月提出改革共同農業政策的基本方針[74]，由於當時歐洲共同體的農產品價格普遍高於世界市場上的價格，因此改革共同農業政策的目標，為以降低價格的方式，增加歐洲聯盟的農產品在國際市場上的競爭力，消除生產過剩的問題，同時解決以高的干預價格直接補貼農產品在關稅暨貿易總協定範圍內引發的問題，以及應盡可能實施附加的措施以避免因而造成農民收入的損失[75]。

隨著1993年烏拉圭回合談判的結束，原則上歐洲聯盟同意變更其保護農產品市場的機制，而改以課徵關稅的方式開放農產品市場，在一定程度上並對第三國的農產品保證開放市場[76]，即歐洲聯盟必須放棄以往所採取會造成貿易障礙的最低進口價格與特別的進口稅捐，而達到完全開放其農產品市場[77]，以符合烏拉圭回合的最終目標。

1999年5月17日，理事會提出「2000議程」（Agenda 2000）[78]，繼續進行自1992年以來的改革，而執委會提議應在「2000議程」範圍內改革共同農業政策，以達成發展出一個歐洲農業模式的目標。歐洲農業模式為具

----

[69] VO (EWG) Nr.2066/92, Amtsblatt der Europäischen Gemeinschaften 1992 L 215/49ff.

[70] VO (EWG) Nr.2072/92, Amtsblatt der Europäischen Gemeinschaften 1992 L 215/62ff.

[71] VO (EWG) Nr.2078/92, Amtsblatt der Europäischen Gemeinschaften 1992 L 215/85-90.

[72] VO (EWG) Nr.2080/92, Amtsblatt der Europäischen Gemeinschaften 1992 L 215/96ff.

[73] VO (EWG) Nr.2079/92, Amtsblatt der Europäischen Gemeinschaften 1992 L 215/91-95.

[74] VO (EWG) Nr.1765/92, Amtsblatt der Europäischen Gemeinschaften 1992 L 181/12ff.

[75] 參閱H.-W. Arndt，前揭書，S. 122; G. Nicolaysen，前揭書，S. 414; Schweitzer/Hummer，前揭書，S. 280。

[76] 參閱E. Guth, Agricultural trade policy negotiations in the Uruguay Round, Commission of the European Communities, Brussels June 1992, p. 5, p. 12.

[77] 參閱Grabitz/von Bogdandy/Nettesheim，前揭書，S. 146。

[78] Bulletin der EG, Beilage 5/97, 28ff.

有健康和符合環境的生產過程、有競爭力的農業、多樣和充滿傳統的農業、應維護美麗的景觀和生動的農業共同體，以及一個簡單明瞭的農業政策。除了共同農業政策的改革外，並且進行結構基金的改革，以及採取迎接新會員國加入的準備措施[79]。

參、21世紀的共同農業政策改革

由於全球的環境與氣候變遷，共同農業政策面臨許多新的挑戰，因此歐盟持續的進行改革。2013年時，歐盟共同農業政策改革的重點為：

1. 更綠色與更環保的耕作；
2. 研究與知識的傳播；
3. 對農民公平的補助制度；
4. 在食品鏈中，加強農民的地位；
5. 透過歐盟的品質標示制度，協助消費者對食品有充分資訊的選擇。歐盟的品質標示制度包括地理來源、使用傳統的成分或方法（例如有機耕作），亦協助歐盟的農產品在全球市場上更有競爭力；
6. 鼓勵在耕作與食品加工的創新，以增加生產力與使用耕作副產品及產品的垃圾產生能源而降低環境衝擊；
7. 鼓勵與開發中國家維持公平的貿易關係，終止對農產品的出口補貼，使開發中國家的農產品更容易出口到歐盟。

整體而言，2013年改革共同農業政策目標為加強農業的競爭力、促進永續耕作與創新、支援在農村地區的就業與成長、提供經費援助給有生產力的土地利用。早在2006年歐盟已經公布第一個共同農業政策簡化行動計畫（Action Plan on CAP Simplification），2013年持續進行大幅改革，以因應農業面臨的新挑戰，特別是針對可變動的糧食生產、天然資源的永續管理與農村地區均衡發展三大優先項目。

2013年12月底，歐盟公布改革共同農業政策基本規章，包括

---

[79] ABlEG 1999 L 160/1; ABlEG 1999 L 179/1.

2013年第1305號支持農村發展規章（Regulation on Support for Rural Development）[80]、第1306號共同農業政策之經費、管理與監控的水平規章（Horizontal Regulation on the Financing, Management and Monitoring of the CAP）[81]、第1307號直接支付規章（Direct Payments Regulation）[82]與第1308號共同市場規範規章（Common Market Organisation Regulation）[83]。這些新的規定陸續在2014年與2015年生效，係以一致的方式在全體會員國生效施行[84]。

肆、2020年後的共同農業政策：現代化與簡化的共同農業政策

2017年2月28日，理事會提出一份「共同農業政策之未來」的文件[85]，指明未來討論共同農業政策的優先項目，主要係依據2016年針對共同農業政策的農業部長非正式會議、農業部長會議及農村發展會議等討論，而進行公開諮商後，提出的「現代化與簡化共同農業政策」[86]文件所進行的討論。未來共同農業政策的優先項目包括：

1. 建立彈性：包括關於天氣、健康或衛生風險的風險管理、資金取得與融資方法、所得補助、所得／價格波動、增加競爭力、投入研究與創新、提供給不受歡迎地區量身定制的補助、強調食品安全、家庭農場、小型及中型農場的特殊需求、提高消費者意識等議題。

2. 回應環境挑戰：隨著永續發展、對抗氣候變遷、提供環境公共財與增加國際承諾，特別是遵循聯合國氣候變遷會議或「永續發展2030議程」（2030 Agenda of Sustainable Development）的目標，應致力

80　OJ 2013 L 347/487-548.

81　OJ 2013 L 347/549-607.

82　OJ 2013 L 347/608-670.

83　OJ 2013 L 347/671-854.

84　European Commission, MEMO/14/180, Brussels, 11.03.2014.

85　Council of the European Union, 6766/17, Brussels, 28.02.2017.

86　WK 1185/17.

於解決環境挑戰。

3.投入於農村的生存能力與活力：即改善就業創造與支援在農村地區提供服務、提高農村治理、支援農村的多元化與相關的活動，以及完全開發農業的多功能性。

4.確保世代更新：鼓勵取得融資與土地、知識移轉、職業訓練，以及減少行政障礙。

5.維持市場導向：涵蓋促進競爭、致力於可變動的農業、在開放新市場間找到正確的平衡、保護敏感的領域、維持歐盟的高標準與改善出口競爭力等議題。

6.加強農人的地位：強調透明、契約關係、公平交易行為、促進農人間的合作、從更寬廣與整體的面向考慮食品供應、提高消費者意識等。

　　簡化共同農業政策促使歐盟的農業經濟更有競爭力、保存與創造就業，以及促進農村地區的健全發展。因此，簡化共同農業政策必須與其他政策目標相容結合，例如環境政策、食品安全、整合與保護歐盟的財政利益。

第四節　共同漁業政策

壹、共同漁業政策之發展

　　漁業政策為共同農業政策的構成部分，但漁業政策卻有許多特點，而雖然歐洲聯盟運作條約第38條第1項規定漁業產品亦屬於共同農業政策中的初級產品（Urproduktion）[87]，而歐洲聯盟運作條約的附錄II關於歐洲聯盟運作條約第38條的產品表列，包括魚、甲殼類動物（例如蟹、蝦）與軟

87　參閱R. Streinz, Europarecht, 2. Auflage, Heidelberg 1995, S. 244.

體動物；共同漁業政策卻是在1973年英國、丹麥與愛爾蘭加入歐洲聯盟後，才開始有進展，而在加入條約第98條以下針對漁業重要的問題，予以具體的規定；西班牙[88]與葡萄牙於1986年加入歐洲聯盟後，更提高漁業政策的重要性。

　　1973年以前，歐洲聯盟六個創始會員國的漁民依據禁止差別待遇原則（Grundsatz der Nichtdiskriminierung），在其他會員國的領海內亦得平等地捕魚[89]，在1973年英國、丹麥與愛爾蘭三國加入歐洲聯盟後，這些漁民仍享有一段時間的特權，即1972年加入條約第103條授權會員國在其沿海海域（12海哩）只允許傳統上從這些沿岸港口出發在此海域捕魚的漁船進行捕魚，因而嚴重地限制漁業權的開放[90]，在1995年1月1日芬蘭與瑞典加入歐洲聯盟時又面臨相同的問題[91]。

　　原則上所有掛有會員國國旗的漁船均有相同的捕魚權利，歷經很久的討論，終於在1976年第101號規章[92]對漁業經濟實施共同的結構政策，明文規定在會員國的領海內，每個會員國的漁船均有權在此深海補撈區進行捕魚的活動，對於新加入的會員國則給予一段過渡時期，以調整其漁業政策，逐漸納入歐洲聯盟的捕魚規定與市場規範。

　　1976年時，理事會配合一般海洋法的發展[93]決議[94]，宣布200海哩為歐洲聯盟的專屬經濟區（ausschlieaβliche Wirtschaftszone）。除有明確的許可外，原則上僅歐洲聯盟會員國的漁民得在此一海域進行漁業活動。1977年1月1日會員國接受歐洲聯盟的建議，針對北海（Nordsee）與北大西洋（Nordatlantik）採取一致的行動，宣布200海哩為漁業的專屬經濟區；在

88　西班牙為歐洲最大的捕魚船隊國家。
89　VO (EWG) Nr. 2141/70, Amtsblatt der Europäischen Gemeinschaften 1970 L 236/1ff.
90　參閱G. Nicolaysen，前揭書，S. 436。
　　1992年第3760號規章將此一授權延長至2002年12月31日，依據該規章第6條之規定，會員國並得規定在其沿海地帶其他會員國漁船捕魚的活動與種類。
91　Amtsblatt der Europäischen Gemeinschaften 1994 C 241/21ff.
92　Amtsblatt der Europäischen Gemeinschaften 1976 L 20/19ff.
93　參閱聯合國海洋法公約第55至57條。
94　Bulletin EG 10/1976, Ziffer 1501ff.

地中海（Mittelmeer）歐洲聯盟並沒有特定的漁業區；德國與丹麥自1978年1月1日起在波羅的海（Ostsee）[95]亦實施專屬經濟區[96]。申言之，歐洲聯盟的海域為會員國的200海哩內的區域，依據特定的會員國漁獲配額，所有擁有歐洲聯盟會員國國籍的漁民均得在此一海域中自由地進行捕魚，而且保證沿岸國家12海哩的保留區（Vorbehaltszonen），為保護沿岸會員國的漁業經濟，在保留區內會員國得禁止其他會員國漁民的捕魚活動[97]。

共同漁業政策為共同農業政策的構成部分，由於理事會未在規定的期限內制定公布必要的維持漁業措施，歐洲法院允許執委會與會員國合作在專屬於歐洲聯盟的權限範圍內，以共同利益代理人（Sachwalter des gemeinsamen Interesses）的身分代理理事會公布必要的措施[98]。

2009年12月1日里斯本條約生效後，在歐洲聯盟運作條約第3條第1項新增訂歐洲聯盟的專屬職權事物範圍，其中即包括在共同漁業政策範圍內的維持海洋生物多樣性。

貳、共同漁業政策的法律依據

1983年時，理事會制定公布第170號規章[99]，針對漁業資源的保存與管理實施共同體的法規，理事會於1992年又制定公布的第3760號規章[100]，廣泛地對漁業與水產業實施歐盟的規定，取代1983年第170號規章，成為目前漁業政策的法律依據。1992年第3760號規章規定每年應確定總漁獲量，並依據相對穩定原則（Grundsatz der relativen Stabilität）分配會員國的漁獲配額，然後由會員國負責將其漁獲配額分配給個別的漁民，在分配配額時會員國必須遵守歐盟法的原則，即不得有差別待遇的情形，並依據客觀

---

[95] 德文原意為東海，實際上為我們所通曉的波羅的海。

[96] 參閱R. Streinz，前揭書，S. 29f。

[97] 參閱W. Hakenberg，前揭書，S. 159; C. O. Lenz (Hrsg.)，前揭書，Art. 40 EGV, Rn. 57; Schweitzer/Hummer，前揭書，S. 280。

[98] 參閱EuGH Rs. 804/79, Kommission/Groaβbritannien, Slg. 1981, S. 1045ff.

[99] Amtsblatt der Europäischen Gemeinschaften 1983 L 24/1ff.

[100] Amtsblatt der Europäischen Gemeinschaften 1992 L 389/1ff.

的原則分配漁獲配額，特別是應考慮漁民捕魚的活動與加工的可能性[101]。因此歐洲聯盟的共同漁業政策不同於共同農業政策，並不是限制過剩的生產，而是優先維護魚類的生存[102]。

參、共同漁業政策的重要方法

一、維持魚類的生存

　　由於在深海捕撈區嚴重地濫捕，共同漁業政策的其他規定受到保護、維持與有效利用魚類資源的影響[103]，因此1992年第3760號規章第2條明文規定，必須合理的（rationell）、有責任感的（verantwortungsvoll）與持續的（dauerhaft）考量對海洋生態體系的影響，同時兼顧生產者與消費者的需求。為達到此一目標，應實施歐盟的規定，以控制利用魚類資源的活動，必須在不同的捕魚區造成資源與使用間持續平衡的結果，而1992年第3760號規章之立法目的，為對魚類的維持與保護建立綱要條件（Rahmenbedingung），會員國必須考量非營利的活動不得影響在共同漁業政策範圍的資源維護與管理，因此必須藉由本規章管制捕魚活動、管理與監督漁業的消耗，以及規定必要的方法與程序。

　　1992年第3760號規章第4條並規定許多具體的方法，例如限制在特定的捕魚區進行捕魚的活動、限制捕魚的程度、限制漁獲量、限制捕魚的時間、規定漁船的種類與數量、規定捕魚器具的技術措施與使用限制、規定得捕獲魚的大小與重量等。1992年第3760號規章第8條規定在當時歐洲共同體海域的總漁獲量與分配給會員國的配額，依據第9條之規定，按照漁船所掛船旗的會員國分配配額，而會員國得彼此交換捕魚權。

　　共同漁業政策最重要的要件，為藉由規範全部的漁獲量、分配、管制漁網張網、生存保護措施等，以維護魚類的生存措施與直接補貼制度。為

---

101 參閱EuGH Rs. 207/84, de Boer, Slg. 1985, S. 3203.
102 參閱R. Streinz，前揭書，S. 245。
103 參閱G. Nicolaysen，前揭書，S. 436f。

了防止濫捕，1986年時，理事會制定公布第3094號規章[104]，以廣泛地規範維護魚類生存的技術措施，例如規定捕魚網的開口尺寸、應使用織軸的拖網、得捕魚的大小等。

　　為了使共同漁業政策的各項施行措施有效地運作，更必須加強監督的工作，尤其是使用現代化的技術設備，例如使用人造衛星監視捕魚活動，並且由會員國對其漁民負起直接監督的工作，但由當時的歐洲共同體詳細規定監控的方法，執委會應考核具體的執行效果[105]。1993年時，理事會制定公布第2047號規章[106]，對共同漁業政策實施管制規定，將監視措施與管制措施形成一個緊密的網，對漁船、捕魚活動、將魚送上岸、銷售與價格、運輸進行管制。漁船的船長必須填寫航海日誌（Logbuch），而且必須向主管當局具報；漁船拍賣者、漁船第一次的賣主、運輸業者必須製作應呈報或受抽樣檢查的結算帳目與附帶文件，違反時，應由會員國對應負責的人員採取適當的制裁措施；執委會必須監督適用此一規章，尤其是應審核資料與進行實地查核（Vor-Ort-Inspektionen），會員國管制措施的執行亦得參與執委會的檢查；由於此一管制欠缺強有力的效力（Durchgriffswirkung），因此執委會的行政職權受到相當的限制，尤其是執委會的檢查人員不得行使會員國官員的檢查權，僅得在會員國官員的陪同下，才得登船或進入船艙進行檢查，並且不得對自然人進行管制，執委會只能按照此一標準收集資料與審查文件。

二、結構措施

　　漁業經濟的狀況在會員國間有很多的爭議，因此歐洲聯盟致力於漁業經濟的結構改善（Strukturverbesserungen），目前自結構基金（Strukturfonds）使用歐洲聯盟的財源[107]，以調整及改善漁業的結構[108]；一方面以

---

104 Amtsblatt der Europäischen Gemeinschaften 1986 L 288/1ff.

105 參閱G. Nicolaysen，前揭書，S. 438f。

106 Amtsblatt der Europäischen Gemeinschaften 1993 L 261/1ff.

107 VO (EWG) Nr. 3699/93, Amtsblatt der Europäischen Gemeinschaften 1993 L 346/1ff.

108 VO (EWG) Nr. 4028/86, Amtsblatt der Europäischen Gemeinschaften 1986 L 376/7ff.

拆卸獎金限制過量的漁船，另一方面又致力於船隊的現代化，作為漁業發展調整計畫綱領的目標，同時獎勵在海港設備、加工與銷售的各項改善措施，以及獎勵相互合作致力於漁產品的加工與銷售。

三、漁產品的共同市場規範

1992年時，理事會針對漁業產品與水產品制定公布新的共同市場規範[109]，依據產品的品質、大小與重量分類規定市場銷售規範，並且以回收產品的方式干預市場上的銷售，即產品不得低於收回價格（Rücknahmepreis）[110]，若低於收回價格時，該產品即應退出市場而轉做其他的用途，例如魚粉加工；收回產品時，生產者並可獲得由會員國支付的補償金。原則上由生產者協會進行市場銷售與干預的工作，生產者協會在此領域享有廣泛的職權，並得以補貼（Beihilfe）的方式，促進產品銷售與干預。對於來自第三國的漁產品進口，則以課徵關稅的方式管制進口，在進口的漁產品免稅價格（Frei-Grenze-Preis）低於歐洲聯盟規定的參考價格（Refererzpreis）時，對於該漁產品並得課徵平衡稅（Ausgleichsabgabe）；進口的漁產品嚴重地干擾市場時，並得對其採取保護措施限制其進口。

2004年時，執委會公布第1595號規章[111]對於在漁業領域從事生產、加工與銷售漁業產品的中小企業適用的補貼規定，簡化漁業補貼的核准程序，對於漁產品的促銷或廣告、支援生產者協會、保護與發展水資源、創新措施與技術援助、漁港設施、投資的漁產加工或行銷、水產養殖與內河漁業等，都不須再經申報與批准程序，即得適用中小企業的補貼規定。但對於更新捕魚艦隊、現代化漁船與設施、暫時中止捕魚活動的財務補貼、將漁船確定地轉手給第三國、收入與營運補貼、消除因天然災害或其他非常事件所造成損害的補貼，仍須經申報與批准程序。而會員國規定的全球

---

109 VO (EWG) Nr. 3759/92, Amtsblatt der Europäischen Gemeinschaften 1992 L 388/1ff.
110 收回價格大約是指示價格（Orientierungspreis）的70%至90%。
111 ABIEU 2004 L 291/3.

獎勵漁業措施必須符合歐盟的補貼金額，且此一漁業補貼措施必須符合共同市場。

四、保存與開發海洋資源

2002年第2371號共同漁業政策保存暨永續開發漁業資源規章[112]規範共同漁業政策的經濟、環境與社會依據，以保證永續開發海洋生物資源，在採取措施時，必須依據預防原則（precautionary principle）與健全的科學建議（sound scientific advice），而這些措施應關注保存與保護魚類種群與海洋生態系統、水與資源之取得、船隊、行為之檢查、決策與在共同漁業政策所有階段利害關係人的參與。

共同漁業政策涵蓋海洋資源的保存、管理與開發、漁產品及水產養殖品的加工與行銷，因此2002年第2371號規章規範了下列事項的整合措施：

1.海洋生物資源之保存、管理與開發；

2.捕魚對環境衝擊之限制；

3.水與資源之取得條件；

4.船隊容量；

5.檢查；

6.水產養殖；

7.共同市場規範；

8.國際關係。

值得注意的是，歐盟捕魚檢查系統係為確保從船上到零售在整個生產鏈遵循共同漁業政策的規則，因此不僅在海上進行檢查，而且也在港口、運送過程、加工廠與市場上進行檢查，以期確保合法捕魚。歐盟捕魚檢查系統適用於歐盟水域的所有捕魚活動，歐盟船隻與歐盟人民所屬船隻，不論在歐盟水域或不在歐盟水域的捕魚活動，亦適用於魚產品的加工與行

---

[112] OJ 2002 L 358/59-80. 由於2004年5月與2007年有新的會員國加入歐盟，因此2004年又公布第1242號規章，OJ 2004 L 236/1-2. 2007年第783號規章，OJ 2007 L 175/1-2. 以補充2002年第2371號規章。

銷，以及影響敏感魚種與水產養殖的休閒釣魚。

　　由於非法、未報告與未規範捕魚（illegal, unreported and unregulated fishing）構成對海洋生物資源永續開發最嚴重的威脅，同時危害共同漁業政策的基礎與國際社會對於促進更佳海洋治理的努力。非法、未報告與未規範捕魚亦會嚴重威脅海洋生物的多樣性。

　　歐盟亦為1982年聯合國海洋法公約（UN Convention on the Law of the Sea）的締約國，並批准聯合國海洋法公約施行聯合國魚類種群協定（UN Fish Stocks Agreement），亦接受1993年聯合國農糧組織的遵循協定（UN FAO Compliance Agreement）。這些規定要求所有的締約國必須採取適當的措施，以確保海洋資源的永續管理與互相合作共同對抗非法捕魚[113]。

　　非法、未報告與未規範捕魚枯竭魚類種群、破壞海洋生態、扭曲競爭、使誠實的漁民受到不公平的不利益與削弱沿海社區，特別是嚴重衝擊開發中國家的沿海社區。僅由有權捕魚的船旗國或出口國認證為合法的海洋漁獲品，才得進口到歐盟。

　　歐盟針對非法捕魚活動，自2010年1月1日起，已經發展一套共同的法律架構，主要法規如下：

1.2008年第1005號對抗非法、未報告與未規範捕魚規章[114]；
2.執委會應負責施行2008年第1005號規章，因此在2009年公布第1010號施行規章[115]，以詳細規範施行規則。

肆、在漁業政策內的對外關係

　　由於會員國一致地擴大其捕魚區，與原則上允許所有會員國的漁船進入其領海，而形成歐洲聯盟的海域，除歐洲聯盟與第三國間有特別的協定外，第三國的漁民原則上不得自由地進入歐洲聯盟的海域，以進行捕魚的

---

113 2008年第1005號規章立法理由第1點。
114 OJ 2008 L 286/1-54.
115 OJ 2009 L 280/5-41.

活動[116]。

歐洲聯盟對於共同漁業政策對外亦享有專屬的職權（ausschließliche Zuständigkeit）[117]，歐洲法院亦承認歐洲聯盟有與第三國締結漁業協定的職權[118]，因此歐洲聯盟亦參與締結許多關於漁業與漁業保存措施的雙邊與多邊協定[119]，而成為在國際漁業關係上最大的締約當事人[120]。此外，過去歐洲共同體亦參與許多關於漁業的多邊組織，例如北大西洋漁業組織（NAFO）與東北大西洋漁業組織（NEAFC）[121]。

伍、共同漁業政策之改革

自2009年起，針對海洋資源保存與漁業政策，歐盟開始廣泛的公開討論，執委會並提出「改革共同漁業政策綠皮書」（Green Paper on Reform of the Common Fisheries Policy）[122]，闡述歐盟漁業面臨的嚴峻挑戰。2011年7月時，執委會提出改革共同漁業政策草案[123]，並改革歐洲海洋暨漁業基金（European Maritime and Fisheries Fund）[124]。2013年4月時，執委會又提案一個整合的海洋政策[125]，同時執委會亦提案修訂歐洲結構暨投資基金（European Structural and Investment Funds）[126]的基本規則，以期使歐洲結

---

116 參閱W. Hakenberg，前揭書，S. 160; C. O. Lenz (Hrsg.)，前揭書，Art. 41 EGV, Rn. 67; Schweitzer/Hummer，前揭書，S. 280。

117 參閱R. Streinz，前揭書，S. 41; C. O. Lenz (Hrsg.)，前揭書，Art. 41 EGV, Rn. 67f。

118 參閱EuGH Rs. 3.4.und 6/76, Kramer, Slg. 1976, S. 1279ff.

119 例如1995年3月時，西班牙與加拿大間的漁業糾紛，最後由歐洲共同體與加拿大締結漁業協定落幕。參閱DOK KOM (95) 251 endg.

120 參閱T. Oppermann, Europarecht, München 1991, Rn. 1284.

121 參閱G. Nicolaysen，前揭書，S. 440。

122 COM (2009) 163 final.

123 COM (2011) 417 final.

124 COM (2011) 804 final.

125 COM (2013) 245 final.

126 COM (2011) 615 final. 歐洲結構暨投資基金主要對整合政策、農村發展與漁業提供融資。

構暨投資基金發揮最大的效率。這些基本規則包括融資條件、績效檢討、監督、報告與評估的安排，以及融資取得之資格要件。

　　歐洲海洋暨漁業基金關於管理與檢討系統、經費管理的規定，與歐洲區域發展基金（European Regional Development）、歐洲社會基金（European Social Fund）與整合基金（Cohesion Fund）密切相關。2013年4月時，執委會提出修訂草案，以規範上述這些基金的共同策略架構與一般的規定[127]，而成為這些基金的共同規則，以期有效率的運用這些經費。

　　另外，對於魚產品與水產養殖品，執委會亦有新的規範[128]，並公布共同漁業政策的對外規模[129]，以及提出在共同漁業政策下魚類資源保存與永續開發的報告[130]。海洋資源的保存與永續開發海洋資源已經是共同漁業政策改革的重點。

第五節　食品安全政策

壹、歐盟食品安全管制法規之發展演進

　　近年來，在一連串的食安風暴後，食品安全也成為歐盟日益重視的民生議題，因此歐盟全力建立一個食品安全的預警機制與制定相關的食品安全法規，以期重拾消費者對於從生產者到消費者食物鏈的信心，並建置一套食品安全檢查制度，以期在食物供應鏈中檢查細菌及化學物質的風險與因而最小化對消費者產生危險。

　　1985年時，歐盟禁止含荷爾蒙的牛肉；1996年時，美國向WTO的爭端解決機構提出控訴歐盟禁止荷爾蒙牛肉的規定違反WTO；2003年時，

---

127 COM (2013) 246 final.
128 COM (2011) 416 final.
129 COM (2011) 424 final.
130 COM (2011) 418 final.

美國又向WTO爭端解決機構控訴歐盟核准生產基因改造的食品。1990年代開始，歐盟逐漸重視食品安全的議題，陸續公布許多嚴格的食品法規，特別是對於新的風險有新的規定，而成為全球食品安全法的先驅，有更高及更嚴格的食品安全標準，以保護人民的健康與環境。

1999年6月，比利時發生雞蛋、豬肉、牛肉、牛奶、乳酪、奶油製品含有戴奧辛（dioxin）的污染事件，食安風暴遍及比利時、法國與荷蘭，高達1,400多家食品製造商購入這些受污染的食材；2001年初爆發席捲歐洲的狂牛症（Bovin Spongitorm Encephalopathy，簡稱BSE），使得食品安全與消費者保護在全歐洲成為熱門的話題。2001年時，聯合國的農糧組織（Food and Agriculture Organization）警告BSE的風險足以危害歐洲與全球人體的健康，並指出自1980年代以來，特別是英國已經有BSE的案例。這兩個食品安全醜聞亦顯示食品安全已經與國際貿易緊密結合，執委會因而重新檢討食品法，而發展出食品安全新的法律架構，應涵蓋整個食品生產鏈及飼料。

由於歐盟是全球最大的食品與飲品生產者，食品業是歐盟的三大產業之一，僱用2,600萬人，其中30%在中小企業工作，因此2000年1月時，執委會公布食品安全白皮書（White Paper on Food Safety）[131]，以解決歐洲的食品安全問題，因而促成設立一個獨立的歐洲食品安全局（European Food Safety Authority），以提供科學的諮詢，並建立一套快速的預警系統（rapid alert system）、與消費者就食品安全及衛生議題進行溝通與對話、歐洲食品安全局應與全體會員國建構一個食品安全網絡（networking）。食品安全白皮書亦強調應持續告知消費者關於新興的食品安全議題與將消費者保護納入食品安全政策，同時指明在國際貿易，歐盟是最大的食品進口者與出口者，歐盟應更積極有效的扮演維護食品安全的角色。

歐盟的食品安全政策目標在消費者保護，並保證歐洲單一市場的順利運作，自2003年起，食品安全政策的核心為飼料與食品鏈的可追蹤性。歐盟的食品安全政策涵蓋食品「從農場到餐桌」（from farm to fork），應保

---

131 COM (99) 719 final.

證：

1.安全及營養的食品與動物飼料；

2.動物健康及福祉與植物保護的高度標準；

3.食品來源、成分/標示與使用清楚的資訊。

歐盟的食品安全政策就是制定標準，以確保食品衛生、動物健康及福祉、植物健康、檢查不受外在物質的污染、並在早期階段進行嚴格的檢查，自第三國進口的食品亦必須符合與在歐盟境內生產的食品相同的生產標準及通過相同的檢查。

歐盟的食品安全政策包含：

1.針對食品暨飼料安全與食品衛生廣泛的立法；

2.根據健全的科學建議做決策；

3.施行法規與檢查。

針對消費者保護，歐盟公布了許多特別的規則，例如使用殺蟲劑、食品補充劑、色素、抗生素或荷爾蒙、食品添加物（例如防腐劑與調味料）、與食品接觸的物質（例如塑膠包裝）、有可能引起過敏的成分標示、低脂或高纖的健康聲明。

由於動物可以在全歐盟自由流通，但在農場適用的健康與福祉標準，亦必須適用在運送的過程中的動物；而在爆發動物疾病時，歐盟有一套快速行動與禁止產品販售的機制，以防止疫情擴大。歐盟亦實施「寵物護照」（pets passport），以便人們可以攜帶寵物（例如貓、狗）旅行，為防止疾病擴散，寵物與其他動物一樣，亦適用預防原則。

所有無害蟲的植物與植物物質得在歐盟內自由流通，篩選進口的植物物質與在歐盟境內的監控，以協助在早期發現新的害蟲，盡早採取預防行動，避免使用殺蟲劑。對於年輕的樹林，有所謂的「植物護照」（plant passport），表示這些樹木是在健康的條件下生長。

貳、共同的食品安全法律架構

　　為實現單一市場的目標，在食品領域，歐盟首先是調整會員國間的法規差異，以廢除貿易障礙，接著歐盟公布了許多的指令（Directive）與規章（Regulation），以全面規範食品（例如2002年第178號食品安全基本規章）及規範特定的食品（例如2000年第36號指令規範可可與巧克力產品）[132]。也就是在廢除貿易障礙促進商品自由流通後，接下來就是要消除不清楚與不安全的要素，因此歐盟積極的規範有害物質含量的上限、可添加物或特定合格的製造或處理方法、食品標示的要求，以及食品監督的基本要求等，也因此公布了大量的食品法規[133]。

　　歐盟的食品安全法包羅萬象，不僅規範食品與飼料，並規範食品衛生，而在全體會員國內適用相同的高標準，為歐盟最重要的法規如下：

1. 歐盟2002年第178號食品安全基本規章[134]，基本涵蓋食品法的一般原則與要求、建立一個歐洲食品安全機關、以及落實食品安全的檢查程序；
2. 歐盟2000年第13號標示指令[135]；
3. 歐盟2011年第1169號食品資訊規章[136]，以規範食品及營養值的標示，提供消費者食品的資訊。

　　為落實2002年第178號規章第1條第1項的「高度保護水準」（hohes Schutzniveau），在2004年時，歐盟公布所謂的衛生包裹（Hygienepaket），即(1)第852號規章[137]，為規範一般的食品衛生規定；(2)第853號規章[138]，為含有動物來源食品特別的衛生規定；與(3)第854號

---

132 Markus Weck, Lebensmittelrecht, 2. Auflage, 2013 Stuttgart: Verlag W. Kohlhammer, S. 8.

133 Rudolf Streinz, Lebensmittelsrechts-Handbuch, 30. Auflage 2010, München: Verlag C. H. Beck, Rn. 86.

134 OJ 2002 L 31/1-24.

135 OJ 2000 L 109/29，已於2014年12月31日失效。

136 OJ 2011 L 304/18-64.

137 OJ 2004 L 226/3-21.

138 OJ 2004 L 226/22-82.

規章[139]，為官方食品監督特別的程序規定，只有在食品業者遵守食品衛生規定時，主管機關才會核發執照。這些規章一方面要求業者應遵守品質保證措施，以落實HACCP[140]的概念，另一方面為官方監督含有動物來源食品的監督。

　　另一方面，官方監督對含有動物來源食品的監督，2014年第652號食品檢查規章[141]規定歐盟應如何提供經費給在歐盟依據2014年至2020年多年期財政架構所涵蓋的範圍，在食品鏈的所有環節行動與措施。一些這些措施應達成改善在全歐盟進行官方檢查與其他官方行為之目標。歐盟於2017年3月15日通過第625號關於食品檢查規章[142]，廢止了許多的規章與指令，而整合成一致的官方檢查規定，以保證適用食品暨飼料法規，同時保障人體、動物與植物高度的保護水準。此一新的食品檢查規章主要目的是消費者保護「食的安全與食的安心」、保障在食品鏈的每個環節都是遵循法規的要求、保護動物與植物的健康、涉及基因改造生物與農藥時的環境保護。

　　為了避免動物傳染病帶進歐盟，歐盟在2009年時公布第206號規章[143]（即所謂的私人背包規章）嚴禁自第三國帶進肉品、牛奶、肉製品與乳製品，僅允許少量與在特定要件下，才得攜帶特定的動物製品，例如嬰兒食品、特殊的醫藥食品、特殊的醫藥家畜飼料、其他的動物製品（例如蜂蜜），每人最多可攜帶2公斤、肉品或魚製品最多可攜帶20公斤。另外有些僅含有少量動物來源的加工品與幾乎無健康風險的食品，例如蛋糕、麵包、餅乾、巧克力等，得作為旅途攜帶的口糧食物，而無數量的限制。

---

[139] OJ 2004 L 226/83-127.

[140] HACCP原文為Hazard Analysis Critical Control Points，為食品安全管理系統，為危害分析與重要管制點制度，係針對整體食物供應鏈，進行「從農場到餐桌」的全程管理，強調源頭管制、自主管理、產品責任保證之基本精神，並延伸到食品加工業的上、中、下游，每一個生產階段應有明確的分工與責任歸屬，並澈底做好監督工作，避免發生安全問題，而導致危害消費者健康的自主管理方法。

[141] OJ 2014 L 189/1.

[142] OJ 2017 L 95/1-142.

[143] OJ 2009 L 77/1-19.

參、歐盟食品安全法之基本原則

　　歐盟食品安全法之三大目標，即(1)保護人類的健康；(2)防止消費者受欺騙；(3)確保社會大眾獲得正確的資訊[144]。同時，在全歐盟並適用七個食品安全的基本原則，以規範在食品安全網絡中應負的責任與應扮演的角色，而形塑食品安全架構的支柱[145]，此七大基本原則為[146]：

1.食物鏈原則：即在整個食物鏈應嚴格執行所有的措施，以確保食品安全，遵循「從農場到餐桌原則」（from farm to fork principle）[147]，涵蓋生產食品每個階段的法規與檢查，以便消費者可以「食的安心」。

2.生產者責任原則：即食品與飼料的生產者應負責確保其產品是消費安全，也就是在生產時應盡注意義務（duty of care），從原料與成分選取開始，生產者就必須克盡注意義務，違反時必須負民法上的損害賠償責任、行政罰鍰與刑事責任。

3.可追蹤原則：即生產人應在所有的食品包裝貼上一個號碼（code）或日期，以便可以使生產人或檢查人員追蹤產品的來源，即為所謂的批號（batch）。此一批號包含所生產的食品在與在相同條件所包裝的數量。自2005年1月1日起，生產人不僅應記錄食品的出貨對象與地點，而且亦應提供取得產品原料的證明。這是可以快速追蹤產品受污染的唯一方法。所有食品生產人應遵守可追蹤原則，以便快速查出受污染的食品。

4.獨立的科學風險評估：即應正確的評估風險，以便做出正確的決策。

5.風險評估與風險管理分離原則：也就是應明確的界定科學的風險評

----

[144] Federal Ministry of Food, Agriculture and Consumer Protection, Food Safety Strategies（以下簡稱Food Safety Stratrgies），2013 Berlin, p. 9.

[145] Food Safety Strategies, p. 9.

[146] Food Safety Strategies, p. 10-16.

[147] COM (99) 719 final.

估與與決策者的風險管理，即研究人員先進行獨立的評估風險，然後再由決策者考量所有重要的因素，例如環境、社會或經濟需求，以決定哪個措施最能減少食品安全風險。風險管理必須依據適當原則與比例原則做利益衡量。

6.預防原則（Vorsorgeprinzip）：即預防勝於治療原則[148]。從科學的角度而言，不可能完全評鑑風險，對人體健康的傷害，因此在做決策時會適用預防原則，採取預防措施，以風險最小化進行風險管理，而減少對消費者的風險，因此這些預防措施，必須是適當的，在新的研究發現時，可以盡速進行檢討而做修正。

7.透明的風險通報，即有不同層級的風險通報系統，研究人員應交流最近發現的風險資訊，在決策者、產業界、研究人員間應討論科學的風險評估，並達成採取適當的最小化風險的措施，最後以適當的方式將風險告知社會大眾，以揭露資訊。

肆、歐盟食品安全管制

歐盟建立一個廣泛的食品安全策略，以確保在生產食品的所有階段從生產、加工到配銷保證可以追蹤在哪一個環節產生風險，依據「前後步驟原則」（Prinzip einem Schritt davor und danach），要求參與生產的業者應設置一個可以辨識上下游每個業者的系統，不僅對來自歐盟的食品，而且對於來自第三國的進口食品，都必須適用此一高標準的辨識系統。歸納歐盟的食品安全策略的三個核心要素，為以穩固的科學理事會進行科學評估、制定在歐盟一體適用的食品安全法，以及施行與監督[149]。

進口商是販售進口食品在國內商業鏈的第一個負責任者，歐盟執委會公布了一個守則，即Guidance document-Key questions related to import requirements and the new rules on food hygiene and official food controls詳細

---

[148] 2002年第178號規章第7條即明文規定，在風險分析範圍應採取預防原則。

[149] Europäische Kommission, Lebensmittelsicherheit vom Erzeuger bis zum Verbraucher, Brüssel 2011, http://europa.eu/pol/food/index_de.htm., last visited 08/01/2015.

列舉重要的歐盟進口食品規定。特定的產品是否符合進口規定，應針對具體的產品整體考量檢驗產品來源、進口證明、成分、用途與包裝。

　　近年來，在一連串的食安風暴後，食品安全也成為歐盟日益重視的民生議題，因此在歐盟全力建立一個食品安全的預警機制與制定相關的食品安全法規，以期重拾消費者對於從生產者到消費者食物鏈的信心，並建置一套食品安全檢查制度，以期在食物供應鏈中檢查細菌及化學物質的風險與因而最小化對消費者產生危險[150]。

　　歐盟實施快速預警系統（Rapid Alert System for Food and Feed，簡稱RASFF），是歐盟確保跨國資訊流通的重要方法，可以快速的回應在食品鏈中危害社會大眾的風險。在食品鏈中，有可能因為環境污染、種植過程與製造過程，而造成食品受污染。歐盟食品法規範應盡可能降低食品污染對人體健康的危害，因此設立歐洲食品安全局，以科學證據為基礎，進行必要的監督，以確保消費這「食的安心」與「食的健康」。

　　快速預警系統亦辨識食品是否含有禁止的物質或超過高風險的物質，例如在肉品的殘餘用藥、食品裡的致癌色素。發現威脅食品安全時，應在全歐盟發布警告，阻止一批有問題的食品有可能必須禁止所有的食品，因此如果有必要，應停止所有來自一個農場、工廠或港口進口特別產品的運送，已經在倉庫與商店的產品應下架回收。

　　在明顯爆發動物疾病或食品含毒物都會影響消費者的健康，因此歐盟的相關機關得追蹤食品的流向，並從生產鏈所有的方向召回有問題的產品，不論是活體動物、動物產品或植物產品。為落實可追蹤性與風險管理的作用，歐盟已經有一套交易檢查暨專家系統（Trade Control and Expert System，簡稱TRACES），係一個邊界檢查與證明已經交易商品的電子系統。

---

[150] Europäische Kommission, Lebensmittelsicherheit-vom Erzeuger bis zum Verbraucher, 2011 Brüssel, http://europa.eu/pol/food/index_de.htm., last visited 08/01/2015.

第九章　經濟政策與貨幣政策

第一節　經濟政策

壹、法律依據

　　過去在歐洲共同體條約中，經濟政策的概念並不是特別明確，最廣義的經濟政策亦包括歐洲共同體大部分以經濟統合為目標所實施的措施在內，例如農業政策或社會政策亦屬於經濟政策的一部分。在原來的歐洲經濟共同體條約中，經濟政策為一上位的概念，包括在會員國間經濟與貨幣政策的合作、景氣政策（Konjunkturpolitik）、收支平衡政策（Zahlungs-bilanzpolitik）與貿易政策，但在歐洲聯盟條約生效後，在歐洲聯盟運作條約標題VIII則僅包括經濟與貨幣政策，貨幣政策的規定包含收支平衡在內，至於貿易政策則自成一個獨立的章節。對外貿易政策僅歐洲聯盟享有職權，歐洲法院亦強調在共同貿易政策範圍不可能存在歐洲聯盟與會員國平行的職權，否則將造成會員國為滿足自己的利益而影響有效的維護歐洲聯盟的整體利益[1]，但對內的經濟政策（Binnenwirtschaftspolitik）仍然屬於會員國的權限[2]。

　　雖然過去歐洲經濟共同體條約第2條廣泛地規定歐洲經濟共同體的目標，但歐洲經濟共同體卻僅能使用有限的方法達到這些目標，歐洲經濟共同體條約對於經濟政策的執行僅課會員國以一般性的義務（例如歐洲經濟共同體條約第104條規定），應維持高的就業狀況、穩定的價格水準、收支均衡、經濟成長等，因此原來的歐洲經濟共同體對於經濟政策享有特別的職權。

1　參閱EuGH Gutachten 1/75, Lokale Kosten, Slg. 1975, S. 1363f.

2　參閱R. Streinz, Europarecht, 2. Auflage, Heidelberg 1995, S. 261.

　　經濟發展良好時，毫無疑問地可以由各會員國政府協調共同制定原來歐洲共同體的對內經濟政策，但在石油危機後，在會員國間卻造成相當不同的經濟發展，以美元的黃金準備金為主的固定匯率制度瓦解，各會員國意識到彼此更需要逐步地發展經濟暨貨幣同盟。

　　自1993年歐洲聯盟條約生效時起，在過去的歐洲共同體條約第2條關於歐洲共同體的任務，除強調應建立共同市場外，且應成立經濟暨貨幣同盟（Wirtschafts-und Währungsunion）；2009年12月1日里斯本條約生效後，對於歐洲聯盟與全體會員國的經濟暨貨幣政策做了調整，歐洲聯盟運作條約第119條規定，歐洲聯盟條約第3條規定的會員國與歐盟的職務，包括依據此二條約（歐洲聯盟條約與歐洲聯盟運作條約）之規定實施以會員國經濟政策緊密協調、單一市場與規定共同目標為其基礎的經濟政策，以及有自由競爭的開放市場經濟原則。同時依據這兩個條約規定與條約中規定的程序，這些職務包括單一貨幣（歐元），以及規定與實施一個單一的貨幣與匯率政策，單一的貨幣與匯率政策首要追求的目標為價格穩定，不牴觸此一目標，在遵守有自由競爭的開放市場經濟原則下，應支援歐盟的一般經濟政策。會員國與歐盟的職務，應以遵守下列的目標基本要點為前提要件：穩定的價格、健全的公共財政與貨幣的綱要條件，以及一個持續可支付的收支平衡。歐洲聯盟運作條約第120條至第126條詳細規範經濟政策的綱要條件，尤其是會員國必須在經濟、預算、財政政策領域遵守歐洲聯盟運作條約第121條以下所規定的協調與監督。

　　雖然貨幣政策應成為歐洲聯盟的職權，但經濟政策卻仍然屬於會員國的權限範圍，而經濟政策包含景氣政策，依據歐洲聯盟運作條約第121條第1項之規定，會員國應將其經濟政策視為具有共同利益的事務，且依據歐洲聯盟運作條約第120條之規定，會員國必須緊密地協調其經濟政策；會員國經濟政策的協調係貨幣同盟發揮功能的前提要件，因此會員國對於經濟政策的協調發展是成立經濟暨貨幣同盟的要素[3]。會員國與歐盟應符合具有自由競爭的開放市場經濟原則、以期促進資源的有效利用並且遵守

3　參閱R. Streinz，前揭書，S. 262。

穩定的價格、健全的公共財政與貨幣的綱要條件，以及一個持續可支付的收支平衡。

貳、經濟政策的協調與會員國間的相互支援

經濟政策仍屬於會員國的職權範圍，但會員國必須注意歐洲聯盟的相關規定，同時必須遵守歐洲聯盟的監督程序。歐洲聯盟運作條約第119條第1項與第120條規定經濟政策的基本原則，即以自由競爭的方式，維持開放的市場經濟，以期促進有效的資源利用，而達成國民經濟持續穩定的目標。

歐洲聯盟運作條約第120條規定，會員國必須轉達其經濟政策，並依據歐洲聯盟運作條約第121條第2項所規定的程序制定而成的基本要點確定其經濟政策，以致力於實現歐洲聯盟的目標，即在歐洲聯盟內促進經濟生活的協調與均衡發展、持續地無通貨膨脹及符合環境的經濟成長、經濟成果的高度凝聚、高度就業水準、高度的社會保護、提高生活狀況和生活品質，以及促進會員國間經濟暨社會的關聯與團結。

依據歐洲聯盟運作條約第121條第1項之規定，會員國應將其經濟政策視為共同利益的事務，並依據理事會所確立的原則協調彼此的經濟政策；歐洲聯盟運作條約第121條第2項則規定，理事會基於執委會之建議，以條件多數決議，制定會員國與歐洲聯盟經濟政策基本要點的草案，並向歐洲高峰會議提出相關的報告，歐洲高峰會議依據理事會提出的報告討論，作成會員國與歐洲聯盟經濟政策的基本要點，最後再由理事會依據歐洲高峰會議的結論以條件多數決議，作成會員國與歐洲聯盟經濟政策基本要點的建議，並向歐洲議會報告該建議。即理事會必須依據歐洲高峰會議針對會員國與歐洲聯盟經濟政策基本要點作成的結論，重新再對會員國提出建議。

確定各會員國與歐洲聯盟經濟政策的基本要點為協調經濟政策的基礎[4]，根據執委會對於每個會員國與歐洲聯盟經濟政策發展監督作成的報

4　參閱Amtsblatt der Europäischen Gemeinschaften 1993 L 7/9ff.

告，由理事會監督是否遵守這些經濟政策的基本要點與定期做整體評估。
為達成此一多邊的監督，依據歐洲聯盟運作條約第121條第3項之規定，會
員國必須交給執委會在其經濟政策領域重要的個別措施的資料，以及其他
必要的資料；經確定會員國的經濟政策不符合由歐洲聯盟所確定的基本要
點時，或有可能損及經濟暨貨幣同盟的正常運作時，得由理事會基於執委
會的建議，以條件多數決議對相關的會員國作成必要的建議；理事會並得
基於執委會的提案，以條件多數決議公告其建議[5]。

　　歐洲聯盟運作條約第122條規定，在一會員國的經濟發生嚴重困難
時，理事會基於執委會的提案，得以決議，在一定的條件下，給予相關會
員國財務援助；但若嚴重的經濟困難係因天然災害所造成時，則由理事會
以條件多數決議，給予相關的會員國財務援助；並由理事會的主席將決議
內容通知歐洲議會。此一規定，實際上與過去關於處理收支平衡危機的規
定相同[6]。

　　至於歐洲聯盟運作條約第123條、第124條與第125條為關於歐洲
聯盟與會員國財政項目（Finanzdisziplin）的規定，並且禁止公共機關
（öffentliche Hand），例如歐洲聯盟的機關或機構、會員國的中央政府、
區域政府、地方政府或其他的公營事業等，自1994年1月1日起向歐洲中央
銀行（Europäische Zentralbank）與會員國的中央銀行透支或舉債。

　　歐洲聯盟運作條約第125條則規範會員國的預算法（Haushaltsordnung），
會員國應避免過度的公共赤字，同時執委會應監督會員國的預算赤字；執
委會認為會員國出現過量的赤字時，或有可能出現過量的赤字時，應向理
事會發表意見，並由理事會依據執委會的建議，必要時亦應考量相關會員
國的意見，在審查整體的狀況後，以條件多數決議是否存在過量的赤字；
確定已經出現過量的預算赤字時，應由理事會向相關的會員國提出建議，
以期在一定的期限內改善此一狀況，相關的會員國在特定期限內未以有效
的措施改善預算赤字時，理事會得公布其建議；針對理事會的建議，若相

5　歐洲聯盟運作條約第121條第4項。

6　參閱W. Hakenberg, Grundzüge des Europäischen Wirtschaftsrechts, München 1994, S. 162.

關會員國無改善的結果時，理事會得決議要求相關會員國在一定期限內採取消除預算赤字的必要措施；若相關會員國不遵守理事會的決議時，並得由理事會課以罰鍰（Geldbußen）以為制裁，此即為鑑於貨幣同盟所發展出來的監督機制（Kontrollmechanismus）規定[7]。

　　為消除會員國國際收支平衡的困難，歐洲聯盟運作條約第143條第2項明文規定歐洲聯盟相互支援的制度，即由理事會決議給予相互的支援，詳細規定相互支援的條件與詳細的內容，而相互支援的方式，例如在其他國際組織中，以配合的行為援助相關的會員國、採取必要的措施以避免扭曲貿易額，或由其他會員國給予有困難的會員國以限額的貸款等。

第二節　貨幣政策

壹、通　論

　　歐洲聯盟條約針對貨幣政策（Währungspolitik）做了許多新的修正，會員國必須成立經濟暨貨幣同盟，經濟暨貨幣同盟不僅是歐洲聯盟的政治核心，在歐洲聯盟條約第3條第4項更將成立經濟暨貨幣同盟視為實現歐洲聯盟目標的方法。經濟暨貨幣同盟最主要的作用，係在單一的經濟區域內對於歐洲聯盟內的商品與勞務交易減少經濟主體的花費，在貨幣同盟中無須支付移轉外匯的費用，並且可以防止匯率波動造成的經濟危機，在會員國間若不成立貨幣同盟，單一市場為一個不完全的單一市場，就經濟觀點而言，單一市場將存在許多的矛盾[8]。

　　貨幣政策規定於歐洲聯盟運作條約第127條至第133條，同時包括歐洲條約關於歐洲中央銀行的規定，而成為在歐洲聯盟會員國間成立貨幣同盟的法律基礎。

7　參閱W. Hakenberg，前揭書，S. 162。

8　參閱G. Nicolaysen, Rechtsfragen der Währungsunion, Berlin 1993, S. 12.

貳、貨幣政策之目標與階段性計畫

依據歐洲聯盟運作條約第119條第2項之規定，在經濟暨貨幣同盟中，歐洲聯盟的職務包括實施單一貨幣（歐元），以及規定與實施一個單一貨幣與匯率政策。單一的貨幣與匯率政策首要追求的目標，為價格穩定。不牴觸此一目標，在遵守有自由競爭的開放市場經濟原則下，應支援歐盟的一般經濟政策。

一、維爾納計畫

歐洲聯盟繼續的統合進展必須加強會員國間經濟與貨幣政策的合作，早在1969年12月2日舉行的海牙歐洲高峰會議即已強調政治同盟與經濟暨貨幣同盟遠程目標間不可分離的關聯性，當時盧森堡的總理維爾納（Werner）提出：至1980年止，應實施建立經濟暨貨幣同盟兩階段的計畫，即所謂的維爾納計畫（Werner-Plan），第一階段應在會員國間的貨幣實施由無匯率波動、完全的自由兌換至不變的匯兌等價關係；第二階段應實施共同體貨幣（Gemeinschaftswährung）[9]；會員國的金融政策與信貸政策應集中統籌規定，對於第三國的貨幣政策應屬於歐洲聯盟的事務；會員國的財政政策對於總體經濟而言，具有重要意義，因此仍應屬於會員國的權限，但應由歐洲聯盟制定會員國應遵循的準繩[10]。

維爾納計畫失敗的主要理由，為貨幣學者與經濟學者間的爭論，其中法國主要支持貨幣學者的論點，認為貨幣同盟為經濟同盟的基礎與作為一個廣泛的政治同盟的動力；反之，經濟學者認為貨幣同盟應是在一個真正的政治同盟內作為經濟統合過程的目標，因此貨幣同盟的基礎必須是已經存在一個穩固的經濟同盟與一個相當廣泛可以發展的政治同盟，德國聯邦銀行（Deutsche Bundesbank）即主張此一論點[11]。

9　參閱Koenig/Pechstein, Die Europäische Union, Tübingen 1995, S. 132f.

10　參閱R. Streinz，前揭書，S. 264。

11　參閱Koenig/Pechstein，前揭書，S. 133。

二、歐洲貨幣制度

　　事實上歐洲聯盟很早就開始著手建立貨幣政策的基礎[12]，歐洲貨幣制度（EuropäischesWährungssystem，簡稱EWS）係由法國總統季斯卡（Giscard d'Estaing）與德國聯邦總理斯密特（Helmut Schmidt）所倡議，1978年7月6日與7日在德國布萊梅（Bremen）舉行的歐洲高峰會議即熱烈討論建立一個貨幣政策緊密合作的制度，並指明在歐洲應建立一個穩定的貨幣區（Währungszone）以作為期待的目標；1978年12月4日與5日在布魯塞爾舉行的歐洲高峰會議決議實施歐洲貨幣制度[13]。會員國的中央銀行簽署協議，自1979年3月13日起正式實施歐洲貨幣制度，主要係關於會員國貨幣間的匯率機制（Wechselkursmechanismus），當時除希臘外，所有會員國的貨幣均參與此一匯率機制[14]。此一匯率機制是以一個人為的歐洲貨幣單位ECU作為全部貨幣的貨幣籃（Währungskorb），包括信貸機制與援助機制，以期穩定不同的貨幣。每個會員國貨幣與ECU間有一個指導匯率（Leitkurs）[15]。

　　自1981年1月1日起，開始實施歐洲貨幣計算單位（Europäische Währungseinheit; European Currency Unit，簡稱ECU），係由所有參與歐洲

12　參閱W. Hakenberg，前揭書，S. 163f.第二次世界大戰結束後，在美國的倡導下，在聯合國的架構下舉行布萊頓森林會議（Bretton Woods）成立國際貨幣基金（International Monetary Funds，簡稱IMF）與世界銀行（World Bank），以促進世界貿易與賦予自主的經濟政策。布萊頓森林會議不僅確立黃金與美元的國際地位，並實施固定的匯率。尼克森（Nixon）總統因美國的龐大財政赤字而讓美元貶值10%至20%，1971年時廢除固定匯率制度。歐洲國家為達成避免匯率波動與創造一個共同貨幣區，以促進對外貿易和經濟成長的主要目標，於是在1972年時成立歐洲匯率協會（Europäischer Wechselkursverbund），並在1973年3月時對美元實行貨幣的集體浮動匯率（Blockfloating），也就是在會員國間應實行窄的浮動匯率範圍，而對美元實行較寬的浮動匯率範圍。

13　Bulletin EG 12-1978, S. 7.

14　參閱G. Nicolaysen, Europarecht II-Das Wirtschaftsrecht im Binnenmarkt, Baden-Baden 1996, S. 332; R. Streinz，前揭書，S. 264f。

15　P. Lambach, Leitfaden zur Europäischen Union, 1. Auflage, Geneve: Via Europe Verlag, 2006, S. 101.

貨幣機制的會員國貨幣依其價值強度計算而得的計算單位[16]，ECU係一個人為的貨幣，同時已經逐漸成為重要的支付工具，當時歐洲共同體已經專門使用ECU為其財政處理的計算單位。

在匯率機制下，應建立固定的匯率制度，原則上只允許匯率在上下2.25%的範圍內浮動；此外，會員國負有相互干預的義務。由於實施此一匯率機制，當時歐洲共同體因此成功地落實價格穩定的政策。若匯率有可能超出對ECU的匯率浮動範圍時，中央銀行應以利率變動干預；干預不足時，則應以相互同意的方式決議新的匯率比值。但在1993年秋季（8月）時，卻出現義大利里拉與英鎊不定期地中止參與匯率機制的危機，同時匯率浮動的範圍由2.25%擴大至15%[17]。

歐洲貨幣制度將匯率穩定帶入一個新的階段，而由於德國馬克強勢的地位與德國聯邦銀行實施反通貨膨脹的金融政策，歐洲貨幣制度在其他會員國成功地防制通貨膨脹[18]。歐洲貨幣制度基本上為邁向貨幣同盟的重要步驟，尤其是加強會員國間的協調，以致力於凝聚彼此的經濟政策；歐洲貨幣制度的另一個要點，即為建立信貸機制的制度，以解決會員國國際收支困難的情形[19]。

三、狄洛計畫

1987年生效的單一歐洲法首先將歐洲貨幣制度明文規定於原來的歐洲經濟共同體條約第98條第1項中，同時載明為繼續發展經濟暨貨幣政策，有必要修改歐洲經濟共同體條約，以調整原來歐洲經濟共同體的組織結構，因此單一歐洲法強調應逐步地實現經濟暨貨幣同盟。

1989年6月27日在馬德里舉行的歐洲高峰會議批准狄洛計畫（Delors-Plan），強調經濟暨貨幣同盟第一階段應致力於凝聚會員國的經濟政策、以鞏固會員國財政的方式消除現存的差異，以及消除在金融與資金市場統

---

16 參閱G. Nicolaysen，前揭書，S. 333; R. Streinz，前揭書，S. 264。
17 Bulletin EG 7/8-1993, Ziffer 1.2.29/30.
18 參閱R. Streinz，前揭書，S. 265。
19 參閱G. Nicolaysen，前揭書，S. 331。

合的所有障礙[20]。亦即完成歐洲單一市場後，應將所有會員國的貨幣納入歐洲貨幣制度內、建立歐洲中央銀行制度，但會員國的中央銀行仍保有金融政策的權限、會員國應廣泛地將其經濟暨貨幣政策的職權移轉給當時的歐洲經濟共同體、穩定匯率，以及逐步地實施單一的金融政策。

　　1990年3月3日理事會針對經濟暨貨幣同盟作成兩個重要的決定，第一個決定係針對在經濟暨貨幣同盟第一階段，應依據執委會的報告與調查進行多邊的監督，以達成政策與成果一致的目標[21]；第二個決定則係規定在會員國中央銀行間的緊密合作[22]。

　　依據狄洛計畫的構想，經濟暨貨幣同盟應以三個階段完成，當時的歐洲共同體自1990年7月1日起開始，在會員國間積極地實施建立經濟暨貨幣同盟之經濟與貨幣政策協調的第一階段，在此一準備階段中，其目標為實施共同的貨幣，並應以貨幣價值穩定與預算項目為依據，以調整會員國的經濟暨貨幣政策。

　　依據原來歐洲共同體條約第116條（此一規定在2009年12月1日里斯本條約生效時，已經廢止失效。）之規定，自1994年1月1日起自動開始經濟暨貨幣同盟的第二階段[23]，第二階段的目標為促進會員國在國庫與金融方面的凝聚，不僅應在共同體層次，而且要在會員國層次採取實施單一貨幣歐元的必要措施，主要任務在於完成建立中央銀行的歐洲制度（Europäisches Zentralbanksystem），而所有的會員國應致力於改善公共財政、金融與貨幣的穩定，欲加入經濟暨貨幣同盟的會員國應達到下列的凝聚標準（Konvergenzkriterien）：消費價格的上漲不得超過1.5%；會員國每年新的負債不得超過國民總產值的3%，且國債（Staatsschuld）不得超過國民生產總產值的60%；欲加入經濟暨貨幣同盟的會員國參與歐洲貨幣機制必須已經超過二年、且其貨幣在過去的兩年並未貶值，以及會員國的

20　Bulletin EG 6-1988, S. 188; Europa Archiv 1989, D 283ff.

21　Amtsblatt der Europäischen Gemeinschaften 1990 L 78/23-24.

22　Amtsblatt der Europäischen Gemeinschaften 1990 L 78/25-26.

23　狄洛計畫中即已表明自1994年1月1日起開始經濟暨貨幣同盟的第二階段，歐洲聯盟條約予以明文規定。

利率不得超過2%[24]。換言之，執委會與歐洲中央銀行必須檢驗一個會員國
是否以持續的方式符合下列的條件：

　　1.達到高程度的價格穩定。

　　2.公共財政的可持續性。

　　3.由最近兩年的匯率機制（Exchange Rate Mechanism）提供遵守正常
　　　匯率浮動差額的數據。

　　4.會員國達到的凝聚的耐久力與會員的參與匯率機制，反映在長期的
　　　利率水準。

　　馬斯垂克條約附錄的議定書定義這四個條件，即價格穩定標準是指一
會員國必須有持續價格與平均的通貨膨脹率（Rate of Inflation），在檢驗
前應觀察一年以上的時期，表現最好的三個會員國的通貨膨脹率不超過
1.5%；政府預算的標準，是指在檢驗時期，會員國並未超過依據歐洲共同
體條約第104條（現為歐洲聯盟運作條約第126條）第6項規定由理事會作
成決定所規定的過度的赤字。

　　除英國與丹麥外[25]，依據原來的歐洲共同體條約第121條之規定，至遲
應自1999年1月1日起對所有的會員國開始經濟暨貨幣同盟的第三階段，自
第三階段起應設立共同的中央銀行，並最終確定匯率，以歐元（Euro）作
為單一貨幣，取代各會員國現存的貨幣，同時會員國應將所有經濟政策與
貨幣政策的職權移轉給歐洲聯盟的機關執行。在貨幣同盟第三階段實施超
國家的統合方法，例如依據原來的歐洲共同體條約第110條之規定，直接
適用由歐洲中央銀行公布的規章與決定，即貨幣同盟第三階段係以超國家
的立法與執法的統合方法達成會員國政府間經濟政策的協調，另一方面將
會員國彼此緊密結合在一起。

24　針對此一凝聚標準，鑑於歐洲國家的經濟狀況，相當有爭議，而實際上僅盧森堡符合
　　此一標準。1997年1月1日理事會應確定符合凝聚標準的會員國名單，同時應決定是否
　　由這些會員國自此時起開始經濟暨貨幣同盟的第二階段。

25　英國與丹麥在簽署歐洲聯盟條約時，即訂明條約上的保留條款。

四、實施單一貨幣

　　1995年12月中旬在馬德里召開的歐洲高峰會議對於經濟暨貨幣同盟的繼續發展取得共識，同時強調在開始經濟暨貨幣同盟的第三階段後歐元應取代會員國的貨幣，各會員國應將其貨幣政策的職權移轉給中央銀行的歐洲制度（Europäisches System der Zentralbanken）行使；而在1999年1月1日至2001年12月31日的過渡時期內，會員國的貨幣仍繼續存在，但為歐元的從屬單位（Untereinheit）；在經濟上與法律上均應使用歐元為計算單位，而在仍然使用會員國貨幣的範圍內，每一筆以會員國貨幣為單位的金額應以官方的兌換率換算成等價的歐元，實施歐元為貨幣轉換（Währungsumstellung）[26]，而非貨幣改革（Währungsreform），在過渡時期結束後至遲六個月內（即2002年6月30日止），會員國的貨幣將失去其作為法定支付工具的效力，而在過渡時期內由當事人自己決定以歐元或本國的貨幣履行給付，即適用「不阻礙不強迫原則」（Grundsatz "keine Behinderung, kein Zwang"）[27]。

　　為實施單一貨幣歐元，理事會於1997年制定公布二個規章，第一個規章[28]自1997年6月20日起生效施行，第二個規章必須等到依據原來歐洲共同體條約第123條第4項規定確定參與經濟暨貨幣同盟的會員國後，才能生效施行，理事會已經公布其內容[29]；第一個規章主要在定義規定特定的基本概念，第二個規章則規定實施歐元階段性的過程。

　　依據第一個規章第2條之規定，自1999年1月1日起，ECU與歐元的比值為1：1；第3條規定持續原則（Grundsatz der Kontinuität），即實施歐元既不會導致免除債務的結果，也不會導致債務不履行的結果，即使只有當

26　貨幣轉換為以技術性的方法將會員國的貨幣換算成新的貨幣，而換算的方式以參與貨幣同盟的匯率為依據，債權與債務將轉換成新的歐洲貨幣，原則上並不改變實際的貨幣價值，即貨幣轉換僅變更數字，但並未變更債權債務關係的價值。

27　參閱P. Baukelmann, Entwurf eines Gesetzes zur Einführung des Euro, Bundesrechts-anwaltskammer Mitteilungen 1998, S. 2.

28　VO (EG) Nr. 1103/97, Amtsblatt der Europäischen Gemeinschaften 1997 L 162/1ff.

29　Amtsblatt der Europäischen Gemeinschaften 1997 C 236/8ff.

事人單方面的變更或終止法律關係亦不會受實施歐元的影響，但當事人得約定不適用此一持續原則，亦即實施歐元並不牴觸契約自由（Vertrags-freiheit）的原則，因此當事人得將變更保留加入舊契約中或在新契約中約定保留條款，或採取其他的調整措施；第4條與第5條規定會員國貨幣與歐元間的兌換與化整（Rundung）規則。

第二個規章第2條規定歐元為參與經濟暨貨幣同盟會員國通行的貨幣單位，一個歐元又分為100分（Cent）；第3條規定由歐元取代會員國的貨幣，原則上契約當事人得自由約定是否使用歐元作為給付工具，但債務人得選擇使用歐元或仍繼續使用會員國的貨幣作為給付工具；第6條至第9條為適用於自1999年1月1日至2001年12月31日過渡時期的過渡條款，即將馬德里高峰會議達成的政治計畫轉換成法律規定；依據第8條第4項之規定，會員國得提前將國家的或可交易的債務名義（Schuldtitel）轉換成歐元；第10條以下為實施歐元鈔票與硬幣的其他詳細規定。

依據原來歐洲共同體條約第121條第3項之規定，在適當考量執委會與歐洲貨幣機構的報告和建議以及歐洲議會的意見下，由理事會與歐洲高峰會議決定經濟暨貨幣同盟第三階段開始的時間，至1997年底，若理事會與歐洲高峰會議仍未作成決定時，依據原來的歐洲共同體條約第121條第4項之規定，則自1999年1月1日起自動開始經濟暨貨幣同盟的第三階段。申言之，理事會與歐洲高峰會議僅得確定參與經濟暨貨幣同盟第三階段的會員國名單[30]。

1998年5月1日財政部長理事會依據執委會與歐洲貨幣機構之報告，以一致決議確定合乎貨幣同盟的會員國名單，提案率先在十一個會員國實施單一貨幣歐元[31]；5月2日歐洲議會決議通過，自1999年1月1日起在德國、法國、義大利、西班牙、葡萄牙、荷蘭、比利時、盧森堡、芬蘭、奧地利與愛爾蘭十一個會員國實施歐元的建議案；當天隨後歐洲高峰會議在布魯

30　參閱R. Streinz，前揭書，S. 266f。

31　英國、丹麥與瑞典仍有所保留，當時希臘則是尚未符合貨幣同盟的經濟標準，2001年希臘加入歐元區；2000年丹麥公民投票否決加入歐元區；2003年瑞典的公民投票否決加入歐元區。

塞爾決議通過由這十一個會員國率先成立貨幣同盟，並達成協議由荷蘭籍的杜森伯格（Duisenberg）擔任歐洲中央銀行的首任總裁。

自2002年1月1日起，歐元成功地在十二個會員國（荷蘭、比利時、盧森堡、德國、法國、義大利、奧地利、西班牙、葡萄牙、希臘、芬蘭與愛爾蘭）正式啟用，經濟暨貨幣同盟的發展又向前邁進了一大步，而歐元也因而成為國際上的重要貨幣。啟用單一貨幣，以歐元取代各會員國的貨幣，為歐洲聯盟一個偉大成果的明證，因為在國際社會，至目前為止，尚無一個國際組織可以完成此一偉大的創舉與成就。

2004年5月新加入的會員國，依據其加入條約有義務加入歐元區，這十個新會員國已經加入歐洲匯率機制。2007年1月1日斯洛維尼亞正式加入歐元區；2008年1月1日馬爾它與塞浦路斯亦正式使用歐元；2009年1月1日斯洛伐克亦開始使用歐元；愛沙尼亞、拉脫維亞與立陶宛亦相繼使用歐元，目前共有十九個會員國使用歐元，而自啟用歐元以來，歐元已經成為僅次於美元的另一個主要的全球儲備貨幣。

整體而言，使用歐元的優點有：
1.免除兌換的費用。
2.對於通貨膨脹有正面的影響。
3.在歐元區內，對於跨國的業務有更低的風險。
4.更容易比較價格與提高競爭。
5.消費者更加認同歐洲。

為回應2008年全球金融海嘯引發的主權債務危機，歐盟持續強化經濟與財政治理，特別是歐元區的經濟治理，2015年時通過「穩定暨成長公約」（Stability and Growth Pact），歐元區會員國並承諾避免過度的財政赤字，逐步整合各會員國的經濟政策與遵守財政紀律的監督。理事會並以所謂的「歐洲學期」（European Semester）對於經濟政策提出建議[32]，以便可以針對歐元區個別會員國特別的問題採取個別措施，並對歐元區面臨的挑戰採取集體的因應措施。此一「歐洲學期」制度即為更嚴格的財政監

32　OJ 2016 C 96/1-3.

督機制。

歐元區經濟政策建議主要內容為：

1.支持經濟復甦與整合；

2.改善總體經濟的失衡現象；

3.改善歐元國因應外部危機的調整能力；

4.遵守「穩定暨成長公約」的規則，特別是廣泛的平衡稅收與政府的公共支出，以及降低公債。

參、經濟暨貨幣同盟的組織架構

在經濟暨貨幣同盟的第一階段，各會員國的中央銀行對於資金流動與提供貸款的影響仍廣泛地保有自主權，原則上會員國對於貨幣政策仍享有專屬權，僅特定的合作與諮商義務（Kooperations-und Konsultationspflichten）對於會員國具有拘束力[33]，而歐洲聯盟條約對於經濟暨貨幣同盟新增訂關於組織架構的規定，最主要的機構如下：

一、歐洲貨幣機構

依據狄洛計畫，在經濟暨貨幣同盟的第二階段會員國應逐步地將其貨幣政策的決定職權移轉給當時的共同體機關，而當時歐洲共同體應藉由成立歐洲貨幣機構（Europäisches Währungsinstitut，簡稱EWI）於德國的法蘭克福（Frankfurt am Main）[34]，以繼受各會員國的職權[35]。

歐洲貨幣機構係歐洲中央銀行的前身，以作為實現經濟暨貨幣同盟的

---

33 參閱Groeben/Thiesing/Ehlermann, Kommentar zum EWG-Vertrag, 4. Auflage, Baden-Baden 1991, Art. 104 EWGV, Rn. 8f.

34 法蘭克福亦為德國聯邦銀行的所在地，德國聯邦銀行即為德國的中央銀行。

35 參閱Einvernehmlicher Beschluß der auf der Ebene der Staats-bzw. Regierungschefs vereinigten Vertreter der Regierungen der Mitgliedstaaten Über die Festlegung der Sitze bestimmter Einrichtungen und Dienststellen der Europäischen Gemeinschaften, in Bulletin EG 10-1993, S. 12.

過渡性機構[36]，即依據當時歐洲共同體條約第117條之規定，在開始經濟暨貨幣同盟第二階段應設立歐洲貨幣機構，以負責經濟暨貨幣同盟的工作，擁有自己的法律人格（Rechtspersönlichkeit），由一個理事會領導歐洲貨幣機構，並由一位總裁與各會員國中央銀行的總裁組成歐洲貨幣機構。自1994年1月1日起，歐洲貨幣機構已經設於德國的法蘭克福，並開始運作；依據歐洲貨幣機構章程第8條之規定，應確保歐洲貨幣機構理事會之獨立性（Unabhängigkeit），而不受任何指示的影響。

　　原來的歐洲共同體條約第117條與歐洲貨幣機構章程賦予歐洲貨幣機構的重要任務，在於加強各會員國中央銀行間的合作、加強協調會員國間的貨幣政策以維持價格穩定、監督歐洲貨幣制度之運作、執行關於會員國中央銀行職權與涉及金融機構和金融市場穩定問題的諮商、繼受歐洲貨幣政策合作基金（Europäischer Fonds für währungspolitische Zusammenarbeit）解散後的任務，以及簡化ECU的使用與監督ECU的發展，包括ECU計算制度的順利運作。原來的歐洲共同體條約第117條第9項並賦予歐洲貨幣機構積極的與消極的訴權（Klagebefugnis），即在歐洲法院的訴訟程序中有作為原告與被告的資格。

　　此外，歐洲貨幣機構的協調任務在貨幣同盟第三階段的準備工作上，尤其占有重要地位[37]，依據原來的歐洲共同體條約第117條第3項之規定，在貨幣同盟第三階段的準備工作上，歐洲貨幣機構應發展在第三階段為實施單一金融與貨幣政策必要的方法與程序、在索取、彙編與轉達其職權範圍內統計資料的領域應促進必要的法規與慣例的協調、擬定各會員國中央銀行在中央銀行的歐洲制度範圍業務的法規、促進跨國支付流通的效率，以及監督對於單一鈔票發行技術上的事前準備工作等；在經濟暨貨幣同盟的第二階段，會員國的中央銀行對於消除干擾凝聚的事項，尤其是對於其本國的最低外匯存底政策、股市交易政策與利率政策仍擁有廣泛的裁量權

36　參閱R. Streinz，前揭書，S. 267。

37　參閱U. Häde, Das Europäische Währungsinstitut und die Kommission, Europäische Zeitschrift für Wirtschaftsrecht 1994, S. 686.

與形成權[38]。

　　歐洲貨幣機構除可作成具有法律拘束力的決定外[39]，並得發表不具拘束力的意見與提出建議[40]以及確立準繩[41]，而歐洲貨幣機構的這些法律行為均應作為準備在經濟暨貨幣同盟第三階段使歐洲中央銀行制度發揮功能的必要條件；歐洲貨幣機構對會員國的中央銀行所確立的準繩或所做的決定，特別是欲加強會員國的中央銀行間的合作、協調會員國的金融政策，以及使歐洲貨幣制度發揮功能[42]。

　　應注意的是，歐洲聯盟條約與歐洲貨幣機構章程均未賦予歐洲貨幣機構處理關於金融與貨幣政策一般問題或特別針對經濟暨貨幣同盟的專屬職權；歐洲貨幣機構章程第2條僅規定歐洲貨幣機構應致力於建立過渡到經濟暨貨幣同盟第三階段的必要條件，即應完成在第三階段實施單一貨幣的事前準備工作，由此一文義並無法推論歐洲貨幣機構就金融與貨幣政策以及針對經濟暨貨幣同盟的事務享有專屬職權；由於原來的歐洲共同體條約第117條第3項僅規定賦予歐洲貨幣機構在準備經濟暨貨幣同盟第三階段的特定任務，而依據原來的歐洲共同體條約第117條第7項之規定，理事會得依據執委會之提案，在歐洲議會與歐洲貨幣機構聽證後，以一致決議在準備第三階段範圍內移轉更廣泛的任務；因此，針對此一範圍，亦無法由共同體法派生出歐洲貨幣機構的專屬職權[43]，而執委會針對經濟暨貨幣同盟的事務仍享有職權。

二、中央銀行的歐洲體系

　　經濟暨貨幣同盟的重要機構為在歐洲聯盟運作條約第127條與第129條所規定的中央銀行的歐洲體系（Europäisches System der Zentralbanken，簡

38　參閱Koenig/Pechstein，前揭書，S. 144。

39　歐洲貨幣機構章程第15條第4項。

40　歐洲貨幣機構章程第15條第2項。

41　歐洲貨幣機構章程第15條第3項。

42　歐洲貨幣機構章程第4條第1項。

43　參閱U. Häde，前揭文，Europäische Zeitschrift für Wirtschaftsrecht 1994, S. 686。

稱ESZB）。

　　依據歐洲聯盟運作條約第127條第1項之規定，中央銀行的歐洲體系首要目標，在於保證價格穩定；在不損及價格穩定目標的情況下，中央銀行的歐洲體系應支持在歐洲聯盟內的一般經濟政策，以期致力於實現歐洲聯盟運作條約第3條所規定的歐盟目標；中央銀行的歐洲體系應符合自由競爭的開放市場經濟原則行為，以期能促進資源的有效利用，而且必須遵守歐洲聯盟運作條約第119條所規定的原則。因此，中央銀行歐洲體系的基本任務，為規定與實施歐洲聯盟的貨幣政策、執行符合歐洲聯盟運作條約第141條的外匯業務（Devisengeschäfte）、維持與管理各會員國的官方貨幣準備（Währungsreserven），以及促進支付系統（Zahlungssystem）的順利運作[44]。中央銀行歐洲體系應致力於順利施行自主管機關在監督銀行業與金融制度穩定的範圍內所採取的措施。依據特別的立法程序，且在歐洲議會與歐洲中央銀行的聽證後，理事會得以一致決議，以規章移轉與監督銀行業與其他金融機構有關的特別任務給歐洲中央銀行，但不包括保險公司在內。

三、歐洲中央銀行

　　歐洲中央銀行（Europäische Zentralbank）為經濟暨貨幣同盟最重要的機構，在2009年12月1日里斯本條約生效後，歐洲中央銀行亦成為歐洲聯盟的一個機關。依據歐洲聯盟運作條約第130條之規定，歐洲中央銀行完全獨立，不受歐洲聯盟、會員國任何指示之拘束。依據歐洲聯盟運作條約第132條之規定，由歐洲中央銀行獨立自主地以規章、決定、建議與發表意見的形式，制定公布相關的派生法，以履行在中央銀行歐洲體系暨歐洲中央銀行章程規定的任務。

　　依據歐洲聯盟運作條約第128條之規定，歐洲中央銀行享有批准在歐洲聯盟內發行鈔票的專屬權限；歐洲中央銀行與各會員國的中央銀行有權發行鈔票，而由歐洲中央銀行與各會員國中央銀行所發行的鈔票，視為在

44　參閱歐洲共同體條約第105條第2項。

歐洲聯盟內唯一的法定支付工具；會員國有權發行硬幣，但必須經由歐洲中央銀行批准硬幣發行的數量。申言之，歐洲中央銀行掌控所有會員國貨幣的發行數量。

歐洲中央銀行領導中央銀行歐洲體系的運作，因此在與貨幣政策有關的歐洲聯盟立法程序必須經由歐洲中央銀行的聽證，歐洲中央銀行並得發表意見；而中央銀行的歐洲體系應致力於順利執行由主管機關在監督金融機構與穩定財政制度範圍內所採取的措施[45]。

四、經濟暨財政委員會

為促進會員國的貨幣政策協調，依據歐洲聯盟運作條約第134條之規定，應設立一個由每一會員國、執委會歐洲中央銀行各任命兩名委員組成經濟暨財政委員會。其任務為：(1)基於理事會或執委會的請求或依職權發表意見；(2)應視察會員國與歐盟的經濟和財政狀況、並定期向理事會與執委會提出相關的報告，特別是關於與第三國和國際機構間的財務關係；(3)應參與理事會進行貨幣政策相關的準備工作，以及實施其他由理事會移轉的諮詢任務與準備工作；(4)每年至少一次，應檢討關於資金流通與支付自由流通在適用歐盟條約與歐盟運作條約和理事會的措施所產生的狀況；此一檢討包括所有與資金和支付流通有關的措施；經濟暨財政委員會應向執委會和理事會作檢討結果的報告。

若依據歐洲聯盟運作條約第139條的例外規定適用於一些會員國時，經濟暨財政委員會應額外的觀察貨幣與財務狀況，以及相關會員國一般的支付流通，並向理事會與執委會定期提出報告。

---

45 參閱歐洲聯盟運作條約第127條第4項與第5項。

第十章 共同的貿易政策與發展政策

第一節 通 論

共同的貿易政策與發展政策（gemeinsame Handels-und Entwicklungspolitik）主要係規範歐洲聯盟與第三國間的關係，里斯本條約生效後，共同的貿易政策規定於歐洲聯盟運作條約第206條與第207條[1]，而第208條至第211條則規定所謂的發展合作（Entwicklungszusammenarbeit）。由於歐洲聯盟藉由結盟（Assoziierung）的方式達成貿易與發展政策。

依據歐洲聯盟運作條約第206條之規定，藉由關稅同盟之建立，為共同的利益，歐盟應致力於世界貿易的協調發展、逐步的廢除在國際貿易和外國直接投資的限制，以及消除關稅障礙和其他的限制。歐洲聯盟運作條約第207條規定：(1)依據一致的原則形成共同貿易政策，特別是適用於關稅稅率之變更、涉及與第三國商品和服務貿易的關稅和貿易協定之締結，以及涉及智慧財產的貿易、外國直接投資、自由化貿易措施之一致化、出口政策和貿易政策上的保護措施，例如傾銷和補貼。應在歐盟對外行為的原則和目標範圍內，形成共同貿易政策。(2)依據普通的立法程序，由歐洲議會與理事會以規章公布規定轉換共同貿易政策範圍的措施。(3)在與一個或數個第三國或國際組織談判和締結協定時，除本條有特別規定外，適用第218條之規定。執行委員會應向理事會提出建議；理事會授權執行委員會進行必要的談判。理事會和執行委員會應注意談判的協定，應符合歐盟的內部政策和內部規定。執行委員會在進行談判時，應與由理事會為支援談判而任命的特別委員會達成協議，並依據由理事會授與的準繩進行談判。執行委員會應向特別委員會與歐洲議會定期的提出報告，以說明談

---

1 原來的歐洲經濟共同體條約第131條規定共同貿易政策之目標，第132條規定一致的出口補貼，第133條規定共同貿易政策的原則，第134條為保護條款。

判的進度。(4)在進行第3項協定的談判與締結，由理事會以加重多數決議
之。在進行服務貿易、涉及智慧財產的貿易或外國投資的協定談判與締
結，若相當協定所涉及的規定在內部規定必須以一致決議時，則應由理事
會以一致決議之。同時理事會應以一致決議下列協定之談判與締結：(a)文
化與視聽的服務貿易，若此一協定有可能影響在歐盟內文化與語言的多樣
性；(b)與社會、教育和衛生領域有關的服務貿易，若此一協定有可能嚴重
干擾此一服務在個別會員國的組織與影響會員國的責任履行時；(5)在交通
運輸領域的國際協定談判與締結，應適用第三部分標題五與第218條之規
定。(6)行使在共同貿易政策範圍因本條規定所移轉的職權，不得影響歐盟
與會員國間的權限分配以及不得造成協調會員國法規的結果，但以在條約
內無協調為限。

第二節　共同的貿易政策

壹、共同貿易政策之目標

　　共同貿易政策與關稅同盟有密切的關聯性，而共同貿易政策卻是規範
歐洲聯盟與第三國間的貿易往來，由歐洲聯盟運作條約第206條第1項之文
義即可一目瞭然，即歐洲聯盟藉由關稅同盟的建立，為共同利益，致力於
世界貿易的協調發展，逐步地廢除在國際貿易上的障礙，以及廢除關稅障
礙。申言之，自由貿易為共同貿易政策的基礎[2]，歐洲聯盟運作條約第206條
不僅將自由貿易規定為共同貿易政策的準繩，同時明確地規定歐洲聯盟與
第三國間的貿易往來亦應適用自由貿易[3]。

2　參閱G. Nicolaysen, Europarecht II-Das Wirtschaftsrecht im Binnenmarkt, 1. Auflage, Baden-Baden 1996, S. 477.

3　參閱von Bogdandy/Nettesheim, Strukturen des gemeinschaftlichen Außenhandelsrechts, Europäischen Zeitschrift für Wirtschaft 1993, S. 467; C. O. Lenz (Hrsg.): EG-Vertrag Kommentar, 1. Auflage, Köln 1994.

　　尤其是在1992年底完成單一市場後，貿易政策更是成為歐洲聯盟與第三國間往來的補充[4]。

貳、共同貿易政策的權限範圍

一、歐洲聯盟的專屬職權

　　歐洲聯盟運作條約第207條為共同貿易政策最主要的規範，不僅賦予歐洲聯盟執行共同貿易政策的職權，並且規定歐洲聯盟制定共同貿易政策的程序[5]。

　　歐洲聯盟運作條約第207條第1項規定，依據一致的原則，形成共同貿易政策，特別是適用於關稅稅率之變更、關稅與貿易協定之締結、自由化措施之一致化、出口政策，以及在貿易政策上的保護措施，例如傾銷與補貼。申言之，為防止因不同的貿易政策而造成競爭扭曲與貿易扭曲的結果，故僅歐洲聯盟享有制定共同貿易政策的專屬職權（ausschließliche Kompetenz），各會員國將其制定貿易政策的職權移轉給歐洲聯盟行使，各會員國的貿易法規不得牴觸歐洲聯盟的貿易法規[6]。

　　隨著會員國間完全廢除關稅障礙後，歐洲聯盟完全取代會員國參與多邊的國際貿易談判，包括在過去關稅暨貿易總協定（GATT）多次的談判回合，尤其是關稅暨貿易總協定與在關稅暨貿易總協定範圍內簽署的貿易協定，對於歐洲聯盟的貿易法有重大的影響。自1992年12月31日完成單一市場與廢除邊界檢查起，歐洲聯盟的貿易政策一致性更加穩固，而歐洲聯盟在國際社會更加團結一致地執行其共同貿易政策，已經完全取代各會員

4　參閱W. Hakenberg，前揭書，S. 168。

5　雖然歐洲共同體條約已經過數次的修正，但基本上歐洲共同體條約第133條與1957年時的歐洲經濟共同體條約第113條的文義相同。

6　參閱von Bogdandy/Nettesheim，前揭文，Europäische Zeitschrift für Wirtschaft 1993, S. 465; Grabitz/Hilf, Kommentar zum EG-Vertrag, 2. Auflage, München 1990, Art. 113 EGV, Rn. 23; T. Oppermann, Europarecht, München 1991, Rn. 1695; R. Streinz, Europarecht, 2. Auflage, Heidelberg 1995, S. 195。

國的個別貿易政策[7]。歐洲聯盟已經成為在1995年1月1日成立的世界貿易組織（World Trade Organization，簡稱WTO）的創始成員，並簽署在世界貿易組織範圍的所有貿易協定[8]。

　　由歐洲聯盟體締結的國際條約位階高於次要歐盟法與會員國的憲法，具有優先適用的效力，但在WTO架構下的多邊協定並不完全屬於歐洲聯盟享有專屬職權的共同貿易政策，因此僅由歐洲聯盟與會員國共同與第三國或國際組織締結具有混合協定性質的國際協定與WTO協定才優先於會員國法適用。在WTO協定生效後，基本上歐洲法院仍維持一貫的否定見解，認為WTO的各項貿易協定並未創設個人的權利，因此WTO架構下的各項貿易協定並沒有直接適用的效力[9]。換言之，在歐盟法制度的範圍原則上WTO的規定並無直接適用的效力。

　　歐洲聯盟運作條約第207條第1項並未明文規定共同貿易政策的適用範圍，而只是列舉實施共同貿易政策重要的方法，例如變更關稅稅率、締結關稅與貿易協定、實施一致的自由化措施、共同的出口政策，與採取貿易政策上的保護措施等，這些實施貿易政策的方法僅為例示的規定，並不是共同貿易政策的全部，以期使歐洲聯盟的貿易法規得以因應國際貿易的發展而靈活運用[10]，因此不得狹義限縮解釋歐洲聯盟在共同貿易政策的權限[11]。

　　2003年2月1日尼斯條約生效時，修訂歐洲聯盟運作條約第207條，共同貿易政策涵蓋跨國的商品交易、服務業貿易以及與智慧財產權有關的貿

7　參閱B. Elles, The Role of EU Institutions in External Trade Policy, in Emiliou/O'Keeffe (eds.): The European Union and World Trade Law after the GATT Uruguay Round, Chichester 1996, p. 19; W. Hakenberg，前揭書，S. 169。

8　參閱Amtsblatt der Europäischen Gemeinschaften 1994 L 336/1-2.

9　EuGH Rs. C-377/02, Léon van Parys/Belgisch Interventieen Restitutiebureau, Slg. 2005, S. I-1465.

10　參閱A. von Bogdandy, Die Handelspolitik der Europäischen Wirtschaftsgemeinschaft, Jura 1992, S. 410.

11　參閱EuGH Gutachten 1/78, Internationales Naturkautschuk-Übereinkommen, Slg. 1979, S. 2781ff.

易；但文化和視聽服務業貿易、教育範圍的服務業，以及在社會和衛生範圍的服務業貿易，仍係由歐洲聯盟與會員國共同行使職權。

2009年12月1日里斯本條約生效後，在歐洲聯盟運作條約第3條明文規定，歐洲聯盟對於共同貿易政策享有專屬的職權，解決了一直以來在國際貿易事務的權限分配爭議，可以預見未來歐洲聯盟在WTO架構下更能以「一個聲音」扮演其全球角色。

二、共同貿易政策的範圍

共同貿易政策可以分為自主的（autonom）貿易政策與協定的（vertraglich）貿易政策[12]。所謂自主的貿易政策，係指由歐洲聯盟單方面（einseitig）立法規範的貿易政策，即由執委會向理事會與歐洲議會提案制定貿易法規[13]，例如共同進口規章、共同出口規章、數量限制的進口配額、普遍優惠關稅制度、反傾銷規章、反仿冒規定等。

協定的貿易政策為由歐洲聯盟與第三國，以及在國際組織內藉由簽署雙邊或多邊的貿易協定所規範的貿易政策，通常協定的貿易政策係由執委會在理事會的授權下與第三國進行談判達成協議，再由理事會以歐洲聯盟的名義簽署這些貿易協定[14]。由歐洲聯盟締結的貿易協定與其他的國際協定相同，亦為歐盟法重要的構成部分[15]，而依據歐洲聯盟運作條約第207條第3項與第218條第7項之規定，貿易協定對於歐盟機關與會員國具有拘束力。通常理事會在簽署貿易協定後，仍會以規章的形式批准貿易協定的內容，使其在歐洲聯盟內直接生效，成為直接適用的歐盟法[16]。

獎勵出口政策（Ausfuhrförderungspolitik）亦為共同貿易政策的一部分[17]。

12　參閱R. Streinz，前揭書，S. 201。
13　參閱歐洲共同體條約第133條第2項。
14　參閱歐洲共同體條約第133條第3項。
15　參閱EuGH Rs. 181/73, Haegeman, Slg. 1974, S. 460.
16　參閱R. Streinz，前揭書，S. 202。
17　參閱EuGH Gutachten 1/75, Lokale Kosten, Slg. 1975, S. 1361f.

　　執委會在1996年提出的關於歐洲聯盟的市場開放策略報告[18]中指出，歐洲共同體條約第133條（現為歐洲聯盟運作條約第207條）規定的共同貿易政策並不侷限於傳統的貿易政策，其適用範圍包羅萬象，尚包括有效的保障人權、環境保護或自然環境的保護。顯見歐洲聯盟以貿易政策上的保護措施作為手段，以期達到保障人權與環境保護一般性原則的目標。

　　共同貿易政策亦為歐洲聯盟的外交政策的一部分，依據歐洲聯盟運作條約第207條之規定，歐洲聯盟得與第三國締結雙邊的與多邊的國際協定；歐洲聯盟運作條約第220條規定歐洲聯盟與其他國際組織之關係，例如：聯合國（UN）、關稅暨貿易總協定（GATT）、歐洲理事會（Europarat; Council of Europe）、經濟合作暨發展組織（OECD）；歐洲聯盟運作條約第217條授權歐洲聯盟得與第三國締結結盟協定（Assoziierungsabkommen; Agreement of Association）。

第三節　發展合作政策

　　自歐洲聯盟條約生效時起，在歐洲聯盟運作條約第208條至第211條增訂發展合作的具體規定。

　　傳統上各會員國與歐洲聯盟即不斷地致力於援助開發中國家對抗貧窮、消除因所得懸殊而造成在工業國家與開發中國家的緊張對立狀態、確保和平與放棄使用暴力、參與世界經濟的發展過程、肩負起對全球環境保護的責任，歐洲聯盟條約具體地將發展援助的動機法典化[19]。發展合作的歐洲化（Europäisierung der Entwicklungszusammenarbeit）首次成為歐洲聯盟在憲法（Verfassungsrecht）[20]層次上的法規，足見歐洲聯盟重視協助開

---

18 KOM (96) 53 endg.

19 參閱C. O. Lenz (Hrsg.)，前揭書，Art. 130u EGV, Rn. 3。

20 歐洲共同體條約猶如歐洲共同體的憲法。參閱C. O. Lenz (Hrsg.)，前揭書，Art. 1 EGV, Rn. 3; Rengeling/Middeke/Gellermann, Rechtsschutz in der Europäischen Union, München 1994, S. 26; T. Oppermann，前揭書，Rn. 614ff。

發中國家發展與合作的程度[21]。

壹、發展合作政策的內容

一、發展合作政策之目標

　　歐洲聯盟運作條約第208條明文規定，歐洲聯盟在發展合作領域的政策應補充會員國相關的政策，促進開發中國家持續地在經濟上與社會的發展，逐步協調地將開發中國家納入世界經濟體系中，並協助開發中國家對抗貧窮；歐洲聯盟發展合作政策的目標，為致力於追求繼續發展和鞏固民主與法治國家的一般目標，以及維護人權與基本自由的目標；歐洲聯盟與會員國應遵守在聯合國與在相關的國際組織所做的承諾，並顧及在此範圍所同意的目標。

　　申言之，在歐洲聯盟運作條約第208條列舉的發展合作目標，係歐洲聯盟多年來的經驗累積，成功地發展援助應該是致力於協助開發中國家的自助（Selbsthilfe）[22]，為達成協助開發中國家持續地在經濟上的與社會的發展之目標，必須這些國家的人民能夠積極與持續參與履行其本國的經濟發展，因此也要協助開發中國家建立代議制與具有民主功能的政治制度，以及維護人權與基本自由[23]。此外，歐洲聯盟的發展合作應在國際合作上持續採取行動，因此明文規定歐洲聯盟與各會員國的國際責任。

　　2006年第1889號實施促進全世界民主與人權資助方法規章[24]考量低度發展的社會和政治因素，應以措施加強人權、民主與法治國家。歐洲法院在相關判決中亦指出，這類的發展援助措施是合法的，至少間接地致力於開發中國家經濟與社會的發展[25]。

21　參閱G. Schmidt, Zum Verhältnis des neuen Verfassungsrechts der Entwicklungspolitik der Europäischen Union zum Wirtschaftsrecht, Recht der Internationalen Wirtschaft 1995, S. 268.

22　參閱C. O. Lenz (Hrsg.)，前揭書，Art. 130u EGV, Rn. 4。

23　參閱C. O. Lenz (Hrsg.)，前揭書，Art. 130u EGV, Rn. 7。

24　ABIEU 2006 L 381/1.

25　EuGH Rs. C-268/94, Portugal/Rat, Slg. 1996, S. I-6177.

二、發展合作政策之施行

針對發展合作政策，歐洲聯盟僅享有競合的權限（konkurrierende Zuständigkeit）[26]，歐洲聯盟運作條約不僅將在歐盟層次上現存的發展政策行動法典化，而且明確地要求加強致力於協調歐洲聯盟與個別會員國間的措施，在個別會員國與歐盟層次間尋求合理的任務分配（rationale Aufgabenverteilung），成為發展合作政策關鍵性的要素[27]。

依據歐洲聯盟運作條約第210條之規定，歐洲聯盟與會員國應協調彼此在發展合作領域的政策，並調整其援助計畫（Hilfsprogramme），在國際組織與國際會議採取一致的行動；歐洲聯盟與會員國得採取共同的措施；必要時，會員國應致力於施行歐洲聯盟的援助計畫。申言之，在施行發展合作政策的措施時，因其範圍或效果在會員國層次不足以達成目標，而在歐盟層次更能實現發展合作政策的目標時，應由歐洲聯盟行使職權。因此歐洲聯盟運作條約第210條協調的性質即在於將輔助原則的適用規定規範歐洲聯盟與會員國在施行發展合作政策的關係，此一規定具有垂直（vertikal）聯繫的功能[28]。

歐洲聯盟運作條約第209條明確地規定歐洲聯盟針對發展合作政策的職權，即由理事會依據普通立法程序制定達成歐洲聯盟條約第21條與歐洲聯盟運作條約第208條目標的必要措施，而這些措施並得以多年的計畫綱領（Mehrjahresprogramm）方式公布；歐洲投資銀行（Europäische Investitionsbank）依據其章程的規定，致力於施行這些必要的措施；此外，理事會在制定施行發展合作的必要措施時，不得牴觸在洛梅協定（Lomé-Abkommen）範圍內與這些非洲、加勒比海與太平洋國家的合作。

歐洲投資銀行由自己的財源給予開發中國家貸款，而對於洛梅協定的

---

26 關於競合的權限概念，參閱陳麗娟，《歐洲共同體法導論》，台北，民國85年，頁52以下。

27 參閱G. Schmidt，前揭文，Recht der Internationalen Wirtschaft 1995, S. 268。

28 參閱G. Schmidt，前揭文，Recht der Internationalen Wirtschaft 1995, S. 269。

締約國與地中海國家則是給予利息優惠[29]。由於洛梅協定的締約國在歷史上與歐洲聯盟的會員國有特殊的關係，為考慮歐洲聯盟運作條約第198條至第203條中，與過去海外領土或屬地間關係的繼續發展，因此明文規定應繼續與這些國家維持特別的關係[30]。

三、國際合作

歐洲聯盟運作條約第211條規定歐洲聯盟與會員國在與第三國或國際組織間在發展合作政策範圍上應合作的行使職權，並得依據歐洲聯盟運作條約第218條之規定，由歐洲聯盟與第三國締結合作協定，以落實合作的內容，但不得牴觸會員國在國際委員會談判的權限或締結國際協定的權限。此一新規定賦予歐洲聯盟締結國際協定的職權[31]。

貳、歐洲聯盟與第三國間的合作形式

歐洲聯盟與第三國間有各式各樣的合作形式，可歸納為下列的形式：

一、關稅同盟

歐洲聯盟為一關稅同盟，在會員國間的內部商品交易完全廢除課徵關稅，而在與第三國間的外部貿易往來適用共同關稅稅率與實施共同的貿易政策。當然歐洲聯盟亦得與第三國協議成立關稅同盟，例如自1994年1月1日起生效的歐洲經濟區協定（Abkommen über den Europäischen Wirtschaftsraum）[32]，原來的歐洲共同體與歐洲自由貿易協會（European Free Trade Association，簡稱EFTA）的會員國協議成立的歐洲經濟區，即為一關稅同盟[33]。

29　參閱C. O. Lenz (Hrsg.)，前揭書，Art. 130w EGV, Rn. 1。

30　參閱C. O. Lenz (Hrsg.)，前揭書，Art. 130w EGV, Rn. 2。

31　參閱G. Nicolaysen，前揭書，S. 519。

32　Amtsblatt der Europäischen Gemeinschaften 1994 L 1/1ff.

33　參閱W. Hakenberg，前揭書，S. 169.但有學者認為歐洲經濟區並非關稅同盟，而只是自由貿易區。參閱C. O. Lenz (Hrsg.)，前揭書，Art. 113 EGV, Rn. 64。

目前歐洲自由貿易協會的會員國尚有挪威、冰島、瑞士與列支敦斯登，但由於瑞士以公民投票否決歐洲經濟區協定，因此歐洲經濟區協定並不適用於瑞士，之後瑞士與歐洲聯盟締結一個雙邊協定，內容並不完全等同於歐洲經濟區協定。

所謂的歐洲經濟區是在歐洲聯盟與歐洲自由貿易協會間應保證自由貿易，歐洲自由貿易協會的會員國應承認與接受單一市場的全部規定，也就是歐洲經濟區協定包括了許多類似單一市場合作的重要規定，除共同農業政策、共同漁業政策與共同外交政策外，締約國必須繼受大部分現行的歐盟法與歐盟政策，建立自己的組織體系。

二、自由貿易區

歐洲聯盟亦得依據歐洲聯盟運作條約第207條之規定與第三國以締結自由貿易協定（Freihandelsabkommen）方式，成立自由貿易區（Freihandelszone）。自由貿易區與關稅同盟最大的區別，在於自由貿易區僅在成員國間彼此的商品交易免課徵關稅，自由的貿易往來，對於第三國並不實施共同的關稅稅率與共同的貿易政策，各成員國仍保有其自主的關稅主權與制定貿易政策的權限。例如過去歐洲共同體與歐洲自由貿易協會針對工業產品與農產加工品簽署的自由貿易協定，而在原來的歐洲共同體與歐洲自由貿易協會間成立自由貿易區；原來的歐洲共同體與瑞士、列支敦斯登間的自由貿易協定[34]。

三、貿易協定、合作協定或原料協定

雖然歐盟法在適用上優先於會員國法，而歐洲聯盟本身並非一個主權的國家，會員國藉由成立歐洲聯盟，已經移轉其某些締結國際協定的權限給歐洲聯盟，由歐洲聯盟行使這些締約權。

歐洲聯盟運作條約第218條規定歐洲聯盟與第三國或國際組織締結國際協定的程序，並未明文規定具體的事務權限，僅為一個程序規定[35]。歐

34　參閱Amtsblatt der Europäischen Gemeinschaften 1972 L 300/189ff.

35　參閱陳麗娟，前揭書，頁307-310。

洲聯盟得依據歐洲聯盟運作條約第207條與第217條之明文授權規定參與國際事務，並且亦得依據歐洲聯盟運作條約的其他授權規定或施行歐洲聯盟運作條約所採取的措施，而參與國際事務[36]。因此歐洲聯盟不僅可以依據歐洲聯盟運作條約之規定、派生歐盟法、在共同政策範圍內所採取的措施，並且擴及至所有符合歐洲聯盟運作條約目標的範圍，與第三國或國際組織締結國際協定[37]。

　　針對不同的內容，由歐洲聯盟與第三國締結各種類型的國際協定，例如貿易協定、合作協定或原料協定。通常歐洲聯盟與個別的第三國針對特定的商品種類（例如紡織品）談判締結貿易協定，且有一定的適用期限。過去歐洲共同體與第三國締結的貿易協定或結盟協定常包含發展政策的要素，目前則依據歐洲聯盟運作條約第211條的明確授權與第三國締結發展合作協定。歐洲聯盟並簽署許多世界性的多邊協定，特別是一系列穩定原料貿易的協定，例如可可[38]、天然橡膠[39]、黃麻[40]等。

　　1984年時，當時的歐洲共同體與玻利維亞、厄瓜多爾、哥倫比亞、秘魯、委內瑞拉等拉丁美洲國家簽署了一項貿易政策與經濟合作協定[41]，其中包含了最惠國條款與發展合作條款；1980年時，歐洲共同體與東南亞國協（ASEAN）會員國（印尼、馬來西亞、菲律賓、新加坡、泰國、汶萊）亦簽署了類似的協定[42]。

----

[36] 參閱M. E. Footer, Public Procurement and EC External Relations-A Legal Framework, in Emiliou/O'Keeffe (eds.): The European Union and World Trade Law after the GATT Uruguay Round, Chichester 1996, p. 296.

[37] 參閱EuGH Gutachten 1/76, Stillegungsfonds für die Binnenschiffahrt, Slg. 1977, S. 755.

[38] Amtsblatt der Europäischen Gemeinschaften 1987 L 69/24ff; Amtsblatt der Europäischen Gemeinschaften 1992 L 89/30ff.

[39] Amtsblatt der Europäischen Gemeinschaften 1988 L 58/21ff; Amtsblatt der Europäischen Gemeinschaften 1992 L 219/56ff.

[40] Amtsblatt der Europäischen Gemeinschaften 1991 L 29/1ff.

[41] Amtsblatt der Europäischen Gemeinschaften 1984 L 153/2ff.

[42] Amtsblatt der Europäischen Gemeinschaften 1980 L 144/1ff; Amtsblatt der Europäischen Gemeinschaften 1985 L 81/1ff.

　　在1988年以前，當時歐洲共同體與經濟互助委員會（Rat für gegenseitige Wirtschaftshilfe，通稱為COMECON，為原來東歐共產國家間的組織）互不承認彼此在國際法上為有締約能力的權利主體，在1988年至1990年間，依據原來的歐洲經濟共同體條約第133條與第308條之規定，歐洲共同體與個別的東歐國家（例如匈牙利、波蘭、蘇聯、捷克、保加利亞、羅馬尼亞等）簽署了許多的合作協定，在經濟互助委員會解散與東歐各國共產政權解體後，歐洲聯盟又與這些東歐國家簽署了一系列的雙邊合作協定，例如．歐洲聯盟與波蘭、匈牙利、捷克共和國、斯洛伐克共和國、羅馬尼亞、保加利亞間的歐洲協定（Europaabkommen）[43]。目前波蘭、捷克共和國、斯洛伐克共和國、匈牙利、羅馬尼亞與保加利亞都已經是歐洲聯盟的會員國。

四、結盟協定

　　結盟協定為歐洲聯盟在發展政策範圍內與第三國間特別的合作形式，在歐洲聯盟運作條約中有兩種結盟形式，即依據歐洲聯盟運作條約第198條之規定與會員國（例如丹麥、法國、荷蘭及英國）海外的屬地或領土結盟，另一種為依據歐洲聯盟運作條約第310條與第三國締結結盟協定。

　　依據歐洲聯盟運作條約第217條之規定，歐洲聯盟得與第三國或國際組織締結結盟協定，以建立互惠的權利義務關係、採取共同的行動或適用特別的程序。通常在這類的結盟協定中歐洲聯盟會給予特定的第三國特別的優惠待遇[44]，同時這些第三國亦得參與歐洲聯盟的制度，例如過去歐洲共同體與土耳其間的結盟協定，歐洲共同體亦給予土耳其人民在歐洲共同體內享有人員自由遷徙的權利[45]。依據歐洲聯盟運作條約第217條之規定，由歐洲聯盟與第三國締結的結盟協定，通常會設立結盟的意思形成機關，

43　歐洲協定為一混合協定，內容上包含結盟協定與貿易協定之性質。參閱C. O. Lenz (Hrsg.)，前揭書，Art. 113 EGV, Rn. 66f。

44　參閱EuGH Rs. 12/86, Demirel, Slg. 1987, S. 3719.

45　參閱Amtsblatt der Europäischen Gemeinschaften 1964, S. 3687ff.

並成立仲裁法院以具體監督彼此遵守結盟協定之內容[46]。

　　歐洲聯盟與第三國締結的結盟協定有許多不同的目的，例如在希臘加入歐洲共同體前，與希臘締結的結盟協定，即作為希臘加入歐洲共同體的準備；與土耳其間至今仍有效的結盟協定亦為將來土耳其加入歐洲聯盟的準備。特別是在與非歐洲國家的結盟協定，大部分均是歐洲聯盟發展政策的體現[47]。洛梅協定即為典型發展援助的結盟協定，即由歐洲聯盟援助非洲、加勒比海與太平洋國家的結盟協定[48]。在洛梅協定中建立的發展合作最重要的基礎，為由歐洲聯盟單方面地給予這些開發中國家優惠關稅、穩定這些國家的出口所得、給予財政援助，以及在適用營業所設立與勞務流通的規定時禁止差別待遇[49]。

　　此外，歐洲聯盟得單方面地依據歐洲聯盟運作條約第198條之規定，與會員國在非歐洲的屬地及領土結盟[50]，以期促進這些屬地或領土的經濟與社會發展，以及在這些地區與歐洲聯盟間建立緊密的經濟關係。這類結盟協定在歐洲聯盟與會員國在非歐洲的領土或屬地間維持特別的關係[51]。

　　依據歐洲聯盟運作條約第199條之規定，與會員國海外領土或屬地間的結盟協定應致力於下列的目標，即：(1)會員國與這些屬地或領土在貿易往來上，彼此應適用在歐洲聯盟運作條約所規定的制度；(2)這些領土或屬地在與會員國或彼此間的貿易往來，應適用在歐洲國家維持特別關係的制度；(3)會員國應參與持續發展這些屬地或領土所需要的投資；(4)由歐洲聯盟資助的投資在招標時，應在相同的條件下，開放給所有持有會員國國籍或這些領土或屬地國籍的自然人與法人參與；(5)歐洲聯盟運作條約中營業所設立自由的規定亦適用於會員國與這些屬地或領土間國民與公司行使

46　參閱W. Hakenberg，前揭書，S. 170。

47　參閱R. Streinz，前揭書，S. 192。

48　參閱陳麗娟，前揭書，頁312。

49　參閱R. Streinz，前揭書，S. 192。

50　尤其是與比利時、丹麥、法國、義大利、荷蘭及英國在非歐洲的屬地與領土建立結盟關係。

51　參閱R. Streinz，前揭書，S. 191。

設立權，且不得有任何的差別待遇。歐洲聯盟運作條約第200條規定落實這類結盟協定最重要的方法，即為由歐洲聯盟完全廢除自這些屬地或領土進口商品的關稅，相反的這些屬地或領土自歐洲聯盟進口商品時仍得課徵關稅，以符合其發展與工業化之需要或用作其預算財源的進口關稅。

五、普遍優惠關稅制度

　　普遍優惠關稅制度（Allgemeines Zollpräferenzsystem），係當時的歐洲共同體自1971年7月1日起單方面給予特定的開發中國家，例如：地中海國家、洛梅協定的國家，針對特定商品進口的優惠關稅[52]，主要係由歐洲聯盟單方面免除課徵工業產品的關稅與降低對於農產加工品的關稅[53]。

　　普遍優惠關稅制度本質上為歐洲聯盟單方面給予開發中國家的發展援助[54]，而造成開發中國家出口擴張的效果。在普遍優惠關稅制度下，不僅促進開發中國家的工業化發展，並且加速其經濟成長[55]。

第四節　共同貿易政策新趨勢

　　為因應2008年全球金融海嘯所造成的經濟衰退，執委會在2015年10月公布一份名為「Trade for all」的文件[56]，描繪出歐盟貿易政策的新趨勢。貿易政策在經濟復甦上扮演著愈來愈重要的角色，因此貿易政策必須更有效率與更透明。貿易可以帶給歐盟就業機會、經濟成長與商業機會等利

52　參閱R. J. Langhammer, Die Allgemeinen Zollpräferenzen der EG für Entwicklungsländer, Fehlschlag oder Erfolg?, Kiel 1983, S. 1.

53　參閱C. O. Lenz (Hrsg.)，前揭書，Art. 113 EGV, Rn. 18。

54　參閱W. Hakenberg，前揭書，S. 170。

55　參閱Li-Jiuan Chen, Das Recht der Handelsbeziehungen zwischen der Europäischen Wirtschaftsgemeinschaft, der Republik China (Taiwan) und der Volksrepublik China nach Vollendung des Europäischen Binnenmarktes, München 1993, S. 83.

56　European Commission, Trade for all, Luxembourg 2015.

益，出口機會支援中小企業拓展第三國家的市場，大型企業可以出口更多的商品與服務到歐盟以外的第三國市場。總而言之，有超過3,000萬的工作仰賴歐盟的出口市場，全球貿易不僅使大企業和中小企業獲利，同時也使歐盟人民、消費者和勞工獲益，貿易是歐盟經濟復甦的重要工具。

貿易政策授權歐盟依據歐洲價值與利益形塑全球化的經濟秩序，貿易與永續發展是一體兩面，貿易有助於經濟成長、創造就業與增加競爭力，而歐盟亦致力於建構一個開放及以規則為基礎的貿易制度。2017年9月14日，執委會提出一個貿易暨投資措施包裹，倡議一個均衡與進步的貿易政策（a balanced and progressive trade policy）[57]，以落實2015年「Trade for all」更有責任的貿易暨投資政策。此一包裹主要的內容為：

1. 提案建構一個篩選外國直接投資的歐洲架構，以確保外國直接投資仍是歐盟主要的成長來源，同時保護歐盟的重要利益；
2. 建議理事會開啟與紐西蘭及澳洲的貿易協定談判，這兩個自由貿易協定應以與加拿大、越南、新加坡、日本的自由貿易協定為藍本，擴大聯盟，以承諾實施全球貿易的進步規則；
3. 建議理事會開啟談判建立一個投資爭端解決多邊的法院，應邁向一個更透明、整合與公平處理在投資保護協定下的企業爭訟；
4. 前所未有的透明度，即執委會公布貿易協定的談判準繩，也就是執委會期盼在盡可能初期的階段納入會員國與區域的利害關係人參與貿易對話；
5. 設立一個歐盟貿易協定諮詢小組，更廣泛的收集各方（例如工會、資方組織、消費者族群、其他民間組織）的觀點與見解，也就是執委會致力於更透明與更融合的貿易政策。

---

57 COM (2017) 492 final.

第十一章　社會政策

第一節　歐洲聯盟社會政策之發展

　　歐洲聯盟的社會政策（Sozialpolitik; Social Policy）自始即為歐洲聯盟運作條約的核心領域，主要目的在於改善勞工的生活條件與工作條件，雖然社會政策並非歐洲統合的直接目標，但卻是歐洲聯盟本身的任務[1]。

　　在個別會員國間，對於社會政策的基本理解卻有非常大的差異，主要的兩大見解為新自由（Neoliberal）論與社會傾銷（Sozialdumping）理論。新自由論主要代表為德國，主張歐洲聯盟欲致力的生活條件與工作條件，可自動地由改善共同市場生產力達成，而社會成本（Sozialkosten）係以環境為要件的成本，可以由較高的生產力得到補償；社會傾銷理論則主張社會成本係對企業者之人為負擔，不利於競爭，法國為此一理論的代表，而法國很早即實施男女同酬原則，並且擔憂與其他會員國相比，有較高的社會成本；為達到在不同會員國間產品的競爭力之目的，因此必須協調這些理論之差異。歐洲聯盟運作條約第151條至第161條即為上述兩個理論之妥協，基本上各會員國仍欲保留其對於社會政策的職權，並應逐項地調整彼此社會政策之差異[2]。而這些規定也成為所謂的歐洲勞工法（Europäisches Arbeitsrecht）重要的法源依據[3]。

　　1958年歐洲經濟共同體成立時，首先僅計畫成為一個經濟共同體（Wirtschaftsgemeinschaft），而在初期社會政策上的事項並不重要，僅為宣示性的規定，例如依據歐洲聯盟運作條約的前言，會員國決議以共同的行動確保經濟與社會的進步，尤其是應消除區隔歐洲的障礙。社會

1　參閱 G. Nicolaysen, Europarecht II-Das Wirtschaftsrecht im Binnenmarkt, 1. Auflage, Baden-Baden 1996, S. 463.

2　參閱W. Hakenberg, Grundzüge des Europäischen Wirtschaftsrechts, München 1994, S. 179.

3　Jürgen Schwarze, Europäisches Wirtscha ftsrecht, S. 64.

政策在原來的歐洲共同體成立初期僅居於次要的地位，最主要的原因在於創始會員國強調經濟自由的觀念，致力於經濟統合（wirtschaftliche Integration），認為社會統合（soziale Integration）是經濟統合必然的結果，因此在社會政策領域並無需獨立的法律規範[4]。也因此雖然在原來的歐洲共同體條約中自始即有關於社會政策的專章規定（即第136至145條），但歐洲聯盟卻無廣泛的明確規範社會政策事項的權限，而仍由會員國享有主要的立法權限[5]。而對於勞工法領域的事項，歐洲聯盟亦無明確的立法權限，勞工法屬於社會政策的一部分，同樣的仍由會員國享有主要的立法權限[6]。總而言之，早期的歐洲經濟共同體並不重視調適會員國的社會制度。

原來的歐洲經濟共同體條約第3條並未包含社會政策，而在實體的勞工法（Arbeitsrecht）中僅有相對少的直接共同體法規。例如歐洲共同體條約第119條（現為聯盟運作條約第143條）的男女同酬規定包括所有的勞動關係，具有直接的效力；另一典型的例子，為理事會於1985年制定公布的第3820號規章[7]，係協調會員國在道路交通特定的社會法規，即規範職業駕駛的駕駛時間與退休時間。其他相關的社會法規，則僅在關於人員自由遷徙與就業範圍，加以具體規定，最有名的即為1968年第1612號關於勞工在當時歐洲共同體內自由遷徙的規章[8]；這些規定同時亦屬於社會政策的範圍。

1972年10月當時歐洲共同體的會員國於巴黎舉行高峰會議，會議中雖然強調社會統合與經濟統合應居於同等的地位，並決議應由經濟同盟擴展為社會同盟，但最後卻無任何具體的行動，同時亦未改變當時歐洲共同體在社會政策領域無明確立法權限的特徵[9]。歐洲法院在1976年的Defrenne II

4　參閱R. Birk, Europäisches Arbeitsrecht, München 1990, S. 2.

5　參閱R. Wank, Arbeitsrecht nach Maastricht, Recht der Arbeit 1995, S. 10.

6　參閱R. Birk, 前揭書，S. 2。

7　VO (EWG) Nr. 3820/85, Amtsblatt der Europäischen Gemeinschaften 1985 L 370/1ff.

8　Amtsblatt der Europäischen Gemeinschaften 1968 L 257/2ff.

9　參閱R. Birk, 前揭書，S. 2。

案中確認，歐洲共同體不應僅限於致力於經濟同盟，並應致力於達成社
會統合的目標[10]，而且堅持社會政策係主要的歐洲共同體權限之基本概
念[11]。

　　1987年7月1日生效的單一歐洲法在當時歐洲經濟共同體條約第158條中
增訂經濟與社會團結之目標，並且在歐洲經濟共同體條約第138條與139條
中增訂改善勞工的工作環境與促進社會夥伴間的對話。1988年時，執委會
提出所謂的Marin文件[12]，即為關於單一市場的社會範圍（Soziale Dimension
des Binnenmarktes），支持採取積極的社會政策，並規定至1992年
底應完成所謂的「社會基座」（sozialer Sockel），亦即應促進單一市場
的社會範圍與經濟範圍並駕齊驅，申言之，單一市場不應只侷限於經濟活
動，同時應顧及並致力於建設社會範圍[13]。

　　1992年由十二個會員國的國家元首與政府首長在荷蘭的馬斯垂克召開
歐洲高峰會議，對於歐洲聯盟的社會政策具有重要的意義。申言之，歐洲
聯盟條約的重要內容，除了經濟暨貨幣同盟、共同的外交與安全政策以及
在司法和內政範圍的合作外，對於歐洲聯盟的勞工法與社會法做了重大的
修正。歐洲聯盟條約生效後，在原來的歐洲共同體條約第3條第1項第i款
增訂具有歐洲社會基金的社會政策（Sozialpolitik mit einem Europäischen
Sozialfonds），亦為歐洲聯盟的職務之一；但歐洲聯盟條約並未修正歐洲
共同體條約第136條至第145條（現為歐洲聯盟運作條約第151條至第161
條）之規定，這些規定仍繼續有效，僅在第149條（現為歐洲聯盟運作條
約第165條）與第150條（現為歐洲聯盟運作條約第166條）新增訂關於一
般教育、職業教育與青少年教育之規定。而自歐洲聯盟條約生效時起，
分階段實施社會政策，當時並由十一個會員國簽署關於社會政策的協定
（Abkommen über die Sozialpolitik），以作為歐洲聯盟條約的附帶議定書
（Zusatzprotokoll），但英國並未參與此一社會政策協定，因此為施行社

10　參閱EuGH Rs. 43/75, Defrenne II, Slg. 1976, S. 473.

11　參閱EuGH Rs. 149/77, Defrenne III, Slg. 1978, S. 1378f.

12　SEC (88) 1148 endg.

13　參閱R. Birk，前揭書，S. 2。

會政策協定所做的立法，並不適用於英國[14]；但1997年英國國會改選，工黨（Labour Party）在贏得大選後，隨即聲明將盡快地加入歐洲聯盟關於社會政策的協定，因此歐洲聯盟有一致的社會政策。

此一議定書與關於社會政策協定係以國際法為基礎所達成的協議，性質上亦為主要的歐盟法[15]。同時依據歐洲聯盟運作條約第57條之規定，此一議定書亦為歐洲聯盟條約與歐洲聯盟運作條約重要的構成部分，而關於社會政策協定則具有主要歐盟法的位階。

原來的歐洲共同體條約第136條第1項雖然以會員國的目的宣示形式聲明，應致力於改善勞工的生活與工作條件，但在歐洲共同體條約第136條第2項卻明文規定應致力協調社會規章，以優先作為發揮共同市場功能的方法，故每一個社會政策所規定的總體經濟的任務為一般的繁榮預防（Wohl-standsvorsorge）措施，即並非要讓勞動力在市場經濟中自由地活動，而是要對歐洲統合產生積極的經濟效果與在措施和實現共同市場間產生關聯[16]。

原來的歐洲共同體條約第136條第2項所規定的以調整法律與行政規章的方式，具體化第1項所規定的調整勞工的生活與工作條件，並依據歐洲共同體條約第100條所規定的立法程序補充立法，以調整會員國間的法規；歐洲共同體條約第118條授權執委會針對社會問題促進會員國間的緊密合作，特別是針對就業、勞工法規與工作條件、職業教育與在職進修、社會安全、預防職業事故與職業病、工作上的健康保護、勞方與資方間的聯合權（Koalitionsrecht）及團體協商（Kollektivverhandlungen）等事項，執委會應以考察、發表意見、諮詢準備等方式與會員國間維持緊密的聯繫，特別是針對勞工法上的議題，例如對於勞工的教育、進修與健康的保

----

14 當時英國總理柴契爾夫人強烈地批評此一憲章，尤其是認為來自布魯塞爾關於「歐洲社會化」（euro-sozialistisch）威脅性的宣言，將會影響英國以分權（Deregulierung）和私有化（Privatisierung）為基礎的國民經濟轉換過程。參閱Koenig/Pechstein, Die Europäische Union, Tübingen 1995, S. 155.

15 參閱R. Geiger, Kommentar zum EG-Vertrag, München 1993, Art. 117 EGV, Rn. 16.

16 參閱G. Nicolaysen，前揭書，S. 463f。

護等。

　　針對勞動成本與社會成本，若要避免削價競爭，不可避免地必須補充基礎條約競爭政策上的社會要素[17]。隨著阿姆斯特丹條約的生效施行，改變了在社會政策方面的觀點，明文增訂授權歐洲共同體可以制定公布指令，以落實歐洲社會政策，例如原來的歐洲共同體條約第137條第2項、第139條第2項與第141條第3項均規定，理事會得公布指令或作成決議，以規範社會政策的事務，尤其是應致力於實現男女勞工針對工作與就業問題的機會均等與平等待遇原則[18]與勞工的自由遷徙，以及調適適用於中小企業在競爭政策上相關的法規，特別是依據歐洲共同體條約第137條第2項之規定，陸續公布對於孕婦與產婦保障[19]、青少年工作保護[20]、歐洲職工會（Europäischer Betriebsrat）[21]、企業無清償能力時對勞工的保護[22]、勞工的告知權與聽證權[23]、工作時間[24]等的最低限度規定，以致力於調適會員國間的法規差異。

　　原來的歐洲共同體條約第139條第2項規定授權歐洲共同體施行在勞資雙方組織間的社會夥伴協議，例如當時歐洲共同體已經陸續公布關於生育子女休假[25]、非全職工作（Teilzeitarbeit）[26]與定期工作契約[27]等的指令，以落實勞資雙方的社會夥伴協議。

----

[17] Schulze/Zuleeg (Hrsg.), Europarecht S. 1695f.
[18] RL 2006/54/EG, ABlEU 2006 L 204/23.
[19] ABlEG 1992 L 348/1.
[20] ABlEG 1994 L 216/12.
[21] ABlEG 1994 L 254/64.
[22] ABlEU 2002 L 270/10.
[23] ABlEU 2002 L 80/29.
[24] ABlEU 2003 L 299/9.
[25] ABlEG 1996 L 145/4.
[26] ABlEG 1997 L 14/9.
[27] ABlEG 1999 L 175/43.

第二節　綱要計畫

　　由於各會員國間不同的社會政策傳統、社會法制度與經濟上的前提要件所造成不同的影響，早在1974年時理事會即已通過社會政策的行動綱領（sozialpolitisches Aktionsprogramm），以期在原來歐洲共同體的所有職務中將社會觀點包括在內[28]。1986年在單一歐洲法中增訂歐洲經濟共同體條約第138條與第139條，以期達到改善勞工的工作環境與促進社會夥伴間的對話。

　　為達到強調對於現存單一市場社會政策意義之目的，執委會於1989年12月9日公布勞工社會基本權利的共同體憲章（Gemeinschaftscharta der Sozialen Grundrechte derArbeitnehmer，又稱為歐洲社會憲章（Europäische Sozialcharta）[29]）[30]與社會憲章的行動綱領（Aktionsprogramm zur Sozialcharta）[31]。

　　在1993年11月生效的歐洲聯盟條約的最終文件在歐洲共同體條約中增訂關於社會政策協定（Abkommen über die Sozialpolitik），並自生效時起，因轉換1989年的歐洲社會憲章而使得歐洲共同體針對勞工法與社會法的問題享有重大的權限擴張[32]。例如關於社會政策協定的第2條授權當時歐洲共同體得以制定公布指令的方式，在會員國依據原來的歐洲共同體條約第137條仍有權單獨立法的範圍內，依據原來的歐洲共同體條約第252條所規定的合作程序針對改善勞工的工作環境制定公布最低限度的法規（Mindestvorschriften），以保障勞工的健康與安全、工作條件、勞工的講習、在勞動市場上的男女機會均等與在工作崗位上的平等待遇等；並得以一致的決議針對勞工的社會安全與社會保護、勞動契約終止時對於勞工的保護、包括共同參與決定在內的代表與集體維護勞資雙方利益、第三國國

28　Amtsblatt der Europäischen Gemeinschaften 1974 C 13/1ff.

29　參閱W. Kilian, Europäisches Wirtschaftsrecht, München 1996, S. 233.

30　KOM (89) 248 endg.

31　KOM (89) 568 endg.

32　參閱W. Kilian，前揭書，S. 233。

民的就業條件、以獎勵就業和創造就業機會的財政上捐款。

　　申言之，關於社會政策協定第2條規定原來的歐洲共同體（除英國外）自己獨立的立法權限，以制定公布社會法最低規範的指令。由於關於社會政策協定屬於主要的共同體法，故扮演著在社會同盟範圍內創設共同體法的角色，即扮演著超國家的制定派生共同體法的法源角色。社會政策協定又經由一連串的委任立法規範（即社會政策議定書），而受原來的歐洲共同體條約之拘束，故社會政策議定書在原來的歐洲共同體條約與社會政策協定間具有組織銜接者的功能[33]。

　　在社會政策議定書中第一點即表明，由十一個會員國同意授權使用當時歐洲共同體的機關、程序與機制（Organe Verfahren und Mechanismus），即為真正的機關委任（echte Organleihe）；在社會政策議定書第二點明文規定，理事會基於社會協定所公布的法規不適用於英國與北愛爾蘭，此外，這些法規不得增加英國與北愛爾蘭的財政負擔。

　　依據社會政策議定書之規定，機關委任包括歐洲議會、理事會、執委會與歐洲法院，尤其是歐洲法院依據歐洲共同體條約之規定為憲法上的司法機關（konstituriertes Rechtsprechungsorgan）[34]。依據原來歐洲共同體條約第7條第1項後段之規定，任何一個機關依據本條約所賦予的權限行使職權，因此歐洲議會、理事會、執委會與歐洲法院在社會同盟中的機關委任立法在共同體法上的合法性，原則上並無疑義；同時共同體法上的委任依據為歐洲共同體條約第311條（現為歐洲聯盟條約第51條），本身即為歐洲共同體條約重要的構成要素。

　　當時共同體機關在委任的範圍內，應如何行使職權，在社會政策議定書第二點即表明不適用原來的歐洲共同體條約第205條第2項之規定，即理事會依據本議定書制定公布法規以條件多數決議法案，且至少應有44票贊成；應有一致決議的法規，係指變更執委會提案的情形，必須所有理事會成員贊成，但不包括英國與北愛爾蘭在內。申言之，依據社會政策議定書

33　參閱Koenig/Pechstein，前揭書，S. 157。

34　參閱Koenig/Pechstein，前揭書，S. 158。

之規定，僅限於英國在理事會的代表，而不適用於歐洲議會與執委會的英國代表，故不僅是英國的歐洲議會議員，而且是享有獨立職權的英國執委會委員均得在社會同盟的範圍內共同參與共同體機關的工作[35]。

此外，在社會同盟的範圍亦得依據原來歐洲共同體條約第221條（現為歐洲聯盟運作條約第251條）之規定組成歐洲法院，而該規定並未規定法官的國籍，且未規定一會員國所屬法官的數目；歐洲法院法官的任務為確保維護權利，而不是確保維護某一會員國的利益[36]，因此訴訟當事人不得以法官的國籍為理由或主張無一法官具有與其同一國籍，而聲請變更歐洲法院之組成。因此，在社會政策協定所產生的爭訟事件，亦得由英國籍的法官參與審判[37]。

在英國正式加入社會協定前，原來歐洲共同體條約內的相關社會政策規定仍適用於英國，而社會協定的共同體法狀態在新的會員國申請加入歐洲聯盟時，必須加以考慮[38]。即新加入的會員國亦應加入社會政策議定書與社會協定，而至目前為止已經實現的部分亦應盡可能廣泛地予以維護[39]。

雖然過去勞工社會基本權利的共同體憲章在法律上並無拘束力，但在適用歐洲社會憲章上，會員國已經取得協議，係適用關於社會政策協定，即歐洲聯盟條約的附帶議定書，由於英國並非社會協定之締約國，因認為以其現在的經濟狀況並不允許在社會政策中執行廣泛的目標，故不適用於英國。而其他的會員國在社會政策協定中約定，必須以1989年的社會憲章所規範的方法繼續執行社會政策，以實現下列的目標與加強彼此的合作：即促進就業、改善生活與工作條件、適當的社會保障、社會夥伴的參與對話、持續地提高就業水準以發展勞工的潛力、自勞動市場界定人員的職業

35　參閱Koenig/Pechstein，前揭書，S. 159。

36　參閱歐洲法院組織章程第16條第4項。

37　參閱T. Oppermann, Europarecht, München 1991, Rn. 1861.

38　參閱歐洲聯盟條約第49條。

39　社會政策議定書之前言，即強調十一個會員國實現社會政策之方向，不得牴觸由十二個會員國已經實現共同體法現有社會政策之現狀。

編排。申言之，在建立單一市場上，社會問題與經濟問題具有同等的意義。雖然勞工社會基本權利的共同體憲章欠缺在法律上的拘束力，但卻使得社會法在單一化的程序上獲得重大的改善。

　　2009年12月1日里斯本條約生效後，歐洲聯盟的社會政策規定有許多的調整，在第五部分標題十明文規定社會政策，包括歐洲聯盟運作條約第151條至第161條、標題十一歐洲社會基金（歐洲聯盟運作條約第162條至第164條）與標題十二一般與職業教育、青少年與體育（歐洲聯盟運作條約第165條與第166條），具體落實在歐洲聯盟內的社會政策。

　　依據歐洲聯盟運作條約第151條之規定，銘記著社會的基本權利，例如於1961年10月18日在義大利圖林簽署的歐洲社會憲章與1989年簽署的勞工的社會基本權利共同體憲章所規定的社會基本權利，歐盟與會員國應追求下列的目標：促進就業、改善生活與工作條件，以期得以調整向前邁進、適當的社會保護、社會對話、關於持續高度就業水準發展勞動力的潛力，以及防制疏離。為達成這些目標，歐盟與會員國應施行措施，而這些措施應考慮保存個別會員國慣例的多樣性，特別是在契約的關係上，以及維持歐盟經濟上競爭力的必要性。若會員國認為，不僅由調整社會規範有利於單一市場的作用，而且由在歐洲聯盟條約與歐洲聯盟運作條約所規定的程序，以及由調適會員國的法律與行政規章，產生如此的發展。

　　歐洲聯盟運作條約第153條第1項明文規定，為實現社會政策之目標，歐盟應在下列的領域，支援與補充會員國的職務：

1.特別是改善工作環境，保護勞工的健康與安全；

2.工作條件；

3.勞工的社會保障與社會保護；

4.在工作契約終止時，勞工的保護；

5.勞工的告知與聽證；

6.保留會員國實施更嚴格的保護措施，勞方與資方的利益代表與集體維護，包括共同參與決定在內；

7.在聯盟領域內，合法居留第三國國民的就業條件；

8.不損及職業教育政策，應將在就業市場上被排擠的人納入職業體

系；

9.在就業市場上男女機會均等與在工作職位上的平等待遇；

10.防制社會排擠；

11.不影響勞工的社會保障與社會保護，現代化社會保護制度。

依據歐洲聯盟運作條約第152條之規定，在考慮會員國制度的差異性下，在歐盟層次，歐盟承認與促進社會夥伴的角色。歐洲聯盟應促進社會對話與尊重社會夥伴的自主性。在成長與就業的第三根社會支柱，歐盟應致力於社會對話。

第三節　在勞工生活中的男女平等原則

歐洲聯盟運作條約第157條明文規定，在勞工生活中應實現男女平等的原則，即男女同工同酬原則。即每一個會員國應確保在相同或等值的工作上，適用男女同酬的原則；所謂的報酬，係指慣常的基本工資或取低工資與最低薪水以及所有其他資方依據勞務關係直接或間接以現金支付或以實物支付給勞方的報酬。工資平等無性別上的差別待遇，係指對相同計件工作的工資根據相同的計量單位確定，或按時間支付工資的工作在相同的工作崗位工資相同。

社會政策在原來歐洲經濟共同體條約施行的初期，因為各會員國間仍有許多的差異，例如德國與法國在憲法明文規定男女平等，已經廣泛地落實男女同酬原則，但其他會員國，例如英國與愛爾蘭均不適用此一原則；在馬斯垂克高峰會議前，當時歐洲共同體單方面地以單一市場的經濟發展為主，因此很明顯地欠缺致力於社會政策的發展，再加上1958年生效的歐洲經濟共同體條約僅授與歐洲共同體對社會政策些微的職權，因此社會政策在共同體的層次上，發展得相當有限[40]，而歷經不斷的調整會員國彼此間的差異。

40　參閱R. Waltermann, Einführung in das Europäische Sozialrecht, Juristische Schulung 1997, S. 8.

　　歐洲法院針對社會政策，在早期即有許多判決，對於現存的勞動關係均有直接的影響。例如1975年的Defrenne II[41]案，依據比利時航空公司（Sabena）之規定，女空服人員於年滿四十歲必須自動離職，而不需解約通知；空中小姐Defrenne雖然因滿四十歲而離職，並獲得十二個月的薪資補償金，但Defrenne向布魯塞爾的地方法院訴請損害賠償，主張相較於作相同工作的男空服人員，女空服人員受到不平等的待遇，應適用歐洲（經濟）共同體條約第141條（現為歐洲聯盟運作條約第157條）所規定的男女同工同酬原則。歐洲法院認為，歐洲共同體條約第141條（現為歐洲聯盟運作條約第157條）所規定的男女同工同酬原則，具有直接的效力（direkte Wirkung），會員國的法院必須確保該規定所賦予個人的權利，因此基於歐洲共同體條約第141條（現為歐洲聯盟運作條約第157條）之規定，Defrenne得向會員國的法院直接訴請男女員工薪資的差異。

　　Defrenne II案的意義，為歐洲共同體對社會政策繼續法律發展的基礎，明確地承認歐洲共同體條約第141條（現為歐洲聯盟運作條約第157條）為一直接適用於現存私法關係的共同體法規，即具有水平的效力（horizontale Wirkung）[42]。申言之，個人得以歐洲共同體條約第141條（現為歐洲聯盟運作條約第157條）作為請求權的基礎，以保護個人的權益。

　　由於Defrenne II案所確立的原則，理事會依據歐洲共同體條約第137條（現為歐洲聯盟運作條約第153條）之規定，制定公布了許多關於社會政策的指令，尤其是關於就業、職業教育、升遷上的平等，以及在社會保障上的平等。例如：

1.1975年第117號指令[43]，調整會員國關於適用男女同工同酬原則之法規。

2.1976年第207號指令[44]，規定關於就業資格、職業教育資格、升遷資

41　參閱EuGH Rs. 43/75, Defrenne II, Slg. 1976, S. 455ff.

42　參閱W. Hakenberg，前揭書，S. 182。

43　RL 75/117/EWG, Amtsblatt der Europäischen Gemeinschaften 1975 L 45/19ff.

44　RL 76/207/EWG, Amtsblatt der Europäischen Gemeinschaften 1976 L 39/40ff.

格與工作條件，以實現男女平等原則。

3.1979年第7號指令[45]，在社會保障範圍，逐步實現男女平等原則。

4.1986年第378號指令[46]，在實施社會保障的企業體系內，實現男女平等原則。

5.1986年第613號指令[47]，規範對從事獨立自主職業（selbständige Erwerbstätigkeit）與農業者，實現男女平等原則，以及對於孕婦與產婦的法律保障（Mutterschutz）。

　　歐洲法院亦有許多的案例解釋上述這些指令的規定，並對於各會員國轉換這些指令的內容有相當的影響。例如1983年的von Colson案[48]，德國的兩名女社工von Colson與Kamann向德國的某一個男子監獄應徵社工職位，但該監獄認為此一職位不適合女性，而僅限於男性應徵者為由，拒絕兩人的應徵。於是von Colson與Kamann向勞工法院（Arbeitsgericht）訴請救濟，因為依據德國民法第611a條轉換1976年第207號指令規定，並非如此，而已經明顯地存在公開的差別待遇，故訴請實質的事實損害賠償，即除為了應徵所花費的郵資與求職費用外的損害賠償。歐洲法院認為，在此一情形，必須將損害賠償實際化，而不應只是作為一種特徵，故不得將損害賠償只限於單純的求職費用之補償。最後德國勞工法院判決被告應給付原告慰撫金（Schmerzensgeld），並以其總工資為基準，應給付六個月的工資作為慰撫金。

45　RL 79/7/EWG, Amtsblatt der Europäischen Gemeinschaften 1979 L 6/24ff.

46　RL 86/378/EWG, Amtsblatt der Europäischen Gemeinschaften 1986 L 225/40ff.

47　RL 86/613/EWG, Amtsblatt der Europäischen Gemeinschaften 1986 L 359/56ff.

48　參閱EuGH Rs. 14/83, von Colson, Slg. 1984, S. 1891ff.

第四節　保護個人的規定

　　歐盟法中的社會政策尚有許多針對個別具體問題的特別規定，亦具有重要意義。以下將以最重要的規定與歐洲法院的案例說明。

壹、大批裁員

　　由於會員國關於大批裁員（Massenentlassungen）法規之差異，將會造成直接影響共同市場的功能，因此執委會很早即開始進行會員國間法規整合（Rechtsangleichung）的工作，執委會的法規整合工作可追溯至AKZO事件，AKZO為一家大型關係企業集團，進行大批裁員，尤其先選擇來自解雇時資遣費最低的國家之勞工裁員[49]。因此，理事會於1975年制定公布第129號關於大批裁員的指令，以整合會員國間法規的差異[50]。此一指令尤其是包含關於勞方代表諮商的程序規定，以達到以更佳的途徑達成一致的目的，資方應向主管當局的申報義務（Anzeigeverpflichtung），而在向主管當局申報到達三十日後，才得使解約生效。

貳、企業移轉時的權利維護

　　在企業移轉（Betriebsübergang）的情形，會員國間的法規亦有許多的差異，而執委會很早即著手針對全歐盟採取勞工保護的改善措施，1977年理事會公布第187號指令[51]，為關於企業移轉或營業移轉時勞工權利保護的會員國法規調適，即規定在企業移轉時，應將原始工作契約的所有權利義務一併移轉，企業主不得以企業移轉作為解雇員工的理由，同時必須維持一定的告知權與諮商權等。

49　參閱W. Hakenberg，前揭書，S. 184。

50　RL 75/129/EWG, Amtsblatt der Europäischen Gemeinschaften 1975 L 48/29ff.

51　RL 77/187/EWG, Amtsblatt der Europäischen Gemeinschaften 1977 L 61/26ff.

　　歐洲法院在Katsikas、Skreb與Scholl[52]案，定義與澄清企業移轉的概念。Katsikas、Skreb與Scholl三名勞工在其工作所在的企業移轉時，並不欲自其原公司自動地移轉其工作契約關係於新的雇主，而寧願繼續維持其舊的工作契約關係，因為他們可以在原雇主的其他企業中繼續工作。依據德國法的規定，勞工享有此種的異議權（Widerspruchsrecht），但在1977年第187號指令卻未對此種異議權加以規定，而其他會員國亦無類似的規定，因此德國的勞工法院向歐洲法院提起預先裁判之訴，請求解釋。歐洲法院認為，1977年第187號指令僅規定有利於勞工的最低標準（Mindesstand），若勞工不願繼續維持其原來的工作關係，應由其自己決定，而此一指令對於異議權未加以規定，並不意謂著異議權不得依據會員國法而存在，即勞工雖無法依據1977年第187號指令行使異議權，但卻仍得依據會員國法規主張異議權。

參、雇主在無支付能力或破產時的勞工保護

　　在雇主無支付能力（Zahlungsunfähigkeit）及破產（Konkurs）的情形，會員國間的法規仍存有很大的差異，執委會依據歐洲共同體條約第100條（現為歐洲聯盟運作條約第115條）之規定，致力於消除此一弊端，理事會於1980年制定公布第987號指令[53]，針對雇主無支付能力時的勞工保護，以整合會員國間的法規，即規定應設置勞工保障基金，以保障勞工在雇主無支付能力時的權益；而通常保障基金的財源，係由雇主與公營事業（öffentliche Hand）共同出資組成。

　　1990年時，由於部分會員國尚未完全轉換立法1980年第987號指令的內容，而在歐洲法院出現一個非常有名的案子，即Francovich[54]案。Francovich與Bonifaci和其他的員工在其雇主破產時，並未獲得任何的工資補償。因為義大利政府未及時地轉換1980年第987號指令的內容為其國內

52　參閱EuGH Rs. C-132/91, Katsikas, Skreb und Scholl, Slg. 1992, S. I-6577ff.

53　RL 80/987/EWG, Amtsblatt der Europäischen Gemeinschaften 1980 L 283/23ff.

54　參閱EuGH Rs. C-6 und C-9/90, Francovich, Slg. 1991, S. I-5357ff.

法，因此這些勞工無法使用在該指令所規定的保障基金，因此這些勞工決定直接向義大利政府訴請損害賠償，但依據義大利法律規定，這些失業的勞工並無法主張這種損害賠償，故由義大利的法院向歐洲法院提起預先裁判之訴，請求解釋。在本案，歐洲法院確認原告在義大利享有直接的工資請求權，而會員國未依照期限轉換指令的內容為國內法規，致使其本國人民在行使其請求權時因於法無據而遭受權益上的損害，在此一情形，該會員國對其本國人民負有損害賠償的義務，即使是在國內法未規定時，亦負有此一損害賠償義務。

　　歐洲法院在Francovich案的法律見解，對於保護勞工權益具有深遠的影響，明確地指出，會員國更應加強其義務及時轉換指令的內容，並且亦應提供資金以成立保障勞工基金。由Francovich案可以看出，歐洲法院致力於加強保護歐洲人民（europäischer Bürger）權益之目標[55]。

第五節　結構政策

　　關於社會政策的結構措施，特別是歐洲聯盟運作條約第162條至第164條所規定的歐洲社會基金（Europäische Sozialfonds），以作為歐洲聯盟實施社會政策的工具[56]。1987年生效的單一歐洲法在原來歐洲經濟共同體條約第158至162條中定義歐洲社會基金為經濟與社會結合的工具（Instrument für den wirtschaftlichen und sozialen Zusammenhalt），同時社會基金又與其他的結構基金（Strukturfonds），例如農業基金（Agrarfonds）、區域基金（Regionalfonds）以及歐洲投資銀行，在重疊的範圍內進行合作[57]。

　　在歐洲聯盟條約生效後，在原來歐洲共同體條約第146至148條中重新

55　參閱W. Hakenberg，前揭書，S. 186。

56　參閱G. Nicolaysen，前揭書，S. 467。

57　參閱歐洲共同體條約第159條第1項與第161條規定。

定義社會基金的條約範圍。2009年12月1日里斯本條約生效後，在歐洲聯盟運作條約第162條至第164條規定歐洲社會基金。歐洲聯盟運作條約第162條之規定，社會基金的主要目標，為在單一市場內改善勞工的就業機會，因此社會基金應促進職業的實用性與勞動力的機動性，同時藉由職業教育與轉業，以期更容易適應產業的轉變過程和生產制度的改變[58]。由執委會負責管理歐洲社會基金，並由一個由政府代表、資方與勞方協會代表組成的委員會支援執委會，由執委會的成員擔任該委員會的主席。歐洲議會與理事會依據普通的立法程序，在經濟暨社會委員會與區域委員會之聽證後，公布歐洲社會基金的施行規章。

　　社會基金屬於歐洲聯盟預算項目中非自主的一部分，每年的預算總額約為30億歐元，最主要用於支援青少年的就業、轉業或移居措施，以及製造轉型（Produktionsumstellung），當然應優先針對高失業率或長期失業地區的援助，例如義大利的Mezzogiorno地區[59]。

　　此外，歐洲聯盟尚有一些計畫與措施，係針對勞工的工時與休假的規定，例如理事會於1993年公布的第104號指令[60]，即規定勞工每週最高工作時數為48小時、對於非全職工作（Teilzeitarbeit）之建議、克服學校與勞動市場間鴻溝的模式、加強對殘障者的保護，以及克服在工作崗位上敵視外勞等。

第六節　對於青少年一般的職業教育與獎勵措施

　　教育政策方面的歐盟法規在歐洲統合上扮演一個重要的角色，由於人員自由遷徙會衍生出外國勞工的子女就學受教育的問題、在營業所設立與提供勞務時學歷和文憑是否等值的問題。教育是一個非常廣泛的概念，包

58　參閱G. Nicolaysen，前揭書，S. 467。

59　參閱W. Hakenberg，前揭書，S. 186。

60　RL 93/104/EWG, Amtsblatt der Europäischen Gemeinschaften 1993 L 307/18ff.

括由國家與民間經營的各項教育形式與知識傳授[61]。

　　歐洲教育政策（Bildungspolitik）始於1970年代，從人員自由遷徙與職業教育的權限範圍逐漸擴大，當時理事會決議關於教育政策的行動綱領（bildungspolitische Aktionsprogramm）[62]，並於義大利的佛羅倫斯（Florenz）設立歐洲高等研究所（Europäisches Hochschulinstitut），在德國的柏林（Berlin）成立歐洲職業教育中心（Europäisches Berufsbildungszentrum）現已遷往Thessaloniki，縮寫為CEDEFOP（Centre européen pour le développement de la formation professionnelle），以致力於改善全歐洲聯盟的第一個教育（Erstausbildung）與繼續致力於對抗失業的進修措施（Weiterbildungsmaßnahmen）；並在義大利的圖林（Turin）成立職業教育的歐洲基金會（Europäische Stiftung für Berufsbildung），為一特別的基金會。1980年代末期當時歐洲共同體有更多的職業教育計畫，最有名的為ERASMUS，即在於促進大學生的機動性，而不侷限於只在一地求學[63]。

　　在1993年生效的馬斯垂克條約增訂教育是歐洲聯盟的一個任務，在教育和文化領域，界定歐洲聯盟的權限，以支援與補充會員國的政策，並增補規定有缺漏的條約上權限、課業內容與教育制度之形成。

　　1999年生效的阿姆斯特丹條約繼續在內容上對於教育政策作修訂與補充，在原來的歐洲共同體條約的前言亦表明，會員國決心藉由廣泛地接受教育與不斷地進修，致力於提高歐洲各民族的知識水準，每個會員國的國民是聯盟人民，享有廣泛的平等待遇權[64]。歐洲聯盟運作條約第21條第1項亦明文規定，每個歐盟人民享有在全體會員國的領土內自由遷徙權與居留權。平等待遇原則亦保障歐盟人民在全體會員國的領土內平等地接受一般教育與在從事職業所在會員國的培訓進修[65]。

---

[61] Jürgen Schwarze, Europäisches Wirtschaftsrecht, S. 321.

[62] Amtsblatt der Europäischen Gemeinschaften 1976 C 38/1ff.

[63] 參閱W. Hakenberg，前揭書，S. 127。

[64] R. Streinz, EUV/EGV, Art. 149 EGV Rn. 18.

[65] R. Streinz, EUV/EGV, Art. 149 EGV Rn. 18.

　　歐洲聯盟運作條約第165條規定，歐盟應致力於發展一個高品質的教育，因此歐盟應促進會員國間的合作，與在嚴格重視會員國對於教材內容及形成教育制度的責任，以及在嚴格重視會員國文化和語言的多樣化下，必要時應支援與補充會員國的工作。而在教育範圍，歐盟的工作應達成下列的目標：(1)在教育事務，應發展歐洲的規模，特別是藉由學習與傳播會員國語言，發展歐洲規模的教育；(2)促進學習者與教學者的機動性，亦藉由促進文憑與修業時間的學術承認達成此一目標；(3)促進教育機構間的合作；(4)在會員國教育制度範圍內的共同議題，擴大資訊與經驗的交流；(5)促進擴大青少年的交流與社會教育工作人員的交流；(6)促進函授教學之推展。

　　歐洲聯盟運作條約第165條與第166條為關於一般教育與職業教育，以及促進青少年的規定，特別是要加強會員國間的合作、允許適用輔助原則（Subsidiaritätsprinzip）、改善青少年的就業機會與職業教育、加強學徒與教師的機動性等。因此，歐洲人民的概念不再侷限於勞工，並且包括青少年在內，特別是已經在接受教育階段的青少年。

　　教育除了可以實現自由遷徙的目標外，歐洲法院認為教育在經濟層面也非常重要，是實現人員自由遷徙所必要的作用，不論是實習人員或受雇勞工，在教育領域亦應適用自由遷徙的規定[66]。在教育領域，歐洲聯盟通過了許多的計畫，例如伊拉斯莫斯計畫（Erasmus Programm），這些計畫是在職業培訓領域的聯盟活動，並且要求會員國履行共同參與的義務。教育是一個重要的經濟因素，尤其是對於確保歐洲單一市場長期與持續的競爭力非常重要。

　　在一般的教育範圍，是屬於會員國的職權，應依據會員國法的規定採取教育政策措施，但針對職業教育的培訓，歐洲法院則認為任何一種培訓的形式，都是為準備取得特定職業或特定行業的資格，或取得從事這些職業或行業的特別資格，而不論學生的年齡或培訓水準，即便是學習課程只

66　EuGH Rs. 66/85, Lawrie-Blum, Slg. 1986, S. 2121.

是一般的教育課程，都是一種職業教育的培訓[67]。當然職業教育亦包括在大學的學習內，以期能逐步地發展有活力特質的歐盟職業培訓政策[68]。

依據歐洲聯盟運作條約第165條第1項之規定，歐盟應領導職業教育政策，在嚴格重視會員國對職業教育的內容與形成職業教育之責任下，以支援及補充會員國的措施。在適用此一規定上，歐洲法院在相關判決為達成人員自由遷徙的目標，亦深入地影響會員國的教育制度[69]。歐洲聯盟運作條約第165條第2項規定在於簡化接受職業訓練人員的機動性，即：(1)應藉由職業教育與轉業學習，減輕適應產業的變化過程；(2)改善第一個職業教育與進修教育，以使職業容易進入就業市場與容易重新進入就業市場；(3)使接受職業教育更容易及鼓勵訓練者與接受職業教育者的機動性，特別是青少年的機動性；(4)針對職業教育問題，鼓勵授課機構與企業間的合作；(5)在會員國的職業教育制度範圍內，關於共同的計畫，擴大資訊與經驗的交流。

目前在超過四十個歐洲國家實施一個全歐洲的可比較與相容的學習制度，即所謂的波隆那歷程（Bologna Process）[70]。所謂的波隆那歷程為1988年義大利最古老的波隆那大學慶祝九百週年校慶時，二十九個[71]與會的歐洲國家教育部長通過以大學憲章（Magna Charta Universitatum）建立一個歐洲高等教育區（European Higher Education Area），這二十九個歐洲國家的教育部長在1999年6月19日在義大利的波隆那大學簽署波隆那宣

---

67 EuGH Rs. 293/83, Gravier, Slg. 1985, S. 593.

68 EuGH Rs. 24/86, Blaizot, Slg. 1988, S. 379.

69 EuGH Rs. C-147/103, Kommission/Österreich, Slg. 2005, S. I-5969.

70 http://ec.europa.eu/education/policies/educ/bologna.pdf.

71 這二十九個國家為奧地利、比利時、保加利亞、捷克共和國、愛沙尼亞、法國、德國、丹麥、芬蘭、匈牙利、希臘、愛爾蘭、冰島、拉脫維亞、義大利、盧森堡、立陶宛、荷蘭、馬爾它、波蘭、羅馬尼亞、斯洛維尼亞、瑞典、挪威、葡萄牙、斯洛伐克、西班牙、瑞士與英國。值得注意的是，這些國家並不全是歐洲共同體的會員國。當時為歐洲共同體的會員國有奧地利、比利時、法國、德國、丹麥、希臘、愛爾蘭、義大利、盧森堡、荷蘭、葡萄牙、西班牙與英國。

言（Bologna-Erklärung）[72]，表明至2010年時應以全歐洲可相比較的學歷建立一個歐洲高等教育區域，修業三年即頒給學士學位，再繼續修業二年即頒給碩士學位。申言之，要發展出一套適用於全歐洲的高等教育制度，係以兩階段的教育制度為基礎，即學士與碩士學位。要唸碩士學位必須已經完成學士學位，且學士學位至少應為三年的修業年限；學士學位在歐洲的就業市場上視為是就業的合格階段。總而言之，波隆那歷程之目的在於藉由學位標準與品質保證標準，以建立一個歐洲高等教育區域，使高等教育在全歐洲更類似和更相容[73]。波隆那歷程的其他目標還包括要建立一個共同的歐洲學分制度[74]、學生和教師的流動制度[75]。後續又有十七個歐洲國家[76]並宣布亦支持與願意轉換波隆那宣言的內容[77]。因此，實際上共有四十六個歐洲國家參與建立高等教育區的計畫，基本上波隆那歷程已經超越歐洲聯盟的適用範圍，已經不完全是歐洲聯盟的立法措施。

接著，2001年在捷克的布拉格、2003年在德國的柏林、2005年在挪威的貝爾根與2007年在英國的倫敦，由四十六個歐洲國家參與高等教育改革的後續會議，特別是針對經驗交流、對於轉換波隆那宣言目標作更具體的約定，進行廣泛地討論。歸納歷屆的波隆那歷程歐洲教育部長會議的內容[78]，整理如下：

1999年波隆那歷程的內容為：

72　http://www.bologna-berlin2003.de/pdf/bologna_edu.pdf, last visited 05/19/2008.

73　http://www.bologna-bergen2005.no/Docs/00-Main_doc/990719 BOLOGNA_DECLARATION.PDF, last visited 03/08/2008.

74　共同的歐洲學分制度為依據歐洲學分移轉制度（European Credit Transfer System），以合併計算、移轉與累積計算修習的學分。

75　http://www.bologna-bergen2005.no, last visited 03/08/2008.

76　這些國家為阿爾巴尼亞、安道爾共和國、亞美尼亞、亞塞拜然、波士尼亞、克羅埃西亞、賽浦路斯、喬治亞、羅馬尼亞、羅馬教廷、列支敦斯登、摩爾達維亞、芒特尼格羅共和國、塞爾維亞、馬其頓、烏克蘭與俄國。

77　http://www.bologna-bergen2005.no, last visited 05/19/2008.

78　http://www./bmbf.de/de/3336.php可點閱歷次關於波隆那歷程的歐洲教育部長會議的詳細內容。

1.建立一個更容易瞭解與更類似的學位制度。

2.建立一個兩階段學業（學士／碩士）的制度。

3.依據歐洲學分移轉制度模式，實施成績分數制度。

4.藉由消除機動的障礙，促進人員的機動性。

5.在品質保證的範圍，促進歐洲合作。

6.促進建立歐洲高等教育區。

2001年的布拉格會議又新增三個目標，即：

1.鼓勵終生學習。

2.鼓勵學習者參與歐洲高等教育區之形成。

3.促進一個積極的歐洲高等教育區。

在2003年的柏林會議上，針對兩階段學位制度、承諾學位與文憑以及品質保證達成協議，以期能在2010年達成建立歐洲高等教育區之目標。在2005年的貝爾根會議，除了加入新成員國亞美尼亞、亞塞拜然、喬治亞、摩爾達維亞與烏克蘭外，歐洲工會協會（Europäischer Gewerkschaftsverbund）、資方協會（Arbeitgeberverbund）與歐洲品質保證協會（European Association of Quality Assurance）亦成為諮詢成員；同時會中特別強調應更加考慮來自社會弱勢族群學生的社會利益，並呼籲成員國對於承諾文憑與修業年限應進行國內的行動計畫，以期能實現改善的目標；對於博士班的階段亦應納入學業的結構，應傳授科目整合的能力，以符合就業市場的利益。在2007年的倫敦會議，芒特尼格羅共和國（Montenegro）成為波隆那歷程的第四十六個成員，除了檢討既定目標的施行成效外，並決議波隆那歷程亦應在歐洲以外的高等教育區積極推動，應在全球加強夥伴合作與達成學歷資格承認的進展。

第十二章　交通政策

第一節　通論

壹、共同交通政策之意義

交通、貿易與農業為三大經濟領域（Wirtschaftssektoren），而交通同時又是達成共同市場的方法與標的[1]，因此共同交通政策、共同市場的基本自由與共同的農業政策同為歐洲聯盟的基礎[2]。

雖然歐洲煤鋼共同體條約第70條明文規定，針對煤、鋼產品的運輸費率（Transporttarife）、貨運與運輸條件，在歐洲煤鋼共同體的會員國間禁止所有的差別待遇，此外，會員國仍保有對交通政策的職權；直到1957年簽署歐洲經濟共同體條約後，才賦予當時的歐洲共同體針對交通政策事項享有廣泛的職權。

交通政策係處理在歐洲聯盟範圍內公路、鐵路、水路與航空的旅客運輸（Personenverkehr）或貨物運輸（Güterverkehr），以及處理國際交通，例如經過瑞士的過境交通[3]。在歐洲聯盟運作條約第90條規定的共同交通政策（gemeinsame Verkehrspolitik）範圍內，實現歐洲聯盟條約規定之目標。但歐洲聯盟運作條約第90條並未列舉共同交通政策的具體目標，因此歐洲聯盟運作條約一般的目標（allgemeine Ziele）亦適用於共同交通政策[4]，而共同交通政策的目標係多方面的，包括公路、鐵路與水路的交通

1　參閱M. A. Dauses (Hrsg.), Handbuch des EG-Wirtschaftsrechts, München 1993, S. L7.

2　參閱C. O. Lenz (Hrsg.), EG-Vertrag Kommentar, 1. Auflage, Köln 1994, Vorbemerkung zu Art. 74-84 EGV, Rn. 3.

3　參閱H.-J. Ihnen, Grundzüge des Europarechts, München 1995, S. 68.

4　參閱H.-J. Ihnen，前揭書，S. 68; Schweitzer/Hummer, Europarecht, 4. Auflage, Frankfurt a.M. 1993, S. 309。

在內[5]，正常運轉與通行無礙的國際交通聯繫，卻是建立共同市場的要素與前提要件，共同的交通政策、一致的與相互協調的交通法規更是實現單一市場主要的要素[6]。

貳、共同交通政策之內容

交通法規不僅包括旅客運輸，而且包括貨物運輸在內[7]，但歐洲聯盟運作條約第94條至第97條卻只是規範具有營利性質的貨物運輸，而依據歐洲聯盟運作條約的目標與制度，亦應將在工廠內的運輸（Werkverkehr）[8]包括在內，而且亦應將占交通流量大部分的個人運輸（individueller Verkehr）包括在內[9]。

依據歐洲聯盟運作條約第90條之規定，會員國必須在共同交通政策的範圍內追求歐洲聯盟運作條約的目標，即共同交通政策首先必須致力於實現共同市場與完成單一市場，在運輸領域應廢除市場的結合障礙，且應建立運輸業與交通路線的共同制度，以期得以建立單一的經濟區域與考量其他歐盟政策的綱領，尤其是區域政策、社會政策、稅捐政策、環境政策、產業政策、能源政策與對外貿易政策[10]；其次，共同交通政策必須結合歐洲的運輸市場，對於個別的運輸業者與其競爭者的關係間必須存在一個單一區域（Binnenraum），在此單一區域內跨越會員國邊界的運輸無任何的障礙，並且應消除所有對於外國運輸業者的差別待遇，而所有運輸業者得自由地在此單一區域內設立營業所，以期在一致的規範政策範圍內在相同

5　參閱歐洲共同體條約第84條第1項。

6　參閱C. O. Lenz (Hrsg.)，前揭書，Vorbemerkung zu Art. 74-84 EGV, Rn. 1; G. Nicolaysen, Europarecht II-Das Wirtschaftsrecht im Binnenmarkt, 1. Auflage, Baden-Baden 1996, S. 442.

7　參閱Schweitzer/Hummer，前揭書，S. 308。

8　1960年第11號規章第9條即定義工廠內的運輸，係由企業非以營利為目的，自行負擔在工廠內的運輸費用。

9　參閱Schweitzer/Hummer，前揭書，S. 308。

10　參閱Mitteilung der Kommission vom 25.10.1973, 11-15 Rn. 42.

的競爭條件下營業[11]。

依據歐洲聯盟運作條約第91條第1項與第2項之規定，應實施共同交通政策，以規範會員國間的國際交通法規與在其他會員國內經營運輸業者的營業許可要件，即理事會必須在交通領域實施勞務自由流通；歐洲聯盟運作條約第91條第1項第d款又廣泛地授權歐洲聯盟制定其他所有合乎交通的法規，即歐洲聯盟運作條約第91條第1項第d款為一般授權條款（Generalklausel），授與歐洲聯盟在交通政策範圍內整體的立法職權[12]。歐洲聯盟運作條約第91條第1項並規定理事會為實施共同交通政策，在考量交通的特殊性質下，在經濟暨社會委員會與區域委員會之聽證後，依據普通的立法程序制定交通法規。

歐洲聯盟運作條約第92條規定會員國容忍原狀的義務（Stillhalte-verpflichtung）[13]，即在理事會制定公布共同交通政策的法規前，會員國不得以法律或行政規章規定不利於來自其他會員國的運輸業者。

歐洲聯盟運作條約第93條為對於交通給予補貼特別的例外規定，即協調交通所必需的或賠償特定的公眾服務（öffentlicher Dienst）的補貼，均為合法的補貼，即歐洲聯盟運作條約第93條為歐洲聯盟運作條約第107條[14]的例外規定。

1970年時，理事會制定公布第1107號規章[15]具體規定當時歐洲共同體條約第73條適用於鐵路運輸、公路運輸與內河航運的補貼；1982年理事會又制定公布第1658號規章[16]，將補貼擴大適用於混合運輸；依據歐洲聯盟

11　參閱M. A. Dauses (Hrsg.)，前揭書，S. L29。

12　參閱EuGH Gutachten 1/76, Stillegungsfonds für die Binnenschiffahrt, Slg. 1977, S. 756; M. A. Dauses (Hrsg.)，前揭書，S. L29。

13　參閱M. A. Dauses (Hrsg.)，前揭書，S. L30。

14　依據歐洲共同體條約第92條之規定，原則上禁止會造成扭曲競爭或阻礙貿易的國家補貼。

15　Amtsblatt der Europäischen Gemeinschaften 1970 L 130/1ff; Amtsblatt der Europäischen Gemeinschaften 1989 L 116/24ff.

16　Amtsblatt der Europäischen Gemeinschaften 1982 L 184/1ff; Amtsblatt der Europäischen Gemeinschaften 1989 L 116/24ff.

運作條約第96條之規定，為援助或保護特定的交通運輸業者，除非事先已經得到執委會之同意，原則上禁止由會員國規定運費或運輸條件。

　　對於交通運輸業者在經濟上的特別狀況，明文規定在立法時應予以考量，即依據歐洲聯盟運作條約第94條之規定，在歐洲聯盟運作條約範圍內針對運費與運輸條件採取的措施，必須考量運輸業者的經濟狀況。此一規定不僅適用於客運業者，而且亦適用於貨運業者[17]，申言之，歐盟機關在公布相關的交通法規時，不僅必須考慮總體經濟的利益，而且還必須考慮運輸業者個體的經濟利益，為有利於歐洲聯盟的總體經濟利益，應保護運輸業者以免受到危害利潤的干預[18]。

　　歐洲聯盟運作條約第95條第1項明文規定，在相同的交通聯繫上，對於相同的貨物，應藉由不同的運輸條件與貨運的方式，消除對於交通運輸業者的差別待遇；歐洲聯盟運作條約第96條第1項禁止會員國針對在歐洲聯盟內的交通，因支持或保護特定的運輸業者或產業而採取一定的運費或運輸條件；歐洲聯盟運作條約第95條第1項為歐洲聯盟運作條約第18條一般的禁止差別待遇的特別規定[19]，歐洲聯盟運作條約第95條第3項規定，在執委會提案，且在歐洲議會與經濟暨社會委員會聽證後，應由理事會制定施行規定，1960年時理事會已經制定公布第11號規章[20]，以針對運費與運輸條件消除差別待遇。歐洲聯盟運作條約第96條禁止會員國對運費或運輸條件採取支持措施，主要目的在於防止因會員國針對運費或運輸條件的干預而扭曲商品的自由流通，歐洲聯盟運作條約第96條具有直接適用的效力，不需由理事會再立法制定其他的施行法規，執委會並得依據歐洲聯盟運作條約第96條第2項所列舉的標準（例如適當的設廠政策、落後地區的需要、因政治狀況造成嚴重問題的地區、對於運輸種類間競爭的影響等）例外地同意會員國的支持措施。

　　依據歐洲聯盟運作條約第97條之規定，除運輸在跨越邊界應繳納的費

17　參閱M. A. Dauses (Hrsg.)，前揭書，S. L32。

18　參閱Schweitzer/Hummer，前揭書，S. 311。

19　參閱M. A. Dauses (Hrsg.)，前揭書，S. L32。

20　Amtsblatt der Europäischen Gemeinschaften 1960 Nr. 52, S. 1121ff.

用外，在考量事實上的費用下，會員國對於運輸業者課徵的稅捐或費用不得超過適當的數額，而會員國並應致力於逐步地降低這些費用，為實施本規定，執委會得向會員國提出適當的建議。1983年時，理事會制定公布第643號指令[21]，以簡化在會員國間貨運的管制與行政手續。

　　歐洲聯盟運作條約第99條明文規定，為協助執委會處理交通問題，應由會員國政府任命的專家組成一個諮詢委員會（beratender Ausschuβ），但此一諮詢委員會不得牴觸經濟暨社會委員會中交通小組的職權。1958年時，理事會制定此一交通諮詢委員會的章程，以詳細規範其法律地位與任務[22]。

　　依據歐洲聯盟運作條約第100條第1項之規定，本章規定適用於鐵路運輸、公路運輸與內河航運，但依據歐洲聯盟運作條約第100條第2項之規定，歐洲議會與理事會依據普通的立法程序，決議是否、到何種程度以及依據何種程序，針對海運與空運制定公布適當的法規。申言之，海運與空運並不是自動地適用歐洲聯盟運作條約中關於交通政策的規定，而是必須由歐洲議會理事會另外制定公布特別的法規[23]。

參、交通政策與歐洲聯盟運作條約其他規範之關係

　　歐洲聯盟運作條約關於交通政策的規定不僅只是要致力於自由的勞務流通與單一市場的目標，因此交通政策的規定與歐洲聯盟運作條約其他的規定有廣泛的關聯，首先是1987年的單一歐洲法，接著是1993年的歐洲聯盟條約，不斷地擴大歐洲聯盟在交通政策範圍的目標。歐洲聯盟運作條約關於交通政策規定之作用，為賦予原則規定（Grundsatzbestimmungen）效力，以及藉由共同的行動執行原則規定[24]。

---

[21] Amtsblatt der Europäischen Gemeinschaften 1983 L 359/8ff; Amtsblatt der Europäischen Gemeinschaften 1991 L 187/47ff.

[22] Amtsblatt der Europäischen Gemeinschaften 1958 Nr. 25, S. 509ff; 1964年時，修正部分的內容。Amtsblatt der Europaischen Gemeinschaften 1964 L 102/1602f.

[23] 參閱G. Nicolaysen，前揭書，S. 442。

[24] 參閱EuGH Rs. 167/73, Französische Schiffsbesatzungen, Slg. 1974, S. 370.

　　雖然歐洲聯盟運作條約對於交通政策有許多特別的規定，但並不排除同時適用其他的規定[25]，例如對於交通運輸業者亦適用營業所設立自由的規定、勞工自由遷徙的規定亦優惠在交通運輸領域的從業人員[26]；原則上歐洲聯盟運作條約第101條與第102條的競爭法規亦適用於交通領域[27]，但1962年第141號規章[28]首次明文規定排除1962年第17號卡特爾規章[29]適用於交通領域；1968年時，理事會又制定公布第1017號規章[30]，為在鐵路運輸、公路運輸與內河航運的範圍內，適用歐洲聯盟運作條約第101條與第102條競爭法規的特別規章。

　　雖然交通運輸領域實際上僅為勞務範圍的一部分，但歐洲聯盟運作條約第58條第1項卻明文規定，對於勞務自由流通的規定並不適用於交通運輸領域，而應適用歐洲聯盟運作條約第90條至第100條共同交通政策的規定。因此，關於共同交通政策的規定為勞務自由流通規定的特別規定[31]。

　　共同交通政策的規定係歐洲聯盟運作條約第170條至第172條關於泛歐網路（transeuropäische Netze）規定的補充規定，自1978年起，共同交通政策亦將交通基本設施（Verkehrsinfrastrukturspolitik）包括在內，例如1978年時，理事會決定在交通基本設施的領域實施協商程序（Beratungsverfahren）與成立委員會（Ausschuß）[32]；1990年時，理事會又制定公布第3359號規章[33]考慮完成結合的運輸市場，在交通基本設施領域實施一個行動綱領（Aktionsprogramm）。1993年11月歐洲聯盟條約生效後，在歐洲聯盟運作條約第170條至第172條新增訂在交通基本設施、電

25　參閱C. O. Lenz (Hrsg.)，前揭書，Vorbemerkung zu Art. 74-84 EGV, Rn. 7; Art. 232 EGV, Rn. 2。

26　參閱EuGH Rs. 167/73, Französische Schiffsbesatzungen, Slg. 1974, S. 370f.

27　參閱EuGH Rs. 209-213/84, Asjes, Slg. 1986, S. 1463ff.

28　Amtsblatt der Europäischen Gemeinschaften 1962, S. 2751ff.

29　Amtsblatt der Europäischen Gemeinschaften 1962, S. 2044ff.

30　Amtsblatt der Europäischen Gemeinschaften 1968 L 175/1ff.

31　參閱C. O. Lenz (Hrsg.)，前揭書，Vorbemerkung zu Art. 74-84 EGV, Rn. 2。

32　Amtsblatt der Europäischen Gemeinschaften 1978 L 54/16ff.

33　Amtsblatt der Europäischen Gemeinschaften 1990 L 326/1ff.

訊基本設施與能源基本設施領域建立泛歐網路的規定，歐洲聯盟運作條約第171條並未明文規定實現泛歐網路目標的具體措施，因此歐洲聯盟在施行泛歐網路時，仍應考量共同交通政策的內容[34]。

肆、共同交通政策之施行

　　早期歐洲共同體的共同交通政策著重於依據市場經濟（marktwirtschaftlich）原則，對於運輸勞務建立共同市場與建立誠實競爭的市場[35]。在自由化的觀點下，一方面要消除在運輸市場上的國家干預，即至少在當時歐洲共同體的範圍內應消除運輸勞務在共同市場上的限制；另一方面要協調對於運輸業者的競爭條件，尤其是關於維修道路費用的分擔、調適財政支出、調整會員國與其鐵道間的關係、廢除運輸擔任公眾服務的義務、調適會員國間的技術條件與相關的社會法規，而理事會也陸續制定公布許多交通法規[36]。

　　在1973年當時歐洲共同體第一次擴大後，執委會重新檢討交通政策，仍繼續維持市場經濟原則，同時更強調建立歐洲共同體的交通制度，尤其是促進交通的基本設施與附隨的措施[37]，理事會又接受執委會的提案陸續制定公布相關的交通法規[38]。

　　在1980年代初期，相較於其他的經濟領域，共同交通政策處於停滯狀態[39]，而尤其值得注意的是，在交通領域，長久以來由於歐洲大陸已經存在國際合作，例如定期舉行的歐洲各國交通部長會議（Europäische Verkehrsminister-konferenz）[40]、對於萊茵河（Rhein）、多瑙河

34　參閱C. O. Lenz (Hrsg.)，前揭書，Art. 74 EGV, Rn. 4。

35　參閱DOK KOM VII/KOM (61) 50 endg.; DOK KOM (62) 88 endg.

36　參閱T. Oppermann, Europarecht, München 1991, Rn. 1323.

37　參閱Grabitz/Hilf, Kommentar zum EG-Vertrag, 2. Auflage, München 1990, Art. 74 EGV, Rn. 41f.

38　參閱T. Oppermann，前揭書，Rn. 1324。

39　參閱C. O. Lenz (Hrsg.)，前揭書，Vorbemerkung zu Art. 74-84 EGV, Rn. 11。

40　參閱Bäcker/Lange/Teuchert, Internationales Verkehrsrecht, Berlin 1969, S. 170ff.

（Donau）、萊茵河—梅茵河—多瑙河間運河（Rhein-Main-Donaukanal）管理的國際協定[41]等，因此在當時的歐洲共同體內並無迫切的統合需求，而國際合作對於各會員國運輸政策上的利益有不同的影響，以至於執委會對於交通政策的努力常遭各會員國的強烈反對，因而在交通領域當時歐洲共同體僅以備忘錄（Memoranden）、計畫綱領（Programmen）、決議（Entschließungen）以及公布限制適用範圍的個別法規，以執行其任務[42]，也因此過去歐洲共同體在交通政策上一直處於被動的狀況。

　　直到1983年時，歐洲議會依據歐洲（經濟）共同體條約第232條（現為歐洲聯盟運作條約第265條）向歐洲法院對理事會提起不作為之訴（Unterlassungsklage），以譴責理事會不實施共同的交通政策，當時歐洲法院同意歐洲議會之見解，也認為理事會並未充分地履行歐洲（經濟）共同體條約第75條（現為歐洲聯盟運作條約第95條）第1項與第2項所規定的在交通領域實現勞務自由流通的具體義務[43]。此一判決對於共同交通政策的影響[44]，除了法律上的內容外，在政治上賦予新的動力，在單一歐洲法中單一市場的觀念更廣泛地推動共同交通政策；在1985年時，執委會提出實現單一市場的白皮書（Weißbuch über die Vollendung des Binnenmarktes）[45]也具體指出交通政策的前提要件，即在交通領域應完成自由的勞務流通、廢除邊界檢查、解決經過奧地利、瑞士與南斯拉夫對於共同體內交通的過境問題等，而經過多年的努力，當時歐洲共同體已經明顯地實現共同交通政策。

　　1993年初時，執委會提出關於共同交通政策未來發展的白皮書（Weiß-

41　參閱H. Rittstieg, Rheinschiffahrt im Gemeinsamen Markt, Baden-Baden 1971; K. Kippel, Der völkerrechtliche Status des zukünftigen Europakanals und seine Auswirkungen auf das Rhein und Donauregime, Berlin 1978.

42　參閱G. Nicolaysen，前揭書，S. 443。

43　參閱EuGH Rs. 13/83, Verkehrspolitik, Slg. 1985, S. 1513ff.

44　參閱M. A. Dauses (Hrsg.)，前揭書，S. L35ff。

45　DOK KOM (85) 310 endg., Ziffer 108ff.

buch über die zukünftige Entwicklung der gemeinsamen Verkehrspolitik）[46]，指出有效的交通事業，係指在順利運作的單一市場、泛歐交通網發展及最佳利用技術可能性的基礎上，人民與運輸業者取得在品質與數量上符合其所需要與期待的交通工具；執委會並預定實施共同交通政策廣泛的目標，主要內容[47]為：

1. 廢除在單一市場內對於交通運輸仍存在的限制與扭曲現象。
2. 以適當的經濟與法律技術上的協調以及研究與發展，創造結合的交通運輸系統。
3. 實施泛歐交通網與完全連結會員國間的道路網，以期提高在歐洲聯盟區域間交通設施的效率。
4. 在運輸服務上，應致力於改善環境保護。
5. 致力於提高交通參與者和其他相關人員的安全。
6. 對交通人員與使用者應考量社會觀點，例如工作時間、退休年齡、對於內河航行的人員配備與工作規定等。
7. 加強與第三國在交通關係範圍上的合作，尤其是針對航運關係與在飛航安全上的合作。

第二節　交通政策的領域

壹、貨物運輸與旅客運輸

關於貨物運輸，在過去歐洲聯盟的實務上，係由許多的雙邊協定或以歐洲為範圍的開放市場協定規範跨國的公路運輸，尤其是不在歐洲聯盟登記註冊的運輸業者亦參與歐洲聯盟內的運輸活動，而雙邊的載貨配額與批

---

46 DOK KOM (92) 494 endg.

47 參閱W. Hakenberg, Grundzüge des Europäischen Wirtschaftsrechts, München 1994, S. 190.

准載貨的程序成為會員國間經營貨物運輸業者主要的障礙[48]，因此理事會逐步地簡化內陸運輸，並自1993年1月1日起完全開放在當時歐洲共同體內的內陸運輸與實施特有的共同體執照（Gemeinschaftslizenzen）制度，取得共同體執照者得無數量限制地進入運輸市場參與營運，但共同體執照只適用於當時歐洲共同體內的運輸，原則上並不適用於與第三國間的運輸，因此仍應由會員國或歐洲聯盟與第三國締結雙邊的交通協定，以協議約定跨國的運輸[49]。

傳統上對於不在一會員國內登記的運輸業者，原則上不允許其在該會員國內經營貨物運輸。1993年時，理事會制定公布第3118號規章[50]明文規定，自1998年7月1日起，在歐洲聯盟內的內陸運輸應完全自由化，但在過渡時期仍應實施聯盟的配額規定，會員國在其配額的額度內應給予不在其領土內登記的運輸業者參與其國內營利的貨物運輸之定期許可，並逐年增加其載貨的配額。

在跨國的汽車旅客運輸上，自1992年6月1日起，亦實現勞務自由流通[51]，即強調對於所有會員國的客運業者開放市場，而不得因國籍或營業所在地而有差別待遇，若出現市場干擾的現象時，並得採取保護措施[52]。1992年理事會制定公布第2454號規章[53]規範客運業者的許可條件，自1993年1月1日起，一會員國應以階段性的方式逐步地給予來自其他會員國的客運業者參與其本國的旅客運輸，對於危機處理亦有保護條款的規定，即在本國客運市場出現嚴重的市場干擾時，會員國得向執委會提出申請，在交通諮詢委員會諮商後，由執委會採取保護措施。

在營利性質的貨運與客運上，在歐洲聯盟內廢除內陸運輸的配額與許可要件，對於運輸業者卻出現明顯不同的競爭條件，尤其是對於來自低汽

48　參閱G. Nicolaysen，前揭書，S. 445。

49　參閱VO (EWG) Nr. 881/92, Amtsblatt der Europäischen Gemeinschaften 1992 L 95/1ff.

50　Amtsblatt der Europäischen Gemeinschaften 1993 L 279/1ff.

51　參閱VO (EWG) Nr. 684/92, Amtsblatt der Europäischen Gemeinschaften 1992 L 74/1ff.

52　參閱VO (EWG) Nr. 3916/90, Amtsblatt der Europäischen Gemeinschaften 1990 L 375/10ff.

53　Amtsblatt der Europäischen Gemeinschaften 1992 L 251/1ff.

車稅與燃料稅會員國的運輸業者在開放的運輸市場上可以毫無限制地利用自由化所帶來的利益；高速公路通行費的差異亦會造成很大的影響，例如德國並不收取高速公路的通行費，而奧地利與義大利則徵收高速公路的通行費；為了要消除這些會扭曲競爭的要素，共同交通政策也因此必須協調會員國的這些稅捐，1988年時執委會提出一個指令的草案[54]，即建議應對重型貨車徵收分擔道路維修費用，以調適在會員國間的差異，但在理事會的立法階段卻遭一些會員國的反對，因此造成立法工作裹足不前，而德國、荷蘭、比利時、盧森堡與丹麥五國在1994年2月9日簽署關於重型貨車道路使用費協議，並自1995年1月1日起正式實施[55]。

　　1991年時，當時歐洲共同體與奧地利及瑞士簽署經過阿爾卑斯山的過境協定（Transitabkommen），特別是針對重型貨車在貨運過境時排放廢氣所造成的環境污染問題，1995年1月1日奧地利加入歐洲聯盟後，解決了部分過境阿爾卑斯山的交通問題，而奧地利仍堅持保留適用過境協定的過渡時期，目前由執委會評估環境污染的影響，若已達成既定的目標，則過境協定的效期至2001年1月1日止，若仍未達成既定的目標時，則由理事會依據歐洲共同體條約第75條（現為歐洲聯盟運作條約第95條）之規定，以條件多數決議，制定與過境協定內容相同的法規，而無論如何至2003年12月31日止應完全終止適用過境協定[56]。由於瑞士規定，總重量在28公噸以下的貨車得自由在道路行駛，總重量超過28公噸以上的貨車不得在道路行駛，而必須以鐵路運輸貨物，1994年2月時經公民投票表決決議，自2004年2月20日起，過境交通只能以鐵路的方式進行[57]。

54　Amtsblatt der Europäischen Gemeinschaften 1988 C 79/8ff.

55　參閱G. Nicolaysen，前揭書，S. 446。

56　Amtsblatt der Europäischen Gemeinschaften 1994 C 241/362.

57　參閱H.-J. Ihnen，前揭書，S. 70。

貳、鐵路運輸

　　將鐵路運輸包括在交通的單一市場內有許多的困難，因為傳統上各會員國的鐵路運輸結構均為國營或由具有壟斷特徵的國家鐵道公司經營，即鐵道公司具有雙重的性質（Doppelnatur），一方面為行政機關，另一方面為運輸業者，而阻礙運輸業者相互競爭的發展與阻礙具有競爭結構運輸市場的發展；同時鐵路運輸的經濟與財務狀況又因為要履行公眾運輸任務與社會負擔的義務，以及面臨公路運輸業者與內河航運業者的強烈競爭而更加困難；另一方面，在跨國鐵路運輸上的合作，必須保證在技術上的利益、制定共同的時刻表，以及在歐洲聯盟外締結運送契約，因此在鐵路運輸要實現共同交通政策就特別困難[58]。

　　過去歐洲共同體針對鐵路運輸因國營結合經濟目標與社會政策的任務而產生的特殊問題，在1960年代末期即開始致力於協調的工作，重點為會員國與鐵道公司間的財務關係，應盡可能廣泛地廢除鐵道公司負擔公眾服務的義務、使鐵道公司的帳目正常化、規範會員國與其國鐵間的財務關係、解決補貼的問題[59]，而理事會針對鐵路運輸陸續制定公布相關的法規。例如1969年時，實施雙軌制度（duales System）以廢除在財務上補償鐵道在總體經濟的義務[60]，以及對於鐵路業者的帳目正常化，實施共同的規定[61]；1970年時，制定公布第1107號規章[62]，針對鐵路運輸適用補貼的規定；1975年時，為整頓鐵路業與協調法規，理事會針對鐵路業者與國家間的財務關係作成決定[63]；1977年時，理事會制定措施，以建立可比較的帳目審計與年終結算制度[64]；1978年時，理事會制定公布第

58　參閱M. A. Dauses (Hrsg.)，前揭書，S. L96f; G. Nicolaysen，前揭書，S. 447。

59　Entscheidung des Rates vom 13.5.1965, Amtsblatt der Europäischen Gemeinschaften 1965 Nr. 88, S. 1500ff.

60　VO (EWG) Nr. 1191/69, Amtsblatt der Europäischen Gemeinschaften 1969 L 156/1-7.

61　VO (EWG) Nr. 1192/69, Amtsblatt der Europäischen Gemeinschaften 1969 L 156/8ff.

62　Amtsblatt der Europäischen Gemeinschaften 1970 L 130/1ff.

63　Amtsblatt der Europäischen Gemeinschaften 1975 L 152/3ff.

64　VO (EWG) Nr. 2830/77, Amtsblatt der Europäischen Gemeinschaften 1977 L 334/13ff.

2183號規章[65]，以規定鐵路業者一致的成本計算原則；1982年時，理事會作成對於跨國鐵路貨運價格形成（Preisbildung）的決定[66]；1983年時，理事會又對鐵路業者在管理跨國的貨運與客運時應維持商業上的獨立性（kommerzielle Selbständigkeit）作成決定[67]；1984時，理事會對於加強鐵道公司間在跨國的客運與貨運合作，提出廣泛的建議[68]。

　　為實現單一市場，在鐵路運輸市場上實施營業所設立自由與勞務自由流通，於1991年時理事會制定公布第440號指令[69]，以發展當時歐洲共同體的鐵路業者跨國的運輸，再度致力於整頓鐵路業者的財務基礎；除此之外，並包含其他的目標，即會員國必須將鐵道行駛路程（Fahrweg）與鐵道經營（Eisenbahnbetrieb）在計算上與組織上分開，路程的使用者應向路程經營者支付使用費用，以期使鐵道經營者也有可能利用他國的鐵道；由當時歐洲共同體的鐵路業者建立國際編組（internationale Gruppierungen），以給予運輸業者進入權與過境權（Zugangs-und Transitrechte）；在跨國混合的貨物運輸（例如鐵路與公路聯運、鐵路與水路聯運），在適當與無差別待遇的條件下，當時歐洲共同體的鐵路業者有利用其他會員國基本設施的權利。1995年第19號關於鐵路行駛承載量的分配與路段使用費計算的指令[70]，即具體化此一規定，並規範一般的原則，例如在分配行駛承載量時不得有差別待遇、對於路段使用費的計算應適用平等的原則等。

參、內河航運

　　依據歐洲聯盟運作條約第100條第1項之規定，歐洲聯盟運作條約第90條至第99條關於交通的規定，亦適用於內河航運（Binnenschiffahrt），而

65　Amtsblatt der Europäischen Gemeinschaften 1978 L 258/1ff.

66　Amtsblatt der Europäischen Gemeinschaften 1982 L 234/5ff.

67　Amtsblatt der Europäischen Gemeinschaften 1983 L 237/32f.

68　Amtsblatt der Europäischen Gemeinschaften 1984 L 333/63ff.

69　Amtsblatt der Europäischen Gemeinschaften 1991 L 237/25ff.

70　Amtsblatt der Europäischen Gemeinschaften 1995 L 143/75ff.

1968年第1017號適用於運輸業者競爭規範的規章與1970年第1107號關於補貼的規章亦適用於內河航運，以及1989年第4060號規章[71]明文規定至1990年7月1日止，應廢除在內河航運的所有邊界檢查。

萊茵河為歐洲聯盟內內河航運最重要的水道，早在1868年10月17日時，萊茵河流經的國家即已經締結國際協定，以共同管理萊茵河的航運，1969年時並修正部分條款，即一般通稱的萊茵河航運協定（Rheinschiffahrtsakte），又稱為曼海姆協定（Mannheimer Akte）[72]。當時歐洲共同體本身並沒有簽署曼海姆萊茵河航運協定，而是由荷蘭、比利時、德國、法國、英國五個會員國與非歐洲共同體會員國的瑞士共同簽署[73]。依據歐洲聯盟運作條約第351條之規定，在歐洲共同體條約生效前，由會員國與第三國所締結國際協定之效力，不受歐洲聯盟運作條約之影響，仍繼續有效[74]，因此曼海姆萊茵河航運協定仍繼續有效。

依據曼海姆萊茵河航運協定，締約國的內河船舶可自由地在萊茵河上航行，原則上不需再繳納任何的費用和稅捐，確保船舶通行無阻的市場進入與毫無限制的勞務自由流通[75]，即曼海姆萊茵河航運協定不僅保障締約國的內河航運，而且保障所有內河航運業者自由地進入市場與平等待遇。曼海姆萊茵河航運協定一方面使得歐洲聯盟在內河航運自由化上節省了不少時間與精力，但另一方面卻又因非會員國的瑞士亦為締約國，而造成在法律上歐洲聯盟職權行使的爭議，連帶地使得許多關於內河航運的措施因而延宕不前。

1976年時，執委會、荷蘭、比利時、盧森堡、德國、法國、英國與

---

71 Amtsblatt der Europäischen Gemeinschaften 1989 L 390/18ff.

72 Bundesgesetzblatt der Bundesrepublik Deutschland 1969 II, S. 597ff; 1980 II, S. 876ff.

73 參閱M. A. Dauses (Hrsg.)，前揭書，S. L57; H.-J. Ihnen，前揭書，S. 70。

74 歐洲共同體條約第234條之規定，就條約的對外效力而言，僅為單純的宣示，會員國與歐洲共同體間的關係原則上仍允許會員國遵守與第三國間的舊條約。參閱Schuster/ Stoll, Gemeinschaftskompetenz und Altverträge mit Drittstaaten, Recht der Interna tionalen Wirtschaft 1996, S. 93.

75 參閱M. A. Dauses (Hrsg.)，前揭書，S. L106。

瑞士針對締結關於內河航運成立歐洲停航基金協定（Übereinkommen über die Errichtung eines europäischen Stillegungsfonds für die Binnenschiffahrt）進行談判，此一國際協定的目標為藉由部分船舶停航的方式，以舒緩在萊茵河與摩澤爾河（Mosel）[76]流域過量的內河航運，對於航運業者在特定時間內自願退出航運時，應由內河航運的停航基金（Stillegungsfonds für die Binnenschiffahrt）給予財務上的補償，同時明文規定應成立監督理事會（Aufsichtsrat）、行政理事會（Verwaltungsrat）與法院（Gerichtshof），以作為停航基金的機關。1976年9月談判結束後，在正式簽署前，執委會依據歐洲經濟共同體條約第300條（現為歐洲聯盟運作條約第218條）之規定，向歐洲法院請求對此一國際協定是否符合歐洲經濟共同體條約作一個鑑定（Gutachten）。1977年時，歐洲法院作成鑑定，認為共同交通政策為歐洲共同體的職務之一，由部分的會員國取代歐洲共同體與第三國成立停航結構基金，將牴觸歐洲經濟共同體條約前言所表明的「以共同行動達成共同體的目標」，並且牴觸歐洲經濟共同體條約第4條（現為第7條）所規定的「由共同體機關行使在條約範圍內的職權」，而依據歐洲經濟共同體條約第210條（現為歐洲聯盟運作條約第47條）之規定，歐洲共同體享有權利能力與行為能力，故歐洲共同體對外享有締結交通協定的職權。因此，此一國際協定的草案牴觸歐洲經濟共同體條約的規定，為實現共同交通政策之目標，歐洲共同體有權與第三國共同成立國際公法上的組織，如計畫中的歐洲內河航運停航基金[77]。

　　依據歐洲聯盟運作條約第351條第1項之規定，雖然曼海姆萊茵河航運協定仍繼續有效，但歐洲聯盟運作條約第351條第2項卻又規定在會員國與歐洲聯盟間的對內關係，即會員國必須放棄其在舊條約中牴觸原來歐洲共同體條約的權利，或與第三國進行談判，以期調整舊條約的內容符合歐洲聯盟的規定，而會員國應採取適當的方法，以消除已經確定牴觸歐洲聯盟

---

[76] 摩澤爾河為萊茵河的支流，1956年時，德國、法國與盧森堡即針對摩澤爾河的航運締結國際協定。參閱Bundesgesetzblatt der Bundesrepublik Deutschland 1956 II, S. 1837ff.

[77] 參閱EuGH Gutachten 1/76, Stillegungsfonds für die Binnenschiffahrt, Slg. 1977, S. 741ff.

運作條約的內容[78]。原則上歐洲聯盟的共同交通政策亦延伸至萊茵河的航運，因此會員國必須共同努力解決在共同交通政策與曼海姆萊茵河航運協定間的衝突。

由於萊茵河航運對於德國、法國與荷蘭在經濟上的重要性，因此根本無法將萊茵河排除在運輸領域外；政治上與經濟上的保留，使得萊茵河航運市場規範措施的適用範圍侷限於會員國彼此間的關係[79]，因此只有在萊茵河航運中央委員會（Zentralkommission für Rheinschiffahrt）中的談判才能解決共同交通政策與曼海姆萊茵河航運協定的衝突，而曼海姆萊茵河航運協定的締約國在個案上針對具體事項達成協議，故歐洲聯盟與萊茵河航運中央委員會的關係就在一個階段接近的範圍內發展[80]。

鑑於擴建萊茵河、梅茵河與多瑙河間的水道，以及過去東歐國營貿易國家船隊的擴張，因此曼海姆萊茵河航運協定的締約國於1979年時簽署第二個附帶備忘錄（Zusatzprotokoll）[81]，將萊茵河的航運自由限於隸屬於萊茵河航運的船舶，這些船舶係指與曼海姆萊茵河航運協定的締約國或其他歐洲聯盟會員國有緊密聯繫（enge Verbindung）的船舶，並由萊茵河航運中央委員會規定確定緊密聯繫的標準；在與瑞士協調後，1985年時，理事會制定公布第2919號規章，以規範萊茵河航運船舶的適用條件，此一規章適用於所有的會員國，依據第2919號規章之規定，僅與會員國的國民有真實聯繫（echte Verbindung）的船舶才能享受在萊茵河航行的優惠，即至少應舉證船舶大部分的財產屬於會員國的國民所有。不在曼海姆萊茵河航運協定適用範圍內的內河航運，仍存在許多不同的航行許可規範，尤其是在運河網的來回運輸（Wechselverkehr）與過境運輸（Transitverkehr）外國的內河船舶需要航行許可，主要仍由雙邊的航運協定規範[82]。

由於歐洲法院的鑑定結果，而無法成立歐洲內河航運停航基金，但

78　參閱Schuster/Stoll，前揭文，Recht der Internationalen Wirtschaft 1996, S. 93。

79　參閱Grabitz/Hilf，前揭書，vor Art. 74 EGV, Rn. 24。

80　參閱T. Oppermann，前揭書，Rn. 1345。

81　Bundesgesetzblatt der Bundesrepublik Deutschland 1980 II, S. 870ff.

82　參閱M. A. Dauses (Hrsg.)，前揭書，S. L108。

在當時歐洲共同體內內河航運已經出現超飽和的現象，為了減緩過多的內河航運業者以低廉的運費惡性競爭，1989年時理事會制定公布第1101號規章[83]，規範在內河航運的結構調整，明文規定應成立拆卸基金（Abwrackfonds），並由內河流經的會員國在內河航運協會的共同參與下管理拆卸基金；由在本規章所規定的船舶所有人繳納費用組成拆卸基金；對於還能運轉的船舶作廢鐵處理而拆卸時，則給予拆卸獎金；此外，藉由財務調節義務（Ausgleichspflicht）以減緩投資建造新船，尤其是應避免再建造低於450公噸的船舶。

1987年時，理事會制定公布第540號指令[84]以調整在會員國內與跨國內河航運船員就業的條件，在內容上類似公路運輸的規定，亦規定船員專業合格要件的最低標準，並且相互承認所有在會員國取得的文憑、考試證書或其他的資格證明，由會員國自行決定保留或規範對運輸業者在可靠性與財務給付能力額外的要求，若會員國有額外的要求時，必須承認依據來源國（Herkunftsstaat）所規定證明給付能力或可靠性重要事實的特別文件；1991年時，理事會又制定公布第672號指令[85]規範對於內河貨運與客運的船舶船長證書（Schifferpatent）的分級與相互承認，並且明文規定至1993年1月1日止會員國必須將此一指令轉換立法為國內法規。

在比利時、荷蘭、法國與德國的運河經營運輸仍保留給這些相關國家本國的船隊[86]，在1991年時，理事會制定公布第3921號規章[87]，明文規定自1993年1月1日起，在內河航運實施自由的貨物運輸與旅客運輸，在歐洲聯盟內參與內河航運的運輸業者必須受運輸所在國（Aufnahmestaat）法規

83　VO (EWG) Nr. 1101/89, Amtsblatt der Europäischen Gemeinschaften 1989 L 116/25-29; VO (EWG) Nr. 2812/94, Amtsblatt der Europäischen Gemeinschaften 1994 L 298/22ff; Durchführungsverordnung der Kommission Nr. 1102/89, Amtsblatt der Europäischen Gemeinschaften 1989 L 116/30ff.

84　Amtsblatt der Europäischen Gemeinschaften 1987 L 322/80ff.

85　Amtsblatt der Europäischen Gemeinschaften 1991 L 373/29ff.

86　參閱M. A. Dauses (Hrsg.)，前揭書，S. L108。

87　Amtsblatt der Europäischen Gemeinschaften 1991 L 373/1ff.

之拘束,例如價格條件、運送契約的條件、運輸方式、經營方式、對於船舶的技術規定、航行路線、警察治安法規、掌舵時間、船員休息時間、加值稅規定等,在相同條件下,這些規定亦適用於來自其他會員國的內河航運業者,以期事實上不會因國籍或營業所在地而有差別待遇。

肆、海　運

　　歐洲聯盟運作條約第100條第1項列舉交通政策的適用範圍,並未將海運(Seeschiffahrt)包括在內,因此歐洲聯盟運作條約關於交通政策的規定不適用於海運,但歐洲聯盟運作條約中一般適用的規定仍適用於海運,例如禁止差別待遇的規定、勞工自由遷徙的規定、營業所設立自由的規定均適用於海運[88],歐洲聯盟運作條約第58條第1項明文規定關於運輸業提供的勞務不適用勞務自由流通的規定,因此關於勞務自由流通的規定不適用於海運。依據歐洲聯盟運作條約第100條第2項之規定,理事會有權對海運制定適當的法規,至目前為止,理事會依據歐洲聯盟運作條約第91條對於交通政策的一般授權條款[89]已經制定公布了許多關於海運的規章[90]。

　　海運對於歐洲聯盟的六個創始會員國而言,僅具有些微的意義,因此早期歐洲經濟共同體條約關於海運的規定幾乎不具任何意義,直至歐洲聯盟歷經數次的擴大後,才逐漸地重視海運的問題。會員國彼此間有三分之一的貿易與90%的歐洲聯盟對外貿易是藉助海運的方式完成[91],很明顯

88　參閱EuGH Rs. 167/73, Französische Schiffsbesatzungen, Slg. 1974, S. 369f.

89　在單一歐洲法生效前,歐洲經濟共同體條約第80條第2項規定由理事會以一致決議,並不需執委會的提案與歐洲議會的聽證共同參與交通政策的立法程序;在1987年單一歐洲法生效後,歐洲共同體條約第80條第2項明文規定理事會針對海運與空運的立法程序,應適用歐洲共同體條約第71條所規定的立法程序,即必須由執委會提案與經由歐洲議會及經濟暨社會委員會的聽證共同參與立法。

90　參閱G. Nicolaysen,前揭書,S. 451。

91　參閱Schweitzer/Hummer,前揭書,S. 316。

的是海運使得會員國超越歐洲聯盟的範圍，而更加融入國際社會，參與國際組織的活動，例如國際海運組織（International Maritime Organization，簡稱IMO）[92]，以及參與私法上的預防措施，例如定期舉行的航線會議（Linienkonferenzen）、在貨輪運輸的國際卡特爾規約[93]等。

　　一方面由於面臨第三國航運業的強烈競爭，另一方面會員國的規定對海運予以相當的干預，因此由歐洲聯盟採取措施有助於加強歐洲聯盟航運業者的地位。1985年時，執委會在邁向共同交通政策的備忘錄中，首次強調海運之重要性[94]；1986年時，執委會公布一項措施包裹（Maßnahmenpaket）已經在海運領域實現部分的共同交通政策；一會員國的海運公司得依據歐洲聯盟運作條約第49條以下關於自由的營業所設立權之規定在其他會員國內設立營業所，不定期地從事經濟活動，並得在承攬運送國登記其船舶，船舶登記與船旗是確定海運公司經濟活動範圍的標準，例如在雙邊航運協定中的載貨分配即以船舶登記為判斷船舶國籍的標準；已經登記為其他會員國的船舶自1992年起，依據1991年第613號規章[95]之規定，得變更登記為本國的船舶，此一規章克服了在會員國間變更船舶登記技術上的障礙、節省花費與行政支出以簡化變更登記、保證船舶安全與環境保護維持高的水準，以及符合國際協定的要求；1989年時，執委會曾經提案建議應制定歐洲聯盟的船旗法（Flaggenrecht）與建立歐洲聯盟的船舶登記

----

92 前身為政府間海運諮商組織（Intergovernmental Maritime Consultative Organization，簡稱IMCO），為聯合國內的特別組織，主要目標為促進政府間的合作，以提高海運安全。參閱Seidl-Hohenveldern/Loibl, Das Recht der Internationalen Organisationen einschließlich der Supranationalen Gemeinschaften, 5. Auflage, Köln 1992, Rn. 3801；歐洲共同體的會員國為國際海運組織的會員，而歐洲共同體本身僅為觀察員。參閱G. Nicolaysen，前揭書，S. 455。

93 係由聯合國貿易與發展會議（United Nations Conference on Trade and Development，簡稱UNCTAD）對於航線會議的行為規約（Verhaltenskodex）。

94 Bulletin EG 1985, Beilage 5.

95 VO (EWG) Nr. 613/91, Amtsblatt der Europäischen Gemeinschaften 1991 L 68/1ff，即規範在歐洲共同體內的船舶變更登記。

（Schiffregister）[96]制度。

　　由於在交通範圍的勞務自由流通必須依據交通政策的規定實施[97]，因此必須由理事會依據歐洲聯盟運作條約第100條第2項之規定制定實施勞務自由流通的特別規定。1986年時，理事會制定公布第4055號規章[98]，使會員國間的海運自由化，並且禁止會員國對於本國的船舶適用優惠的規定，與第三國間的載貨分配協定必須依據禁止差別待遇的原則達成協議，因此必須對所有的會員國開放與廢除載貨配額，對於以後的協定並且禁止貨運分配。即此一規章不僅適用於會員國彼此間的海運，而且適用於會員國與第三國間的海運，且不問該第三國是否為聯合國貿易與發展會議行為規約的締約國，亦不問係從事客運或貨運、為定期貨輪或不定期貨輪，均適用本規章，並明文規定在海運範圍的勞務自由流通應符合歐洲共同體條約第49條（現為歐洲聯盟運作條約第56條）以下之規定。此一勞務自由的特別規定優惠在會員國登記的船舶所有人，但掛信號旗的船舶並無法享有這些權利[99]。

　　1992年時，理事會制定公布第3577號規章[100]，以規範在會員國間航運的勞務自由流通，來自其他會員國的船舶亦得在一會員國的港口間進行航運。原則上本規章自1993年1月1日起生效施行，並逐步地開放港口間的航運，但仍有些例外規定，例如自1995年1月1日起，遊輪（Kreuz-fahrten）亦得自由地在西班牙、葡萄牙與法國的港口間航運；自1998年1月1日起，重量在650公噸以下的船舶得在會員國的港口間自由航運；自1999年1月1日起，在地中海與大西洋的小島間得自由航運；自2004年1月1日起，適用於希臘的各個小島間的航運等。在造成本國運輸市場嚴重的干擾時，該會員

96 Amtsblatt der Europäischen Gemeinschaften 1989 C 263/11ff; Amtsblatt der Europäischen Gemeinschaften 1991 C 73/11ff; Amtsblatt der Europäischen Gemeinschaften 1992 C 19/10ff; 但在1996年時執委會撤回其提案。

97 參閱歐洲共同體條約第51條第1項。

98 Amtsblatt der Europäischen Gemeinschaften 1986 L 378/1-3.

99 參閱G. Nicolaysen，前揭書，S. 452。

100 Amtsblatt der Europäischen Gemeinschaften 1992 L 364/7ff.

國得採取保護措施[101]。

　　1986年時，理事會制定公布第4056號規章[102]明文規定歐洲共同體條約第81條與第82條（現為歐洲聯盟運作條約第101條與第102條）的競爭規範亦適用於海運，但又明文規定卡特爾法不適用於特定的技術性協議（technischeVereinbarungen），本規章亦不適用於不定期航行船舶的承載（Trampdienst）；在一定的要件與履行一定的義務下，航線會議可以自己約定運費、時刻表、承載量與運載的分配，而不適用本規章的規定。在1992年時，理事會又制定公布第479號類型豁免規章（Gruppenfreistellungs verordnung）[103]，對於定期航行貨輪業者的聯合（Konsortien）亦不適用卡特爾的規定。

　　歐洲聯盟運作條約第107條禁止補貼的規定亦適用於海運業者，為了要運用歐洲聯盟運作條約第107條第2項與第3項的合法例外規定於海運業者，1989年時執委會公布實施的準繩（Leitlinien）[104]，給予在歐洲聯盟登記的船舶承攬海運財政與稅捐的優惠措施；1995年時，理事會制定公布第3094號規章[105]，給予輪船業者間接援助措施的補貼。

　　此外，過去歐洲共同體並制定公布一些其他的規章，以克服在國際海運上的問題。1974年4月6日聯合國貿易與發展會議針對航線會議簽署行為規約，並於1983年4月6日生效施行[106]，此一行為規約特別是規範定期航輪載貨的市場配額，適用於法國、英國、德國、比利時、荷蘭等歐洲國家與許多開發中國家，但不適用於美國、加拿大、日本、澳洲等國家，而僅在運輸雙邊的國家均為締約國時，才適用此一行為規約，但北美與遠東重要

----

[101] 參閱Amtsblatt der Europäischen Gemeinschaften 1993 L 49/88.

[102] Amtsblatt der Europäischen Gemeinschaften 1986 L 378/4ff.

[103] Amtsblatt der Europäischen Gemeinschaften 1992 L 55/3ff.

[104] DOK SEK (89) 921 endg. 此一準繩僅為通知的性質，並無法律上的效力。參閱G. Nicolaysen，前揭書，S. 289。

[105] Amtsblatt der Europäischen Gemeinschaften 1995 L 332/1ff.

[106] Bundesgesetzblatt der Bundesrepublik Deutschland 1984 II, S. 647ff.

的貿易航線並不適用此一行為規約[107]。當時歐洲共同體本身雖未簽署此一行為規約，但卻針對此一國際協定做了許多的回應。雖然會員國有權決定是否簽署此一行為規約，但歐洲聯盟卻在1979年制定公布第954號規章[108]要求會員國在批准或簽署聯合國對於航線會議的行為規約時，應加註保留條款，尤其是在會員國間的航運不適用該行為規約的貨運配額，以期符合歐洲共同體條約（現為歐洲聯盟條約與歐洲聯盟運作條約）的原則與目標，特別是禁止差別待遇原則與營業所設立自由的規定。

　　1979年第954號規章規定四項保留，首先關鍵的概念為會員國的海運公司（Linienreederei），係指依據歐洲經濟共同體條約在任何一個會員國設立營業所的海運公司，一會員國的市場配額由所有歐洲共同體的海運公司自行決定；其次為在會員國間的市場配額不適用會員國與其他行為規約締約國的比例；在會員國間的海運不適用行為規約第3條的規定，即不需以決議程序（Beschlußverfahren）對於兩國直接參與雙邊海運的本國海運公司創設特別的權利（Sonderrechte），故在歐洲共同體內的海運不適用行為規約第14條第9項之規定，在一般運費提高的情形，至少必須有十五個月的限制；第四個保留為在會員國間的海運不適用在核心範圍減少兩國直接參與雙邊海運本國海運公司的特別權利。1979年第954號規章強調以商業談判原則（Prinzip der kaufmännischen Verhandlung）接納新的海運公司加入定期航線會議與分配載貨配額。

　　理事會於1977年與1978年時分別作成決定[109]，規範不同的預防措施，以防止在國際海運市場上的競爭扭曲現象，而實施相互諮商、交換資訊以及協調會員國的應對措施。另外，為了防制差別待遇與不公平的貿易行為，歐洲共同體運用經濟上與政治上的影響力，在1986年時又制定公布第

---

107 參閱M. A. Dauses (Hrsg.)，前揭書，S. L113。

108 Amtsblatt der Europäischen Gemeinschaften 1979 L 121/1ff.

109 1977年時，歐洲共同體作成決定，針對在會員國與第三國間的海運關係，以及歐洲共同體在國際組織與海運有關的行動上，應實施諮商程序，Amtsblatt der Europäischen Gemeinschaften 1977 L 239/23ff；1978年時，為針對特定第三國貨輪運輸的決定，Amtsblatt der Europäischen Gemeinschaften 1978 L 258/35ff.

4057號規章[110]與第4058號規章[111]，以補充1977年與1978年的決定內容。對於第三國的海運公司因載貨保留而阻礙在歐洲聯盟登記的船舶進入貨運市場時，得依據1986年第4058號規章採取共同體的報復措施，由理事會依據歐洲共同體條約第84條第2項決議共同行動的方式，共同行動並得由外交行動提升到攤派配額或課徵稅捐；在緊急的情況，會員國得暫時採取單方面的措施；或理事會在二個月的期限內不接受採取歐洲共同體行動的建議時，會員國亦得暫時採取單方面的措施。

1986年第4057號規章主要係規範在海運上的不公平價格行為（unlautere Preispraktiken），即主要在對抗第三國海運公司的運輸傾銷（Frachtendumping），在第三國海運公司的不公平價格造成歐洲聯盟的海運公司的重大損害，而影響歐洲聯盟在共同行動的利益時，歐洲聯盟得採取應對的措施。所謂的不公平價格，係指運費低於正常的運費，並且是依據非市場的利益（例如國家補貼或國家干預措施）而造成的低運費，歐洲聯盟必須進行調查程序（Untersuchungsverfahren），以確定是否存在不公平價格的現象，確定存在不公平的價格時，並得對實施不公平價格的海運公司課徵平衡稅（Ausgleichsabgaben），以譴責其市場行為；1989年時，理事會基於執委會的提案，針對此種平衡稅，以條件多數決議制定公布第15號規章[112]。

海運安全與環境保護，亦為歐洲聯盟在海運政策的重點，尤其是歐洲聯盟不遺餘力地致力於海運安全，例如1993年時，執委會針對海運安全的共同政策提出一個行動綱領（Aktionsprogramm）[113]，以闡明歐洲聯盟對於海運安全的目標，理事會因而作成相符的結論[114]。1993年時，理事會公布第75號指令[115]，以規範船舶安全承載量的最低要求；1994年第57號

---

[110] Amtsblatt der Europäischen Gemeinschaften 1986 L 378/14-20.

[111] Amtsblatt der Europäischen Gemeinschaften 1986 L 378/21ff.

[112] Amtsblatt der Europäischen Gemeinschaften 1989 L 4/1ff.

[113] DOK KOM (93) 66 endg.

[114] Bulletin 3-1994, Ziffer 1.2.89.

[115] Amtsblatt der Europäischen Gemeinschaften 1993 L 247/19ff.

指令[116]對於船舶檢驗組織實施共同的規定與規格;1994年第58號指令[117]規範對於船員教育的最低要求,尤其是在緊急情況時對於旅客的救生能力訓練;1995年時,理事會制定公布第21號指令[118],對於船舶安全施行國際規範,由於船旗國無法有效管制,因此明文規定由港口國管制船舶遵守海上安全的規定、海洋環境的維護,以及確保船員在船上的工作條件與生活條件,並且實施一致的檢驗程序與船舶扣留要件。1995年時,針對渡船旅客的安全,理事會制定公布第3051號規章[119],規定新的安全規則。

伍、空 運

1944年12月7日在美國芝加哥簽署生效的國際民航協定(Abkommen über die Internationale Zivilluftfahrt,即一般通稱的芝加哥公約)[120],第1條授與每個國家在其領土之上享有完全的與專屬的領空權(volle und ausschlieβliche Lufthoheit);依據國際民航協定第6條之規定,在領空範圍內的國際航空交通必須經由此一國家特別的允許;對於過境的國際民航運輸,締約國彼此給予飛越權(Überflugrecht)與技術降落(technisches Landungsrecht,係指非營利性質的降落)[121];至於航空市場的開放,則是在國家與國家間經由締結雙邊的航空運輸協定(bilaterale Luftverkehrsabkommen)互換在特定的飛行路線與依據特定的飛行時刻表航權(Flugrecht)[122];航空運輸費用與運輸條件則是在國際航空運輸協會(International Air Transport Association,簡稱IATA)[123]的範圍,以私法上

---

116 Amtsblatt der Europäischen Gemeinschaften 1994 L 319/20-27.

117 Amtsblatt der Europäischen Gemeinschaften 1994 L 319/28ff.

118 Amtsblatt der Europäischen Gemeinschaften 1995 L 157/1ff.

119 Amtsblatt der Europäischen Gemeinschaften 1995 L 320/14ff.

120 Bundesgesetzblatt der Bundesrepublik Deutschland 1956 II, S. 411ff.

121 國際民航協定第5條;過境協定第1條。

122 參閱M. A. Dauses (Hrsg.),前揭書,S. L127。

123 國際航空運輸協會主要目的在於促進約定以規範一致的航空運費。參閱Seidl-Hohenveldern/Loibl,前揭書,Rn. 3902。

的契約由締約國雙方的主管機關約定[124]。

　　對於航空運輸，依據歐洲聯盟運作條約第100條第2項之規定，亦必須由理事會制定特別的法規，除勞務自由流通的規定外，原則上歐洲聯盟運作條約一般適用的規定亦適用於航空運輸[125]。歐洲聯盟的民航交通融入國際航空法律關係體系內，因此歐洲聯盟航空法規有結合各會員國航空運輸市場的作用。國際條約與會員國的法規亦不斷地增加，首先是1983年時，開放在當時歐洲共同體內的國際航空運輸，接著在1987年、1990年與1992年時，理事會分別制定廣泛的航空政策的措施，逐步地自由化航空運輸市場、減少管制與規範競爭條件，航空運輸亦成為實施單一市場的目標之一；歐洲聯盟的航空運輸政策廣泛地達到廢除限制與差別待遇的目標，1994年時，理事會提出未來歐洲民航的行動綱領（Aktionsprogramm），再度表明歐洲聯盟航空運輸政策的廣泛目標[126]。

　　在歐洲聯盟內航空運輸的市場規範，主要係針對在會員國間的跨國航空運輸，而法規的重點為定期航空運輸（Fluglinienverkehr）與航空貨物運輸（Luftfrachtdienst），並且將不定期的航空運輸（Gelegenheitsflug-verkehr）亦包括在共同的市場規範內，會員國必須逐步地對來自其他會員國的航空運輸業者開放其本國的航空運輸市場，並且給予來自其他會員國的航空運輸業者在其領土範圍內承攬運輸的權利[127]；至於會員國與第三國間的國際航空運輸，會員國仍保有決定權[128]。

　　1992年時，理事會制定公布第2407號規章[129]，統一規範在歐洲聯盟內設立營業所航空運輸業者的營業許可，包括人事的可靠性、經濟上的給付

---

[124] 參閱M. A. Dauses (Hrsg.)，前揭書，S. L127; G. Nicolaysen，前揭書，S. 457。

[125] 參閱EuGH Rs. 167/73, Französische Schiffsbesatzungen, Slg. 1974, S. 359.

[126] 參閱DOK KOM (94) 218 endg.; Entschließung des Rates vom 24.10.1994, Amtsblatt der Europäischen Gemeinschaften 1994 C 309/2ff; M. A. Dauses (Hrsg.)，前揭書，S. L130; G. Nicolaysen，前揭書，S. 457; Schweitzer/Hummer，前揭書，S. 316f。

[127] 參閱1992年第2408號規章第3條第2項規定。

[128] 例如：1992年6月22日理事會決議與挪威及瑞典締結民航協定。參閱Amtsblatt der Europäischen Gemeinschaften 1992 L 200/20ff.

[129] Amtsblatt der Europäischen Gemeinschaften 1992 L 240/1-7，自1993年1月1日起生效。

能力（例如對於損害必須有足夠的責任保險（Haftpflichtversicherung）、航空運輸業者經營與技術上的合格規定，與飛機的登記）；在完全符合這些要件時，航空運輸業者得取得營業許可，但此一營業許可並不是創設的飛行特定路線的權利或進入市場的權利[130]；此外，1991年第670號指令[131]規範在民航範圍任職的航空人員（Luftfahrtpersonal）實施相互承認會員國許可的歐盟程序，依據第1條之規定，會員國必須在1992年6月1日前完成轉換立法的工作，以作為1992年第2407號規章的補充規定。

在航空運輸上建立單一市場最重要的要素，即為對旅客運輸與貨物運輸應開放市場，1992年第2408號規章[132]即針對在歐洲聯盟內航空運輸的所有路程，歐盟航空運輸業者適用自由且無限制的進入市場原則，本規章不僅適用於定期的航空運輸，而且包括包機的航空運輸（Charterflugverkehr）在內，只要本規章無其他的限制規定，原則上會員國必須給予歐盟航空運輸業者許可，在歐洲聯盟內的路線行使飛行權。

若開放承載量造成歐盟航空運輸業者出現嚴重的財務損害時，則由執委會決定是否適用一般的保護條款，即依據會員國的申請，由執委會展開審核程序（Überprüfungsverfahren），依據現有的事實判斷是否應暫時凍結在該會員國定期班機運輸的承載量，但在非常的情形下，得由理事會以條件多數決議廢除或變更執委會的決定。

共同規範歐洲聯盟內機場為在航空運輸市場開放的要件，1993年時理事會制定公布第95號規章[133]，即規範分配飛機在歐洲聯盟內的機場停留時間時，不得有差別待遇，尤其是應平衡已經存在的航空運輸業者與新加入航空運輸業者間的利益，以期在歐洲航空運輸市場上有良性的競爭。

在航空運費上，歐洲聯盟廢除對於聯盟航空運輸業者在歐洲聯盟內航空運輸費用的管制規定，但對於非聯盟的航空運輸業者[134]則不適用共同

---

130 參閱M. A. Dauses (Hrsg.)，前揭書，S. L132。

131 Amtsblatt der Europäischen Gemeinschaften 1991 L 373/21ff.

132 Amtsblatt der Europäischen Gemeinschaften 1992 L 240/8-14，自1993年1月1日起生效。

133 Amtsblatt der Europäischen Gemeinschaften 1993 L 14/1ff.

134 非共同體的航空運輸業者係指非依據1992年第2407號規章取得在歐洲共同體內營業許

的規定；原則上由運送契約的當事人自由約定運費，但會員國在特殊的情況，考量消費者或航空業者的利益，並在考慮價格結構、競爭狀況與成本下，得對過高的運費或虧本的運費採取適當的干預措施，並由歐洲聯盟監督此一保護條款之適用[135]。

　　1987年時，理事會依據原來歐洲經濟共同體條約第87條（現為歐洲聯盟運作條約第103條）制定公布第3975規章[136]，規定自1988年1月1日起，在當時歐洲共同體內機場間的國際航空運輸領域亦適用歐洲共同體條約第81條與第82條（現為歐洲聯盟運作條約第101條與第102條）的競爭規範[137]，但不適用於會員國與第三國間的航空運輸[138]，基本上與2003年第1號卡特爾規章所規定的原則相同，包括執委會的調查、執委會與會員國主管機關間的合作、罰鍰（Geldbußen）與強制金（Zwangsgelder）等規定，以及符合其他規章的規定。

　　1987年第3975號規章的適用範圍最初僅限於在原來歐洲共同體內機場間的國際航空運輸，自1992年起，擴大適用於會員國內的航空運輸[139]。依據第2條第1項之規定，卡特爾禁止不適用於僅為技術性的約定，例如技術性的規範、共同使用飛機與零件；替代性運輸（Ersatzbeförderung）[140]的執行、運費結構與機票的相互承認，亦不適用卡特爾禁止之規定。1987年第3976號規章為一類型豁免規章（Gruppenfreistellungsverordnung），僅適用於在當時歐洲共同體內機場間的國際航空運輸，航空運輸業者應在過渡時期內調整其結構，以期得以適應新的競爭環境。

　　針對航空公司超訂位（Überbuchung）、定期班機無法如期運送旅客

可的航空運輸業者。

[135] 參閱VO (EWG) Nr. 2409/92, Amtsblatt der Europäischen Gemeinschaften 1992 L 240/15-17，自1993年1月1日起生效。

[136] Amtsblatt der Europäischen Gemeinschaften 1987 L 374/1ff; Durchführungsverordnung der Kommission, Amtsblatt der Europäischen Gemeinschaften 1988 L 376/10ff.

[137] 參閱EuGH Rs. 209-213/84, Asjes, Slg. 1986, S. 1463ff.

[138] 參閱M. A. Dauses (Hrsg.)，前揭書，S. L144。

[139] 參閱VO (EWG) Nr. 2410/92, Amtsblatt der Europäischen Gemeinschaften 1992 L 240/18ff.

[140] 例如：因班機延誤而導致旅客無法及時換機的情形，由航空公司給予旅客替代運輸。

的情形，理事會在1991年時制定公布第295號規章[141]，由當時歐洲共同體
統一規範實施補償給付（Ausgleichsleistungen）的制度，包括全部費用的
賠償，以及在不同的替代運輸方式（例如旅客得盡快改搭別家航空公司的
班機抵達目的地）或退還機票費的選擇權（Wahlrecht）；此外，航空運輸
業者必須負擔乘客向目的地聯絡的電話、電報或傳真費用，在候機時適當
地提供膳食與點心，必要時並應負擔額外過夜的旅館費用等。依據歐洲聯
盟運作條約第288條第2項之規定，規章具有直接適用的效力，故僅在會員
國法規牴觸本規章的規定時，應優先適用本規章的規定，乘客仍得依據各
會員國法規請求其他的損害賠償[142]，對於航空旅客有更多的保障。

　　對於航空交通安全亦實施共同的交通政策，在1980年時，理事會制定
公布一個指令[143]，以規範調查在飛航事故時會員國間的相互合作與協助；
自1992年1月1日起，應適用第3922號規章[144]之規定，在民航安全上，會員
國應協調彼此間的技術規定與行政程序，不僅針對航空器的發展、製造、
運轉、保養，而且還包括操作航空器的人員在內。此外，基於環境保護的
觀點，歐洲聯盟致力於防制飛航噪音與使用輕聲的飛機，理事會並持續立
法規範飛機在飛行時聲響的極限值（Grenzwert）[145]。

　　由於航空交通與其規範具有世界性國際結合的特質，因此在航空交通
法規的對外關係上，對歐洲聯盟顯得格外重要。依據歐洲聯盟運作條約第
351條之規定，在1958年歐洲經濟共同體成立生效前，由會員國所締結國
際協定的效力，並不受歐洲聯盟運作條約之影響，仍繼續有效。因此在
1958年歐洲共同體成立前，由會員國與第三國簽署的航空協定仍繼續有
效，但在歐洲共同體成立後，有關新的航空協定究竟應由歐洲共同體或會

---

[141] Amtsblatt der Europäischen Gemeinschaften 1991 L 36/5ff.

[142] 參閱M. A. Dauses (Hrsg.)，前揭書，S. L142。

[143] Amtsblatt der Europäischen Gemeinschaften 1980 L 375/32ff.

[144] Amtsblatt der Europäischen Gemeinschaften 1991 L 373/4ff.

[145] Amtsblatt der Europäischen Gemeinschaften 1980 L 18/26ff; Amtsblatt der Europäischen Gemeinschaften 1989 L 363/27ff; Amtsblatt der Europäischen Gemeinschaften 1992 L 76/21ff.

員國締結，則非常有爭議，例如1990年代，有部分會員國[146]想與美國締結雙邊的開放天空協定（open skies-Abkommen），執委會擔憂此舉將造成會員國間彼此相互競爭的危險，並且想加強歐洲聯盟整體的地位[147]，因此認為在航空交通領域的對外關係屬於共同貿易政策的一部分，依據歐洲聯盟運作條約第207條之規定，仍屬於歐洲聯盟的專屬職權，故應由歐洲聯盟與美國締結雙邊的航空協定；而依據歐洲聯盟運作條約第100條第2項之規定，歐洲聯盟對於航空交通亦享有立法的職權，由歐洲法院在1971年AETR案[148]所發展出來的隱含權限（Implied Powers）理論，亦應肯定歐洲聯盟有權與第三國締結雙邊的航空協定；由會員國個別與第三國締結雙邊的航空協定，將會影響在歐洲聯盟內航空交通的自由化與單一市場的有效運作[149]。

----

146 例如：荷蘭於1992年、德國於1996年分別與美國締結雙邊的航空協定，參閱G. Nicolaysen，前揭書，S. 461。

147 參閱DOK KOM (90) 17 endg.; KOM (92) 434 endg.

148 參閱EuGH Rs. 22/70, AETR, Slg. 1971, S. 263ff.

149 參閱EuGH Gutachten 1/94, WTO, Slg. 1994, S. I-5411ff.

第十三章　環境政策

第一節　環境政策之發展

　　1957年德國、法國、義大利、荷蘭、比利時與盧森堡六國簽署歐洲經濟共同體條約時，並未規定環境政策（Umweltpolitik），自1970年代中期開始，當時歐洲共同體逐漸重視環境政策的問題，而形成當時歐洲共同體的環境政策。由於執行環境政策欠缺明確的法律依據，因此過去歐洲共同體在採取環境政策措施時，均是以原來的歐洲經濟共同體條約第94條和第308條規定作為法律依據，因為各會員國有不同的環境法規影響競爭狀況，且直接地對共同市場的建立或運作產生影響，故過去一直依據歐洲經濟共同體條約第94條作會員國法規的調適，而歐洲經濟共同體條約第94條又無法完全明確地作為環境政策的權限依據，故又引用歐洲經濟共同體條約第308條作為法律依據[1]。

　　首先必須說明的是，過去由於各會員國對於環境政策的標準存有極大的差異，即存在所謂的南北差距（Nord-Süd-Gefälle）[2]，雖然所有的會員國逐漸感覺到環境保護的重要性，但各會員國的執行標準卻有很大的差距，而原來歐洲共同體超越經濟目標對於環境保護的擴張趨勢，對於產品在環境法上不同的要求，卻有可能阻礙在歐盟內商品的自由流通，同時各會員國對於環境保護不同標準所要求的產品製造條件也有可能妨礙無扭曲競爭的競爭目標[3]。因此一直欠缺共同的歐洲共同體環境政策，也造成歐洲共同體所採取的共同措施在事實上既無法完全符合某些會員國的高標準，又無法符合採低標準會員國的要求。此外，執委會明瞭一貫的環境政

1　參閱R. Streinz, Europarecht, 2. Auflage, Heidelberg 1995, S. 278.

2　參閱W. Hakenberg, Grundzüge des Europäischen Wirtschaftsrechts, München 1994, S. 193.

3　參閱G. Nicolaysen, Europarecht II-Das Wirtschaftsrecht im Binnenmarkt, 1. Auflage, Baden-Baden 1996, S. 470.

策與明智的產業政策（Industriepolitik）、自由的商品流通以及避免對企業造成競爭扭曲息息相關，而力求在這些環節上找尋平衡點。

　　首先以一歐洲法院的案例[4]加以說明，1985年7月5日比利時的法語區（Wallonien）[5]公布一項法令，即應避免製造垃圾與應致力於垃圾回收的工作，該法令第19條第4項並授權行政機關，得公布特別的法規以規範Wallonien區的垃圾利用、對來自其他國家與比利時其他地區垃圾的回收設備或焚化設備。依據此一條款，法語區的主管機關於1987年3月19日公布一項行政規章，第1條即規定禁止來自其他國家的垃圾運往法語區的堆積處；第3條規定，此一禁止規定適用於來自比利時其他地區的垃圾，但在各地區間得以約定同意垃圾堆積；第5條則規定，所有非在法語區產生的垃圾，視為來自其他國家或其他地區的垃圾，若垃圾係由兩個以上國家或地區參與的加工過程所產生時，則視為來自以進行最後實質的與經濟的加工，並在具有設備的企業所產生的垃圾。

　　執委會認為，比利時法語區的此一行政規章違反當時的共同體法，尤其是自由的商品流通原則與1984年第631號關於監督與管制垃圾跨國運輸的指令，此一行政規章普遍地禁止來自其他會員國的垃圾堆積，特別是來自其他會員國在比利時其他地區進行實質加工（wesentliche Be-und Verarbei-tung）所產生的垃圾堆積，故執委會對比利時依據歐洲經濟共同體條約第169條（現為歐洲聯盟運作條約第258條）向歐洲法院提起違反條約之訴。比利時政府在本案主張，無法再利用的垃圾並非商品，因此比利時的法律並不違反歐洲共同體的商品自由流通原則。

　　歐洲法院在本案的見解，主要可歸納如下：

1.1975年第442號關於垃圾的指令[6]，列舉垃圾清除範圍的特定原則，僅為一般性的規定；依據1975年第442號指令之規定，會員國應採取適當的措施，以期促進垃圾形成的限制、垃圾的利用與轉換；會

4　參閱EuGH Rs. C-2/90, Abfalltourismus, Slg. 1992, S. I-4431ff.

5　比利時主要分為三個語區，即法語區（Wallonien）、荷語區（Flamen）與德語區（Eupen-Mamdy）。

6　RL 75/442/EWG, Amtsblatt der Europäischen Gemeinschaften 1975 L 194/39ff.

員國必須採取必要的措施，以確保清除垃圾，而不會危害人體健康與環境；此外，會員國必須設置主管的負責機關，以計畫、統籌、批准及監督垃圾清除的措施，並且應規定企業運輸、收集、堆存、存放、處理自己或他人的垃圾時，是否必須經過主管機關的批准許可或監督。但1975年第442號指令並未針對在會員國間的垃圾交易（Abfallhandel），予以一般地規定或特別規定，亦未規定會員國得制定法規與採取措施，以具體地禁止垃圾交易。因此，比利時並不牴觸1975年第442號指令之規定。

2.1975年第442號指令為針對垃圾處理之一般規定，並未區別危險的垃圾與無危險的垃圾，而1984年第631號關於危險性垃圾跨越會員國邊界運送監督與管制的指令，係共同體法對於危險性垃圾的特別規定，因此必須依據1984年第631號指令所規定的構成要件審查此一比利時法規，是否符合共同體法之規定。但1986年第279號指令[7]與1987年第112號指令[8]已經修正1984年第631號指令，主要在於配合由執委會所提出的共同體行動綱領（gemeinschaftliche Aktionsprogramme），以監督清除具有危險性的垃圾。會員國必須採取必要措施，以清除有毒的（giftig）和危險性的（gefährlich）垃圾，而不會危害人體的健康與損害環境；在會員國間運送垃圾時，必須在最佳可能的條件下清除垃圾；自產生垃圾時起，至最終安全處理垃圾止，會員國必須對危險性垃圾加以監督與管制。

3.1986年第279號指令係針對清除危險性垃圾之法規，特別是要確保清除垃圾的條件，而不會對人體健康或環境造成危險，並且要規定對於堆積、處理或存放危險性垃圾的許可制度（Genehmigungssystem），即會員國必須向執委會報告關於設備、廠房或企業使用許可的特定資訊。1984年第631號指令對於危險性垃圾跨越會員國邊界運送規定之立法目的，在於規範欲將危

7　RL 86/279/EWG, Amtsblatt der Europäischen Gemeinschaften 1986 L 181/13ff.

8　RL 87/112/EWG, Amtsblatt der Europäischen Gemeinschaften 1987 L 48/31ff.

險性垃圾自一會員國運往另一會員國或經由一會員國或數個會員國運送垃圾時，必須由相關會員國的主管機關開具一致的運送單（einheitlicher Begleitschein），填寫垃圾的原產地與組成、關於採取預防措施的路段與保險資料、為保證運送安全而採取措施等的相關資料。申言之，僅在相關會員國的主管機關開具證明上述申報到達時，才得跨越會員國邊界運送危險性的垃圾。

1984年第631號指令對於跨越會員國邊界運送危險性的垃圾，做了廣泛的規定，尤其是針對具體的設備，以期清除危險性的垃圾，而垃圾的所有人必須事前出示詳細的申報證明；相關會員國的機關得提出異議，禁止運送危險性的垃圾，一方面應防備與保護環境和健康有關的問題，另一方面應防備公共安全與秩序，故此一指令並未賦予會員國得以完全禁止運送危險性垃圾之權利。故比利時的法規違反1984年第631號指令的規定，因為比利時的法規排除適用在1984年第631號指令所規定的程序，而且絕對禁止危險性的垃圾進口到Wallonien，比利時法規並未考慮在特定的情形得由會員國的主管機關批准許可運送危險性垃圾之規定。

4.毋庸置疑的是，可回收與可再利用的垃圾本身係具有商業價值（Handelswert），亦屬於商品，故亦應適用歐洲共同體條約第28條以下關於商品自由流通之規定。比利時政府主張，可回收與可再利用的垃圾不屬於歐洲共同體條約第28條以下所規定的商品，因為不具有商業價值，故不得成為買賣契約之標的；因此對於這些垃圾的清除過程或存放，應適用關於自由勞務流通的規定。歐洲法院認為，在實務上很難區分可回收垃圾與不可回收垃圾，特別是在會員國邊界檢查時，在區分上基於不明確的標準，而逐漸地得以進步的技術標準變更，尤其是可回收的垃圾亦取決於回收的成本和再利用的利潤，故必須主觀的且基於可變更的因素判斷此一問題。因此，不論垃圾可否回收，均屬於產品（Erzeugnisse），依據歐洲共同體條約第28條之規定，各會員國原則上不得阻礙垃圾之自由流通。

5.環境保護的強制要件（zwingende Erfordernisse des Umweltschutzes）

得成為會員國採取限制或禁止運送危險性垃圾措施的合法理由，而環境保護的強制要件僅在會員國的措施無差別的（unterschiedlos）適用於本國產品與進口商品時才得主張；歐洲共同體條約第174條第2項對於共同體環境政策的規定，依其原產的可能性克服環境損害，係指每個地區、自治團體或其他的地方公共團體（Gebietskörperschaft）有權採取適當的措施，以確保其自己收集、處理與清除垃圾；故應盡可能在產生垃圾地方的附近清除垃圾，以期盡可能廣泛地限制垃圾的運送。歐洲共同體條約第174條第2項規定的符合自行清除與在附近清除（Entsorgungsautarkie und Entsorgungsnähe）的原則，在1989年3月22日由歐洲共同體簽署的巴塞爾協定（Baseler Übereinkommen über die Kontrolledergrenz über schreitenden Verbringungund der Beseitigung gefährlicher Abfälle），即關於跨越邊界運送與清除危險性垃圾的管制協定，亦明文規定這些原則。故在考量垃圾產生地間存在的差異與垃圾產生地的關聯性，比利時的措施得不視為有差別待遇存在。

　　歐洲法院的判決結果，認為比利時已經違反1984年第631號指令所規範的義務，因為比利時絕對禁止來自其他會員國的危險性垃圾進入Wallonien的暫時堆積（Zwischenlagerung）、存放或處理，並排除適用在1984年第631號指令所規定的程序。申言之，在本案歐洲法院承認環境保護在共同體法具有高的位階，以生態目標作為強制要件，而使得限制商品的自由流通成為合法正當的理由[9]。

　　直至1987年生效的單一歐洲法才首次正式將環境政策增訂為個別的聯盟政策，即歐洲聯盟條約第174至176條（現為歐洲聯盟運作條約第191條至第193條）。自單一歐洲法生效時起，歐洲共同體的環境政策有明確的權限依據與自己的目標，而歐洲共同體條約第308條（現為歐洲聯盟運作條約第352條）不再作為環境政策立法的授權依據。特別要說

9　參閱G. Nicolaysen，前揭書，S. 473。

明的是，新規定強調以生態學（Ökologie）作為規範與執行其他共同體
政策的準繩，即原來的歐洲共同體條約第174條第2項所規定的概括條款
（Querschnittsklausel），尤其是在農業政策與交通政策上具有重要的意
義[10]。

　　單一歐洲法擴大原來歐洲共同體的任務，主要係考慮到危害與損害
環境常常是跨國的事件，因此只有由各會員國共同的努力才能成功地對
抗環境的危害，而在環境保護領域限制輔助條款（Subsidiaritätsklausel）
之重要性，因此在單一歐洲法中首次將輔助條款針對環境保護在歐洲共
同體條約第174條第4項中加以明文規定，值得一提的是，1993年11月生
效的歐洲聯盟條約將此一原則規定刪除，而規定於當時的歐洲共同體條
約第5條（現為歐洲聯盟條約第51條），成為具有一般效力（allgemeine
Geltung）[11]的規定。

　　1993年11月1日生效的歐洲聯盟條約再度擴大歐洲聯盟在環境政策上
的職權，繼續發展環境政策的條約依據[12]，並在原來歐洲共同體條約第3條
第1項第k款中將環境政策納入歐洲共同體的職務範圍，而在原來的歐洲共
同體條約第174至176條具體規定環境政策。原來的歐洲共同體條約第2條
並規定維護任何一個共同體任務均必須保證符合環境的成長，歐洲共同體
條約第174條第2項所規定的概括條款（Querschnittsklausel）即為與此一規
定相呼應。

　　相較於過去的規定，歐洲聯盟條約對於環境保護有更高的標準，並且
加強環境保護在歐洲聯盟的地位[13]；原來歐洲經濟共同體條約第130s條所
規定的一致原則（Einstimmigkeitsprinzip），現在僅適用於特別重要的措
施[14]，即關於區域開發（Raumordnung）、土地利用（Bodennutzung）與

10　參閱G. Nicolaysen，前揭書，S. 471。

11　參閱W. Hakenberg，前揭書，S. 194。

12　參閱C. O. Lenz (Hrsg.): EG-Vertrag Kommentar, 1. Auflage, Köln 1994, Vorbemerkung zu
　　Art. 130r bis Art. 130t EGV, Rn. 1.

13　參閱G. Nicolaysen，前揭書，S. 471。

14　參閱歐洲共同體條約第175條第2項規定。

能源供應（Energieversorgung），以及在稅法中重要的稅的種類規定[15]，但在會員國間並未實施；依據原來歐洲共同體條約第175條之規定，針對環境保護的立法程序，原則上適用歐洲共同體條約第252條（2009年12月1日里斯本條約生效後，廢止此一規定）所規定的合作程序，即由理事會以條件多數作決議，並且加強歐洲議會的權利，但過去歐洲共同體亦尚未以一致原則制定公布環境法。

阿姆斯特丹條約亦強調環境政策是永續發展的重要概念，而在當時歐洲共同體條約第2條明文規定永續發展的原則，並將環境保護明文規定為當時歐洲共同體獨立的任務。整體而言，環境保護愈來愈重要，已經成為解釋歐盟法的一個重要準據[16]。

2009年12月1日里斯本條約生效後，將環境政策的規定調整至歐洲聯盟運作條約第191條至第193條。

第二節　環境政策之執行

由於過去歐洲共同體條約並未定義環境的概念，因此過去歐洲共同體共同環境政策之執行，主要係以頒布行動綱領（Aktionsprogrammen）之方式進行，申言之，從不具有法律拘束力的目的宣示到對於克服嚴重的環境負擔管理危機精確的工作準繩[17]。以下將說明共同環境政策之重要行動綱領：

---

15 1991年執委會提案應規定氣候稅（Klima-Steuer），但並未成功，而最近在歐洲共同體重新討論生態稅（Öko-Steuer）與能源消費稅（Energieverbrauchsteuer）等。

16 Manfred Dauses, Handbuch des EU-Wirtschaftsrechts, 24. Ergänzungslieferung 2009, O. Umweltpolitik, bb Erweiterung der umwelt-politischer Tätigkeitsfelder, Rn. 10.

17 參閱W. Hakenberg，前揭書，S. 194。

壹、1973年第一個行動綱領[18]

1973年由理事會與各會員國政府代表發表對於環境保護的歐洲共同體行動綱領之宣言，即所謂的第一個行動綱領（Arbeitsprogramm），以致力於直接消除突發性的環境損害，並採取適當的措施。第一個行動綱領的適用期限為1973年至1976年，定義環境的概念，並具體化環境政策的目標，特別強調經濟擴張必須符合自然生存空間的維持。

貳、1977年第二個行動綱領[19]

理事會與各會員國的代表於1977年5月7日作成決議，以繼續和執行環境政策，以及對於環境保護的共同體行動綱領，即強調繼續實施環境政策。第二個行動綱領的適用期限為1977年至1981年，提出施行環境政策的方針原則。

參、1983年第三個行動綱領[20]

理事會與各會員國的代表於1983年2月7日作成決議，再度重申繼續與執行環境政策，以及對於環境保護的歐洲共同體行動綱領。為了維護環境與資源，此一行動綱領包含廣泛的與預防的策略。第三個行動綱領適用期限為1982年至1986年，預防的環境保護是第三個行動綱領的重點，尤其是針對水資源、空氣、垃圾處理與自然保護逐步地公布在共同體層次的法規。

為落實此一行動綱領，1985年理事會公布第337號指令[21]，為第三個行動綱領的核心，規定對於特定的公共或私人計畫之環境協調審查（Umweltverträglichkeitsprüfung），以作為大型工業與基本建設計畫（groβer

---

18　Amtsblatt der Europäischen Gemeinschaften 1973 C 112/1ff.

19　Amtsblatt der Europäischen Gemeinschaften 1977 C 139/1ff.

20　Amtsblatt der Europäischen Gemeinschaften 1983 C 46/1ff.

21　RL 85/337/EWG, Amtsblatt der Europäischen Gemeinschaften 1985 L 175/40ff.

Industrie-und Infrastruktur-vorhaben）的建築許可要件。

此外，尚有所謂的共同環境行動綱領（Programm "gemeinsame Umweltaktionen"），以繼續發展利於環境的技術與回收技術（Recycling-Techniken）。

肆、1987年第四個行動綱領[22]

理事會與各會員國的代表於1987年10月19日作成決議，在1987年至1992年繼續與執行環境政策，以及對環境保護的歐洲共同體行動綱領，即為第四個行動綱領。重申應遵守原則的開放策略，但將環境政策作為每個經濟政策與社會政策的重要構成部分，即有系統地將環境政策納入其他的共同體政策中、擬定更嚴格的環境規範、獎勵投資以改善環境，特別是由歐洲投資銀行（Europäische Investitionsbank）提供貸款、資訊的改善、為預防與管制環境污染而採取多方面的措施等。

在第四個行動綱領中，並提議成立歐洲環境局（Europäische Umweltagentur; European Environment Agency），由於會員國對於歐洲環境局的所在地（Sitz）一直無法取得共識，直到1993年10月29日的特別高峰會議（Sondergipfel）才建議以丹麥的首都哥本哈根（Kopenhagen）作為歐洲環境局的所在地，而自1994年起才開始運作，以作為歐洲聯盟的補充機構；其主要任務，在於應對於來自所有會員國的環境資料作有系統的收集與監督，以便作為執委會監督各會員國執行環境保護之依據。

伍、1993年第五個行動綱領[23]

基於促進持續的與適合環境的（umweltgerecht）發展原則，第五個行動綱領作了各式各樣的新規定，並配合1992年6月在巴西的里約熱內盧（Rio de Janeriro）召開的聯合國會議，應達到變更在全體社會行為之目

22　Amtsblatt der Europäischen Gemeinschaften 1987 C 328/1ff.

23　KOM (92) 23 endg. vom 3.4.1992, S. 85ff.

的。

在第五個行動綱領中，優先要做的工作有：

1. 在自然資源，例如：針對土地、水、自然景觀（Naturlandschaft）、沿海地區（Küstengebiet）等，做持續的與適合環境的管理。

2. 綜合的環境保護與避免製造垃圾。

3. 減少使用無法更新的能源。

4. 以有效的與適合環境所在地的到達方式（Standortsbestimmungs-verfahren）及運輸種類，以期更加地機動性管理（Mobilitäts-management）。

5. 為改善在城市地區的環境品質，應採取一致的措施包裹（Maßnahmenpakete）。

6. 對人民做更好的預防，特別考慮在工業核能安全與輻射保護（Strah-lenschutz）的危險鑑定和危險管理，以防止對人體健康與安全的危險。而為達到此一目標，在非常設的對話團體形式（Form Ad-hoc-Dialoggruppen）中應包括所有的經濟參與者和社會夥伴（Wirtschaftsbeteiligte und Sozialpartner）。

第五個行動綱領強調應在所有共同體政策中納入環境保護的概念，強調永續發展的新概念，所有的利害關係人都應共同地負責任。

陸、第六個行動綱領[24]

第六個行動綱領適用至2012年止，規定歐洲聯盟環境政策的四大重點，具體地規定氣候保護、自然與生物多樣維持等的措施與目標，而應促進永續地利用海洋與維持海洋生態系統，將環境利益納入共同漁業政策中；整合地經營沿岸領域；施行其他促進海洋保護的措施；公布主題策略以保護與維持海洋的生態環境。

24　Detlef Czybulka, Die Erhaltung der Biodiversität im marinen Bereich, ZUR 2008, S. 244.

柒、第七個行動綱領[25]

2013年11月20日，歐盟公布第1386號決議，即為第七個環境行動綱領，明定至2020年止，應在人類生存的地球可忍受的範圍內有更好的生活，而切實的落實歐洲環境保護政策。第七個行動綱領自2014年1月起開始生效施行，三個核心目標為：

1. 保護、保存與提高歐盟的「天然資本」[26]，以致力於「2020生物多樣性策略」（2020 Biodiversity Strategy）的目標；
2. 致力於資源效率、綠色與有競爭力的低碳經濟；
3. 保護歐盟人民，免於環境相關的壓力與對健康及福祉的風險，也就是改善歐盟境內整體環境狀況與防制可能對人體健康造成損害的環境因素。

因此，保護天然資源、提高使用資源的效率、給予健康的人一個健康的環境、解決經濟成長與資源使用的連結、綠色創新、鼓勵永續成長與城市的永續發展，成為歐盟新的環境行動綱領的核心目標。歐盟長期的目標是至2050年時，應以永續資源管理與創新循環經濟，以保護物種多樣性[27]。

第三節　原則與個別規定

歐洲聯盟運作條約第191條第1項規定共同環境政策之目標，為致力於維持環境、保護環境、改善環境品質、保護人體的健康、保證自然資源慎重的與合理的使用、更進一步應在國際層次上採取促進措施，以克服區域的或全球的環境問題。

25　OJ 2013 L 354/171-200.

26　所謂的「天然資本」係指從肥沃的土、有生產力的土地、湖泊到清潔的水與清淨的空氣，可以支持生物的多樣性。

27　Weidenfeld/ Wessels (Hrsg.), Europa von A bis Z, 14. Auflage, 2016, S. 406.

至於環境的概念，歐洲聯盟運作條約並無明確的定義規定，而是一個無發展限制的概念，但隨著歐洲聯盟的環境計畫與學者間的認知，一致認為環境的概念應包含以自然界與人類為標的而建立的環境，故維護措施與保護措施應以維持環境的現狀為目標；此外，此一目標規定並應以環境的品質改善為宗旨[28]。

壹、共同環境政策的原則

歐洲聯盟運作條約第191條第2項所規定的行為原則為形成歐洲聯盟環境政策指標的一般法律原則[29]，依據歐洲聯盟運作條約第191條第2項前段之規定，考量在歐洲聯盟內個別區域不同的條件，歐洲聯盟的環境政策應致力於高的保護水準（hohes Schutzniveau）為目標；並依據預防原則、為克服環境損害優先適用原產地原則與原因原則；在規定與施行其他聯盟政策時，必須考量環境保護之必要性；針對此點，此一必要性必要時應包括執行相關協調措施的保護條款（Schutzklausel），以授權會員國基於非以經濟為條件的環境政策理由得採取受歐洲聯盟監督程序拘束的暫時措施。故歐洲聯盟運作條約第191條第2項前段與上述的行動綱領規定共同環境政策（gemeinsame Umweltpolitik），包括下列的原則[30]：

一、預防原則

所謂的預防原則（Vorsorgeprinzip），係指在產品的發展上，應考慮自性質（Beschaffenheit）到清除殘屑（Entsorgung）對於環境的影響。在歐洲聯盟的環境政策行為原則中，預防原則居於重要的地位，且為優先的行為原則。在危險的門檻下，開始執行預防原則，即環境政策上的行動並不是必須要避開威脅性的損害或具體的危險，而是要做到以預防原則為依據的環境政策，必須以避免危機為目標。因此，為得以有理由地採取環境

28　參閱C. O. Lenz (Hrsg.)，前揭書，Art. 130r EGV, Rn. 2。

29　參閱C. O. Lenz (Hrsg.)，前揭書，Art. 130r EGV, Rn. 8。

30　參閱W. Hakenberg，前揭書，S. 196。

政策上的行動，基於事實上的論點（例如禁止使用會對氣候、臭氧層或一般環境造成負面影響的物質等）可能妨害環境的憂慮，已經足夠了[31]。

二、原產地原則

所謂的原產地原則（Ursprungsprinzip），係指優先依據環境損害的發生地改善所造成的環境損害，以取代之後僅處理環境損害之徵兆。歐洲聯盟運作條約強調歐洲聯盟環境政策的重點，在於避免或限制使用造成環境損害與放射性相關的有害物質，或關於之後消除殘渣而規定的產品應符合環保的性質[32]，故歐洲法院原則上禁止跨國運送垃圾，即應盡可能在垃圾產生地處理垃圾，因此一區域或鄉、鎮得無差別地禁止來自其他會員國的垃圾運送至其堆積場[33]。

三、原因原則

所謂的原因原則（Verursacheprinzip），係指污染環境者或損害環境者應負責損害賠償與生態上的追加費用，故原因原則即為費用負擔原則（Kostentragungsgrundsatz）[34]。為具體化原因原則，理事會早在1975年3月3日即已公布第436號建議，即為在採取環境保護措施時關於費用計算與公家機構干預之建議[35]。

四、概括原則

概括原則（Querschnittsprinzip），係指在規定與執行其他的聯盟政策時，必須同時考慮環境保護之要件。歐洲聯盟運作條約第191條第2項後段即為一概括條款，即環境政策不僅是一個單獨領域的政策，而且也是所有歐盟政策的構成要素，特別是農業政策、交通政策、能源政策與工業政策

31　參閱C. O. Lenz (Hrsg.)，前揭書，Art. 130r EGV, Rn. 10。

32　參閱C. O. Lenz (Hrsg.)，前揭書，Art. 130r EGV, Rn. 11。

33　參閱EuGH Rs. C-2/90, Abfalltourismus, Slg. 1992, S. I-4477f.

34　參閱C. O. Lenz (Hrsg.)，前揭書，Art. 130r EGV, Rn. 12。

35　Empfehlung 75/436/EWG des Rates, Amtsblatt der Europäischen Gemeinschaften 1975 L 194/1ff.

的構成要素[36]。申言之,概括原則為一般的原則,特別是在其他的共同政策範圍內立法時或施行其他歐盟政策時,必須考量與符合環境保護政策,即法律措施必須以環境保護為目標或以促進環境保護為宗旨;而在施行其他歐盟政策時,不得造成負面的環境損害之結果[37]。

　　歐洲法院承認,環境保護為歐洲聯盟的目標,同時亦為Cassis形式的強制要件(zwingendes Erfordernis)[38],而從歐洲聯盟運作條約第191條第2項規定的預防原則、原產地原則、原因原則與概括原則,以及在1989年3月22日由當時歐洲共同體所簽署對於跨越邊界運送與清除危險性垃圾管制的巴塞爾協定(Baseler Übereinkommen)所規定的自行清除原則與就近清除原則,認為違反一般原則,垃圾的特性得使對在本國產生的與進口的垃圾依據不同規定採取措施成為正當合法,而視為無差別待遇[39]。

貳、個別的規定

　　依據上述的共同環境政策原則,為克服對於環境所造成的負擔,歐洲聯盟在過去的二、三十年有非常可觀的成果,制定公布了許多關於環境保護的規章與指令,尤其是針對下列的領域[40]:

1.核能安全與含輻射的垃圾。
2.水域的保護與水利。
3.空氣污染的管制。
4.噪音防治。
5.化學原料、化學製品、工業危險與生物工業技術之管制。
6.生存空間、環境、動物、植物與自然資源之保護。
7.垃圾處理與淨化技術。

36　參閱R. Streinz,前揭書,S. 194。
37　參閱C. O. Lenz (Hrsg.),前揭書,Art. 130r EGV, Rn. 14f。
38　參閱EuGH Rs. 302/86, Kommission/Dänemark, Slg. 1988, S. 4607ff.
39　參閱EuGH Rs. C-2/90, Abfalltourismus, Slg. 1992, S. I-4431.
40　參閱W. Hakenberg,前揭書,S. 196; L. Krämer (Hrsg.): Umweltrecht der EG, Text-sammlung, 2. Auflage, München 1995.

在這些規章與指令中，包含廣泛的國家干預措施，從嚴格的禁止規定到簡單的觀察措施，例如批准的義務、禁止規定、標示義務、關於標示的規定、管制措施、監視措施、價值的收集與申報、資訊制度、單一的測量程序、品質規範、對於附加物、排導與放射以及在空氣與水中有害物質的最高含量和極限值、對於氣錘與割草機的噪音標準、環境補貼，以及成立有關於環境研究與發展的計畫等[41]。

有些會員國並已課徵所謂的環境稅捐（Umweltabgaben），針對環境稅捐，執委會致力於協調的工作，例如協調放射性二氧化碳的稅[42]。此外，過去的歐洲共同體並制定公布許多的法規，例如關於檢驗環境協調的指令（Richtlinie über die Umweltverträglichkeitsprüfung）[43]、設立歐洲環境局與建立歐洲環境觀測及資訊網路規章（Verordnung zur Errichtung einer Europäischen Umweltagentur und zur Errichtung eines Europäischen Umweltbeobachtungs-und informationsnetzes）[44]、關於授與歐盟環境標示的規章（Verordnung über die Vergabe eines Umweltzeichens der Gemeinschaft）[45]，以及關於在工業自願遵守歐盟的生態檢查制度（Verordnung über die freiwillige Einhaltung eines gemeinschaftlichen Öko-Audit-System）[46]。

歐洲聯盟運作條約第192條為歐洲聯盟採取環境保護措施的授權依據，歐洲議會與理事會依據普通的立法程序，在經濟暨社會委員會與區域委員會之聽證後，決議為達成第191條規定的目標歐盟應進行的活動。但對於偏重稅捐種類的規定、土地開發（Raumordnung）範圍的措施、除垃圾管理與一般措施外的土地利用的措施，以及水資源管理措施等，在明顯

---

41 參閱G. Nicolaysen，前揭書，S. 474。

42 參閱Amtsblatt der Europäischen Gemeinschaften 1992 C 196/1ff; DOK KOM (95) 172 endg. vom 10.5.1995.

43 RL Nr. 1985/337, Amtsblatt der Europäischen Gemeinschaften 1985 L 175/40ff.

44 VO Nr. 1210/90, Amtsblatt der Europäischen Gemeinschaften 1990 L 120/1ff.

45 VO Nr. 880/92, Amtsblatt der Europäischen Gemeinschaften 1992 L 99/1ff.

46 VO Nr. 1836/93, Amtsblatt der Europäischen Gemeinschaften 1993 L 168/1ff.

涉及會員國在不同的能源來源選擇與能源供應一般結構的措施時，則應依據特別的立法程序必須經過歐洲議會與經濟暨社會委員會，以及區域委員會聽證的程序，由理事會以一致決議；但理事會在此一致決議中得規定，在歐洲聯盟運作條約第192條第2項範圍內應以條件多數決議的事項；至於在其他的範圍，由理事會依據普通的立法程序並在歐洲議會、經濟暨社會委員會與區域委員會聽證後，決議規定一般行動綱領中的優先目標，而為實施這些行動綱領，理事會依據特別的立法程序或普通的立法程序公布必要的環境保護措施。

依據歐洲聯盟運作條約第192條第4項之規定，原則上由會員國負擔環境政策之資金提供與執行之任務，僅以實現環境政策目標所需費用對會員國為過高時為限，在不牴觸原因原則下，由理事會制定暫時的例外規定且／或由依據歐洲聯盟運作條約第177條成立的整合基金（Kohäsionsfond）給予資金的援助，以接受此一措施。歐洲聯盟為達成環境行動綱領的目標，以補貼參與實現經濟的目標，因此歐洲聯盟設立對於環境的資金提供方法[47]；由於在環境保護領域的支出亦視為歐洲聯盟自己的任務[48]，故主要由內聚基金負擔對於環境保護的財政支援，歐洲聯盟運作條約第192條為對政治妥協（politische Kompromisse）的範例，將歐洲議會的意見亦納入在政治上重要事項的立法程序[49]。

此外，依據歐洲聯盟運作條約第191條第4項之規定，歐洲聯盟並得針對環境保護締結國際協定，但此一締約權並非歐洲聯盟的專屬權限，即會員國並有權參與針對締結協定相關的談判與締約[50]。因此在環境保護領域，過去歐洲共同體並以歐洲共同體條約第300條（現為歐洲聯盟運作條約第218條）為法律依據，締結了許多雙邊與多邊的國際協定，以致力於國際合作和改善環境保護水準，尤其是針對空氣淨化、水域保護與自然保

47　參閱VO Nr. 1973/92, Amtsblatt der Europäischen Gemeinschaften 1992 L 206/1ff.

48　參閱歐洲共同體條約第161條與第175條第5項規定。

49　參閱R. Streinz，前揭書，S. 280。

50　參閱G. Nicolaysen，前揭書，S. 473。

護等領域[51]，例如在過去歐洲共同體與非洲、加勒比海及太平洋國家簽署的第四個洛梅協定（VI. Abkommen von Lomé）中，即規定歐洲共同體不得出口其有毒的垃圾至屬於洛梅協定的締約國；歐洲聯盟並實施許多關於環境保護的研究計畫。

由於歐盟法的優先性，使得會員國的行為權限與歐洲聯盟的環境法相互重疊，在廣泛的範圍中，各會員國仍享有行為權限，即在歐洲聯盟所未規範的環境領域，各會員國仍得自由地制定公布法規，但各會員國所公布的環境法規不得牴觸歐洲聯盟運作條約的規定[52]。在會員國對於產品的環保要求標準有可能牴觸歐洲聯盟運作條約第34條所規定的自由商品流通原則時，歐洲法院認為僅在這些個別會員國的規定無任何差別待遇地適用於本國產品與來自其他會員國的產品，且符合比例原則（Verhältnismäigkeitsgrundsatz）時，才得合法地限制自由商品流通原則之適用[53]。

依據歐洲聯盟運作條約第193條之規定，會員國針對其環境政策得保留或採取比歐洲聯盟的環境政策更高的保護標準，但必須考量歐洲聯盟運作條約的其他規定，並且應通知執委會。例如1994年理事會公布歐洲聯盟的包裝指令（Verpackungsrichtlinie），該指令規定至2000年止，所有包裝用的垃圾僅25%至45%可以再回收利用，2000年後則為50%至65%，但德國轉換立法的包裝規章（Verpackungsverordnung）則規定回收的限額為70%[54]。因此，會員國得避免依據較低的環境保護標準調整其環境保護標準[55]。

執委會負責監督會員國是否遵守歐洲聯盟的環境法規，同時由各會員國的許多團體與機構支援執委會的這項監督工作。此外，歐洲環境局亦協

---

51 參閱C. O. Lenz (Hrsg.)，前揭書，Vorbemerkung zu Art. 130r bis Art. 130t EGV, Rn. 67-71。

52 參閱C. O. Lenz (Hrsg.)，前揭書，Vorbemerkung zu Art. 130r bis Art. 130t EGV, Rn. 3。

53 參閱EuGH Rs. C-302/86, Kommission/Dänemark, Slg. 1989, S. 4607ff.

54 參閱H.-J. Ihnen, Grundzüge des Europarechts, München 1995, S. 106.

55 參閱G. Nicolaysen，前揭書，S. 474。

助執委會執行監督的工作[56]。在歐洲聯盟層次，並有歐洲環境保護的商品標章（Umweltgütesiegel）規章，以便提醒消費者應注意有益環境保護的產品[57]。

環境標章規章之立法宗旨為建立一個歐盟制度，以發給一個適用於全歐盟的環境標章，此一環境標章應促進以最小的環境影響發展、製造、銷售與使用產品，以及應更佳地告知消費者產品對於環境造成的負擔。環境標章實際上是一種間接的行為操縱方法。除食品、飲料與藥品外，其他產品均應使用環境標章。環境標章規章的附錄規定一個判斷標準，即根據產品生命週期的五個狀況（生產前置階段、生產、銷售、使用、清除）考量產生垃圾、土地污染、水污染、空氣污染、噪音、能源消耗、自然資源的消耗、對生態系統的影響等判斷產品對環境的影響。

歐洲聯盟重要的環境法規如下：

一、1985年第337號指令

1985年第337號指令，為規定實施環境協調審查（Umweltverträglichkeitsprüfung），對於歐洲聯盟會員國內的企業非常重要，因為審查成為大型工業和基礎建設計畫建築的許可要件，例如發電廠、化學工業的大型設備、飛機場、德國的聯邦公路、高速公路等。此一指令針對計畫中的建築對於環境各方面產生的影響，規定明確的調查程序（Untersuchungsverfahren），並藉廣泛的資料處理（Informationsprozeβ）簡化公眾的參與。

二、1990年第313號指令[58]

1990年第313號指令為關於環境自由的資料途徑（über den freien Zugang zu Informationen über die Umwelt）[59]，對於企業具有重大意義，即

56　參閱H.-J. Ihnen，前揭書，S. 106。

57　VO Nr. 880/92, Amtsblatt der Europäischen Gemeinschaften 1992 L 99/1ff.

58　RL 90/313/EWG, Amtsblatt der Europäischen Gemeinschaften 1990 L 158/56ff.

59　德國將此一指令轉換立法為環境資訊法（Umweltinformationsgesetz）。

不須舉證特別的利益，所有的自然人或法人均得自由地取得主管機關的環境資料。

三、1993年第1836號規章[60]

　　1993年第1836號規章規定，以營利為目的之企業自願地參加對於環境管理與環境運作審查的歐洲聯盟制度，亦即所謂的生態審查制度（Öko-Audit-System），藉以建立企業的環境保護工具，包括從企業產生的對環境廣泛的影響，以及平衡企業產生的對環境的影響，為實施改善措施、採取措施與監督措施必要的步驟。有權監督者應擔任認可的環境審核者（Umweltprüfer），其報告應公布，而登記參與的企業有權使用由官方許可的環境標記，即生態審查標記（Eco-audit-Logo），當然歐洲聯盟期待此一新的環境管理將造成事實上的改善環境狀況之結果。1993年第1836號規章為第一代的環境管理稽核制度，也就是鼓勵營利事業自動參與環境管理稽核系統，以協助產業界改善其環境績效。

　　生態審查制度在環境保護上的三大要素為消費者原則、預防原則與共同負責任原則，而連結成一個市場協調的方法。至目前為止，許多企業原來在內部使用的環境審查監督方法已經轉換成由國家與公共監督的企業自我監督方法。企業自願地參與生態審查制度，並遵守現有的環境法規，依據更佳的技術考量經濟的效益以改善企業的環境保護。歐洲企業亦將環境管理制度作為營運的一部分，而具體落實歐洲聯盟的環境計畫綱領。

　　1998年，執委會檢討第一代的環境管理稽核制度，並提出修訂案，2001年公布第761號規章，於2001年4月27日生效，即為第二代的環境管理稽核制度。2009年歐盟公布第1221號規章，同時廢止2001年第761號規章，即為第三代的環境管理稽核制度規章。

　　第三代的環境管理稽核規章簡化程序，以便中小企業亦能運用環境管理制度，中小企業每二年更新其環境聲明，每四年由鑑定人進行稽核；一般企業必須每年更新其環境聲明，每三年由鑑定人進行稽核，第三代的環

60　VO (EWG) Nr. 1836/93, Amtsblatt der Europäischen Gemeinschaften 1993 L 168/1ff.

境管理稽核規章明確具體規定環境聲明的內容、擴大適用範圍涵蓋所有在歐盟境內的事業,全體會員國必須支援生態審查的宣導與落實。通過由環境鑑定人稽核的組織,得登錄於生態審查登記簿,並得在其營業場所標示環境管理稽核標章。總而言之,環境管理稽核制度主要目的就是要企業建立一個自己的環境管理系統,以監督企業或組織體的環境績效,環境管理系統已經成為最重要的企業內部管理方法,也是歐盟新的環境政策工具。

第十四章　消費者保護政策

第一節　通　論

　　1958年生效的歐洲經濟共同體條約並未明文規定消費者政策（Verbraucherpolitik），而歐洲聯盟的經濟政策並非僅為製造者與其競爭者的政策，同時也是關於產品最終消費者[1]的政策。歐洲聯盟運作條約的許多規定卻是與消費者保護有關，例如歐洲聯盟運作條約第39條第1項第e款所規定的共同農業政策目標，應考量以適當的價格提供消費者的需要；歐洲聯盟運作條約第40條第3項規定在共同農業市場規範中，應在歐盟內排除消費者間的所有差別待遇；在消費者適當參與為改善商品的製造或分配所產生利益的條件下，得不適用歐洲聯盟運作條約第101條第1項所規定的禁止限制競爭約定；歐洲聯盟運作條約第102條第b款明文規定企業濫用市場的優勢地位得以限制銷售製造或技術發展，而損害消費者的利益。

　　消費者保護（Verbraucherschutz）在最近幾年以來，愈來愈重要。1987年7月1日生效的單一歐洲法首次在原來的歐洲經濟共同體條約第95條（現為歐洲聯盟運作條約第114條）第3項增訂，執委會應依據歐洲經濟共同體條約第95條第1項之規定，在衛生、安全、環境保護和消費者保護的範圍內，針對高的保護水準，向理事會進行實現單一市場的法規提案，以協調會員國間的法規。

　　歐洲聯盟條約將消費者保護獨立規定為一個章節，在歐洲聯盟運作條約第169條並明文規定消費者保護，亦成為歐盟的政策之一；並應達成歐洲聯盟運作條約第169條第1項所規定的實現高的消費者保護水準之目標。

---

[1]　消費者的概念，係指個人，非以營利為目的為自己或他人需要而獲得商品或勞務的人。參閱M. Dauses, Handbuch des EG-Wirtschaftsrechts, München 1993, H. V. S. 1.

故目前歐洲聯盟亦正式地享有對於消費者保護政策明確的職權[2]。

　　歐洲聯盟運作條約第169條規定，歐洲聯盟應以下列方式，致力於達到高的消費者保護水準，即：(a)依據歐洲聯盟運作條約第114條之規定，在實現單一市場的範圍內，公布措施（Maβnahmen）；與(b)以措施支持與補充會員國的相關政策，以保護消費者的健康、安全與經濟利益，以及確保消費者獲得適當的資訊；理事會依據普通的立法程序並在經濟暨社會委員會的聽證後，決議採取第2項第b款的措施；依據第3項決議的措施不得阻礙個別會員國維持或採取更嚴格的保護措施。這些措施必須符合歐洲聯盟條約與歐洲聯盟運作條約，且必須通知執委會。

　　申言之，歐洲聯盟運作條約第169條第4項授權會員國得保留或實施與歐洲聯盟運作條約第169條歐盟保護消費者法規，即歐洲聯盟的法規係關於高的消費者保護之最低規範（Mindestnormen），而會員國得以更廣泛的規定在已經歐盟化的範圍外，推動更高保護水準之歐盟化的保護消費者規定[3]。當然會員國針對消費者保護所採取的保護措施必須符合歐洲聯盟運作條約的規定，尤其是不得牴觸禁止差別待遇之規定，亦不得違反歐洲聯盟運作條約第34條以下關於貿易限制措施之規定；此外，會員國必須通知執委會其所採取更嚴格的保護措施[4]。即依據歐洲聯盟運作條約第169條第4項之規定，符合本條約之規定，會員國得保留或採取更嚴格的消費者保護措施。

　　總而言之，隨著單一市場的完成、商品自由流通與勞務自由流通的實現，在歐盟層次愈來愈重視消費者保護，而消費者的利益團體代表在歐盟層次組成歐洲消費者協會（Europäischer Verbraucherbund）成為各會員國內消費者組織團體的上層機構[5]，而消費者保護政策亦發展成為歐盟政策

2　參閱H.-J. Ihnen, Grundzüge des Europarechts, München 1995, S. 93; C. O. Lenz (Hrsg.), EG-Vertrag Kommentar, 1. Auflage, Köln 1994, Art. 129a EGV, Rn. 8.

3　參閱C. O. Lenz (Hrsg.)，前揭書，Art. 129a EGV, Rn. 11。

4　參閱C. O. Lenz (Hrsg.)，前揭書，Art. 129a EGV, Rn. 12。

5　T. Oppermann, Europarecht, 3. Auflage, S. 620.

之一，在歐洲聯盟運作條約中有自己獨立的法律依據[6]。

　　為達到消費者保護的目標，應在其他共同政策中亦應考慮消費者的利益，因此共同消費者保護政策應與其他共同政策結合，例如共同農業政策、環境保護與整合單一市場必要的立法。

第二節　消費者保護政策在歐洲聯盟之發展

　　雖然1958年生效的歐洲經濟共同體條約未規定消費者保護，但卻是逐漸地形成歐洲聯盟的消費者保護政策，以下將說明此一過程。在1962年時成立歐洲共同體消費者聯繫委員會（Kontaktausschuß der Verbraucher der EG）；執委會在1968年成立解決與消費者相關問題的專門小組（Fachdienst für verbraucherrelevante Fragen）；1972年時，將歐洲共同體消費者聯繫委員會更名為消費者諮詢委員會（Beratender Verbraucherausschuß），由歐洲的各種協會組成，並有權對於所有與消費者保護和消費者闡明（Verbraucheraufklärung）的問題發表意見；1975年時，理事會提出第一個對於消費者保護的計畫（Verbraucherschutzprogramm）[7]，確立消費者享有五個基本權利（Grundrechte），即健康與個人的安全保護、經濟利益之保護、對於瑕疵產品與瑕疵勞務給付的損害賠償請求權、享有告知與闡明的權利，與由消費者協會代表消費者的利益參與當時歐洲共同體的立法；1981年理事會提出第二個對於消費者保護的五年計畫[8]，在此一計畫中，產品價格與品質間的關係對於消費者具有特別的意義，並強調在勞務範圍上的認定困難，此外並致力促進消費者代表與經濟協會間的對話（Dialog）；1985年時，在會員國的主管當局與執委會間建立快速的資訊

6　J. Schwarze, Europäisches Wirtschaftsrecht, S. 315.

7　Amtsblatt der Europäischen Gemeinschaften 1975 C 92/1ff；此一消費者保護計畫係依據1972年巴黎高峰會議的決議公報，首次出現在共同體層次採取措施，以促進加強與協調在歐洲共同體內的消費者保護。參閱H.-J. Ihnen，前揭書，S. 93。

8　Amtsblatt der Europäischen Gemeinschaften 1981 C 133/1ff.

交換制度（System des raschen Informationsaustausches）；1986年理事會決議，在實現其他共同體政策時，應在可增強的範圍內考量消費者的利益，以防止因欠缺消費者保護而導致阻礙自由的商品與勞務流通[9]；1990年時，組成消費者諮詢顧問會（Beratender Verbraucherrat），並進行在會員國內的消費者組織代表之聽證；為加速落實消費者政策，執委會於1992年時提出一個三年的行動綱領（3-Jahres-Aktionsprogramm）[10]，主要在於協調會員國間的法規與措施，以期達到更好的消費者利益代表和資訊交換；歐洲消費者論壇（Europäisches Verbraucher Forum）在1994年舉行，即應定期地討論與消費者有關的問題，以期在消費者代表、企業與勞方間，以及在相關範圍的業者代表和相關的社會團體間建立具有建設性的對話[11]。

　　歐洲聯盟條約並未定義消費者的概念，消費者的概念主要是從次要歐盟法與歐洲法院的判決發展而來，主要係指針對為個人之目的參與市場狀況的自然人[12]。在歐盟法的架構下，消費者並不是指具體有保護需要的人，而是一個特定的角色，是市場狀況的相對人，消費者保護是以阻止個人購買或使用商品或勞務而受到損害為目的，另一方面要創設消費者單一市場內在經濟的觀點下可以合理地尋求可歸責利益的要件，因此消費者保護對於單一市場具有非常重要的意義[13]。

　　歐洲聯盟消費者保護的重點為保護消費者的健康與安全以及保護其經濟利益[14]，也就是原則上商品與勞務必須在使用上不會產生健康或安全上的危險，例如理事會在2002年公布的第178號關於食品法的規章[15]，即規定食品法的一般原則與要求，並規定由歐洲食品安全局（Europäische Behörde für Lebensmittelsicherheit; European Food Safety Authority）負責監

9　Amtsblatt der Europäischen Gemeinschaften 1987 C 3/1ff.

10　KOM (90) 98 endg. vom3. 5. 1990.

11　參閱W. Hakenberg, Grundzüge des Europäischen Wirtschaftsrechts, München 1994, S. 199f.

12　EuGH Rs. C-269/95, Benicasal Dentalkit, Slg. 1997, S. I-3767.

13　J. Schwarze, Europäisches Wirtschaftsrecht, S. 317.

14　T. Oppermann, Europarecht, 3. Auflage, S. 623f.

15　ABlEU 2002 L 31/1.

督食品安全。

　　2007年時，執委會提出2007年至2013年消費者政策策略[16]，主要有三大目標，即：

　　1.授權消費者的實際選擇商品與服務、精確的資訊、市場透明與信賴有效率的保護及合理的權利；

　　2.針對價格、選擇、品質、多樣性、可請求性與安全，應提高消費者的福祉；

　　3.有效的保護消費者不受個人無法追蹤的嚴重風險與威脅。

　　為落實「歐洲2020策略」，2012年時，執委會提出新的歐洲消費者議程（European Consumer Agenda）[17]作為消費者保護的策略願景，強調消費者為單一市場的核心，應以提高消費者安全、增加知識、逐步施行與保障救濟管道，以提高消費者信心。長期的目標，應使消費者有權選擇商品與服務、知的權利，以及消費者權利與救濟方法的意識。

　　2014年時，歐盟公布第254號2014年至2020年多年期消費者綱領（multiannual consumer programme）[18]，以確保高度的消費者保護、應將消費者置於單一市場與「歐洲2020策略」的核心。多年期消費者綱領的特別目標為：

　　1.藉由在全歐盟有效的市場監督，整合與提高產品安全；

　　2.改善及教育消費者對於權利的資訊與意識；

　　3.發展消費者政策的證據基礎與對消費者組織提供支援；

　　4.發展與加強消費者權利，特別是透過智慧的規範訴訟、改善進用簡易、有效率、權宜及費用低廉的救濟；

　　5.藉由加強會員國執行機關間的合作與提供消費者諮詢管道，支持落實消費者權利。

16　COM (2007) 99 final.

17　COM (2012) 225 final.

18　OJ 2014 L 84/42-56.

依據2014年第251號規章第6條規定，為施行消費者綱領，自2014年1月1日至2020年12月31日止，歐盟提供了188,829,000歐元的經費，以協助消費者可以進用司法與救濟管道，以加強保護其權利。

第三節　個別領域

為達到保護消費者之目的，執委會與理事會制定公布了許多規章與指令，特別是針對特定的產品[19]，例如：

1.食品：成分、合法的添加物、製造、標示、包裝。

2.化妝品：成分、標示、包裝、對特定物質的使用條件與限制。

3.紡織品：名稱、成分的標示、對成分規定的分析方法。

4.有害物品：等級、判斷試驗、交易、標示與使用。

5.藥品與疫苗：檢驗、判斷、許可、標示、專利權、價格透明化、出口至開發中國家之限制。

6.工業產品：安全、一致的技術規範。

而為了準備單一市場的計畫，在過去幾年，理事會尤其是以指令的形式公布許多的法規，對會員國現存的民法規範造成重要的影響。例如：

1.誤導的廣告（irreführende Werbung）[20]，統一定義詐欺（Täuschung）的概念，同時以舉證責任轉換（Beweislastumkehr）的方式簡化訴訟程序。

2.產品瑕疵責任（Produkthaftung）[21]。

3.沿街挨戶的交易行為（Haustürgeschäfte）[22]。

----

[19] 參閱W. Hakenberg，前揭書，S. 200。

[20] RL 84/450/EWG, Amtsblatt der Europäischen Gemeinschaften 1984 L 250/1ff; RL 89/552/EWG, Amtsblatt der Europäischen Gemeinschaften 1989 L 298/23ff.

[21] RL 85/374/EWG, Amtsblatt der Europäischen Gemeinschaften 1985 L 210/29ff.

[22] RL 85/577/EWG, Amtsblatt der Europäischen Gemeinschaften 1985 L 372/31ff.

4.消費者貸款（Verbraucherkredite）[23]。

5.一般的產品安全（Allgemeine Produktsicherheit）[24]。

6.一般交易條款之監督（Allgemeine Geschäftsbedingungen-Kontrolle）[25]。

7.旅遊法（Reiserecht）[26]，尤其是針對費用全部包括在內的旅行（Pauschalreise）之情形。

8.訴訟法（Prozerecht）[27]。

9.食品法（Lebensmittelrecht）[28]。

10.香菸廣告法（Tabakwerberrichtlinie）[29]。

11.食品標示與包裝法[30]。

12.基因改造食品標示法[31]。

13.化學成分含量（REACH）[32]。

上述這些規定，均規定最低標準，也就是要跨國規範一致的標準，但大部分均授權會員國得對消費者採取更廣泛保護的措施。整體而言，消費者保護對於會員國的法律制度有非常深入的影響，也進而促成私法的歐洲化[33]。

而過去幾年來，歐洲法院針對消費者保護確立了許多原則，尤其有

---

[23] RL 87/102/EWG, Amtsblatt der Europäischen Gemeinschaften 1987 L 42/48ff.

[24] RL 92/59/EWG, Amtsblatt der Europäischen Gemeinschaften 1992 L 228/24ff.

[25] RL 93/13/EWG, Amtsblatt der Europäischen Gemeinschaften 1993 L 95/29ff.

[26] VO (EWG) Nr. 2298/89, Amtsblatt der Europäischen Gemeinschaften 1989 L 220/1ff; RL 90/314/EWG, Amtsblatt der Europäischen Gemeinschaften 1990 L 158/59ff; VO (EWG) Nr. 295/91, Amtsblatt der Europäischen Gemeinschaften 1991 L 36/5ff.

[27] Bundesgesetzesblatt 1972 II, S. 774.

[28] VO Nr. 178/2002, ABlEU 2002 L 31/1.

[29] RL 2003/33/EG, ABlEU 2003 L 152/16.

[30] RL 2000/13/EG, ABlEU 2000 L 80/27.

[31] VO Nr. 50/2000, ABlEU 2000 L 109/29.

[32] ABlEU 2000 L 6/15.

[33] J. Schwarze, Europäisches Wirtschaftsrecht, S. 320.

相當多的案例為關於食品添加物的標示與藥品成分的標示[34]，但在歐洲法院也常出現會員國的法院請求解釋各會員國民法相關規定之案例，尤其是針對會員國未轉換指令的規定時，在何種程度上，應使歐洲聯盟的消費者保護法規在個人間發生法律效果，即個人的直接引用歐洲聯盟的相關法規，以維護自己的權益。例如在1990年的Di Pinto案[35]，歐洲法院即確認理事會1985年第577號關於沿街挨戶交易行為的指令（Richtlinie über Haustürgeschäfte）明確地授權各會員國得制定公布或採取比該指令更有利於消費者保護之法規，因此在本案法國在1972年所公布的關於沿街挨戶交易行為的法規，適用範圍雖然包括消費者與營業者在內，但並不牴觸歐洲聯盟的法規。

34　參閱EuGH Rs. 178/84, Reinheitsgebot für Bier, Slg. 1987, S. 1227ff; Rs. 407/85, Pas-ta, Slg. 1988, S. 4233ff; Rs. 76/86, Milchersatzerzeugnisse, Slg. 1989, S. 1021ff; Rs. 286/86, Deserbais, Slg. 1988, S. 4907ff.

35　參閱EuGH Rs. C-361/89, Di Pinto, Slg. 1991, S. I-1189ff.

參考書目

中 文部分

陳麗娟　《全球化之公司治理》，台北，民國98年。

陳麗娟　《歐洲共同體法導論》，台北，民國85年。

陳麗娟　〈歐洲共同體競爭法域外效力之研究〉，《美歐月刊》，第十一
　　卷第四期，民國85年4月，頁68-79。

德 文部分

A. Bleckmann: Europarecht, 5. Auflage, Köln 1990

A. von Bogdandy: Die Handelspolitik der Europäischen Wirtschafts-
gemeinschaft, Jura1992, S. 407-416

A. Weitbrecht/J. Mühle: Europäisches Kartellrecht 2003-2008, EuZW 2008, S.
551-560

A. Weitbrecht: Das neue EG-Kartellverfahrensrecht, EuZW 2003, S. 69-73

Achermann/Bieber/Epiney/Wehner: Schengen und die Folgen, Bern 1995

Albrecht Weber: Vom Verfassungsvertrag zum Vertrag von Lissabon, EuZW
2008, S. 7-14

Albrecht Weber, Vom Verfassungsvertrag zum Vertrag von Lissabon, EuZW
2008, S. 7-14

Bäcker/Lange/Teuchert: Internationales Verkehrsrecht, Berlin 1969

Bogdandy/Nettesheim: Strukturen des gemeinschaftlichen Aussnhandelsrechts,
Europäische Zeitschrift für Wirtschaft 1993, S. 465-474

Butler/Bieber/Pipkorn/Streil: Die Europäische Union, 4. Auflage, Baden-Baden
1993

C. Nicolaysen: Europarecht In II -Das Wirtschaftsrecht im Binnenmarkt, 1.
Auflage, Baden-Baden 1996

C. O. Lenz (Hrsg.): EG-Vertrag Kommentar, 1. Auflage, Köln 1994

C. Sobotta/C. Kleinschnittger: Freizügigkeit für Anwälte in der EU nach der Richtlinie 98/5/EG, EuZW 1998, S. 645-650

C. T. Ebenroth: Die Beendigung von Absatzmittlungsverhältnissen im Spannungsfeld von Kartell-und Zivilrecht, Konstanz 1980

C.-D. Ehlermann: Wettbewerbspolitik im Binnenmarkt, *Recht der Internationalen Wirtschaft* 1993, S. 793-797

E. Mestmäcker: Europäisches Wettbewerbsrecht, München 1974

E. Niederleithinger: Die europäische Fusionskontrolle und ihr Verhältnis zumnationalen Recht, in *Wettbewerbspolitik an der Schwelle zum europäischen Binnenmarkt*, Köln 1989, S. 79-94

E. Pache/F. Schorkorpf (Hrsg.), Die Europäische Union nach Lissabon, 2009 Baden-Baden: Nomos Verlagsgesellschaft.

E. Steindorff: Europäisches Kartellrecht und Staatenpraxis, *Zeitschrift für das gesamte Handels-und Wirtschaftsrecht* 1978, S. 525ff

E. Stobbe: Das Schengener Übereinkommen, Saarbrücken 1989

Ebenroth/Hübschle: Gewerbliche Schutzrechte und Marktaufteilung im Binnenmarkt der Europäischen Union, Heidelberg 1994

Ernst-J. Mestmäcker (Hrsg.): Wirtschaft und Verfassung in der Europäischen Union, 2. Auflage, Baden-Baden 2006

Europäische Wirtschaftsgemeinschaft: Das Problem der Unternehmenskonzentration im Gemeinsamen Markt, Kollektion Studie, Reihe Wettbewerb Nr. 3, Brüssel 1966

F. Bazler: Die Agrarpolitik der Gemeinschaft, *Zeitschrift für Zölle und Verbrauchsteuern* 1984, S. 197ff

F. Rittner: Wettbewerbs-und Kartellrecht, 4. Auflage, Heidelberg 1993

F. Rittner: Wirtschaftsrecht, 2. Auflage, Heidelberg 1987

G. Nicolaysen: Rechtsfragen der Währungsunion, Berlin 1993

G. Schmidt: Zum Verhältnis des neuen Verfassungsrechts der Entwicklungspolitik der Europäischen Union zum Wirtschaftsrecht, *Recht der Internationalen*

Wirtschaft 1995, S. 268-272

Gleiss/Hirsch: Kommentar zum EG-Kartellrecht, Band I, 4. Auflage, Heidelberg 1993

Grabitz/Hilf: Kommentar zum EG-Vertrag, 2. Auflage, München 1991

Grabitz/von Bogdandy/Nettesheim: Europäisches Aussenwirtschaftsrecht, München 1994

Groeben/Thiesing/Ehlermann: Kommentar zum EWG-Vertrag, 4. Auflage, Baden-Baden 1991

H. C. Taschner: Schengen oder die Abschaffung der Personenkontrollen an den Binnengrenzen der EG, Saarbrücken 1990

H. Rittstieg: Rheinschiffahrt im Gemeinsamen Markt, Baden-Baden 1971

H. von der Groeben: Probleme einer europäischen Wirtschaftsrecht, in *Festschrift für B. Börner zum 70. Geburtstag*, Köln 1992, S. 99-123

H.-J. Ihnen: Grundzüge des Europarechts, München 1995

H.-J. Niemeyer: Die Europäische Fusionskontrollverordnung, Heidelberg 1991

H.-W. Arndt: Europarecht, Heidelberg 1994

Hailbronner/Klein/Magiera/Müller-Graff: Handkommentar zum EWG-Vertrag, Köln, 1991

Hilf/Pache: Der Vertrag von Amsterdam, *Neue Juristische Wochenschrift* 1998, S. 706-713

Hummer/Simma/Vedder/Emmert: Europarecht in Fällen, 2. Auflage, Baden-Baden 1994

J. Basedow: Von der deutschen zur europäischen Wirtschaftsverfassung, Tübingen 1992

J. P. Terhechte, Verfassung ohne Rhetorik-Zur neuen Gestalt der Europäischen Union, EuZW 2007, S. 521

J. Schwarze: Europäisches Verwaltungsrecht, Band I, Baden-Baden 1988

J. Schwarze: Europäisches Wirtschaftsrecht, 1. Auflage Baden-Baden 2007

K. Hailbronner: Zur Entwicklung der Freizügigkeit in der Europäischen

Gemeinschaft-Rechtsprechung und Rechtspolitik, *Zeitschrift für Ausländer-recht und Ausländerpolitik* 1990, S. 107-114

K. Kippels: Der völkerrechtliche Status des zukünftigen Europakanals und seine Auswirkungen auf das Rhein-und Donauregime, Berlin 1978

K. -P. Nanz: Schengener Übereinkommen und Personenfreizügigkeit, *Zeitschrift für Aüsländerrecht und Ausländerpolitik* 1994, S. 99-107

K. Schmidt: Die europäische Fusionskontrolle und ihr Verhältnis zum nationalen Recht, in *Wettbewerbspollitk an der Schwelle zum europäischen Binnenmarkt*, Köln 1989, S. 65-77

K. Schmidt: Negativattest und comfort letter, in *Festschrift für B. Börner* 1992, S. 789-802

K. Hailbronner: Unionsbürgerschaft und Zugang zu den Sozialsystemen, JZ 2005, S. 1138-1148

Klein/Haratsch: Das Aufenthaltsrecht der Studenten, die Unionsbürgerschaft und intertemporales Gemeinschaftsrecht, *Juristische Schulung* 1995, S. 7-12

Koenig/Pechstein: Die Europäische Union, Tübingen 1995

L. Krämer: Umweltrecht der EG, Textsammlung, 2. Auflage, München 1995

Li-Jiuan Chen: Das Recht der Handelsbeziehungen zwischen der Europäischen Wirtschaftsgemeinschaft, der Republik China (Taiwan) und der Volksrepublik China nach der Vollendung des Europäischen Binnenmarktes, München 1993

M. A. Dauses: Handbuch des EG-Wirtschaftsrechts, München 1993

M. Ahlt: Europarecht, München 1993

M. Dallmann: Nachprüfung und Richtervorbehalt im Kartellverfahrensrecht der Europäischen Wirtschaftsgemeinschaft, Hamburg 1994

M. Habersack: Europäisches Gesell Schaftsrecht, 2. Auflage, München 2003

M. Herdegen: Internationales Wirtschaftsrecht, München 1993

M. Kort: Schranken der Dienstleistungsfreiheit im europäischen Recht, *Juristen Zeitung* 1996, S. 132-140

M. Lutter: Europäisches Unternehmensrecht, 4. Auflage, Berlin 1996

M. Matzat: Europarecht, 1. Auflage, Münster 1995

M. R. Deckert: Europäische Privatrechtsharmonisierung am Beispiel des Bankrechtseine Problemübersicht, *Juristische Arbeitsblätter* 1997, S. 75-80

M. Schweitzer: Lehrerberuf und Arbeitnehmerfreizügigkeit, in *Gedächtnisschrift für E. Grabitz*, München 1995, S. 747-761

Manfred Dauses: Handbuch des EU-Wirtschaftsrechts, 23. Ergänzungslieferung, München: Verlag C. H. Beck 2008

Monopolkommission: Konzeption einer europäischen Fusionskontrolle, Sondergutachten 17, Baden-Baden 1989

Monopolkommission: Zur Neuordnung der Stahlindustrie, Sondergutachten 13, Baden-Baden 1983

O. Gottesmann: Der Gemeinsame Agrarmarkt, Baden-Baden 1991

P. Baukelmann: Entwurf eines Gesetzes zur Einführung des Euro, *Bundesrechts- anwaltskammer Mitteilungen* 1/98, S. 2-6

P. Behrens: Das Wirtschaftsrecht des Europäischen Binnenmarktes, Jura 1989, S. 561-577

P. Lambach: Leitfaden zur Europäischen Union, 1. Auflage, Geneve 2006

P. M. Schmidhuber: Die europäische Fusionskontrolle und ihr Verhältnis zumnationalen Recht, in *Wettbewerbspolitik an der Schwelle zum eüropaischen* Binnenmarkt, Köln 1989, S. 95-102

P. M. Schmidhuber: Die Europäische Gemeinschaft nach der Ratifikation des Vertrags von Maastricht, in *Gedächtnisschrift für E. Grabitz*, München 1995, S. 661-675

R. Bieber: Die Abkommen von Schengen über den Abbau der Grenzkontrollen, *Neue Juristische Wochenschrift* 1994, S. 294-297

R. Birk: Europäisches Arbeitsrecht, München 1990

R. Donath: Das Gesellschaftsrecht in Europa, *Juristische Arbeitsblätter* 1993, S. 289-296

R. Geiger: EG-Vertrag, 2. Auflage, München 1995

R. J. Langhammer: Die Allgemeinen Zollpräferenzen der EG für Entwicklungsländer, Fehlschlag oder Erfolg?, Kiel 1983

R. Priebe: Massnahmen der EG zur Beseitigung landwirtschaftlicher Überschüsse, in *Festschrift für W. Zeidler* 1987, S. 1729ff

R. Streinz (Hrsg.): EUV/EGV, München 2003

Detlef Czybulka: Die Erhaltung der Biodiversität im marien Bereich, ZUR 2008, S. 241-249

R. Streinz. Europarecht, 2. Auflage, Heidelberg 1995

R. Waltermann: Einführung in das Europäische Sozialrecht, *Juristische Schulung* 1997, S. 7-11

R. Walz: Der Vorrang des europäischen vor dem nationalen Kartellrecht, Baden-Baden 1994

R. Wank: Arbeitsrecht nach Maastricht, *Recht der Arbeit* 1995, S. 10-26

R. Zäch: Wettbewerbsrecht der Europäischen Union, München 1994

Rengeling/Middeke/Gellermann: Rechtsschutz in der Euaopäischen Union, München 1994

Rinck/Schwark: Wirtschaftsrecht, 6. Auflage, Köln 1986

Schulze/Zuleeg (Hrsg.): Europarecht, 1. Auflage, Baden-Baden 2006

Schuster/Stoll: Gemeinschaftskompetenz und Altverträge mit Drittstaaten, *Recht der Internationalen Wirtschaft* 1996, S. 89-96

Schweitzer/Hummer: Europarecht, 4. Auflage, Frankfurt a.M. 1993

Seidl-Hohenveldern/Loibl: Das Recht der Internationalen Organisationen einschlielich der Supranationalen Gemeinschaften, 5. Auflage, Köln 1992

Streinz/Ohler/Hermann, Die neue Verfassung für Europa, Einführung und Synopse, 2005 München: Verlag C.H.Beck

T. Oppermann: Europarecht, 3. Auflage, Müchen 2005

T. Oppermann: Europarecht, München 1991

T. Stein: Die Einschränkung der Freizügigkeit von EWG-Ausländern aus Gründen der öffentlichen Sicherheit und Ordnung, *Neue Juristische*

Wochenschrift 1976, S. 1553-1557

U. Becker: Das Verbot tarifärer und nichttarifärer Hemmnisse des EU-Warenverkehrs, *Juristische Arbeitsblätter* 1997, S. 65-75

U. Becker: Voraussetzungen und Grenzen der Dienstleistungsfreiheit, *Neue Juristische Wochenschrift* 1996, S. 179-181

U. Everling: Der Betrag des Europäischen Gerichtshofs zur Weiterentwicklung des Wettbewerbsrechts der Gemeinschaft, in Wettbewerbspolitik an der Schwelle zum europäischen Binnenmarkt, Köln 1989, S. 103-121

U. Häde: Das Europäische Währungsinstitut und die Kommission, *Europäische Zeitschfift für Wirtschaftsrecht* 1994, S. 685-687

U. Immenga: Binnenmarkt durch europäisches Gemeinschaftsrecht, *Juristische Arbeitsblätter* 1993, S. 257-264

V. Emmerich: Kartellrecht, 7. Auflage, München 1994

V. Erdmann-Keefer: Agrarhandelskonflikte EG-USA, Analyse eines Dauerproblems, Kehl am Rhein 1991

W. Hakenberg: Grundzüge des Europäischen Wirtschaftsrechts, München 1994

W. Kilian: Europäisches Wirtschaftsrecht, München 1996

Weidenfeld/Wessels (Hrsg.): Europa von A bis Z, 14. Auflage 2016

Weimar/Schimikowski: Grundzüge des Wirtschaftsrechts, 2. Auflage, München 1993

英 文部分

A. Jones/B. Sufrin: EC Competition Law, 2nd Ed., Oxford 2004

Alex Warleigh: The basics-European Union, New York 2004

B. Elles: The Role of EU Institutions in External Trade Policy, in Emiliou/O'Keeffe (eds.): The European Union and World Trade Law after the GATT Uruguay Round, Chichester 1996, pp. 19-30

E. Guth: Agricultural trade policy negotiations in the Uruguay Round, Commission of the European Communities, Brussels June 1992

J. Steiner: EC Law, 4th Ed, London 1995

Jonas Paul, EU Foreign Policy After Lisbon, C.A.P Policy Analysis, June 2008

M. E. Footer: Public Procurement and EC External Relations-A Legal Framework, in Emiliou/O'Keeffe (eds.): The European Union and World Trade Law after the GATT Uruguay Round, Chichester 1996, pp. 219-230

Macleod/Hendry/Hyett: The External Relations of the European Communities, Oxford 1996

Michael Dougan, The Treaty of Lisbon 2007: Winning Minds, Not Hearts, Common Market Law Review 2008, pp. 617-703

國家圖書館出版品預行編目資料

歐洲經濟法／陳麗娟著. －－四版.
－－臺北市：五南, 2018.06
　面；　公分
ISBN 978-957-11-9694-7（平裝）
1.歐洲共同體　2.經濟法規
553.44　　　　　　　107005685

1U32

歐洲經濟法

作　　者　陳麗娟（200.1）

發 行 人 — 楊榮川

總 經 理 — 楊士清

副總編輯 — 劉靜芬

責任編輯 — 高丞嫻、呂伊真

封面設計 — 斐類設計工作室

出 版 者 — 五南圖書出版股份有限公司

地　　址：106台北市大安區和平東路二段339號4樓

電　　話：(02)2705-5066　傳　　真：(02)2706-6100

網　　址：http://www.wunan.com.tw

電子郵件：wunan@wunan.com.tw

劃撥帳號：01068953

戶　　名：五南圖書出版股份有限公司

法律顧問　林勝安律師事務所　林勝安律師

出版日期　1998年10月初版一刷
　　　　　2005年 6 月二版一刷
　　　　　2010年 2 月三版一刷
　　　　　2018年 6 月四版一刷

定　　價　新臺幣480元